中日联合江南地区民俗调查报告辑

福田亚细男
主　编

冯莉　何彬
执行主编

学苑出版社

图书在版编目（CIP）数据

中日联合江南地区民俗调查报告辑／（日）福田亚细男主编；冯莉，何彬执行主编．—北京：学苑出版社，2024.2

ISBN 978-7-5077-6860-2

Ⅰ．①中… Ⅱ．①福… ②冯… ③何… Ⅲ．①风俗习惯－调查报告－中国 Ⅳ．①K892

中国国家版本馆 CIP 数据核字（2024）第 038901 号

著作权合同登记号 图字：01-2022-6937

出 版 人：	洪文雄
责任编辑：	杨　雷
编　　辑：	李熙辰
封面设计：	张亚静
排　　版：	北京易成轩科技有限责任公司
出版发行：	学苑出版社
社　　址：	北京市丰台区南方庄 2 号院 1 号楼
邮政编码：	100079
网　　址：	www.book001.com
电子信箱：	xueyuanpress@163.com
销售电话：	010-67601101（营销部）、010-67603091（总编室）
印 刷 厂：	北京建宏印刷有限公司
开本尺寸：	787mm×1092mm　1/16
印　　张：	158.25
字　　数：	2675 千字
版　　次：	2024 年 2 月第 1 版
印　　次：	2024 年 2 月第 1 次印刷
定　　价：	2180.00 元（全六册）

编委会

（按姓名笔画排序）

主　　编：福田亚细男

执行主编：冯　莉　　何　彬

编　　委：小林忠雄　王　恬　　刘晔原　　刘铁梁
　　　　　陈勤建　　桥谷英子　菅　丰

编委会成员简介

福田亚细男　（日本）国立历史民俗博物馆名誉教授

冯　莉　　　中国民间文艺家协会理事，《民间文化论坛》执行主编，编审、研究员

何　彬　　　南京农业大学教授，（日本）东京都立大学名誉教授

小林忠雄　　（日本）加能民俗之会会长，原北陆大学未来创造学部教授

王　恬　　　浙江省民间文艺家协会副主席兼秘书长，研究馆员

刘晔原　　　中国传媒大学教授，博士生导师；中国民间文学出版大系专家组专家，歌谣组组长

刘铁梁　　　北京师范大学文学院教授，山东大学人文社科一级教授；中国民间文艺家协会顾问，北京市文史研究馆馆员

陈勤建　　　华东师范大学终身教授，上海市非物质文化遗产保护专家委员会副主任

桥谷英子　　（日本）东洋文库研究员，新潟大学名誉教授

菅　丰　　　（日本）东京大学东洋文化研究所教授

编辑说明

本书是一套反映20世纪末至21世纪初中国江南地区民俗学研究的资料性文集。1989—2010年，由福田亚细男教授主持，中日两国学者联合就中国江南地区民俗生产、民俗变化动态过程开展了6期村落田野调查，这是中日学术交流史上首次由中日民俗学者共同完成的村落民俗调查与民俗志书写的科学实践。

6期调查报告分别于1992年、1995年、1999年、2001年、2006年、2011年印刷，仅在小范围作成果分享，并未正式出版。本次为全球首次公开出版，将6辑报告统一规格，并定名为《中日联合江南地区民俗调查报告辑》。本书共汇集56位学者的调查报告120余篇，记录了当时的村落民俗风貌，为现今的研究提供了大量珍贵的资料。

本套书收录原调查报告分6辑，分别为：

1992年《中国江南民俗文化——中日农耕文化比较》

1995年《中国浙江民俗文化——环东海农耕文化民俗学研究》

1999年《中国浙南民俗文化——环东海农耕文化民俗学研究》

2001年《中国江南村落民俗志研究——上海近郊村落民俗》

2006年《中国江南沿海村落民俗志——浙江省象山县东门岛和温岭市箬山》

2011年《中国江南山区民俗文化及变迁——浙江省江山市廿八都和龙游县三门源》

因本套书收录的6辑报告时间跨度较大，为最大限度呈现报告所对应的文化时代，保留了当时报告的写作用词风格，尊重中日用字及符号的差异，未作硬性统一。因原6辑报告时间延续性较长，且实际印刷行尺寸不一，本次出版为了更好呈现原报告内文及提供良好阅读体验，对以下几方面进行了调整：

1. 总书名及分册名。本次出版将原6册报告汇编，定名为《中日联合江南地区民俗调查报告辑》。分册标题页将原报告日文标题翻译为中文，并在背面呈现原报告标题、年份等信息。

2. 本次出版新增总序，由主编福田亚细男教授作序、彭伟文教授翻译。

3. 特设编委会，负责出版过程中组织、协商等事宜。本书作者众多，原报告

无作者介绍，此次未一一增补，仅对编委会成员增加介绍。

4. 原报告每辑的开头均有一篇介绍研究经过和调查地概况以及研究组织的文章，仅有日文，本次出版以原样呈现为基本准则，保持原有形式，不再另行翻译。

5. 版式。原报告包含扉页、前言、目录、正文、发行印刷信息等内容。每本报告因年代不同，并非同一尺寸。本次出版为了最大化呈现原报告结构，保留原分册标题、版本等信息，并将开本尺寸、内文版式作了统一。因尺寸的修改，对内文作重新排版，并修正原有报告版式断行、错行等问题。

6. 目录。原报告每辑仅有日文目录，本次增设中文目录。

7. 摘要。本书每篇文后有相对应的摘要，中文报告摘要为日文，日文报告摘要为中文。其中，第一辑中周星《话说泰山石敢当》一文无对应摘要，该文原计划由小熊诚撰写文章摘要，后写作时拓展成长文《石敢当小考——围绕周星论文的要旨及其评论》，原报告按独立文章处理呈现。此两篇文章遵照原报告处理，本次出版不再另补充摘要。

8. 注释。原报告均为文后尾注，为了方便阅读，本次出版统一将尾注改为页下注，原注释内提示内容根据实际页码进行了调改。

9. 图片和表格。由于中文与日文在出版规范上的差异，我们并未将两方文章图表名、注作硬性统一，仅编排序号在原报告基础上作了全书统一。因时间跨度大，许多内文图片没有电子文件，现书中所用图片均为扫描原报告后加工使用，特说明。

10. 内文以最大限度呈现原报告内容为原则，涉及的人物、地域划分等信息均以写作时间为准，不做修改。仅在内文出现明显错误、严重影响阅读、引起歧义等处做修改，如多字、少字、错字、别字等。

总　序

1. 长达 20 年的共同研究

1992 年到 2011 年 20 年间陆续刊行的 6 册中日合作江南调查报告书，这次得到了在中国复刻出版的机会。这是我一直以来心怀愿望，但又觉得无法实现的事，能够得偿所愿，实在是令人欣喜。日本和中国的民俗学研究者一起进行 20 余年的长期调查研究，在中日间漫长的学术交流史上，恐怕都无法见到第二个同样的例子。参与过这个共同调查研究的各位，理应引以为荣。

这个长期进行共同调查研究的计划，并非从一开始就是如此。首先，中日两国的研究者一起进行田野调查，这本身就没有先例。只要完成一次这样的调查，就已经值得赞许。日文和中文这两种日常语言之间的差异，首先就是一个既存的障碍。仅仅是研究者之间的沟通就已经极为困难，这一点在最初就已经预想到了。接下来的问题是，进入中国的村落社会之后，对当地人进行以访谈为主要方法的调查，其困难又更进一层。尤其是对日本方面的研究者来说，这是一个严重的问题。当然，在日本也有不少对中国社会、中国文化进行研究的学者，一直以来都使用中文进行研究并到中国访问。但是，民俗学研究者则大多专注于对日本的调查研究，完全没有在中国进行调查研究的经验。在明知道会有这些困难的情况下，构想中日共同实施的调查研究，并在实现后持续 20 年之久，其原因要从它的起点说起。

2. 民俗学学术交流的开始

日本的民俗学是作为一国民俗学成立的，其视野限定在形成于日本列岛，并在这里发展的生活文化。对其进行细致的调查研究，促使对日本的既有理解得到了修正，取得了很多成果。在这些积累的基础上，国立历史民俗博物馆在 1981 年成立。虽然这家博物馆是作为对日本历史进行研究和展示的博物馆而设立的，但并不只是一直以来那种通过文字资料究明历史的传统日本史学，还对等地加入

了考古学与民俗学，是一家以历史学、考古学、民俗学三学科协作为目标的博物馆。并且，在设立之初，它就不是以展览为中心的博物馆，而是以研究为中心，展示研究成果的博物馆。同时，它还有一个定位，就是供大学的研究者共同使用的大学公用机构。

在这座日本最早的以三学科协作为目标的博物馆，民俗研究部被认为是重要构成部分，按计划配置有共计13名民俗学研究者。当时，在日本设有民俗学课程的大学非常少，而有专任教师的大学则更少，即便有也不过是一两名而已。从这一点就可以看出，国立历史民俗博物馆的民俗研究部，对民俗学来说是多么重要的存在，它无疑是当时日本代表性的民俗学研究机构。

在国立历史民俗博物馆民俗研究部工作的研究者，对自己是日本代表性民俗学研究机构的一员这一点，也有充分认识。尤其是担任第一任民俗研究部长的坪井洋文，这种意识特别强烈，怀有巨大的使命感。他认为，国立历史民俗博物馆必须代表日本和世界各地的民俗学研究者进行交流，承担起发展民俗学的责任。早在1985年，坪井先生就已经到中国贵州省东部的黔东南苗族侗族自治州进行过民俗调查。当时，得到了贵州民族学院和贵州省民间文艺家协会的大力支持。在黔期间还通过座谈会、演讲等形式进行了学术交流。次年，坪井先生获得日本政府文部省支给的科学研究费补助金（海外学术调查），在贵州省西北部的威宁彝族回族苗族自治县进行调查。1987、1988年又进行了再调查。

这些在贵州省的调查，部分原因是受到当时日本研究趋势的影响。在日本，很早就有关于日本人和日本文化源头的讨论，当时吸引了很多人的学说之一，是向中国西南的少数民族寻求根源。关注日本民族起源的人们造访云南省和贵州省，希望发现这些地方的民族和日本之间文化上的共通性和类似性，以证明日本文化的故乡在那里。但是，这是将文化中的个别要素抽取出来，寻找其表面类似性的做法。坪井先生的调查包含了对这些现象的批判，以深入地方，把握和理解民俗的整体样貌为目标。我也参加了这一系列调查，和坪井先生一起行动，有着相同的使命感。

中国西南和日本之间有很远的距离，在两地之间，是汉族居住的广大地区。那种无视汉族文化的根源论显然存在是有问题的。日本人自古以来就备感亲近的中国江南地区，在中国历史上有重要地位，没有对这一地区的理解，当然就不可能理解中国文化。我们认为，应该首先放下简单的根源论，或放弃表面的比较，

把握和理解包括汉族在内的中国民俗文化。对于最初的研究区域，我们首先想到了江南地区。而且，理所当然地要考察中国的民俗文化，中国民俗学研究者的帮助是必不可少的。实际上，我们希望共同进行研究，并且摸索了这种可能性。

以上，就是出于日本方面的考虑进行江南调查的前提。

3. 共同研究的构想

我第一次造访北京，是在1985年3月。那是一次私人旅行，在京期间，对北京师范大学进行了为期一天的访问，和中国民俗学代表性研究者钟敬文先生见面。安排这次见面的，是此前到国立历史民俗博物馆访问交流的张紫晨先生。当天，王汝澜先生到我入住的宾馆来迎接，带我到北京师范大学。面对不懂汉语的福田，王先生亲切地用流畅的日语进行交谈，帮了略感紧张的福田大忙，使其后内容充实的会谈得以实现。在北京师范大学，以钟敬文先生为首，张紫晨、刘魁立、王汝澜以及其他几位研究者参加了这次会谈。仰赖于王先生准确的翻译，谈话的内容很充实。

在这次会谈之前不久，日本研究者已经开始到中国访问，进行研究交流，但到访的日本研究者大多是研究中国民间文艺学的。日本的民俗学者到中国访问、研究交流，还几乎没有过。中国研究者关于日本民俗学的信息，也大多来自研究中国民间文艺学的日本研究者。就这一点而言，恐怕可以说，这次会谈几乎就是日本民俗学研究者和中国民俗学研究者进行的最早的会谈。钟敬文先生对日本的民俗学研究状况有非常强烈的兴趣，问了各种各样的问题。同时，双方还互相确认，今后有必要更多地进行中日民俗学的学术交流。

几个月后，福田又再次见到了钟敬文先生和张紫晨先生、刘魁立先生。1985年6月，国立历史民俗博物馆相关人员30多人访问了中国，其中包括民俗研究部的成员。整个访问团在文化部的安排下，访问了北京、大同、太原、西安。在北京，访问者们与中国社会科学院和中国民俗学会的相关人士见了面，进行了亲切的交流。这次会面并没有讨论深入细致的交流计划，但是借此机会，确认了中日民俗学研究者今后进一步交流的纲领。其具体化，则留待下次机会再进行。

1987年7月，坪井洋文和福田访问了北京。这次是私人旅行，但目的是和中国民俗学的代表性研究者见面，讨论中日民俗学研究者今后的交流计划。二人

连日和中国民俗学研究者会面，访问民俗学研究者所属的机构或团体。其中最重要的一次，是访问北京师范大学。在这里，两人和钟敬文、张紫晨两位先生进行了会谈，就具体的研究交流计划进行了讨论。说到研究交流，一般的印象是研究者互相访问，举办研究会或研讨会，进行学术报告，但坪井和福田准备的计划并非如此，而是中日民俗学研究者一起在中国江南地区展开民俗调查，共同讨论其成果，共同将研究成果整理出来并刊行报告书。对于这一提案，钟敬文先生表现出极大兴趣，赞成对其加以具体化。对研究计划进行具体化的实际工作，由张紫晨先生和福田协商推进。那以后，两人保持紧密联系，完成了研究计划的拟定。研究的必要经费通过申请日本政府文部省的科学研究补助金（海外学术研究）解决，由福田撰写具体研究实施计划，坪井洋文先生作为研究代表提出申请，研究题目定为"日本与中国的农耕文化比较研究——中国江南地区的民俗调查"。由于研究代表坪井先生在1988年8月去世，福田代替其成为代表。

4. 调查研究的开始和经过

很幸运，我们的研究计划顺利入选，1989年开始了为期3年的研究项目。由于日本的会计年度是从4月到翌年3月，故研究时间为1989年4月到1992年3月。我们根据预计获批的研究费金额制定研究计划，和中国方面的研究者互相联系，开始了准备工作。但是，获批的研究费相对于申请金额被大幅缩减。因此，我们相对于申请时的研究计划，缩小了研究对象区域和研究团队规模，缩短了调查日程。变化最大的是，原计划以江苏省、浙江省、福建省为调查对象，收缩为江苏省和浙江省，从第二年起，进一步将对象地区限定在浙江省。

由于种种原因，调查的实施是从1990年3月开始的。中日双方各9名研究者组成调查团，加上5位长年在江苏省和浙江省从事民俗学研究的学者作为协助研究者，又请了两名日语熟练的北京师范大学民俗学专业研究生加入。这样大规模的一行人，全部都以相同的日程参加了调查。当时道路状况不好，路上需要很多时间，但长时间挤在小型巴士上，让大家变得亲近起来，在调查研究方面加深了相互了解，也得到了促进相互交流调查资料的机会。

第一期调查在1990年3月、1991年3月，以及1991年10月（只有日本方面的研究者参加）共实施了3次，于1992年3月顺利刊行了研究成果报告书。1990年12月，中国方面的10位研究者访问日本，在国立历史民俗博物馆举行了

研究成果讨论会，并在千叶县佐仓市、茨城县牛久市以及冲绳县读谷村进行了民俗调查。尤其是在冲绳，对读谷村的两座村落进行了调查，收获了很多成果。在第一期调查期间，中日双方都提出，这种合作关系仅止于这次共同调查实在可惜的看法。尤其是中方代表张紫晨先生，表达了特别强烈的意愿。日本方面的意愿也很强烈，遂决定计划第二期调查。因为这是就进行中的共同调查的下一步计划提出申请，中日间的联系和协调也很顺利。和1991年的第一期同样，以"环东海农耕文化的民俗学调查"为题申请了文部省科学研究费（国际学术研究）。此外，第二期计划的规模相比第一期缩小了，研究对象限定在浙江省的3个地方，研究团队的规模也有所缩小。尤其是在研究团队方面，计划调查中国西南少数民族的民俗，而不是江南地区的中日研究者分离出去，另外申请研究费实施调查。由于中国方面的代表张紫晨先生去世，中国民间文艺家协会的林相泰参加进来，担任中国方面的代表。

就这样，在研究实施的过程中构思下一次的研究计划，以申请科学研究费并获得立项为前提，中日研究者进行协商，或是和准备调查的地方的研究组织、团体商议，进而通过地方文联等向设定为对象调查点的市县或镇的政府机关联系申请，毫不懈怠地进行准备。研究计划也不是纸上谈兵，而是有可操作性的内容和可预见的研究成果。正因为如此，实现了长达20年的6期调查研究，研究计划几乎连续性地得到立项通过，这是一般情况下不可能做到的。全部6期的调查研究概要整理出来如下表所示。此外，随着我离开国立历史民俗博物馆，对接单位也先后改为成新潟大学和神奈川大学，但研究团队基本维持不变。

期次	研究时间	调查地区	成果报告书（刊行年月）
I	1989年—1991年（3年）	江苏省苏州市常熟市白茆乡；浙江省金华市金县曹宅镇、兰溪市姚村；丽水市山根村、敏河村、堰头村	《中国江南民俗文化——中日农耕文化比较》（1992年3月）
II	1992年—1993年（2年）	浙江省湖州市小梅村、东明村；嘉兴市桐乡县利星村；宁波市奉化市崎山，余姚市河姆村、象山县溪东村；温州市永嘉县廊下村、花担村、吴坑村，瑞安市东溪村，苍南县田贡村、碗窑村	《中国浙江民俗文化——环东海农耕文化民俗学研究》（1995年6月）

续表

期次	研究时间	调查地区	成果报告书（刊行年月）
Ⅲ	1996年—1998年（3年）	浙江省丽水市碧湖镇、灯塔村、黄桂村，景宁畲族自治县西岸底村、惠明寺村，青田县洲头村；温州市瓯海区黄坑村、周岙村，永嘉县廊下村、小溪村、蓬溪村	《中国浙南民俗文化——环东农耕文化民俗学研究》（1999年3月）
Ⅳ	1999年—2000年（2年）	上海市松江区张泽镇、车墩镇	《中国江南村落民俗志研究——上海近郊村落民俗》（2001年2月）
Ⅴ	2002年—2005年（4年）	浙江省象山县东门岛、温岭市箬山	《中国江南沿海村落民俗志——浙江省象山县东门岛和温岭市箬山》（2006年3月）
Ⅵ	2007年—2010年（4年）	浙江省江山市廿八都镇、龙游县三门源村	《中国江南山区民俗文化及变迁——浙江省江山市廿八都和龙游县三门源》（2011年3月）

5. 研究成果及意义

在20年间分6期实施的中日联合江南地区民俗调查，其最大的成果就是进行长期的连续性共同调查这件事本身，应该说这是有学术意义的。必须说，中日两国的民俗学研究者以特定的田野调查地为对象，全员按照同一日程实施调查，这就足以令人吃惊。虽然调查本身是基于各位研究者自己负责设计的调查计划进行的，但在对同一对象按照同一日程进行调查过程中，实现了调查信息的相互交换和调查着眼点的共享。一起进行田野调查的中日研究者，作为研究者相互信任、互相指导，增加了调查内容的深度。由于日本和中国一样使用汉字，所以会有轻易地认为同样的文字所指事象相同的倾向。但是，从民俗的层面看来，相同的文字所表示的内容，在日本和中国大不相同的现象有很多。日本的研究者有带着日本式的汉字理解进入调查，以日本的汉字记录调查结果的倾向。在这次共同调查中，这样的错误得到了纠正。这种理解，随着一次次调查不断加深。同样的，中国学者对日本民俗的理解，可以说情况亦是如此。

日本民俗学一直是以建立在田野调查上的研究作为基础的。这种形式在当时应该对中国学者有很大参考意义。因为在那之前，在特定地区进行数年的连续调查这种方式，中国学者还未采用。对这种在同一地区长达数年的持续调查，中国学者最初似乎感到困惑，但逐渐理解了它的有效性，对同一地区进行调查研究的时间设定也开始长期化。尤其是第五期和第六期，分别在同一地区进行了4年的调查，对该地的民俗传承进行了广泛而深入的把握，成果报告书的篇幅就说明了这一点。

这种为期数年的长期调查，首先将第一年定位为预备调查，在对象地区实施广域的调查，即对多个调查地进行1—2天的短时间访问，把握概况，对其结果进行检讨；第二年对调查对象地点进行精选，花较长时间进行正式调查。在调查地，我们和当地人也成了"老朋友"，调查得以融洽地推进；在最后一年，参加者各自将调查的经过写成报告论文，刊行研究成果报告书，但在这一过程会出现不少有疑问的地方，因此会进行以确认这些问题为中心的补充调查。在3年或4年的研究计划得到批准的第一期、第三期、第五期、第六期，第一年设定为预备调查，第二年和第三年设定为正式调查，最后一年则设定为补充调查。这种预备调查、正式调查、补充调查的三阶段式调查，在日本也比较少使用，在中国的民俗调查中应该也没有先例。通过三个阶段让调查逐步深入这种方式使江南调查得以成功实现，今后也可能会在日本和中国成为民俗调查的基本方式。

此前，无论在日本还是中国，都没有对民俗调查对象区域有明确意识地加以把握。在日本，民俗调查的结果被冠以"民俗志"之名刊行一事古已有之，但民俗传承的单位是模糊的。这种倾向一直持续到20世纪80年代。在我们的江南调查中，调查对象基本设定为村。经过预备调查，确定具体的村为调查对象。按照中国的行政区划，市、县之下是镇或乡，镇或乡之下设村。在村里组织有村民委员会，设有村民委员会主任等职。村以聚落作为基础，看似可以作为村落加以把握，但并不能说就一定是历史上形成的村落。这一点在当地是有自觉认识的。设置村民委员会的村被称为"行政村"，相对的，以聚落作为基础的组织被称为"自然村"加以区别，这样的现象广泛存在。由于我们的调查是在行政机关的许可和支持之下进行的，必然是以"行政村"作为调查单位。但是，在每个调查地，"行政村"以外都还有"自然村"。一个"行政村"包含多个"自然村"是很常见的，相反的情况也不少。我们努力将"行政村"和"自然村"两者都纳入视

野，在其相互关系中对民俗加以把握。这一视角，不仅对中国的民俗研究，对日本的民俗调查研究应该也会带来很多启发。

1990年之后的20年，是中国社会经济迅速发展、生活剧烈变化的时期。"改革开放"给中国带来了巨大的变化，尤其是在位于沿海区域的江南地区更为显著。我们的调查就是在这个时期进行的，当然也目睹和记录了这些变化。在1990年开始的第一期调查中，到达调查地时往往会有大量村民出来围观我们，人山人海。但是，这种现象很快就消失了。沉下心来稍微一想，甚至会因为很少能见到人而感到冷清。我们看到了解放后变成工作间或杂物间的祠堂逐渐恢复原有功能的现象，也看到了此前一直被藏起来的族谱，同时，看到新编纂的族谱的机会也多了起来。因为第四期的调查地是上海近郊的农村，我们访问了变化很大，整齐排列着新建筑的聚落。

此外，这20年也是中国对民俗的认识和态度发生巨大变化的时期。第一期调查得以实现，也是因为有了这种变化，虽然当时民俗仍然被认为是封建制度的残渣，是应该被消灭的东西。但是，从第二期开始，民俗作为人们自古继承至今的生活文化得到认可，被视作有价值的存在。同时，伴随着都市的急剧发展，在这些地方消失的，被称为传统的生活空间、事物成为观光对象。因在经济上稍微有些落后而得以保存下来的市街、村落，作为古镇、古村受到瞩目并得到保护，进而被修缮和改造，以吸引更多观光客。我们的调查对象区域也包含了很多这样的古镇、古村。此外，在日本被称作无形文化遗产，在中国被称作非物质文化遗产的事物受到关注，来自国家的保护事业得到大力推行，民俗学研究也深入参与其中。我们的调查也开始将古镇、古村以及非物质文化遗产保护纳入视野，这些现象对地方产生的影响以及带来的变化也成为我们的课题。可以说，这6册成果报告书也承担了将变化的江南地区民俗记录下来，留给后世的重大任务。

6. 感激之情

对于中日联合江南调查这一由日本和中国的民俗学研究者共同进行的长期民俗调查，虽然我们自认为取得了巨大成果，自诩为中日双方的民俗学研究发展做出巨大贡献，但毋庸置疑，持续实施这一共同调查，并非只靠研究者的努力就能够实现。

首先必须感谢的，是在各个调查地接受我们的访谈，和我们聊了很多的人

们。他们当中有一多半是亲身经历过半世纪前日本侵略的人。听说在最初接受调查的时候，有人发出了"我们曾经深受日军之苦，为什么要帮日本人？"的疑问和反对的声音。其中，还有人对我们坦言自己在日军的空袭中失去了父母。他们就是这样一边心存芥蒂，一边配合我们的调查。我们也就父祖辈的侵略行为进行了真诚的反省，并清楚地表达了我们的反省之意。当地的人们一边克制着心中的不快，一边亲切地接待我们，积极地配合我们的调查，令人不胜感激。在6期的调查中麻烦过非常多的人，每次翻看当时的照片，都会一一想起当初麻烦他们的情景，那都是令人怀念的老朋友。

其次要感谢的，是使调查得以实施的各个机构和团体。能够从日本到中国，和中国民俗学研究者进行共同调查，完全是因为得到了很多人以及机构和团体的理解与支持。不能忘记这一点。同意实施调查，给日本民俗学研究者发出邀请函的国家教育委员会、中国文联、北京师范大学、华东师范大学、中国社会科学院民族文学研究所等相关单位，以及为安排调查地不辞劳苦的来自中国民间文艺家协会、江苏省社会科学院、浙江省文联、浙江省民间文艺家协会、华东师范大学的各位人士，还有接受委托在具体调查地认真准备的江苏省常熟市，上海市松江区，浙江省湖州市、桐乡县、宁波市、余姚市、奉化市、象山县、温岭市、金华市、兰溪市、衢州市、江山市、开化县、龙游县、丽水市、景宁畲族自治县、青田县、温州市、苍南县、瑞安市、永嘉县的人民政府外事办公室、文联、民间文艺家协会，在此向这些机构和团体的各位表达诚挚的谢意。尤其是对在浙江省的调查中一直帮助我们的浙江省文联、浙江省民间文艺家协会的陈德来、王恬、程士庆，感激之情，无以言表。此外，还要感谢在调查地亲切地接待和配合我们的村民委员会、文化馆的各位人士。无论在哪里，都是人数超过20人的团员连日到访，搅扰得当地喧嚣不宁，有赖于各位的妥善处理，调查才得以顺利进行。

最后，必须感谢担任翻译的人们。日本方面的学者大都不懂中文，没有翻译将一筹莫展。同时，中国方面的学者也很难听懂当地的方言。因此，我们的调查必须依赖众多的日语翻译和方言翻译。在日语翻译方面，很多来自不同机构的人都加入团队承担了翻译工作，尤其是浙江省农业科学院的朱富云先生、浙江工业大学的徐萍飞女士，给了我们很多帮助。第五期、第六期得到了很多日语专业学生的帮助，但仍然是在徐萍飞女士的指导下实现的。方言翻译则仰赖于各地民间文艺家协会或文化馆的各位人士。全赖有各位准确的翻译和解说，我们才能进行记录。

调查就是这样在很多的机构和团体，以及众多的个人支持之下才得以实施的。通过这 6 期调查，不仅民俗学和民俗学者的中日合作关系得以发展，加深了相互之间的理解；在普通人当中也实现了中日间的相互理解，并产生了友谊。在中国学者访问日本进行调查时，可以说也同样如此。

　　这 6 册研究成果报告书都曾只有少量印刷，即便是专业研究者也很少有机会得到。感谢学苑出版社决定将这些有纪念意义的报告书一次性复刻刊行。不仅是研究者，很多对中国江南地区民俗抱有兴趣的人，也可以很容易地读到了。印刷这些汉文和日文混合的报告书，是一项比预想更困难的作业。向妥善处理这些问题，将这些报告书完美地刊行出来的学苑出版社各位人士表示衷心感谢。

福田亚细男

2022 年 4 月

（彭伟文　译）

総　序

1. 20年に及ぶ共同研究

　この度、1992年から2011年までの20年間に刊行した日中共同江南調査報告書6冊が機会を得て中国で復刊されることとなった。願ってはいながらなかなか実現しないことと思っていたことがここに見事に達成できたことを本当に嬉しく思う。日本と中国の民俗学研究者が共同して20年に及ぶ長期にわたり調査研究したことは恐らく長い日中の学術交流の歴史のなかでもほとんど例を見ないことだと思われる。この共同調査研究に関係した皆さんはそれを誇りとしなければならない。

　当初からこのような共同調査研究を長期に続けるという計画ではなかった。先ず日中の研究者が共同してフィールドワークをするということ自体が未経験のことであった。それが一回でも成功すればそれだけで賞賛に値するものだった。日本語と中国語という日常言語の相違が先ず障害として存在した。研究者間のコミュニケーションだけでも困難を極めることは最初から予想されていた。さらに中国の村落社会に入って地元の人たちから主として聞き書きという方法で調査することの困難性はそれ以上に大きな障害として浮かび上がっていた。これは特に日本側の研究者にとっては深刻な問題であった。もちろん日本においても中国社会・中国文化を研究する、いわゆる中国研究者は少なからずおり、中国語を駆使して中国を訪れ研究してきた。しかし、民俗学研究者の大部分は日本での調査研究に専念し、中国での調査研究経験は皆無であった。そのことが分かっていながら、日中共同の調査研究を構想し、さらにその実現後に20年に及んで継続したのには、その出発に理由があった。

2. 民俗学における学術交流の開始

　日本の民俗学は一国民俗学として成立し、日本列島で形成し、展開してきた生活文化に視野を限定し、緻密な調査研究を行い、それまでの日本理解に訂正を迫る成果を挙げてきた。その蓄積を基礎に1981年国立歴史民俗博物館が設

立された。この博物館は日本歴史を研究し展示する博物館として設立されたが、従来の文字資料で明らかにされるオーソドックスな日本史ではなく、考古学と民俗学も対等に加わった歴史学、考古学、民俗学の三学協業を目指した博物館であった。しかもその設立にあたっては、展示を中心とした博物館ではなく、研究を中心とし、研究成果を展示する博物館であり、また大学の研究者が共同利用して研究する大学共同利用機関として位置付けられた。

民俗研究部は、日本で初めての三学協業を目指した研究博物館の一翼を担う存在として位置付けられ、計画では全部で13名の民俗学研究者が配置されることになっていた。当時、日本では民俗学を教える大学はごくわずかであり、しかも専任教員がいる大学はさらに少なかった。いるとしても1名か2名であった。それから見れば、国立歴史民俗博物館民俗研究部が如何に民俗学にとって大きな存在か分かるであろう。間違いなく、日本を代表する民俗学研究機関であった。

国立歴史民俗博物館民俗研究部に赴任した研究者は自分たちが日本を代表する民俗学研究機関の一員であることを十分に自覚していた。特に、初代の民俗研究部長に就任した坪井洋文さんにはその思いは強く、使命感に燃えていた。国立歴史民俗博物館が日本を代表して世界各地の民俗学研究者と交流し、民俗学の発展を担わなければならないと考えた。すでに坪井さんは1985年に中国貴州省東部の黔東南苗族侗族自治州を訪れ民俗調査を行っていた。その際には、貴州民族学院や貴州省民間文芸家協会からの大きな支援があり、滞在中には座談会や講演を通しての学術交流を行った。これは翌年には日本政府文部省の科学研究費補助金（海外学術調査）の交付を受けての貴州省の西北部の威寧彝族回族苗族自治県での調査、さらに1987・88年度の黔東南自治州での再調査となった。

この貴州省での調査は当時の日本における研究動向に影響された面があった。日本では日本人と日本文化のルーツが古くから論じられてきたが、当時多くの人びとが惹きつけられた説が西南中国の少数民族にそのルーツを求めるものであった。日本民族の起源に関心を持つ人びとが雲南省や貴州省を訪れ、その地方の少数民族と日本との間の文化の共通性や類似性を発見し、日本人の故郷をそこに設定しようとしていた。しかし、それは文化の個別要素を取りだして表面的な類似

性を見つけることであった。それへの批判を込めて、地域に深く入って民俗の全体像を把握し理解することを目指したものであった。この一連の調査には福田アジオも参加し、坪井さんと共に行動し、使命感を共有するにいたった。

　西南中国と日本との間には大きな距離があり、その間には言うまでもなく漢族が居住する広大な地域がある。漢族の文化を無視してのルーツ論には問題があることは明白である。日本でも古くから人びとが親しみを感じている長江（揚子江）から南の江南地方は中国の歴史において重要な地方であり、そこの理解なくしては中国文化の理解は不可能であることは言うまでもない。私たちは、安易なルーツ論を批判し、また表面的な比較を止め、漢族も含めた中国の民俗文化を把握し理解することが先ずなされるべきだと考えるにいたった。その最初の研究対象地域として江南地方が浮かび上がった。そして当然のことながら、中国の民俗文化を考察するには、中国の民俗学研究者との協力は不可欠であり、むしろ共同して研究することが望ましいと考えることになり、その可能性を模索した。

　以上は、日本側の事情による江南調査への取り組みの前提である。

3. 共同研究の構想

　福田アジオは1985年3月に初めて北京を訪れた。これは個人的な旅行であったが、滞在中の一日北京師範大学を訪れ、中国の代表的民俗学研究者である鐘敬文さんにお会いする機会を得た。これを設定してくれたのは、その前に国立歴史民俗博物館を訪問し交流をしていた張紫晨さんだった。当日は私の泊まっているホテルまで王汝瀾さんが迎えに来て、北京師範大学までご案内下さった。中国語の出来ない福田に優しく流暢に日本語で話しかけて下さった王さんは緊張気味であった福田を助けて下さり、その後の面談を内容あるものにした。北京師範大学では、鐘敬文さんはじめ、張紫晨、劉魁立、王汝瀾その他何人かの研究者が出席し、王さんの適切な通訳で、内容ある面談となった。

　しばらく前から日本の研究者が中国を訪れ、研究交流することは始まっていたが、訪れる日本人研究者は中国を研究する研究者であり、分野的には口承文芸の研究者であった。日本の民俗学研究者が中国を訪問して研究交流することは未だほとんどなかった。日本の民俗学についての情報も中国の口承文芸を研

究する研究者からのものであった。その点では、これが日本の民俗学研究者が中国の民俗学研究者と面談するほぼ最初の例であったと言えるかも知れない。鐘敬文さんは日本の民俗学の研究状況に非常に強い関心を持っていて、種々質問をされた。そしてこれからも日中民俗学の学術交流を重ねることの必要性を互いに確認した。

　それからわずか数ヶ月後に福田は再び鐘敬文さんはじめ張紫晨さんや劉魁立さんとお目にかかることとなった。1985年6月、国立歴史民俗博物館の関係者30名余りが中国を訪問することになり、その中には大勢の民俗研究部の人間も含まれていた。旅行全体は文化部の世話で北京、大同、太原、西安を巡るものであったが、北京では民俗学研究者は社会科学院で中国民俗学会の関係者と会い、親しく交流した。この会合は踏み込んだ交流計画を検討するのではなく、これを機会に日中の民俗学研究者の一層の交流を図るという総論的な確認をするものであった。その具体化は次の機会に委ねられた。

　その2年後の1987年7月に坪井洋文さんと福田は北京を訪れた。これはやはり個人的な旅行であったが、北京で中国の代表的な民俗学研究者に会い、日中の民俗学研究者の今後の交流計画を具体化することを目的としていた。北京で連日民俗学研究者と会い、また民俗学研究者の属する機関や団体を訪れて交流した。そのなかで最も重要な訪問が北京師範大学を訪れたことである。そこで鐘敬文さん、張紫晨さんと面談し、具体的な研究交流計画について協議した。研究交流というと一般的なイメージでは、研究者が相互に訪問して、研究会やシンポジウムを開いて研究発表をすることであったが、坪井と福田が準備していたのはそれとは異なった。日中の民俗学研究者が合同して江南地方で民俗調査を行い、その成果を共同で検討し、共同で研究成果をまとめて報告書を刊行するというものであった。この提案に対して、鐘敬文さんは大変強い関心を示し、その具体化に賛同した。実際の研究計画の具体化は張紫晨さんと福田との間で協議して進めることになった。これ以降、二人は緊密な連絡をとりあい、研究計画を練り上げた。研究に必要な経費は日本政府文部省の科学研究費補助金（海外学術研究）を申請することにし、その具体的な研究実施計画を主として福田が作成し、坪井洋文さんが研究代表者となって申請した。研究題目は「日本と中国との農耕文化の比較研究—中国江南地方の民俗調査—」とした。

総 序

なお、研究代表者の坪井さんは1988年8月に亡くなったので、替わって福田が代表を務めた。

4. 調査研究の開始と経過

幸いなことに私たちの研究計画は1989年度からの3年間の研究として無事採択された。日本の会計年度は4月から始まり翌年3月までであるので、研究期間は1989年4月から1992年3月までであった。認められた研究費の交付予定額にもとづいて具体的な研究計画を作成し、中国側研究者とも連絡を取り合い、準備を始めた。これはこれ以降どの期の研究でも同じであったが、認められた研究費は申請額に対して大きく減額された。そのため、申請した研究計画よりも研究対象地域を狭め、研究組織を縮小し、調査日程も短縮するなどの対応をすることになった。最大の変更は、研究計画では江蘇省、浙江省、福建省を調査対象とすることとしていたが、それを江蘇省と浙江省に絞ったことである。そして2年度目からはさらに対象地域を浙江省に限定することになった。

1989年度は諸般の事情で調査の実施が年度末の1990年3月とななった。日中双方各9名の研究者が調査団を組織し、加えて江蘇省と浙江省で長年民俗学研究に従事してきた研究者5名が研究協力者として加わり、さらに日本語に堪能な民俗学専攻の北京師範大学の大学院生2名に参加を求めた。この大規模な一行が全員同一日程で調査に取り組んだ。当時は未だ道路事情が良くなく、移動に多くの時間を要したが、そのマイクロバスの長時間の缶詰状態は互いを親しくし、調査研究についての相互理解を深め、また調査資料についての情報交換を促す機会となった。

第一期の調査は、1990年3月、1991年3月、そして1991年10月（日本側研究者のみの参加）の3回実施し、1992年3月にその研究成果報告書を無事刊行した。また1990年12月には、中国側研究者10名が日本を訪れ、国立歴史民俗博物館で研究成果検討会を開くと共に、千葉県佐倉市、茨城県牛久市および沖縄県読谷村で民俗調査を実施した。特に沖縄では読谷村の2村落で調査を行い、多大の成果を挙げた。第一期の調査期間中に、この協力関係を今回の共同調査で終わらせるのは惜しいという意見が日中双方から出された。特に中国側代表の張紫晨さんがそのことを強く表明された。日本側でもその意見は

・15・

強く、第二期の調査を計画することになった。共同調査が進行中での次の計画の立案であったので、日中間の連絡調整も支障なく進み、1991年に第一期と同様に文部省科学研究費（国際学術研究）を「環東シナ海（東海）農耕文化の民俗学的研究」の題目で申請した。なお、第二期の計画では、一期よりも規模を小さくして、研究対象は浙江省の3地域に絞り、研究組織も小規模にした。特に、研究組織では、江南地方ではなく、西南中国の少数民族の民俗調査を構想する日中の研究者が分離して別に研究費を申請して、研究を実施することとなった。また中国側の代表者であった張紫晨さんが死去したため、中国民間文芸家協会の林相泰さんが加わって、中国側の代表を務めることになった。

このようにして、研究の実施期間中に次の研究計画を構想して、科学研究費を申請し、採択されることを前提に、日中の研究者が協議し、また予定している地方の研究組織や団体と相談し、さらに調査対象地域として想定した市県や鎮の政府機関にも地元の文聯などをとおして打診をし、準備怠りなく進めた。研究計画も、絵に描いた餅ではなく、実施可能な内容で研究成果も予測できるものであった。そのため、普通にはあり得ない、20年間に六期にわたり、ほぼ連続して研究計画が採択されることになったものと考えられる。全六期の調査研究の概要を整理して示せば、ほぼ以下の通りである。なお、研究代表者福田アジオの国立歴史民俗博物館からの転出に伴い、窓口は新潟大学、神奈川大学と変わったが、研究組織の基本は維持された。

	研究期間（年度）	調査地域	成果報告書（刊行年月）
Ⅰ	1989年度～1991年度（3年間）	江蘇省常熟市白茆郷、浙江省金華市曹宅鎮、蘭渓市姚村、麗水市山根村、敏河村、堰頭村	『中国江南の民俗文化―日中農耕文化の比較―』（1992年3月）
Ⅱ	1992年度～1993年度（2年間）	浙江省湖州市小梅村、東明村、桐郷県利星村、奉化市畸山、余姚市河姆村、寧波市渓東村 永嘉県廊下村、花担村、温州市呉坑村、瑞安市東渓村、蒼南県田貢村、碗窯村、	『中国浙江の民俗文化―環東シナ海（東海）農耕文化の民俗学的研究―』（1995年6月）

前頁表の続き

	研究期間（年度）	調査地域	成果報告書（刊行年月）
III	1996年度～1998年度 （3年間）	浙江省麗水市碧湖鎮、灯塔村、黄桂村、 景寧畬族自治県西岸底村、恵明寺村、 温州市黄坑村、周呑村、永嘉県廊下村、小渓村、蓬渓村	『中国浙南の民俗文化―環東シナ海（東海）農耕文化の民俗学的研究―』（1999年3月）
IV	1999年度～2000年度 （2年間）	上海市松江区張沢鎮、車墩鎮	『中国江南村落の民俗誌的研究―上海近郊村落の民俗―』（2001年2月）
V	2002年度～2005年度 （4年間）	浙江省象山県東門島、温嶺市箬山	『中国江南沿海村落民俗誌―浙江省象山県東門島と温嶺市箬山―』（2006年3月）
VI	2007年度～2010年度 （4年間）	浙江省江山市廿八都鎮、龍游県三門源村	『中国江南山間地域の民俗文化とその変容―浙江省江山市と龍游県三門源―』（2011年3月）

5. 研究成果と意義

　20年間に六期にわたって実施した日中共同の江南民俗調査は、長期にわたって継続的に共同調査を行ったことが最大の成果であり、学術的な意義であると言える。日中両国の民俗学研究者が特定のフィールドを対象に全員同一日程で調査を実施したことは驚異的なことと言わねばならない。調査自体は各研究者の責任で設計された調査計画に基づいて行われたが、同じ対象を同じ日程で調査することで、互いに情報を交換し、調査上の着眼点を共有することが出来た。フィールドを共同する日中の研究者は、研究者として互いに信頼し、教え合い、調査の内容を深めた。日本と中国では、同じ漢字を用いているため、同じ文字が指し示す事項は同一であると安易に考える傾向がある。しかし、民俗レベルで見ると、同じ文字が意味する内容が日本と中国で大きく異なることも多い。日本の研究者は日本流の漢字理解で調査に臨み、日本の感覚で調査結果を記録することも行われがちである。今回の共同調査はその間違いを是正して

くれた。これは調査を重ねるなかで深められた。同じことは、中国側研究者の日本の民俗についての理解にも言えた。

　日本の民俗学はフィールドワークによる研究を基本にしてきた。そのあり方は中国の研究者にとって大きな参考となったものと思われる。特定の調査地を複数年にわたって継続的に調査する方式はそれまでの中国の民俗学研究ではほとんど採用されてこなかったので、この同一地域での複数年の継続調査は最初は中国側研究者に戸惑いがあったように感じられたが、次第にその有効性が理解され、同一地域に対する調査研究期間も長期に設定されるようになった。特に第五期、第六期の調査はそれぞれ4年間もの間同一地域の調査を行い、地域の民俗伝承を幅広く、また深く把握することとなり、そのことが成果報告書の分量に示された。

　複数年にわたる長期の調査は、先ず最初の年を予備調査と位置付け、対象の地域での広域調査を実施した。多くの調査地に一日か二日の短期間訪れて概況を把握し、その結果を検討し、翌年度には調査対象地を絞り込んで日数を費やしての本調査を行った。本調査は限られた特定の調査地に日数多く、しかも反復訪問して調査を行った。調査地では地域の人びととも「老朋友」となって、親しく調査を進めることが出来た。そして、最終年度には調査の結果を各人が報告論文にまとめ、研究成果報告書を刊行したのであるが、その過程で少なからずの不明な点が生じたので、その確認を中心とした短期の補充調査を行った。研究計画として3年間もしくは4年間認められていた一期、三期、五期、六期は、初年度が予備調査、2年度目および3年度目が本調査、そして最終年度が補充調査という位置づけであった。この予備調査、本調査、補充調査という3段階の調査は、日本においても採用されることは少なかったが、中国の民俗調査でもそれまではなかったものと思われる。3段階で調査を深化させるという方式はこの江南調査を成功させると共に、今後の日本と中国それぞれの民俗調査の基本的な方式になるものと考えている。

　民俗調査の対象地域は日本でも、中国でも必ずしも明確に意識して把握されてこなかった。日本での民俗調査の結果は民俗誌と名づけられて古くから刊行されてきたが、その民俗の伝承する単位は曖昧であった。その傾向は1980年代まで続いていた。私たちの江南調査は調査対象を基本的に村に設定した。予備

調査を経て調査対象として確定したのは具体的な村であった。中国の地方制度では市や県の下に鎮や郷があり、その鎮や郷の下に村が設定されている。村には村民委員会が組織されており、村長以下の役職がある。村は集落を基礎にしており、村落として把握できそうであるが、歴史的に形成されてきた村落とは必ずしも言えない。そのことは地元でも自覚されており、村民委員会が設定されている村を「行政村」、それに対して集落を基礎にした組織を「自然村」と呼び、区別することが広く行われている。私たちの調査は行政機関の了解と支援を受けて調査を行ったので、必然的に「行政村」を調査単位とすることになった。しかし、どの調査地においても「行政村」とは別に「自然村」があった。一つの「行政村」に幾つかの「自然村」が含まれているのが常態であるが、逆も珍しくなかった。「行政村」と「自然村」の両方を視野に入れ、その相互関係のなかで民俗を把握することに努めた。その視点は中国の民俗研究だけでなく日本の民俗の調査研究にも示唆する所が大きいであろう。

　1990年からの20年間と言えば、中国社会は経済的発展が著しく、生活も変化変貌が烈しい時期であった。「改革開放」は中国全土に大きな変化をもたらしたが、特に沿岸部である江南地方はそれが顕著であった。その時期に私たちの調査は行われた。当然その変化を目の当たりにし、それを記録することになった。1990年に開始した第一期の調査では、調査地に到着すると大勢の村人が私たち一行を見るために出てきて黒山の人だかりになることがしばしばであった。しかし、そのような状況は急速に消えた。ややもすると寂しい感じがするほど人びとを見ることが少なくなった。そして、解放後は作業小屋や物置になっていた祠堂がその機能を回復していることが確認され、またそれまで秘匿されていた族譜を閲覧できるようになり、さらに新しく編纂された族譜を見る機会も増えた。第四期は上海近郊農村が調査地域であったので、その変化は大きく、新しい建物が整然と並ぶ集落を訪れた。

　そして、この20年間はまた民俗への認識や対応の大きな変化の時期でもあった。第一期の調査が可能になったのもその変化があったからであるが、しかしまだ民俗は封建制の残滓であり、なくすべきものと考えられていた。しかし、第二期以降、民俗は人びとが古くから受け継いできた生活文化であると評価され、価値ある存在と見られるようになった。そして都市の急激な発展に伴い、

そこでは失われてしまった伝統的とも言うべき生活空間や事物が観光の対象になった。やや経済的に取り残されて保存されていた街や村が古鎮、古村として脚光を浴び、保護され、さらに改修され、多くの観光客を集めるようになった。私たちの調査対象とした地域にもそのような古鎮・古村が多く含まれていた。また日本で言う無形文化遺産、中国で言う非物質文化遺産が注目され、その国家的な保護事業が大きく推進され、民俗学研究もそれに深く関わることとなった。私たちの調査も、古鎮・古村や非物質文化遺産保護を視野に収めながらの調査となり、それらが地域に及ぼす影響や変化をも把握することが課題になった。6冊の成果報告書はこの変化する江南地方の民俗を記録して後世に残すという大きな役割を果たしたと言える。

6. 感謝の気持ち

　日本と中国の民俗学研究者が共同して長期にわたり民俗調査を行った日中共同江南調査は大きな成果をあげ、日中双方の民俗学研究の進展に大きく貢献したものと自画自賛するが、この共同調査を継続実施できたのは研究者の努力ばかりではないことは言うまでもない。

　先ず第一に感謝しなければならないのは、各調査地で私どもの相手をしてお話を聞かせて下さった大勢の人びとである。その人たちの大半が半世紀前に日本の侵略を身をもって経験した人たちであった。受け入れに際しては、日本軍に苦しめられた我々が何故日本人に協力しなければならないのかという疑問や反発もあったと聞いた。また実際に日本軍の空襲によって両親を失った経験を表明する人もいた。そのようなわだかまりを持ちつつ、調査に対応して下さった。私たちも率直に父祖世代の侵略行為について反省し、そのことを表明した。皆さんはわだかまりを抑え、親しく接し、積極的に協力して下さった。有り難いことであった。六期にわたる調査でお世話になった人は大変な数に上るが、当時の写真を見る度に今でも一人一人のお世話になった情景を思い出す。懐かしい老朋友である。

　第二に調査の実施を可能にして下さった諸機関・組織である。日本から中国を訪れ、中国側研究者と共同調査できたのには実に多くの人たちや機関・組織の理解と支援があったからである。そのことを忘れてはならない。調査実施を

了解し、日本側研究者への招聘状を発行して下さった国家教育委員会、中国文聯、北京師範大学、華東師範大学、中国社会科学院民族文学研究所などの関係者の皆さん、そして調査地の設営に労苦を惜しまずあたってくださった中国民間文芸家協会、江蘇省社会科学院、浙江省文聯、浙江省民間文芸家協会、華東師範大学、さらにそれらからの依頼を受けて具体的な調査地域で準備怠りなく進めて下さった江蘇省常熟市、上海市松江区、浙江省湖州市、桐郷県、寧波市、余姚市、奉化市、象山県、温嶺市、金華市、蘭渓市、衢州市、江山市、開化県、龍游県、麗水市、景寧畲族自治県、青田県、温州市、蒼南県、瑞安市、永嘉県の各人民政府外事弁公室、文聯、民間文芸家協会の関係者の皆さんに改めて深く感謝したい。とりわけ浙江省での調査をお世話くださった浙江省文聯・浙江省民間文芸家協会の陳徳来、王恬、程士慶の皆さんには感謝の言葉もない。そして、調査地で私どもを温かく迎えて対応して下さった村民委員会の皆さん、文化館の皆さんに感謝したい。どこでも総勢20名をはるかに超えるメンバーが連日訪れ、騒がしい状態を作りだしたが、適切に対処して、スムーズに調査が行えるようにして下さった。

　第三に感謝しなければならないのは通訳の任に当たって下さった方々である。日本側研究者は大半が中国語を解せず、通訳なしには何もできなかった。また中国側研究者も方言を解するのに苦労した。調査には大勢の日本語通訳、方言通訳を依頼しなければならなかった。日本語通訳については様々な機関に属する人たちが参加して通訳して下さったが、特に浙江省農業科学院の朱冨雲さん、浙江工業大学の徐萍飛さんには大変お世話になった。第五期、第六期では大勢の日本語専攻の学生に助けて貰ったが、その指導を徐萍飛さんがして下さった。方言通訳では各地元の民間文芸家協会や文化館の方々に大変お世話になった。皆さんの適切な通訳と解説があって記録することができたのである。

　このように調査は多くの機関や組織、そして大勢の人たちによって支えられ実施できた。六期に渡る調査を通じて、民俗学や民俗学研究者の日中の協力関係が進展し相互理解が深まっただけでなく、草の根での日中の相互理解と友情形成が行われた。このことは中国側研究者が日本を訪れて行った調査についても言える。

　6冊の研究成果報告書はいずれも少部数の印刷刊行であり、専門の研究者で

もそれを手にする機会はほとんどなかった。今回、この記念すべき報告書を一括して復刻刊行することを決断された学苑出版社に感謝したい。研究者だけでなく、江南地方の民俗に興味関心を抱く多くの人びとが容易に読むことができるようになった。日本文と中文が混在する報告書の印刷は予想外に困難な作業であったが、それを適切に処理し、立派に刊行して下さった学苑出版社の皆さんにあつくお礼を申し上げる。

2022年4月

福田 アジオ

福田亚细男和张紫晨在第一期调查中

(1990 年 3 月江苏省常熟市)

第一期調査での福田 アジオと張紫晨

(1990 年 3 月江蘇省常熟市)

调查场景

(1998 年 8 月浙江省永嘉县，刘铁梁)

調査風景

(1998 年 8 月浙江省永嘉県、劉鉄梁)

在日本的调查场景

(2000 年 10 月日本滋贺县中主町，陈勤建)

日本での調査風景

(2000 年 10 月日本滋賀県中主町、陳勤建)

调查间隙的谈笑

(2003 年 8 月浙江省象山县，徐萍飞、王恬、当地研究者、刘晔原)

調査の合間の談笑

(2003 年 8 月浙江省象山県、徐萍飛、王恬、地元研究者、劉曄原)

总 目 录

第一辑：中国江南民俗文化——中日农耕文化比较

第二辑：中国浙江民俗文化——环东海农耕文化民俗学研究

第三辑：中国浙南民俗文化——环东海农耕文化民俗学研究

第四辑：中国江南村落民俗志研究——上海近郊村落民俗

第五辑：中国江南沿海村落民俗志——浙江省象山县东门岛和温岭市箬山

第六辑：中国江南山区民俗文化及变迁——浙江省江山市廿八都和龙游县三门源

総　目　録

第 1 集：中国江南の民俗文化——中日農耕文化の比較

第 2 集：中国浙江の民俗文化——環東シナ海（東海）農耕文化の民俗学的研究

第 3 集：中国浙南の民俗文化——環東シナ海（東海）農耕文化の民俗学的研究

第 4 集：中国江南村落の民俗誌的研究——上海近郊村落の民俗

第 5 集：中国江南沿海村落民俗誌——浙江省象山県東門島と温嶺市箬山

第 6 集：中国江南山間地域の民俗文化とその変容——浙江省江山市廿八都と龍游県三門源

中国江南民俗文化

——中日农耕文化比较

中国江南の民俗文化

―日中農耕文化の比較―

福田　アジオ　編

1992年3月

目　录

前　言 …………………………………………………	福田亚细男	1
前　言 …………………………………………………	张　紫　晨	5
研究经过和调查地概况 …………………………………	福田亚细男 小 林 忠 雄	1

Ⅰ　村落社会与生活空间

江南农村的社会组织和生活空间 ………………………	福田亚细男	23
浙江地区民俗生活中的空间观念 ………………………	尹　成　奎	53
姚村的宗族组织与祖先崇拜 ……………………………	小　熊　诚	66
论扬扇＝唐箕的系谱 ……………………………………	岩　井　宏　实	89
日本冲绳与中国南方若干习俗的比较 …………………	张　紫　晨	98

Ⅱ　人生礼仪与世界观

从人生礼仪看中国江南地区的民俗 ……………………	佐　野　贤　治	111
畲族学师仪式初析——兼论畲族成年礼功能的衍变 …	巴莫曲布嫫	141
畲族的命名法、成年礼、冥界观 ………………………	曾　士　才	167
浙江省丽水地区的丧葬习俗 ……………………………	何　　彬	181
民俗现象中的色彩表征 …………………………………	小　林　忠　雄	194

Ⅲ　民间信仰与农耕礼仪

江南岁时节日与农耕信仰 ………………………………	张　紫　晨	233
方岩胡公神及其信奉风俗的调查 ………………………	吴　刚　戟	247
浙江民间的建房礼仪 ……………………………………	周　　星	257
年中行事与农耕仪礼的变迁 ……………………………	陶　立　璠	272
话说泰山石敢当 …………………………………………	周　　星	299

石敢当小考 ………………………………………… 小 熊 诚 318

Ⅳ 语言传承与艺术

江南农耕文化调查中的民间文艺 ……………… 刘 铁 梁 329
江南稻作起源传承研究 …………………………… 白 庚 胜 343
白茆乡歌手调查 …………………………………… 周 正 良 360
金华旧婚俗礼仪歌谣的承传与出新 …………………… 史 　 克 373
金华斗牛与冲绳斗牛之比较 ……………………… 朱 秋 枫 385
山根村畲族的语言及其环境 ……………………… 矢 放 昭 文 401

目　次

まえがき ……………………………………………… 福田アジオ　1
まえがき ……………………………………………… 張　紫　晨　5
研究の経過と調査地の概観 ……………………… 福田アジオ／小林　忠雄　1

Ⅰ　村落社会と生活空間

江南農村の社会組織と生活空間 ………………… 福田アジオ　23
浙江省の民俗生活に見られる空間観念 ………… 尹　成　奎　53
姚村における宗族組織と祖先祭祀 ……………… 小熊　誠　66
颺扇＝唐箕の系譜 ………………………………… 岩井　宏實　89
沖縄と中国南方の民俗比較 ……………………… 張　紫　晨　98

Ⅱ　人生儀礼と他界観

人生儀礼から見た江南の民俗 …………………… 佐野　賢治　111
畲族の学師儀礼 …………………………………… 巴莫曲布嫫　141
畲族の命名法、成人儀礼、他界観 ……………… 曽　士　才　167
浙江省麗水地区の葬墓制 ………………………… 何　　彬　181
民俗事象のなかの色彩表徴 ……………………… 小林　忠雄　194

Ⅲ　民間信仰と農耕儀礼

江南の年中行事と農耕信仰 ……………………… 張　紫　晨　233
方岩胡公神とその信仰 …………………………… 呉　剛　戟　247
浙江省民間の建築儀礼 …………………………… 周　　星　257
年中行事と農耕儀礼の変遷 ……………………… 陶　立　璠　272
泰山石敢当について ……………………………… 周　　星　299
石敢当小考 ………………………………………… 小熊　誠　318

・3・

IV 言語伝承と芸能

江南農耕文化調査中の民間文芸について ……………… 刘 铁 梁 329

稲作起源伝承の研究 ………………………………… 白 庚 勝 343

白茆郷の歌手に関する調査 ……………………… 周 正 良 360

金華地方の婚礼歌謡の伝承とその変化 ……………… 史　　克 373

金華の闘牛と沖縄の闘牛 ………………………… 朱 秋 楓 385

山根村畬族の言語とその環境 …………………… 矢放 昭文 401

まえがき

　1990年3月、私たちは中国江南地方の江蘇省、浙江省の土を踏み、念願の日中共同の民俗調査を開始した。日本側メンバーは、長江の北から冬の厳しい風が吹いてくるものと覚悟して、上から下まで冬支度をして調査に臨んだ。しかし時は春であった。冬の寒さは急速に弱まり、春の暖かさのなかで心地好く調査は行われた。それは外気が暖かかったためだけではなかった。日中双方の研究者が互いに信頼し、協力したあたたかさであったし、さらに訪れた調査対象村落の人々の私たちに対するあたたかさでもあった。江蘇、浙江の各調査村落において多くの民俗事象について教えていただいた。「百聞は一見にしかず」の言葉の通り、今まで書物を読んでいたことよりもはるかに具体的に全体像を知ることが出来た。そして、それらを教えて下さった多くの村人たちと知人友人となった。

　第1回の共同調査を終えたところで、資料の整理検討をし、その年の年末には中国側研究分担者に日本にお出かけいただいて研究会を開催し、問題点を整理した。91年3月に第2回共同調査を実施したが、第1次調査の内容を検討した結果、調査の重点を浙江省の蘭渓市と麗水市に絞ることとした。そして、日本側のメンバーの数名はさらに確認のために短期の補充調査を昨年10月に実施した。本書は、このような3年間にわたる日中双方の協力の成果である。内容的には決して水準の高いものとは言えないが、直接現地で見聞きしたことに基づいて執筆されており、ファーストハンドの資料として貴重であり、その資料に基づく各分担者の分析も試みとしては充分に評価して貰えるものと自負している。

　今回の調査研究は、1989年度から91年度まで3年間文部省科学研究費補助金（海外学術研究・国際学術研究）の交付を受けて実施されたものである。本書はその研究成果報告書である。したがって、この報告書には研究分担者全員がなんらかの報告論文を提出することになっていたが、諸般の事情で残念ながら日本側の数名の者が最終的に提出にいたらなかった。中国側の研究分担者全員から内容豊かな報告論文をいただき、さらに研究協力者の方々からも論文を

中日联合江南地区民俗调查报告辑

提出していただくことができた。資料としても内容豊かで、かつ分析解釈においても新しい内容を有している多くの論文を収録したこのような大部な報告書を刊行できることとなったことを感謝し、かつ喜びたいと思う。

　思えば、研究計画を立案してから本日まで実に多くの方々の親切な配慮をいただいてきた。特に、江蘇省、浙江省での調査を可能になるように、私共への招聘状の発行と現地への依頼連絡をしてくださった中国政府国家教育委員会、中国社会科学院少数民族文学研究所、北京師範大学、浙江省人民政府外事弁公室にあつくお礼申し上げたい。また調査に際して現地の設営をし、調査期間中は随行して種々のご配慮をくださった江蘇省社会科学院、浙江省文聯にも心から感謝申し上げたい。特に3年間の調査を縁の下の力となって支え支援して下さった浙江省文聯の陳徳来、柯燕、王恬、程士慶の諸氏には感謝の言葉も無いほどお世話になった。そして、地元の江蘇省常熟市、浙江省金華市、蘭渓市、麗水市の各人民政府外事弁公室、常熟市白茆郷、蘭渓市殿山郷、麗水市龍江郷の各人民政府さらに蘭渓市文聯、金華市文聯、麗水市文聯の皆様にも大変お世話になった。あつくお礼申し上げたい。調査対象村落の村民委員会等の役職者の皆様にも種々ご親切なご配慮をいただいた。調査成功のためとはいえ、私共から何かと勝手なお願いをしたことに対して、積極的に対応して、私共の希望が実現するように努力して下さった。そして、言うまでもなく、各村の私共の相手をしてくださった多くの村人の皆様に最大の感謝の気持ちを表わさなければならない。どこでも長時間にわたり、細々としたことまでお話を伺い、お仕事の邪魔をした。どなたも親切にご教示くださり、ときには具体的な物を示され、あるいは場所まで案内してくださった。この報告書の記述内容に価値があるとすれば、それはすべてこれら伝承者の皆様の賜物である。私共は調査内容の充実にばかり気持ちを奪われ、いろいろと失礼をし、またご迷惑をおかけしたことをお詫びしたい。

　なお、中国側研究分担者は1990年12月に来日した折に、日本の農耕文化資料の収集も行ったが、その際の調査地として訪問した千葉県佐倉市、茨城県牛久市そして沖縄県読谷村の関係者の皆様にも大変お世話になった。ことに沖縄の読谷村では4日間にわたる民俗調査を実施したが、その際には読谷村立歴史民俗資料館、読谷村史編さん室の皆様に何かとご高配いただいた。深く感謝申

し上げたい。各調査村落の皆様が一行に示された歓待は日中の友好の気持ちを如実に表すものであり、随行した者としても深い感銘をうけた。

　日本と中国の民俗学研究者が調査対象地を同一にすることで問題を共同して考えるという試みは今後の双方の学問の発達に大きく貢献するものと確信しているが、このようなことが実現できたのは中国民俗学界の長老北京師範大学の鐘敬文先生と国立歴史民俗博物館の民俗研究部長であった故坪井洋文先生のお二人のこの学問発達への情熱が一致したためである。残念なことに、その坪井先生は本研究の研究代表者として調査計画の作成を終えたところで亡くなられ、調査の実施過程も成果も確認できなかった。さぞかし無念のことだったと思われる。本書の刊行を最も喜んでくださるのは、本研究の出発を作った鐘先生と坪井先生であろう。本書をお二方の先生に捧げたい。

　1991年12月

　　　　　　　　　　　　　　　　　　　　　　　　　　　　福田 アジオ

　《追記》中国側の代表者であった張紫晨氏が本年3月5日に病気のため逝去された。昨年12月に本書編集のために来日されたときは、帰国後に入院して手術を受けると話されていたが、お元気な様子であったので、このようなことになるとは思いもしなかった。ご逝去を悼み、生前のご指導に感謝し、かつ本書を生前にお届けできなかったことをお詫びしたい。（3月15日）

前 言

　　《中国江南民俗文化》现在以调查报告书的形式发表了。这是中日两国民俗学者联合考察成果的初次结集。它所收的 22 篇调查文章，虽然只是考察所得的一部分，但却反映出近两三年中日民俗学者对中国南方农耕民俗文化联合考察的成绩。它不仅在村落社会与生活空间、人生仪礼与冥界观、民间信仰与农耕礼仪以及口承文艺与民俗艺能等方面提供了中日农耕文化比较的材料，而且也使中日两国南方农民的生产生活、文化心理、民俗活动得到了进一步的沟通。这对增进中日两国的相互了解和友谊无疑将会起到积极的作用。特别是，中日两国学者在共同目标统一计划之下，混合编组、同吃同住、共同考察，更是一种很好的学术合作形式。在这种朝夕相处、和谐愉快的考察中，不仅充满友好的气氛，把双方的感情凝结在一起，而且随时随地交流考察经验与方法，讨论调查中的问题，互帮互学，共同切磋，取长补短，把每个考察员的身心都融于这个集体之中。这种亲密无间的合作，在学术交流方面，固然收获良多，在完成调查的任务与要求方面，也必然是重要保证。这对于全面锻炼考察成员无疑是一个十分难得的机会。这点是要特别感谢这次联合考察活动的发起者日本国立历史民俗博物馆民俗研究部及诸位学者的。

　　众所周知，民俗调查是一种非常细微的工作。面向中国南方地区极其丰富而又复杂的民俗事项，考察者如何有条不紊、全面深入地将它们调查清楚，是很不容易的事情。这不仅对于日方调查者，就是对于生活在中国的调查成员，也有相当的难度。除了语言方面的原因之外，还有一个如何认识和把握的问题。至于调查之后，如何分析和揭示其深层意义，就更加不容易了。在这方面，日本考察成员和中国考察成员，都是做了很大的努力的。但是由于每次调查的时间都十分短促，还要去掉许多翻译的时间，因而无论调查的深度还是广度，都受到一定的限制。而由于各自本职工作的繁忙，调查后期的论文与报告书的撰写，更加匆促，而且有许多调查资料都没有来得及整理与撰写，这是我们感到很遗憾的。这只有以后再加以弥补了。

　　这次中日联合考察，曾得到中国社会科学院和国家教委的支持，得到日本文

部省和日本国立历史民俗博物馆帮助。在具体考察中又受到中国江苏、浙江两省的政府部门、科研部门以及常熟市、兰溪市、丽水市外办与文化部门的热情协助。特别是在日本南方考察期间，曾受到冲绳县长滨、座喜味、读谷村等地公所和博物馆的热情协助。这些部门为这次深入乡村与民户的调查做了许多细致、周到的安排。在此，我们表示衷心的感谢。在这次考察团的联合组织与指导活动中，中国民俗学会、北京师范大学，作为联合考察组织的一员，不仅给以多方的关照，而且进行许多具体的联络工作，这也是我们要十分感谢的。尤其令人难忘的，是我们所到各村、村民和访问对象，不厌其烦地听取我们的询问，为我们提供了大量的民俗资料和非常宝贵的民俗活动情况。每当我们翻开笔记本、打开录音机时，他们的音容笑貌，立刻浮现在我们的眼前。这本调查论文集，与其说是中日考察成员的成果，不如说是中日双方村民们的心血。没有他们这个源泉和根基，我们的调查是不可能有任何结果的。

最后，让我们保持和维护这次联合考察所建立的深厚友谊，发扬中日文化交流与学术合作的成绩。我们希望这种合作能长久地继续下去。希望从这次开始，还能有第二次、第三次、第四次……这不仅对中日两国农耕民俗文化有意义，而且将对东亚地区、东太平洋文化的发掘与探索作出有益的推进。

张紫晨
1991 年 12 月 6 日

研究の経過と調査地の概観

福田　アジオ・小林　忠雄

1. 計画立案と準備

(1) 研究計画前史

　日本列島内で経験を蓄積してきた調査技法を生かして、自らの問題意識による中国における民俗調査を実施し、直接民俗資料を獲得して、日本列島の農耕文化をより広い視野から検討しようとするのが本研究の基本的目的である。このような研究が開始されたのは、坪井洋文、曽士才および福田アジオが萩原秀三郎、金丸良子の両氏と共に私費によって1985年に中国貴州省の黔東南苗族侗族自治州を訪れ、民俗調査を実施したことに始まる。この調査経験によって、中国の農村において本格的な民俗調査が可能であることが判明したので、「日本と中国の農耕文化の比較研究」という課題で文部省科学研究費補助金（海外学術研究）を申請して、その交付を受けた。それに基づく現地調査を1986年3月に貴州省威寧彝族回族苗族自治県において実施し、成果は坪井洋文編『華南畑作村落の社会と文化』（1987年3月）として刊行した。貴州省における調査研究はさらに黔東南自治州においても本格的に実施した。やはり文部省科学研究費補助金（海外学術研究）の交付を受けて、1987年度、1988年度の2年間にわたって黔東南自治州の2村落を対象地にして集中的な調査を実施した。

　この貴州省の民俗調査の過程で、少数民族の稲作文化について多くの知見を得ることができたが、当時しばしば行われていたような、これらの稲作文化と日本の稲作文化との表面的な比較による稲作のルーツや日本人の祖先を想定することにはかねて強い疑問をいだいていたので、そのような方向は採用せず、慎重に研究を進めることとした。そして、中国各地域、各民族の詳細な農耕文

化の実態を把握することが次には必要であるという認識となり、西南中国の貴州省に対して、東南中国の稲作地帯である江南地方での民俗調査を計画することとなった。また、坪井や福田の属する国立歴史民俗博物館は国際的な学術交流の窓口になることを重要な事業の一つとしており、単に日本の研究者が中国で調査研究するだけでなく、中国の民俗学研究者との交流、提携による双方の研究の発展を期する必要があるという判断も大きくなった。そこで、日中双方の民俗学研究者が参加した民俗調査の実施を計画した。

(2) 研究計画の立案

1987年7月に坪井洋文と福田アジオは北京を訪れ、北京師範大学、中国社会科学院、中央民族学院、中国民間文芸家協会などを訪問し、関係研究者との交流を行い、日本の民俗学の現状や研究動向について説明をすると共に、急速に成長しつつある中国の民俗学の状況を把握した。この交流を通して、中国民俗学界の新しい学問研究分野を築こうとする情熱を十分に感得することができ、国際的な学術交流への意欲も強いことが感じられた。そこで、中国の代表的な民俗学者である北京師範大学の鐘敬文、張紫晨との会談において、日本側から日中双方の研究者が参加する民俗調査を江南地方で実施し、その成果に基づく研究を行うことを提案し、基本的な賛同を得た。

帰国後その計画を具体化するために、中国側とも連絡をとりつつ実施計画案を作成して、翌年6月に「日本と中国との農耕文化の比較研究-中国江南地方の民俗調査-」という課題で新規の文部省科学研究費補助金（海外学術研究）を申請した。申請時の研究代表者は坪井洋文であったが、坪井が書類提出直後に死去したため、以後研究代表者は福田アジオとなった。

申請のための計画調書に記された研究の目的は次のようなものであった。

中国江南地方の江蘇省、浙江省およびそれに隣接する福建省において、日本民俗学が開発してきた詳細な実地調査の方法によって民俗調査を実施して中国の水田稲作地帯の農耕文化を綜合的に把握し、その上で日本の農耕文化との対比研究を行い、日本の農耕文化と大陸の農耕文化の関連性について解明する。あわせて日中両国の研究者の共同調査・研究を通して、近年急速に勃興しつつある中国民俗学の方法に対して日本民俗学の蓄積してきた理論・方法・技法等を参考に提供することも重要な目的である。

研究はあくまでも現地調査に基づくものであり、安易な比較や関連付けはしないという方針を示し、かつ中国民俗学の研究者との学術交流を大きな課題としていることを表明したものである。幸いに、本研究に対して89年度から3年間研究費補助金の交付がなされることとなり、いよいよ研究計画が実施されることとなった。

(3) 研究組織

この研究計画に参加した日本側研究代表者、研究分担者には死亡、転出、留学等により若干の異動があった。最終的に研究に参加した者は以下の通りである。

研究代表者　福田アジオ（国立歴史民俗博物館民俗研究部）
研究分担者　岩井　宏實（国立歴史民俗博物館民俗研究部）
　　　　　　小林　忠雄（国立歴史民俗博物館民俗研究部）
　　　　　　福原　敏男（国立歴史民俗博物館民俗研究部）
　　　　　　橋本　裕之（国立歴史民俗博物館民俗研究部）
　　　　　　矢放　昭文（京都産業大学外国語学部）
　　　　　　佐野　賢治（筑波大学歴史人類学系）
　　　　　　曽　　士才（法政大学教養部）
　　　　　　小熊　　誠（沖縄国際大学文学部）

また、中国側の研究分担者についてもやはり若干の異動があったが、最終的には以下の通りである。

研究分担者　張　紫　晨（北京師範大学中文系）
　　　　　　陶　立　璠（中央民族学院漢語言文学系）
　　　　　　劉　鉄　梁（北京師範大学中文系）
　　　　　　周　　　星（北京大学社会学研究所）
　　　　　　白　庚　勝（中国社会科学院少数民族文学研究所）
　　　　　　巴莫曲布嫫（中国社会科学院少数民族文学研究所）
　　　　　　周　正　良（江蘇省社会科学院文学研究所）
　　　　　　朱　秋　楓（浙江省芸術研究所）

以上のように、日本側の参加者が9名、中国側参加者は8名で、全体で17名の大所帯の研究組織となった。しかし、日中双方とも比較的若い研究者であ

り、調査研究に向かうエネルギーは大きく、多人数による障害を乗越えることは可能と判断し、実際にそのようになった。

(4)研究協力者と通訳

　交付決定により、具体的な調査計画の立案に入ったが、交付額は当初申請した補助金額に比較して大きく減額されたので、先ず調査対象地域を絞ることとした。すなわち、江蘇省、浙江省、福建省の3省を予定していたが、それを江蘇、浙江の2省のみに調査対象村落を設定することにした。そして、調査日程も各年20日余りに縮小して計画を建て直した。このように予算額に応じた調査計画にし、中国側の代表者である張紫晨とも協議して、具体的な日程や組織を決めた。

　また、現地調査に伴う各種の折衝を調査村落や政府関係機関としてもらい、かつ調査地域についての民俗を教示してもらうために、研究蓄積のある地元研究者を研究協力者として依頼することとした。以下の通りである。

　　研究協力者　陳　勤　建（華東師範大学中文系）
　　　　　　　　陶　思　炎（東南大学社会科学系）
　　　　　　　　王　　　恬（浙江省民間文芸家協会）
　　　　　　　　史　　　克（浙江省金華市民間文芸家協会主席）
　　　　　　　　呉　剛　毅（浙江省麗水市文化局長）

　日本側研究者の多くは通訳を介しての調査であるため、民俗事象について知識を有する日本語通訳を依頼する必要があったが、現地においてそれができる見込はないと判断して、北京師範大学の民俗学専攻の大学院生で、日本語に堪能な以下の二人を通訳として依頼し、調査に参加して貰うことにした。

　　通訳　　　　何　　　彬（北京師範大学中文系博士研究生）
　　　　　　　　尹　成　奎（北京師範大学中文系博士研究生）

(5)地元協力者

　調査地域毎に調査地の設営、各種折衝、あるいは資料提供をしてもらうため地元政府の外事弁公室、文化局の担当者あるいは民間文芸家協会の会員等に協力者として便宜をはかって貰うことをお願いした。また、それぞれの調査地域毎に日本語通訳や方言通訳を依頼した。

　　江蘇省協力者　徐　恵　保（常熟市人民政府外事弁公室副主任）

　　　　　　　　袁　正　龍（常熟市人民政府外事弁公室副科長）
　　　　　　　　徐　光　萍（常熟市人民政府外事弁公室・日本語通訳）
　　　　　　　　蔡　　　焜（常熟市人民政府文化局副局長）
　　　　　　　　楊　光　錚（江蘇省社会科学院外事処）
　　　　　　　　銭　俊　沢（蘇州市人民政府外事弁公室科長）
　　　　　　　　蔡　利　民（蘇州民俗博物館員）
　浙江省協力者　程　士　慶（浙江省文聯組聯部）
　　　　　　　　王　　　偉（浙江省二軽工業総公司対外経済技術処主任科
　　　　　　　　　　　　　　員・日本語通訳）
　　　　　　　　徐　萍　飛（杭州大学・日本語通訳）
　　　　　　　　朱　富　雲（浙江省農業科学院科技外事弁公室・日本語通
　　　　　　　　　　　　　　訳）
　　　　　　　　石　福　雲（蘭渓市人民政府外事弁公室主任）
　　　　　　　　李　新　亜（蘭渓市人民政府外事弁公室科長）
　　　　　　　　蒋　栄　森（蘭渓市文聯副主席）
　　　　　　　　鄭　有　理（麗水市外事弁公室主任）
　　　　　　　　唐　宗　龍（麗水市文聯秘書長）

　そして、最後になったが、各調査村落においては多数の方々に伝承者として私共の聞き書の相手になっていただいた。各人は時には文化宮その他の公共施設を会場にして集まってもらって、また時には戸別訪問の形で伝承者のお宅を訪問して、聞き書調査を行った。訪問したお宅では伝承者の家族の方々にも大変お世話になった。また昼食の準備、その他の対応で多くの人の手を煩わせた。また、それらの準備や依頼に奔走してくださった各村の村長、書記その他の幹部の方々にも多大のご面倒をおかけした。それら総ての方々の氏名もここに掲げるべきであるが、その数は多数にのぼり、しかも全員の名前を完全には把握していないので、残念ながら記すことができない。しかし、本報告書がこのように刊行できたのもひとえに各調査村落の皆様の積極的な協力の賜物であり、ここに深く感謝するしだいである。　　　　　　　　　　　（福田）

2. 調査経過

(1) 1989年度調査

　1989年度より3カ年間が認められた国際学術研究の民俗調査は、その第1年目の調査を諸般の事情により年度末の1990年3月1日〜20日までの20日間に行うこととなった。

　これに先立ち、1989年7月より3回にわたる国内研究会が国立歴史民俗博物館および法政大学を会場に行われ、まず最初に計画の推進にあたり中国側の招聘や受入れに関する折衝などの経過報告と同時に調査地の設定および時期や調査方法などが討議された。その結果、本年度の調査地は江蘇省常熟市白茆郷、浙江省金華市、同省麗水市の三地域とすることが決められ、中国側にその地域での調査が可能かどうかを打診した。その後の研究会は主として調査地に関する研究分担者間の情報交換、さらに文献資料の確認、中国民俗の研究情況の報告などが話合われた。

　また9月25日には中国側研究分担者の代表である北京師範大学の張紫晨教授が来日して、招聘機関が中国社会科学院であること、社会科学院から上海市社会科学院および江蘇省社会科学院、浙江省文聯へ地元との折衝および受入れに関する諸々の連絡を行ったことの報告があり、また主として中国における滞在などの経費に関する問題や受入れに関する諸条件などが提示され、話合いがもたれた。さらに日中双方の研究分担者の役割分担や調査項目あるいは調査方法、年度計画等の確認なども行われた。

　1990年3月1日に成田を出発した日本側調査団の一行9名は次の通りである。

　福田アジオ・岩井宏實・小林忠雄・福原敏男・橋本裕之・矢放昭文・佐野賢治・曽士才・小熊誠。

　まず上海市に到着し、すぐに中国側研究分担者および調査協力員、日本語通訳者と第1回目の打合せを行い。調査地の受入れに関する進捗情況や、20日間にわたる正確な調査計画が協議された。以下日程の経過については箇条書きにて示す。

　・2日は上海民間文芸家協会にて関係者が一堂に会し、引き続き計画の打合

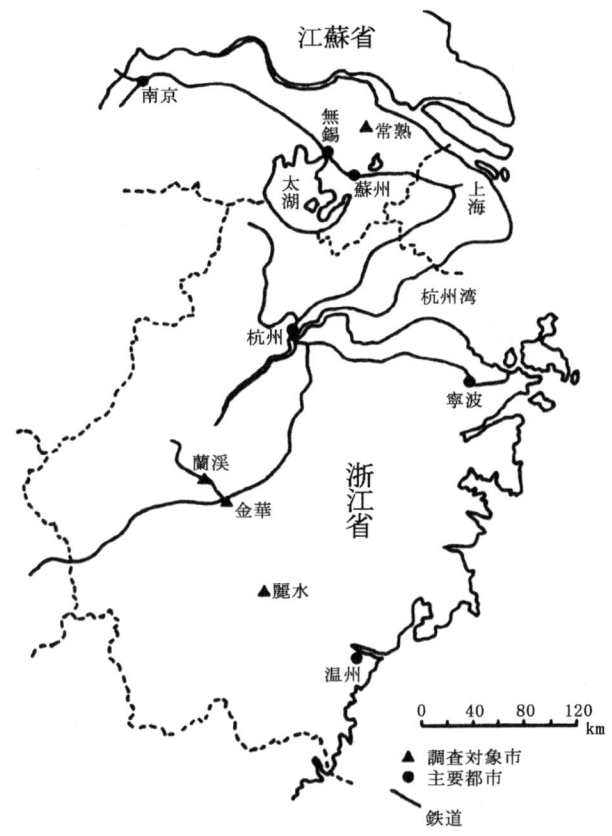

図1　調査地の位置

せ会議が行われた。特に現地の聞き取り調査の際の小チーム編成を決めた。

・3日の朝マイクロバス2台に分乗した一行は江蘇省常熟市に到着、ただちに市政府関係者との懇談会をもち、この地方に関する概況紹介や民俗の情況説明などが行われた。

・4日は常熟市街地から郊外の白茆郷を訪問。郷政府関係者からこの地域の概況説明を聞く。特に解放前と解放後の暮らしぶりについて、ムラの仕組み行政等の説明があり、さらに文化情況、歌謡、芸能、年中行事、生活習慣等の概要を聞いた上で小グループに分かれ個別に聞き取り調査に入る。

・5日は白茆郷溇涇村を訪れ、個別に聞き取り調査を行う。

・6日は白茆郷山涇村にある郷鎮企業の白茆紡績工場を訪ね、主として山涇村の風俗習慣について概要が説明された。また小グループによる個別の聞き取

り調査を行った後、実際のムラを見学し物質文化の調査を行う。

・7日は白茆郷上塘村おいて小グループによる個別の聞き取り調査を行った。

・8日は白茆郷上塘村において村内の郷鎮企業集会場で午前中は小グループによる個別の聞き取り調査を行い、午後は白茆郷に伝わる伝統的な民謡の数々が紹介された。

・9日は午前中に常熟市近郊にある琴南郷元和村を訪問し、新しい農村村落の実態を見学すると同時に概要の説明を受ける。また個人の家庭を訪問し暮らしぶりを見学する。午後は市内の古い廟や老人施設の石梅園を見学する。

・10日は移動日にて朝常熟市をマイクロバス2台で出発、蘇州市へ到着後、蘇州民俗博物館を訪問し、見学ならびに民俗の情況説明を受ける。

・11日も同じく移動日で浙江省の中心地である杭州市に到着。浙江省文聯関係者と懇談する。

・12日は午前中は浙江省での調査日程、方法等の打合せを行い、また浙江省文聯関係者との懇談会をもつ。午後は金華市へマイクロバス2台で向かい夕刻に到着する。ただちに金華市政府関係者、特に章副市長を交え懇談会を行う。金華市民間文芸家協会の史克先生よりこの地方の風俗習慣の概要説明を受ける。さらに金華市農業委員会の葉沢光先生よりこの地方の農耕制度、農民の方言、農具の概要説明を受ける。

・13日は隣りの蘭渓市姚村を訪問し、市政府文化局の劉局長より姚村の文化、風俗習慣の概要説明を受ける。また個別の家庭訪問を行い調査する。午後は李漁記念館を訪問し、蘭渓市全体の風俗習慣、特に婚姻儀礼や農耕儀礼の概要の説明を受ける。

・14日は金華県曹宅鎮を訪問し、副県長、村長、県文化局長よりこの地方の概要説明を受け、小グループによる個別の聞き取り調査を行う。

・15日は移動日にて朝金華市を出発し午後麗水市に到着。ただちに麗東村を訪問し、公民館にて概要説明を受けた後、家庭訪問し家屋内を見学する。

・16日は麗水市の東南方向の山麓に面した畬族のムラの山根村を訪問し、このムラの概要説明を受ける。また、小グループによる個別の聞き取り調査を行う。

・17日は午前中に麗水市の敏河村を訪問し概要を聞いた後、小グループによる個別の聞き取り調査を行う。午後は同市の堰頭村を訪問し村長より概要を聞いた後、小グループによる個別の聞き取り調査を行う。

・18日は移動日にて朝、麗水市を出発し、午後に杭州市に到着。

・19日は朝、汽車にて杭州市を出発し、午後に上海市に到着。ただちに上海社会科学院にて上海の民俗学研究者との懇談会を開催し、調査中の不明な点、および疑問点の質疑応答や調査によって得られた成果の報告などを行う。夜は調査団の総括・反省会を開く。また翌年度の計画などについても話合われた。

・20日は日本側調査団は日本へ帰国し、1989年度の調査を終了した。

(2) 1990年度調査

1990年度は国内研究会を3回開催し、初回は前年度の調査結果の要旨をまとめ、報告会を行うと同時に次回の調査方法の検討がなされた。2回目は中国側研究分担者を日本に招聘し日中農耕民俗の比較研究を実施するにあたり、国内調査の実施方法を検討した。また中国での調査時期を1991年の3月10日から30日までの20日間とし、浙江省のみで行うことを決定した。

国内の農村調査は中国側研究分担者を招聘し、12月1日から15日まで実施した。

この国内の農村民俗調査に中国から来日し参加したのは次のとおりである。

張紫晨・陶立璠・劉鉄梁・周星・白庚勝・巴莫曲布嫫・周正良・朱秋楓の研究分担者に加えて何彬・尹成奎の10名である。

・12月1日に北京および上海から成田へ到着、直ちに国立歴史民俗博物館に来館する。

・2日はまず国立歴史民俗博物館にて研究会を開催した。日本側研究分担者とともに前年度に実施した調査結果の報告会や国内調査の打合せを行った。

・3日は千葉県佐倉市の弥富地区の飯塚の民俗調査を実施し、ここではムラの古老に集会所に集まっていただき聞き取り調査を行った。この調査に参加した国内研究分担者は福田アジオ・矢放昭文である。

・4日は千葉県立「房総の村」を見学し、続いて茨城県牛久市の近郊農村である久野・島田を訪問、前日と同様に民俗の聞き取り調査を行った。この調査に参

加した国内研究分担者は岩井宏實・佐野賢治・矢放昭文・福原敏男である。

・5日は筑波大学を訪問し、民俗研究者および大学院生と懇談し、情報交換を行った。

・6日は沖縄県へ移動し那覇市に到着した。この調査に参加した国内研究分担者は福田アジオ・小林忠雄・曽士才である。

・7日は沖縄県立博物館および読谷村立歴史民俗資料館を訪問し、資料を入手する。また翌日からの調査の打合せを行う。

・8日～11日までは読谷村立歴史民俗資料館のご協力にて座喜味と長浜における4日間の聞き取り調査を行った。調査の効率をはかるため全メンバーを座喜味班と長浜班の2班に分け、それぞれに地元の沖縄国際大学の中国人留学生、琉球大学の中国文学専攻学生の通訳の応援を得ての民俗調査であった。

特に中国側の研究分担者に印象を与えたのは沖縄地方における中国文化の影響についてであり、墓制、神話伝説、石敢当、芸能などに注目した。

・12日は沖縄国際大学を訪問し、特に同大学南島文化研究所の主催による地元の民俗学研究者との研究懇談会が開かれ、日中間の民俗事象の類似点、相違点やあるいは調査のなかで不明な点などの質問を含め話し合われた。

この調査結果については主として中国側研究分担者による報告がなされている。

・13～14日は東京へ帰還し、都内にて各自が研究資料の入手などが行われた。

・15日に中国側研究分担者は全員帰国した。

1990年度の中国浙江省の調査は1991年3月10日から以下の日程で実施した。この調査に参加した6名の国内研究分担者は次のとおりである。

福田アジオ・岩井宏實・小林忠雄・矢放昭文・佐野賢治・小熊誠。

なお中国側研究分担者は前年度のとおり全員参加した。

・10日は羽田、大阪空港経由にて上海市到着。

・11日は杭州市にて中国側研究分担者と合流し、打合せ会を行い、全日程を確認する。

・12日は朝、杭州市を出発し蘭渓市に到着する。

・13 日は終日、蘭渓市殿山郷姚村にて日本側、中国側はそれぞれ個別に伝承者の家庭を訪問し、個別に聞き取り調査を実施する。

・14 日は前日に同じ。

・15 日は前日に同じ。

・16 日は前日に同じ。

・17 日は前日に同じ。

・18 日は金華市へ移動。金華市政府関係者を招き、懇談会を行う。

・19 日は麗水市へ移動。麗水市政府関係者と打合せを行う。

・20 日は二班に分かれ、山根村と堰頭村の両村にて、終日伝承者の家庭を訪問し、個別の聞き取り調査を実施する。

・21 日は前日に同じ。

・22 日も前日に同じだが、山根村では模擬の結婚儀礼が行われ、具体的な事例を観察する。

・23 日も前日に同じだが、この日山根村では村民によって模擬的な成人儀礼が行われた。

・24 日は山根村と堰頭村の両村にて、終日個別の聞き取り調査を実施する。

・25 日は全員堰頭村を訪問し、個別の聞き取り調査を実施する。

・26 日は移動日にて、朝麗水市を出発し、午後杭州市に到着する。

・27 日は調査団全員による全体会議を行い、主として報告書作成の打合せを行う。

・28 日は杭州市で中国側調査団は現地解散する。日本側は上海市に移動。

・29 日は日本側調査団は上海市にて文献資料を集める。

・30 日に日本側調査団は日本に帰国し、1990 年度の調査を終了した。

(3) 1991 年度調査

1991 年度は調査結果をまとめ、報告書を作成する計画であったが、調査が不充分であり、また不明な箇所の再確認のために日本側の研究代表者と研究分担者 3 名による短期の補充調査を浙江省麗水市山根村と蘭渓市殿山郷姚村の二村を対象に実施した。調査に参加した国内研究分担者は福田アジオ・小林忠雄・曽士才・小熊誠である。（なおこの調査には中国側研究分担者は参加しなかった。）

1991年10月18日から29日までの12日間の短期調査である。基本的には過去の調査と全く同じ方式で山根村と姚村において聞き取り調査および文書調査を行った。

また、中国側研究分担者の代表である張紫晨は1991年11月30日に中国側の調査報告書原稿を持参し来日、ただちに国立歴史民俗博物館にて編集会議を開き構成、体裁等を決め、さらに原稿の問題点を検討し協議した。

以上3カ年にわたる調査研究の実施情況などの概略を今後の記録のために列記したが、もとより限られた予算と期間による調査のため、さまざまな問題点や不備な点が目立つ。しかし、特に今回は中国側研究分担者の熱意あるご厚情と全面的なご協力によって、立派な研究成果をまとめられたことは真に喜ばしいことであり心より感謝申しあげたい。さらに日中相互の研究者がこれを機により一層交流を深め、お互いの国の理解とお互いの民俗学が共に発展することを深く望んで止まない。

(小林)

3. 調査地の概観

(1)調査対象村落

今回の調査研究の対象地域としたのは、初年度においては江蘇省常熟市の白茆郷婁泾村、山泾村、上塘村の各村落、浙江省の金華市金華県曹宅鎮、蘭渓市殿山郷姚村、および麗水市麗東村、龍江郷山根村、聯城郷敏河村、新合郷堰頭村を訪問調査した。2年度は、初年度の調査対象地のなかから浙江省の二つの村落に対象を絞って、集中的な調査を実施した。すなわち、蘭渓市殿山郷姚村、麗水市龍江郷山根村である。なお、2年度には一部のメンバーは麗水市新合郷堰頭村でも調査を行った。3年度目には日本側の一部メンバーによって短期間の補充調査も行われたが、その対象村落は姚村と山根村であった。また、2年度目の12月には中国側研究分担者を中心にして日本での資料収集活動が行われた。「本土」では千葉県佐倉市飯塚、茨城県牛久市久野、島田、沖縄では読谷村座喜味、長浜において民俗調査を行った。特に沖縄読谷村の2村落については4日間の集中調査を行い、各研究分担者は多くの資料を直接入手した。

以上のように多くの村落を訪れ、調査を実施したのであるが、重点が置かれたのは浙江省蘭渓市姚村と麗水市山根村である。本報告書にもこの二つの村落

名はしばしば登場する。ここでは、今回の調査対象となった各地域の様相について概観しておこう。

(2)江蘇省常熟市白茆郷

　白茆郷は長江の南側の低平な三角州に展開する水田地帯の農村である。白茆郷の属する常熟市は上海の西北約100キロメートルの所に位置し、人口103万人余りの地方都市で、農産物の集散地として古くから発達してきた。現在行政的には蘇州市に属している。常熟市は中心の市街地である虞山鎮の他に11の鎮、23の郷、3の農場があり、白茆郷は市域の東南部に位置する比較的大きな郷である。ほぼ純粋な農村地帯であり、縦横に走る運河・水路で区切られる形で水田が広がっている。農業は水田では水稲と小麦の2毛作、畑地では麦と綿の栽培が盛んに行われているが、生産としては水稲と綿が中心である。

　白茆郷は人口が25,960人で、世帯数は6,762世帯である。白茆郷には二つの鎮と19の村が存在する。鎮は白茆鎮と李市鎮で、郷の北部の中心が白茆鎮、南部の中心が李市鎮で、その間は約6キロメートル離れている。白茆郷人民政府は白茆鎮にあり、そこは常熟市から東南18キロメートルである。なお、鎮は独立した行政単位となっておらず、単に町場を意味するだけである。白茆郷は全部で19の村で構成されるが、そのうち18が農村で、残りの一つが漁業村である。水田地帯であり、水稲と麦が主要な生産物である。また水産養殖も盛んである。現在目立つのは、水田の中や集落の周辺に鉄筋コンクリートの3、4階建てのビルディングである。それらの建物はいわゆる郷鎮企業である。電子、薬品化学、機械等の工場であり、その数は80余りで、そこに働く人は7,300人という。一部は香港との合弁企業もあり、電子工業と紡績工場を経営している。各家は生産責任制によって家族単位で水田農業を行いつつ、家族員の一部は郷鎮企業に働きにいくというのが基本的な姿であり、農家は1980年代に急成長をとげた。どの村においても、2階建ての新しい家屋が目立つ。就学率もほぼ100パーセントを達成しているという。

　今回調査対象村落として訪問したのは溇泾村、山泾村、上塘村の3村である。いずれも白茆鎮からさほど遠くない村であり、白茆郷をほぼ東西に貫く白茆塘に沿っており、また白茆塘に並行して走っている上海から常熟市に通じる公路が近くを通っている。各村は一つの集落ではない。いくつかの小さな集落

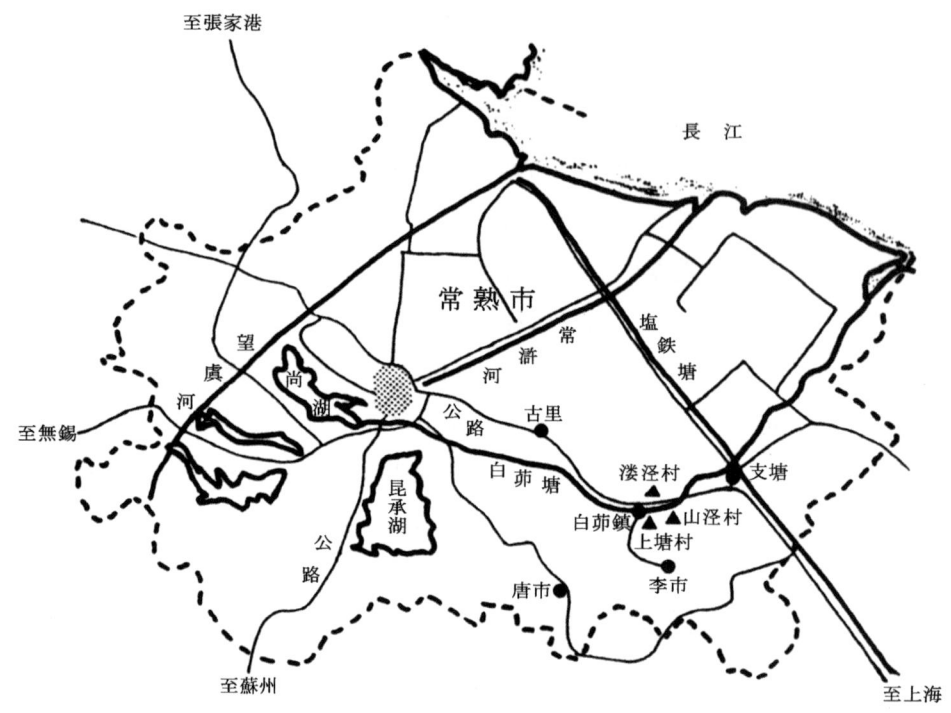

図2　常熟市の調査村落

に分れている。村は行政的に編成されたという性格が強く、必ずしも一貫して同じ範囲、同じ名称で続いてきたのではない。基本的には人民公社時代の生産大隊である。例えば、溇泾村はもとは金石村と金搭村の二つの村で、1960年に一つとなり、一つの生産大隊を形成したものであった。また山泾村も人民公社の第2生産大隊であった範囲であり、そこにはそれ以前の顧湾村、李泾村、山泾村の三つが合併してできたものである。しかし、現在では村が基本的な行政単位であり、共同施設や共有財産を持って活動している。

　白茆塘から小さく枝別れした運河が縦横に走り、それに沿って道がある。家々はそれに面して並んでいるのが一般的な姿である。したがって、集落としては家々が横に連なる列村と表現してよいであろう。その集落景観は開放的という印象をうける。この集落を単位に村民小組が組織され、日常的な互助組織となっている。村民小組は人民公社時代の生産小隊であった。現在はどの村でも村民小組は番号を付けて名前としているが、古くは固有の名称があった。地元の人々はこの小組を自然の村と表現している。集落を構成する各家の母家は二階

建てで、それに家畜小屋や物置の付属小屋があり、前庭がある。その全体は低い生け垣で囲むことが多いし、最近のものはコンクリートの塀を設けている。

白茆郷は民謡が豊かに伝えられている所である。すぐれた民謡歌手がおり、さらにその伝統は現在の若い村人にも受け継がれて、多くの歌い手が古くからの歌謡を伝承している。

(3) 浙江省金華市金華県曹宅鎮

中国では金華ハムの生産地として有名な金華市には市域に多くの県が含まれるが、金華県はその中心部に位置する。金華市は低平な山に囲まれた盆地状の地域であるが、その平野が東北部の山にかかろうとする所に曹宅鎮がある。金華市から杭州へ行く公路が通っており、交通量が多い。曹宅鎮は周辺農村の物資の集散地になっており、賑わっている。従って、農村というよりも町場と言った方が適切であろう。商業活動に従事しているのは皆兼業農家だという。地名が示すように、もともとここに住んでいたのは曹姓であったが、解放後様々な姓の者が各所から転入してきて、今では50余りの姓がある。町場としての性格が強く、集落規模も大きいので、鎮の下の単位として村民小組と鎮の中間組織である点が設けられている。曹宅鎮は5つの点があり、点を単位にして村民委員会がある。

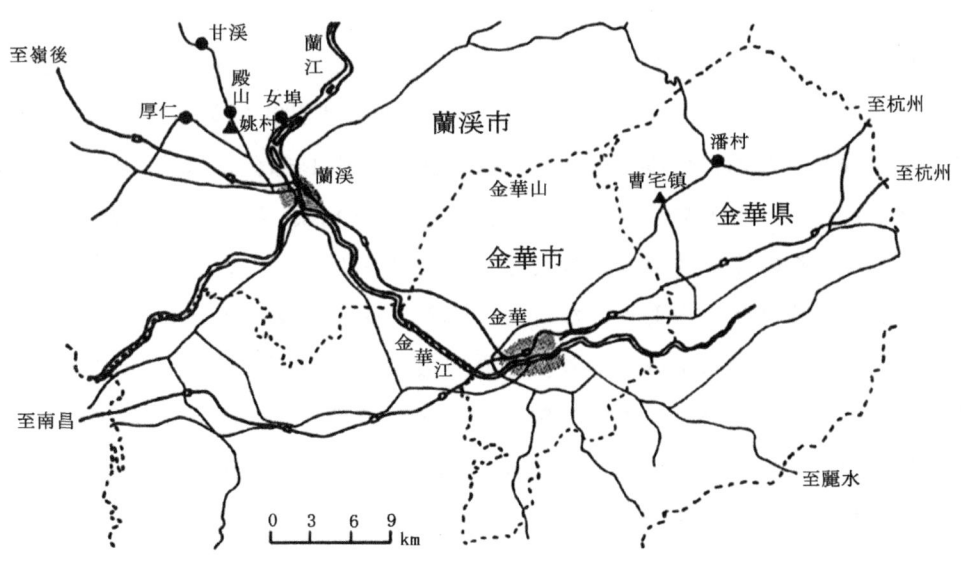

図3　金華市、蘭渓市の調査村落

(4)浙江省蘭渓市姚村

　姚村は蘭渓市の東北部に位置している。低平な地域であるが、わずかに丘陵状の丘がいくつか南北に走り、その間を水田に開発して、丘陵に抱かれるように集落を形成してきた。姚村は殿山郷に属しており、郷の中心地である殿下鎮に接している。人口 1,400 人、世帯数 397 戸であり、殿山郷のなかでは人口、戸数とも最も多い村落である。家々は密集しており、細い道の両側には各家の壁が立ちはだかって、視野を遮っている。その中心集落の外に新しい家が増えつつある。特に旧来は家がなかった川の東側から公路沿いに多くの新しい家ができてきている。いずれも旧来の集落の内部に住んでいた人々の分家によるものが基本である。

　この地方の水田稲作は基本的に2期作であり、姚村でも2期作が一般的である。第1期は4月の清明節後に田植えをして、7月に刈り取り、第2期は7月の収穫に並行しつつ田植えをして、10月に刈り取りをする。そして、その後に小麦を作るのである。このように水田を集約的に利用しつつ、他方では畑を作り、さらに近年は山をみかん園にして、秋には盛んに出荷している。1990年のみかん生産量は33万斤で、うち4万斤をソ連に輸出したという。また、村として経営する工場が二つあり、いずれも小さいながら村民を従業員として収益をあげている。

　現在の姚村はその住民の大部分が姚姓である。しかし、姚姓の先祖がここへ来たのは南宋時代のことで、移住してきた当初には現在の集落から西北に500メートル程離れた所に住み着いた。現在の集落の中心部分には古くから別の姓の家々があった。その居住していた所を夏宅といい、夏姓の家々だったという。しかし、その後夏姓の家はなくなってしまったという。そして、村名も姚姓からとって姚村というようになったという。姚姓の家々は一つの出自と信じられている。すなわち宗族であり、その内部は四つの房に分節化している。宗族としては宗祠をまつり、また各房もそれぞれ祭祀する祠堂を持っていた。その祠堂を中心にした宗族の活動は現在では見られないが、人々の相互関係としての房の認識などは明確である。

　この姚村の集落は、背後に低い山があり、前面に川が流れるという緩やかな傾斜地に家々を密集させている。現在では山の上に中学校があり、広場があ

り、しかも家も増えてきているので、その山の重要性は必ずしも明確ではないが、それでも人々に強く意識されている。龍が横たわっているのである。すなわち、姚村は龍に抱かれ、龍に守られた村である。

(5)浙江省麗水市龍江郷山根村

　麗水市の市街地から南へ約10キロメートルの所にある山間村落である。山根村は「行政村」であり、その内部に山根、沙旺、五宅塘、五畝頭、尖坽、犁頭尖という五つの集落があり、戸数の少ない犁頭尖以外はそれぞれが村落としての機能を持っていると判断される。行政村としての山根村の全住民が畲族である。麗水市は畲族の居住地域として知られているが、畲族のみ居住の地域で行政村となっているのは山根村だけである。戸数は97戸、人口は399人である。山根村が属するのは龍江郷である。この郷は平野部から標高868メートルの大梁山と標高926メートルの大山尖の山脈へ向かって樹枝状の谷が入り、ついにそれが山地に突き当たる所までを含んでいる。山根村は、そのような龍江郷のなかの最も奥まった山間村落の一つである。平野部から谷筋の開けた所は漢族の村落であり、畲族の居住する村落はその谷の最も奥の部分である。山根村もその一つであり、大梁山の山麓に位置する。現在では水田中心の農業であるが、畑作の比重も大きい。油茶やミカン栽培にも力を入れている。

　山根村の各集落は、家々が密集しているが、道路が家と家の間を縫うように走るということはない。家と家の間には空間があり、姚村の様な閉ざされた集落という印象は与えない。しかし、各家はやはり周囲を土壁や土塀で囲み、一つの出入口のみで道路と結びついており、個別の居住空間が外からうかがえるということはない。各家は木造であり、しばしば2階建てにはなっているが、生活するのは1階部分であり、2階は普通は物置となっている。

　山根村は、この地方の多くの畲族と同じように、広東省の鳳凰山からの来住の伝承をもっている。福建省を経て、浙江省に入り、雲和県に来て、次いで山根村に移住してきたという。山根村の姓は若干の鐘姓と雷姓とを除いて、すべて藍姓である。しかし、その同じ藍姓でも、各村毎に先祖は別にあり、来住の時期や経路は同じではない。先祖を共通にする子孫は、輩行を共通にしている。輩行は大小百千万念という6字のもの（六公々）と大小百千万念という5字のもの（五公々）があり、それぞれ漢字をあてはめて前者は全部で36字とか

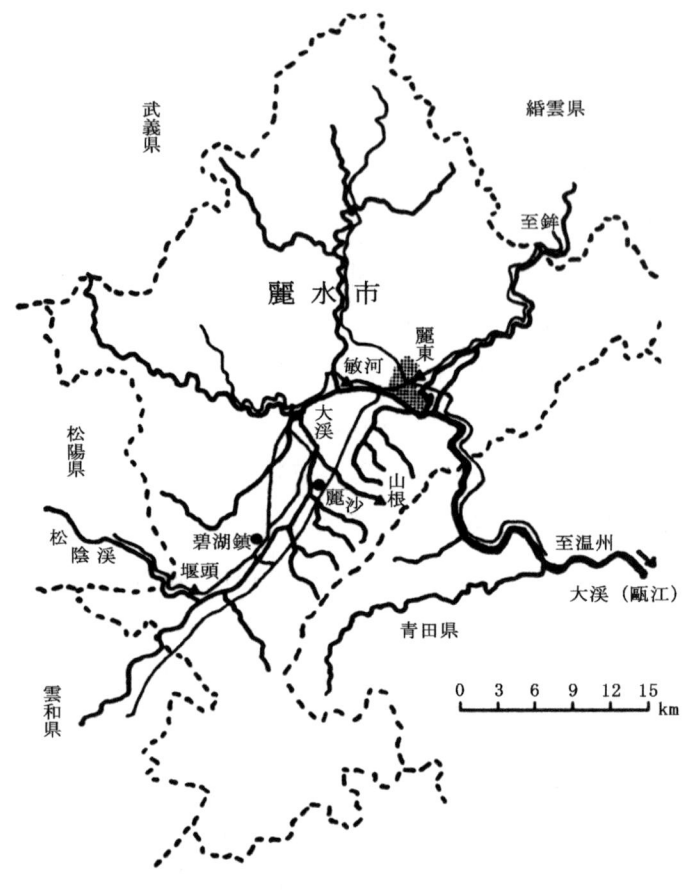

図4　麗水市の調査村落

24字、後者では30字の輩字が使用されている。同じ山根のなかでも二つの系統に分かれていて、六公々の24文字の家々と五公々の36文字の家々がある。他の村では、一つの系統で全部の家を占めているが、その場合も、たとえば沙旺や五宅塘では六公々の36文字、五畝頭、犁頭尖は五公々の30文字である。この輩行を同じくする人々が解放前は外婚規制の範囲となっていた。

(6) 麗水市聯城郷敏河村

　漢族の村落である。麗水の市街地に接続するため聯城郷と名づけられた郷のなかでも、比較的街に近い、大渓の北岸の村落である。戸数104、人口397人である。全体としては水田稲作を基本とした農村であるが、みかん園があり、さらに村内にトラクターの部品生産の村企業があり、村の大きな収入源となっている。集落は集村であり、各家の壁には石が埋め込まれ、また道路も石畳と

なっている。全体に石による造形美の見られる美しい村落である。姓は鄭姓が中心で、明の嘉慶年間にこの地に来住したという。

(7)麗水市新合郷堰頭村

　ここも漢族の村落である。村名にも表示されているように、ここには有名な通済堰という用水堰が存在する。大渓（甌江）の支流である松陰渓に設けられた用水堰で、堰の堤の延長は275メートルに及ぶ。水は下流の40ヵ村余りの村の耕地を灌漑している。この堰が設けられたのは505年で、当初は木による堰であったが、その後南宋時代に石の堤に築き替えられたという。堰頭村はこの堰の横にあり、用水路に沿って細長い密集した集落を形成している。家々の多くは木造の2階屋であり、その庇や欄間の木彫の飾りには精巧なものが多い。人口は713人である。この村の中心的な姓は葉姓である。　　　　　　（福田）

Ⅰ 村落社会与生活空间

I　村落社会と生活空間

江南農村の社会組織と生活空間

福田　アジオ

はじめに

　中国の村落社会をどのように理解するかは古くからの課題であった。かつてはアジア的専制社会の基盤としての村落共同体の存在を強調する論が出され、その後逆に中国における封建制がヨーロッパや日本のように発達しなかったとして、その基盤にあると位置付けられた共同体の未発達あるいは欠如を指摘する論が展開した。そして、この中国の村落は共同体としては把握できないとか、共同性が弱く、村落としての結合は弱いという理解が一つの通説となって今日に至っている。その見解のいずれもが「中国農村慣行調査」の資料を分析した結果として提出されたものである[1]。その点では問題点の多いものであった。

　その後久しく中国の村落社会を調査して、そのなかから理論化することは行われないまま過ぎてきた。中国における現地での調査が可能となってきたのは近年のことであり、最近ようやく村落そのものを直接調査し、研究した成果が多くだされるようになってきた。殊に文化人類学、民俗学の立場からの調査研究が盛んになり、新しい視点からの考察も増えている。他方、中国においても村落調査の気運は盛り上がり、民俗学研究者の現地へ赴いての調査も盛んになってきた。そのような状況で、旧来の村落理解をそのまま継承することは無意味であろう。固定観念としての中国村落の理解を放棄して、新しい枠組みを用意して、村落の特質を把握することが要求されていると言えよう。それは、また日本列島の村落社会を見直す契機にもなるものである。

---

　[1]　これらの論争の経過と問題点については旗田巍『中国村落と共同体理論』1973年、小林弘二編『旧中国農村再考』1986年等参照。

村落の基礎には家屋の集合した集落が存在する。一つの集落が単独で村落を形成していることが中国においても多数であるが、複数の集落が一つの村落として統合されている場合もある。集落という姿、形はその村落の社会的特徴を外貌として示しているものと思われる。集落の立地や外観、いわゆる景観は偶然にできたものでもなければ、また自然条件にのみ規定されて登場したのでもないと予想してよいであろう。中国の集落形態なり集落景観を社会の問題として検討した研究は必ずしも多くない。近年の数少ない研究としては瀬川昌久の論考をあげることができよう[①]。瀬川は主として集村的な形態をとる華南、殊に広東省の事例に基づき、この地方の村落は明確な空間的なユニットを構成しており、人々にとって宗族と並ぶ重要な存在であると指摘した。その際に、華中の散村的形態の村落との比較を試みている。しかし華中に入る浙江省の村落と集落の有り方については、散村とは言えず、どこも比較的規模の大きい集村が目立つが、その形態や景観は華南村落と同様のことが言えるのであろうか、検討してみる必要があろう。

　中国の村落社会を理解する際に重要な要素となっていたのが、宗族を中心とした親族組織の問題である。宗族を同族と表現して、それを中国社会の特質として把握することは早くから行われてきたが、近年の文化人類学・社会人類学の中国研究が盛んになってきた動きはさらに一層村落調査を親族組織中心の研究にしている[②]。かつての沖縄研究は、門中その他の親族組織のみを取上げ、村落は単にその親族組織を調査するための場所の表示にしか考えていなかった。村落は親族組織把握のための場でしかなかった。そのため、村落には多くの組織があり、様々な活動があるにもかかわらず、その点は無視された[③]。それと同様のことが近年の人類学的中国村落研究には見られる。確かに宗族組織は中国村落の理解にとって不可欠な事象である。それを正当に位置付けなけれ

---

　① 瀬川昌久「村のかたち：華南村落の特色」（『民族学研究』47巻1号、1982年）。
　② この動向に大きな影響を与えているのがフリードマンの研究である。フリードマンは宗族をlineageと把握し、東南中国の親族を分析したが、その影響は宗族という用語を使用せずに、lineageという言葉を直接使用することを一般化させるかたちで表れている。M. フリードマン（田村克己・瀬川昌久訳）『中国の宗族と社会』1987年。
　③ この点についてはかつて指摘したことがある。福田アジオ『日本村落の民俗的構造』1982年、第2編第5章参照。

ばならない。しかし、村落には宗族のみが存在するのではない。新旧様々な組織があり、活動がある。それらを含んで村落は把握されねばならないし、それが果たされれば中国村落把握の新しい枠組みや理論が形成できることにもなるものと思われる。

　江南地方はじめ中国東南部の村落社会は、村落が一つの宗族で構成されていることが多いと早くから指摘されてきた。それは近年の研究でも同様である。いわゆる単姓村落である。単姓村落では、村落といっても一つの宗族がほぼ全部の家を占めているので、宗族の組織、秩序、活動が生活の中心となり、村落というものは存在しないに等しいという理解もある。しかし、そのようにいえるのであろうか。殊に現代の中国村落において宗族を強調することが果たしてできるのであろうか。また逆に、家々が集合している集落を基礎に社会組織が形成されていないのであろうか。村落としての共同性はどの程度のものであろうか。民俗文化を理解するためにも、その伝承母体を明確にする必要があるが、中国村落社会における伝承母体はいかなる実態を示しているのであろうか。このような問題意識に基づいて、浙江省の二つの村落、一つは蘭渓市姚村という漢族の村落を、もう一つは麗水市山根村という畬族の村落を対象とした調査の成果を記述するものである。

　調査は主として地元の老人たちからの聞き書きによって行ったが、その調査内容は解放前の村落社会の様相とその解放後の変化発達、そして1980年代に入って生産責任制が実施されると共に急速に発達した農村経済のなかでの村落生活の変化の様相に重点を置き、具体的な家族、親族、近隣、各種団体、そして村落自体の組織と活動、およびその民俗について調査を行った。ここでは、それらの調査成果のうちから、生活空間に焦点をあてて、できるだけ具体的な民俗を提示し、村落の全体像を把握することを試みようと思う。

1. 蘭渓市姚村の生活空間

(1)姚村の村落組織
行政村と自然村

　姚村は蘭渓市殿山郷のなかの一つの行政村である。殿山郷に含まれる行政村は14である。行政村という言葉は中国で現実に使用されている言葉であり、学術用

語ではない。行政村に対する語は自然村である。自然村は一般的には集落を基盤にした社会組織を指している。姚村の場合は行政村と自然村が一致すると行政上は把握されている。殿山郷には行政村のなかにいくつかの自然村があるとされている村が6カ村あり、行政村と一致するものも含めて自然村は全部で25あると把握されている①。その実態については必ずしも明らかではない。集落がいくつもあり、それぞれが一定の社会的機能を維持しているものと思われる。

姚村の戸数は1991年3月現在で397戸で、人口は1400人ということである。この1400人は農業人口、すなわち農業戸籍をもっている人数であるが、実際の農業従事者はその半数以下であるという。川の西側にのみ元々家はあった。東側には家はなかったが、最近は川に沿って多くの家ができ、さらに東側の丘陵にもできている。姚村には二つの工場がある。一つは1985年にできた環境保護工場で、消音器を製造している。従業員は10人ほどの小規模なものである。他の一つは包装工場である。1987年に設立された工場で、各種パッケージ用の箱を製造している。この二つの工場は村の集体工場で、従業員も全員村人である。工場の利潤は村の管理委員会に納められ、それによって村の運営が行われている。道路、水道の修理、また村最大の行事である春節の龍灯会の経費にもなる。なお、水道設備は1983年にできた。

殿山郷は14の村（行政村）があるが、そのなかで姚村が最大の規模で、殿山郷の7分の1の人口を占めている。現在の統計数字が分からないので、1982年現在の殿山郷の村名とその戸数・人口およびそれぞれに属する自然村名を掲げておこう（表1）。

表1　殿山郷の構成と戸数・人口　　（戸数・人口は1982年現在）

村名	殿山	芷芳岡	上葉	尖山	姚村	新橋山背	胡大山	王畈洋	南楼	何夏庄	舒村	成村	張塘頭	塾塘辺
戸数	207	193	74	270	329	89	197	90	205	179	245	121	116	96
人口	814	725	300	1099	1376	336	821	353	751	730	933	433	408	345
所轄自然村	殿上江下葉家	芷芳岡前劉	上葉村	尖山下東山西郊	姚村	新橋	胡大山胡大洲倪家	王畈洋	南楼	何夏庄	舒村東面范山頭	成村	張塘頭塾塘塢張家塢	塾塘辺

出典　蘭渓市志編纂委員会編『蘭渓市志』1988年、30頁。

---

①　蘭渓県地名委員会編『浙江省蘭渓県地名志』1983年、131～134頁、および蘭渓市志編纂委員会編『蘭渓市志』1988年、30頁参照。なお、その一覧は表1を参照されたい。

また姚村の北隣は行政村としては殿山村であり、自然村としては殿下村であるが、その殿下村と姚村の境界に殿下小集鎮がある。ここには食品店、衣料店、食堂などが並んでおり、また中国農業銀行の営業所があり、小さいながらも賑やかな一角を形成している。殿山に新沢殿ともいう宋侍郎胡則を祭る胡公廟があり、その下にいわば門前町として発達した商店街である。古くからあったという。場所は二つの村の境になるが、ほぼその半分は姚村の管理内だという。

姚村の歴史的展開

現在の姚村の中心的な姓である姚姓の家々の先祖は南宋時代に浙江省の紹興からここへ移住してきたという。最初に来た人物は万六公と呼ばれる。この先祖は現在の姚村の集落から北西500メートル程離れた所に住み、そこに窯を築き、焼物をしていたという。その場所を姚塢堂という。そこよりも現在の集落の場所の方が土質がよいのでここに移転してきたと伝えている。現在の姚村の場所には古くから別の姓の家々があった。その居住していた所を夏宅といい、夏姓の家々だったという。しかし、その後夏姓の家々は次第に少なくなり、ついになくなってしまったという。そして、村名も姚姓からとって姚村というようになった。姚村は現在大部分の家が姚姓であるが、その他に古くから居住している家に胡、蒋、蕭、徐、曹等があり、また解放後に居住した家に張、何、趙、王、肖等の姓がある。

解放前には保甲制度があった。姚村は全体で一つの保で、第五保であった。殿山郷には全部で10の保があった。保には正保長、副保長がいた。村内の富農、地主が就任し、特別任期は決まっていなかったという。保長の任務は専ら兵士の募集であった。役所で保長がくじ引きをして、兵士を出す保を決めたが、その方法は赤、緑、白のくじを作って、保長がそれを引き、赤い紙を引くと、その保が兵士を出さなければならない仕組みになっていた。もしも出せないときには、米を3千斤出さなければならなかった。保の下には甲があった。甲は20戸余りの家で編成してあった。一つの甲の家は近隣の家々で、遠く離れた家が同じ甲になることはなかった。姚村には10の甲があった。一甲、二甲、三甲というように名前が付けられていた。そして、各甲には甲長がいた。甲長は糧食のことを専ら担当して、各家から米等を徴収した。

姚村の歴史として忘れてならないのは、かつて劇団を組織して広く興行して

いたことである。村でも農暦8月の収穫後に祝いのために演劇をしていたが、清末に姚炳根という人が農民専業劇団を組織し、各地に出て興行した。また姚南森という人も別の劇団を組織して活動した。前者は1925年に解散した。後者は1960年代に活動を停止した。

　この姚村を含んだ殿山郷の解放は1949年6月であった。蘭渓市は5月であった。解放後の行政組織と生産組織の変遷を概観しておこう。先ず、1949年6月には保甲制度が廃止され、農民協会が組織された。これが1951年の土地改革まで続き、51年に姚村委員会が組織され、そこに主任が置かれ、また下部組織として互助組が編成された、互助組は全部で6組程であったという。田畑は互助組単位に割り当てて、組で耕作し、その組員は生活面でも互いに助けあった。これが1953年に初級社となり、さらに55年に高級社となって、58年に人民公社が組織された。人民公社は、女布人民公社であった。その範囲は現在の殿山郷よりも広く、女布区に対応する。その女布人民公社には全部で23の大隊が編成された。一つの大隊は数カ村で編成されており、姚村は他の四つの村と一緒になって第5大隊となった。同じ大隊となった村は、上葉、殿下、尖山、西郊の4村である。その大隊のなかに生産隊が組織されたが、第5大隊は8生産隊に編成された。姚村はそのうちの四つの生産隊を占め、他の4村は各1生産隊であった。

　姚村の生産隊は、第1生産隊から第4生産隊に分かれていた。その編成はほぼ居住の近隣関係の者が一つの生産隊になった。生産隊には隊長が一人いた。これは隊員のなかから2年任期で選ばれた。人民公社が広大な地域を含んだ組織であったため、1959年に人民公社の下にいくつかの管理区が設けられたが、この姚村の地域は殿山管理区となった。この殿山管理区は現在の殿山郷に相当するものである。

行政村姚村

　1982年に人民公社は廃止となった。その結果、人民公社の範囲は区公社となり、管理区が郷となった。すなわち殿山管理区が殿山郷となって、行政の基本組織となった。そして、姚村という行政村が誕生した。姚村には村民委員会が組織され、村の行政を行うこととなった。

　現在の姚村の行政村としての機構は以下のようになっている。村長と副村長2名および婦女主任の4名で村民委員会を構成し、姚村の運営にあたっている。

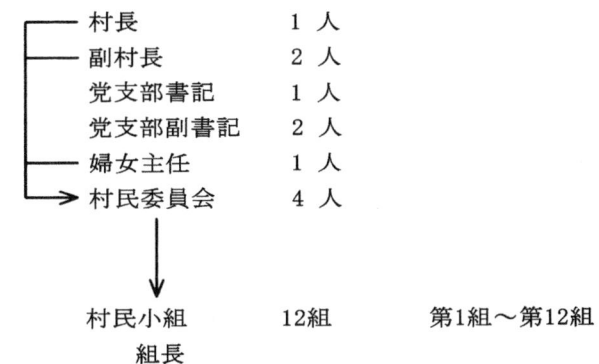

この12の村民小組は居住関係で組織されていない。同じ組の家々は必ずしも隣近所に住んでいる訳ではない。村内のあちこちに散らばっているという。その理由は、1982年に耕地を分配した折に、耕地を特定の部分にまとめて分配したのであるが、その耕地の団地を小組の区分の基準にしているのである。集落の北方を1組として、順次右周りに組の順番を付けている。

生産責任制

1982年の生産責任制の実施に伴い、人民公社も解散し、土地の分配が行われた。土地の質の善し悪し上下によって計算して、分配した。良い土地は少なく、悪い土地は面積を多くするようにした。水田について見れば、水田の質によって1級田から5級田までに分けて個々の水田を認定した。すなわち、1級田は1畝当たり1400斤の収穫があると認定された水田であり、2級田は同じく1300斤、3級田は1200斤、4級田は1000斤、そして5級田は800斤と認定した。そして、82年当時の人口に基づいて分配をした。その基準を大きく二つに分けて計算した。一つは口糧地であり、もう一つは労力地である。口糧地は性、年齢に関係なく姚村の全員に一人当たり600斤と種子用の田50斤を加えて計650斤を配分した。これは村内の田のもっとも良い場所を分配するようにしたという。残りの田地を労力地として分けたが、その基準は18歳以上60歳以下の男性と18歳以上50歳以下の女性が対象になり、男性は一人600斤、女性はその半分程度を分けた。したがって、成人男子は一人1200斤の収穫があると認定された水田を分配されたことになる。この分配は姚村の村民委員会と農民との間での20年契約として実施された。したがって、2002年には再分配をする予定という。また実際の人口の変化、特に婚出、婚入の場合には分配の調整

をしているとのことである。

(2)集落景観と村落空間
集落の形態と位置

　姚村は大きな村落である。殿山郷のなかで最大の規模の村落である。当然ながら集落の規模も大きい集村である（写真1）。集落は、北から南へと流れる溧渓という小河川が蛇行しつつ丘陵を開析した谷の西側の緩やかな傾斜地に家々が集中し密集している。非常に密集度の高い集村である。全体として西に小さいながらも山を背負い、東に川が流れるという地形であり、これは後述するように一つの世界観によって先祖たちが作りだした配置である。この西側の山は上後山といい、姚村にとっては重要な意味をもってきた。溧渓の東側にも同様に丘陵が南北に走っている。川の西側の集落が立地している緩傾斜地は比較的大きいが、川の東側は平地も緩やかな傾斜地も少なく、すぐに丘陵となる。

写真1　姚村の集落（東側から撮影）

　耕地の大部分は水田であるが、それは集落に続く南北の川筋の低地にあり、また西側の上後山を越えた所にまた一つ谷があり、そこも水田化している。この谷筋と集落のある谷とは、集落の南側で一つになっている。この谷を作っている西側の丘陵は黄大山という。ここにも数戸の家が解放前からあり、姚村に属している。そして、川にそって比較的広い平地を作っているが、その南の広い谷も500メートル程の所までは姚村の管理する地域となっている。さらに東側の丘陵を越えた部分にも水田がある。丘陵上も水田化している所が多いが、畑もあり、またミカン畑も少なくない。耕地は全部で1400畝であり、全体に耕地が多く、豊かな農村という印象を得ることができる。

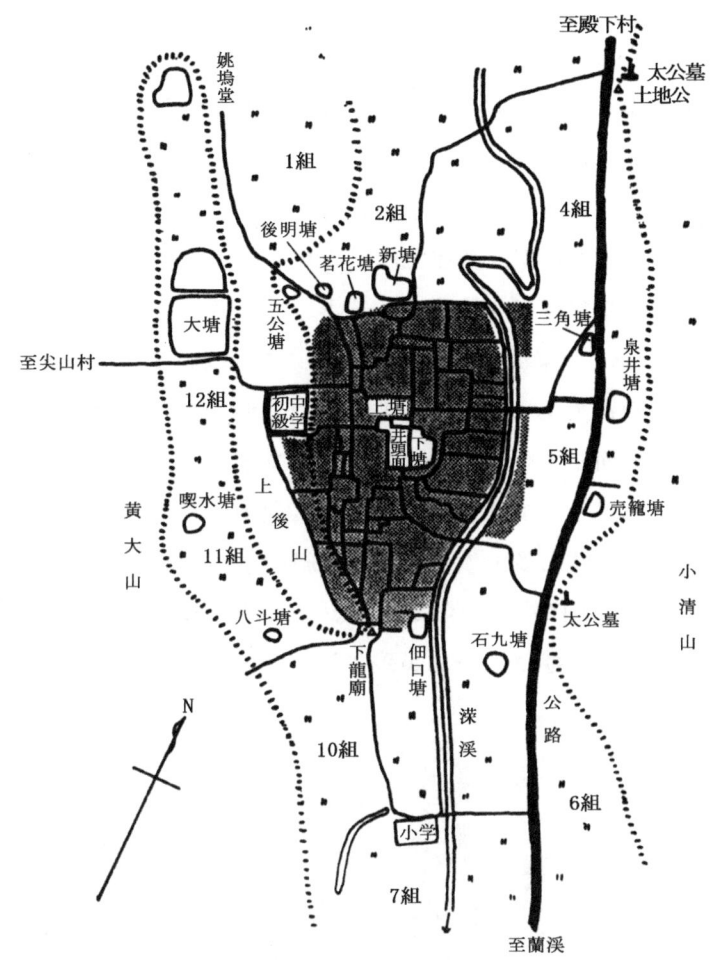

図1　姚村の集落配置

集落の周囲には溜池が多く目につく。いずれもあまり大きいものではないが、灌漑用に作られ利用されている。一つだけ上後山の西側の谷に大きい池があり、これを大塘水庫という。大塘水庫はそれまであった池を1959年に改修して大きくしたものである。これらの池でかつては水田の灌漑をしていた。しかし、現在では農業用水は蘭江の水を卒家渠で取水して、西へ流す用水路から何夏庄渠で分水して姚村へ持ってくる。この用水路は1965年に完成したもので、それ以前は専ら小塘（小溜池）に頼っていた。現在は春の稲作は溜池の水を使用し、夏の稲作は卒家渠の水に依存しているという。現在は水道によって飲料水は供給されているが、1982年以前は集落内の各所に作られていた井戸から水を汲み上げていた。

これは古くからある川の横の「円井」を除くと1970年代に掘られたもので、さらに以前は井戸は円井以外にはなく、上後山を越えた西側の谷の吃水塘と八斗塘、それから集落の北側の後明塘に行って飲み水を汲んでいたという。

　蘭渓市から殿下村を経て隣の黄店郷を通り、甘渓郷、朱家郷に通ずる公路が川の東側を南北に走っており、姚村の中心集落はそこから100メートル程西に入り、橋を渡った地点から始まるが、現在では川の東側の川沿いにも家が立ち並んでいるので、公路近くから集落が始まっているような印象を与える。さらに公路から東側にある丘陵斜面にも家が点在しているが、これはごく新しい家々である。公路が殿山郷の中心道路であることもあり、また郷政府の所在地に近いこともあって、姚村にも公路に面して幾つかの公共施設がある。一つは診療所であり、もう一つは養老院である。そして昨年からは女埠区農機管理服務処ができ営業している。なお、学校としては上後山の上に殿山初級中学があり（写真2）、また集落の南方300メートル程の所に姚村小学がある。この小学校は解放前に祠堂があった所であり、現在も当時の建物の一部が残されている。

写真2　殿山初級中学と広場

集落内の道と施設

　このように近年の姚村の集落は拡大の傾向にある。特に公路に近い所に次第に人家が増えつつあり、公共機関の施設とともに、姚村の景観を大きく変化させる要因となるものである。しかし、公路から道を西にとって川を渡り、古くからの中心集落に一歩入ると、そこは別の世界かのような印象を与えてくれる。その川から西側の集落部分には自動車が進入もできない。家々は密集し、道路が細く、両側は多くが壁によって遮られている。自動車で外から姚村を訪

れた者は、橋を渡った地点で車から下りて、歩いて集落内の目的地まで行かねばならない。道路は直線状に走っているが、幅は多くが2メートル前後であり、道に接して家々は建てられている。その家の壁が道路の両側にそびえているため、道路からの展望は開けない。見えるのは家々の壁と、その壁の中央に設けられた出入口のみと言ってよい（写真3、4）。

写真3　集落内の道路　　　写真4　道路での歓談

　家は外から窺い知ることができない。家の入口は大門と呼ばれ、そこから入ると、天井と呼ばれる吹き抜けの空間があり、その奥に居室が配置されているのが古い大きい家である。比較的新しい家は、天井がなく、全体が屋根で覆われている。そしていずれもが周囲は壁で囲まれている。

　集落内を歩いていると、現在集落のどこを歩いているのか自分のいる地点を見失うことがしばしばである。それほど視野が広がらず、位置を確認することができないのである。それは直線状の道路が集落を貫通していないからである。必ず道路の先は家にぶつかると言ってよい。道路がT字型に交差することが多い。十字路の形で道路が交差しないようになっていることは意図的であり、道路網全体が直線で作られている点も考えれば、明らかに集落形成は計画的に行われたものと判断できる。

　集落内の道には名称はほとんどない。公路から入ってくる本通りが橋を渡り、集落内を西に向かって進む道を「長弄堂」と言う。聞かれる道の名称はこ

れのみである。

　比較的直線状に走っている道路網のなかで、中心に近い一画だけがそれがない。それは次に述べる「井頭面」から東南にかけての地域である。そこでは道路が斜めに走っている。この不規則な部分が、「夏宅」と呼ばれている所である。ここは現在の多数の姓である姚姓の先祖が姚村を開発する前にすでに夏姓の家々が集落を形成していた所と伝えられている。おそらく、現在のような道路網をもって計画的に集落が作られるようになったのは、姚姓の人々が移住してくることによってであったものと思われる。

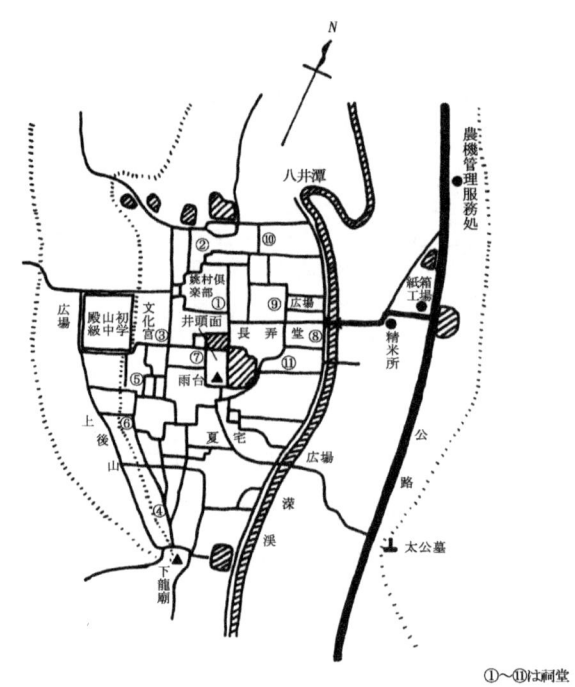

図2　姚村の集落と諸施設

　集落の中心と言うべき場所は、集落のほぼ中央部にある広場である。ここは「井頭面」と呼ばれる所であり、その広場の南正面には「雨台」と呼ばれる屋根付きの舞台がある（写真5）。現在の雨台は1985年に改築されたもので、それ以前は石造で、これは1910年に建てられた。その前は木造だったという。集会や各種の行事はここで行われる。また広場の東角には村の掲示板がある。「雨台」の背後の広場の隅には公衆便所が設けられている。「井頭面」という呼

称は、この広場の東側と北側に池があるからである。この「井頭面」は人々の集う所であり、また村政の場所でもある。そして、日常的にはここに村を訪れた職人、例えば鍛冶屋が道具を置いて客の注文をうけて仕事をする場所としても使用されている。広場に面した家の一軒ではタバコ、雑貨を売る店を開いている。

写真5　雨台

　この古い集落部分のなかに設けられた公共施設としては、「井頭面」の北に向かう道に面して古い立派な建物があるが、これを利用して姚村倶楽部がある。現在は行政村（村民委員会）の事務室として使用されているが、かつては「龍恭堂」という祠堂であった。また「井頭面」の東に一つ道路を隔てた角にやはり古い大きな建物がある。これを利用して文化宮が設けられているが、これもかつては「慎徳堂」という祠堂であった。

　広場としての様相を呈している場所は「井頭面」以外に数カ所ある。一つは、公路から集落に入る橋を渡った斜め前の所である。ここは特別な施設が現在あるわけではないが、かつての「崇徳堂」（頌叶三斯）という祠堂がこの広場の正面にある。その建物は現在倉庫に使用され、また棺桶を製作する場所にもなっている。そして、ここは自動車が公路から入って来ることができる場所であるために、農産物の出荷などの際に品物が集められる所となっている。また、川に沿って集落を南に行った南部の川の東側にも広場らしき空間がある。ここは専ら穀物の干し場として周辺の家々によって利用されている。干し場という点では、上後山の殿山初級中学の周辺の場所が大きな空き地となっており、生徒の運動場として利用されているが、季節によっては干し場として使用されている。

廟と祠堂

　現在の姚村の集落内には民家とは異なる形や大きさの建物があちこちにある。そこを覗いてみると現在は倉庫として使用されていることが多い。あるいは作業場として使用されているものもある。この建物は総称して花庁と呼ばれ

る。しかし、実際には個別に名前があり、特別な意味をもっていたものである。その代表的な建物は集落の南端にある「下龍廟」である（写真6）。「下龍廟」は本宝殿ともいい、そこに祭られている神は何老爺、姚老爺、葉老爺であり、また別に廟のなかには土地公、土地婆、それに子孫堂がある。現在も廟としての姿を保ち、特に信仰行事がなくとも、人々の認識に入っている。それ以外の廟や祠堂は不明確な存在になりつつあるが、他方では近年祠堂の建物を修復する動きもある。今日判明している「下龍廟」以外の祠堂を整理してみると以下のようになる。その分布を示したものが図3である。特定の場所に集中しておらず、現在の集落のなかに適当な間隔をおいて分布していると言うべきであろう。祠堂は特定の先祖をその子孫が祭るものである。姚村の姚姓は四つの房に分節化しており、それぞれ集落内の特定の部分に集住していた（本書所収小熊論文参照）。祠堂は分節化した各房のほぼ集住している場所にあると言えよう。

写真6　下龍廟

 1　龍恭堂　　（民庁）　　　現在の姚村倶楽部
 2　萃徳堂
 3　慎徳堂　　　　　　　　現在の文化宮
 4　瑞六公
 5　文三公
 6　後豊宮
 7　斉政堂　　（瑞叶三斯）
 8　如徳堂
 9　崇徳堂　　（頌叶三斯）
 10　存徳堂
 11　永慶堂

この11ヵ所の祠堂以外にもかつてはいくつも祠堂があったというが、今では不明である。

中国江南民俗文化

　集落内ではないが、姚村の人々にとってかつては重要な施設として存在したのが大祠堂と呼ばれる祠堂である。これは正式には「姚氏宗祠」といい、「下龍廟」から南に水田のなかを300メートル程南下した地点にあった。現在は姚村小学になっている所がその跡である。現在でもかつての建物の一部や礎石が残されている。この祠堂については別に報告があるので、ここでは省略するが、龍頭の先にあり、風水によって点定されたものであることは間違いないであろう。

外と結ぶ道

　公路から集落へ入る道は3本ある。1本は今まで説明してきた集落の中央部に入る道で、道幅も大きく、自動車も進入できる。この道は古くからのものであるが、公路から直線で橋まで貫いているのではなく、途中で鍵の手に曲がっていることに注意しなければならないであろう。外から姚村の集落にストレートに入ることを阻止しているのである。集落に入る他の2本の道は南北についている。それぞれ徒歩か自転車での走行は可能であるが、細い道であり、曲りながら集落に入る。この二つの道が公路に出た地点の丘陵端に、それぞれ太公墳があることは注目される。北の太公墳に登る所には土地公が祭られていて、ここが姚村にとって重要な地点であることを示している。

　集落部分から外にでる道路は他に4本ある。そのなかで最も重要な道は集落の南端から南方へ向けて出るものであろう。すでに紹介したように、集落の南端には「下龍廟」があるが、その前を通って集落の外に出て、水田の中を通って姚村小学の前に出る。現在は小学生たちの通学路となっている。ところが、この小学校はかつては大祠堂の所在地だった。従ってこの道は集落から「下龍廟」を通って大祠堂へ行く姚村にとって最も重要な道だったと考えられる。この道が小学校に達する手前には橋が一つ架かっている。これはかつては川が大きく曲って流れていたためで、大祠堂は川の南側にあったのである。河川改修の結果、今では川は直線状に南下し、昔の橋のみが象徴的に残されているのである。小学校に行く道はもう1本ある。それは川に沿って行く道である。集落内では川に沿って道があり、その道幅も広いので、何かと利用されるが、その道は川に沿って南へ出て行く。ただ、集落を出た地点から細くなり、歩く道となるが多くの子供たちが通学路として利用している。この道は今では直線状に南下するので便利な道であるが、これは1974年の河川改修の結果できたもの

で古くはない。集落の西方へ出る道も2本ある。一つは上後山を中学の所で越えて、大塘の堤の上を通って行く道で、尖山村、上葉村に至るものであり、また中学生たちの通学路である。そして、最後の1本は集落の北西端から丘陵上に出て姚氏が最初に住んでいたと言われる姚塢堂に至る道である。これはその先に集落があるわけではないので、水田や畑に行くための農道というべきものである。

龍に守られた村

　姚村の人々が語る伝承のなかで最も注目すべきものは、姚村の集落景観や構成についての説明である。それは上後山を中心にした地形と集落との関係である。上後山は龍の背中だという。姚村の集落は龍に守られているのである。自然に集落ができたのではなく、龍の姿を地形に見つけ、その龍に守られるように集落を作ったのである。上後山と溁渓に挟まれた緩やかな東向きの傾斜地に家々を集住させているのは、姚村の集落を築いた先祖たちの世界観の表現だったと言えよう。そして、その世界観は今日の集落のあり方に伝えられ、また民俗としても伝承されている。

　上後山は龍山ともいい、龍の背中である。その丘の上を龍背あるいは龍脈といい、頭を南に向け、尾を北の方にして横たわっている姿であると言う。「下龍廟」は龍頭の部分であり、ここで龍が下へ潜ろうとするのを阻止しているのだという。上後山は現在では殿山中学の敷地、運動場、そして穀物の干し場となっているが、それはそれ以前には何も施設がなかったことを教えてくれる。解放前にはここはすべて草原であった。ここの草は刈ってはならなかったし、石も採取してはならなかった。なぜなら、龍の鱗を傷つけることになるからである。解放後は畑に開墾され、その後1984年に殿山初級中学が建設され、その様相は一変したが、現在もなおここが龍の背中であることは強く意識されている。

　かつて姚村で死者が多く出たり、病気が流行ったりした悪い年には、解放前は「振龍」ということが行われた。道士たちがラッパ、太鼓その他音の出る楽器を持って龍尾に行き、そこで楽器等を打ち鳴らして龍を振動させることをした。それをする地点のことも「振龍」と呼んだという。

　上後山を龍と考えることは現在の姚村の多くの村人の間で伝承されている。それに比較すると伝承としては弱く、語る人が少ないが、川の東側の丘陵も同

様に龍であるという。集落の背後と正面と両側を龍で守られていたことになる。この向かいの龍の麓に祖墳があることは注意されよう。

村落空間と龍灯会

　龍と民俗との関係は現在なお毎年盛大に行われている龍灯会によって知ることができる。農暦の正月6日に行われるが、その行事内容は別項で記述紹介されるので、ここではその龍灯の巡るコースと村落空間との関係のみを確認しておこう。

　現在は6日の早朝に共同倉庫に仕舞われていた龍頭を出して、酒で頭を洗い、それから村内を一周して、雨台に安置する。そこで、豚の頭、肉、鶏を供え、爆竹を鳴らす。午後3時から4時頃に、各自が家から持ってきた龍の胴の部分を龍頭と龍尾のあいだに繋いで（接灯）、雨台を出発して、上後山（殿山初級中学の前）に出て、そこから北上して新塘に出て東に向かい、溁渓まで来て、川沿いの道を南下して、集落のほぼ終わりの地点で、西方に曲って「下龍廟」に出るというコースである。「下龍廟」からは上後山に上る。これを2、3回繰り返す。そして陽が暮れて、暗くなると、龍に灯が点される。そして、同じように、右周りに廻る。灯が点いた龍が動きだすと、そのコースに面した家々では家の前に机を出して、鶏、豚の頭や肉を置き、蠟燭を点し、爆竹を鳴らして龍を迎える。龍はその地点でしばらく止まる。家の人はその龍を拝む。順路にあたっていない家では、近くの順路の辻に同様に供物を出すが、そのような家はそれほど多くないという。各家は赤い紙に銭を包んで龍に差し出すと、それに対して蠟燭が渡される。なお、供えられた供物は各家で自分の所に戻す。この灯りを点けた龍が村内を巡る回数は一定していない。その日の天候にもより、1回の年もあれば、3回の年もあるという。

　村内を巡った後、龍は殿山に行く。そのコースは、「下龍廟」から小学校に向かい、その前を通って公路に出て北上して、途中姚村の太公の前で龍を止めて、拝み、次にまた土地公、その横の太公でも同様に拝み、それから殿下村に行き、村の中心の道路を練って歩く。殿下村の人々も道に出て拝む。かつては胡公廟に参った。それが終わると、また姚村を目指して戻ってきて、上後山の上の広場で「盤灯」が行われる。すなわち龍がぐるぐると廻るのである。それが終わると、龍は文化宮へ向かうがその途中で各人は龍の胴体を解体する。

そして、ドラの打たれるのを合図に人々は我勝ちに自宅に戻る。一番早く家に帰りついた人は運が良いとか、良いことがあるという。家に帰りつくと爆竹を鳴らす。残った頭と尾だけが文化宮に行く。文化宮に行くようになったのは解放後のことである。それ以前はやはり「下龍廟」であった。

　一夜明けた7日の早朝に龍頭のみが村内を一巡して倉庫に運ばれて仕舞われる。この龍灯会はすべて村人だけで行い、道士等の宗教者は関与していない。なお、解放前は道士が来ていたという。これを執行するための組織が龍頭会である。龍頭会は3〜4人で人望のある老人が勤めている。任期はなく、本人の判断で辞める。すると残りのメンバーが協議して新しいメンバーを決めて、依頼する。この龍頭会が行事執行の中心であるが、実際には龍灯を担ぐ人を含めれば多数の村人が参加する。現在はこのように姚村の村落組織として存在するが、解放前は姚村の4つの房が1年交替で「当灯頭」を担当して、行事を執行していた。その当灯頭のなかで責任者である「頭首」が決められた。普通頭首はその房の会計（管帳人）が就任した。

2. 麗水市山根村の生活空間

(1) 山根村の村落組織
大梁山麓の山根村

　山根村は文字通り山の根にある村である。大梁山の山なみが雄大に迫る麓の村落である。麗水市の盆地状の平野から山間部に入った谷の一つが龍江郷であるが、その龍江郷のなかでも最も奥まった地域になる。山根という名称は二つの意味を持つ。一つは行政村としての山根村であり、もう一つは集落を基礎にした自然村としての山根である。この場合も行政村と自然村は地元の行政機関によって使用されている用語であり、学術用語ではない。行政村としての山根村は総戸数97戸、総人口399人であり（1991年3月現在）、全て畲族である。山根村のなかに六つの自然村がある。すなわち、五宅塘（7戸）、五畝頭（16戸）、山根（39戸）、沙旺（22戸）、尖坂（9戸）、犁頭尖（3戸）である。これらの集落は互いに離れており、しかも集落と集落の間には谷とか尾根が走り、地形的に連続性もないといえる。山根が最も大きい集落であり、行政村の名称にもなっている。北から入ってきた龍石坑支流の水対坑の谷が樹枝状に幾つかに分

かれる分岐点の谷筋に家々が密集している。ここが中心集落と言ってよいであろう。それに対して東南方の同じ谷の奥にあるのが五畝頭である。そしてそこから一つの谷を越えて東南方300メートル程の所に五宅塘の集落がある。五宅塘は尾根の上にある。反対に山根から西へ山を一つ越えた隣の谷筋の奥にあるのが沙旺である。ここが山根村のなかで2番目に大きい集落である。尖圻はそこからまた一つの尾根を越えた西側の谷にある。そしてその尖圻の奥に犁頭尖がある。ここはわずか3戸の集落であり、独自の組織とはなっていない。

　山根村は山村であるが、現在の基本的な性格は水田稲作農村ということができよう。各集落の周囲の谷筋は全て水田化されている。耕地は山根村全体で387畝である。その他にミカン畑が36畝あり、近年はミカン生産に力を入れている。また油茶の生産も盛んである。油茶を植えてある土地は山間部で、1250畝あり、秋の収穫時期は水稲の刈り入れと油茶摘みで大変な忙しさである。

　龍江郷には畲族の居住地域は少なくない。1983年の調査によると、龍江郷には239戸、1094人の畲族がいる[①]。したがって、そのうちの3分の1以上を山根村が占めていることになる。しかも、行政村が畲族のみの住民で構成されている村は麗水地区ではこの山根村だけだという[②]。畲族の居住地域は概ね山間部である。平野から入り込んだ谷筋の最も奥まった所に集落を形成している。山根村の各集落はその典型的な姿を示している。山根村より下の集落はいずれも漢族の居住する集落である。平野部や谷筋でも広い所は漢族の居住地域で、その奥に畲族の居住する集落が点在するというのが一般的な姿といえる。　大梁山の山脈は南側に走っており、それを背中に背負う形で多くの集落は北向きの斜面や谷に立地している。この様相は畲族の来住の歴史を物語り、かつその苦難の歴史を示していると言える。平野部の水田稲作農村であれば、交通も谷筋中心であり、村落間の交流も谷筋で考えればよいが、このような谷奥に少数で住む畲族の場合は、谷を横に越えて行くことによって他の畲族居住地に行くことになる。同じ行政村内の各集落が既にそのことを示している。そして、通婚圏その他において、龍江郷の北隣の富嶺郷、南隣の聯合郷のそれぞれの山間部

---

① 藍雲飛「麗水畲族分布調査」（『麗水文史資料』第4輯、1987年）22頁。
② 藍雲飛同論文24頁。

の畬族村落と密接な関係があるし、さらに大梁山を越えた東南の青田県とも深いつながりをもってきた。大梁山を越えた所にははるかに海抜の高い所にも多くの集落がある。その山のなかの往来によって人々の生活圏が作られてきたのであり、平野部稲作農村の谷筋中心とは異なる世界があると言える。

　現在の山根村の外との交通は、旧来の山越え、尾根越えによる徒歩交通も使用されているが、あわせて自動車、自転車による往来も日常化している。それは谷筋に沿って造られた道路によるもので、一つは山根から直接龍石坑の谷筋を北上して里坑を経て、龍石に出て、麗水から雲和への公路に出る道である。これはいわば龍江郷を貫く道であり、行政的に重要な道である。しかし、公路から分岐して谷筋を上る道は狭く、大型の自動車は山根村までは入れない。もう一つの村落外へのコースは、山根から山を北東に2キロメートル程越え、富嶺郷の胡村水庫の横を通って道路に出るものである。この道は大型の車も通行できる。

移住と定住

　山根村内の各村落の開発時期は必ずしも同じではない。それぞれ個別に開発されてきた。先ず山根の歴史をながめておこう。山根の家々の姓は2戸の鍾姓の家を除いて全て藍姓である。しかし、同じ藍姓であるが先祖は違うという。それを先祖の兄弟の数で、六公公と五公公と区別している。現在、六公公の家は27戸、五公公の家は10戸である。このそれぞれの先祖はさらに遡れば同じ先祖になるという。その先祖は広東省の鳳凰山に住んでいたという。そこから福建省に移った。福建省の古田村龍江に居た頃は六公公と五公公は一緒に住んでいた。その後、さらに浙江省に入って、温州の泰順県、景寧県、雲和県を経て、この地に来住したという。

　山根では最初に現在の集落から少し離れた寮場という所に住んだという。移住してきたのは、六公公の子孫の母親と二人の息子で、その息子の名前は藍春成、藍春元だった。来た年は康熙14年（1675）とも康熙51年（1712）ともいう。最初兄弟が来て、良い所だというので他の人々も移住してきたという。現在山根の太公墓として人々が認識している墓は小弄水庫の西北側にある。そこには「清故亡魂雷小十一娘府君之位」とし「光緒拾参年三月日吉旦」、「孝子藍春盛・春元、男孫藍天徳（以下判読不能）仝立弐百□人」と彫られた墓碑銘がある。母親と兄弟の来住説はこの記載に対応するものであろう。また、山根

の太公の輩字は朝であるとする伝承がある。この藍姓の輩字は24であるが、輩行は維→宗→朝→春→天→期→明→日という順序であるので、孝子藍春盛、春元は朝の輩字の子供の代となり、やはり対応している。

　沙旺に来住した先祖は藍法銀という人だと伝えられている。ここの藍姓の家々はすべてこの人の子孫だという。藍法銀という人の前はやはりはるかな歴史を持っている。広東省から出発して、福建省に永く住み、その後浙江省の景寧、雲和を経て麗水の大岡頭郷派堂村に住んだ。その人の子供は男子が7人であったが、その三男が藍法銀で、沙旺の太太公となった。その子供は6人兄弟であったが、そのうちの四男の藍朝喜、五男の藍朝珠、六男の藍朝湖の3人が沙旺で暮した。それから数えて現在は7代目にあたるという。現在藍朝喜の子孫の家が21戸、藍朝珠の子孫が3戸、そして藍朝湖の子孫が9戸である。ここの藍姓は輩行が36文字である。

　五宅塘は全部で7戸で、全て藍姓である。先祖は沙旺と同じ系統であるが、沙旺よりも五宅塘の方が早く来た。先祖である太公は藍文像と言い、雲和県の小坪から来たと族譜には書かれているという。あちこち動いて、ここが良いというので移住した。太公は最初来た時に木の柱を地面に挿して、その範囲内を自分の土地にしたが、その最初の地点を老居という。輩行はやはり36文字で、沙旺と同じである。

解放後の変化

　解放前は山根村の農地の大部分が村外の地主の所有地であった。山根村には地主も富農もいなかった。沙旺では、下の陳店村や里坑村居住の漢族が地主であった。山根では、富嶺郷下張村や前垟村に地主がいたという。解放前のこの地域は里渓郷周菴庄に属していた。山根村という単位はなく、山根とか沙旺が周菴庄の下の単位であった。里渓郷には郷長、周菴庄には保長がいた。そして山根や沙旺には甲長がいた。保甲制である。甲長の主要な仕事は、兵士募集、年貢税金の徴収、そして軍の運搬の仕事であった。

　解放後は、里渓郷にはやはり郷長がいることでは変わらなかったが、周菴庄は農会となり、農会長が置かれた。そして山根や沙旺は組となった。組には組長がいた。1961年に山根村も人民公社として編成された。龍江が人民公社で、山根村にあたる地域は生産大隊となった。そして、それまでの組が生産隊とな

った。山根大隊には6生産隊が組織された。1983年10月に龍江郷となり、その下に12の村民委員会が設置された。山根村はその一つである。

　1981年に生産責任制に移行した。その移行に際しての分配は次のように行われた。耕地を2種類の基準によって各戸に分配した。一つは責任田あるいは口糧田と言い、各家の人数に応じて分配するもので、年齢や性に関係なく、すべて均等に分けた。それに対して、他の一つは机動田である。これは戸数割りである。この机動田は調整用であった。第分配は山根村の135畝の耕地を先ず各生産隊に分け、それを各生産隊が各家に分配した。5隊の場合は、水田が一人当たり9分、畑は4厘だった。山林も同様に分配し、各家の責任山と机動山となった。責任山の分配は30年間の契約であるが、机動山は3年に1回割替える。

村落機構と運営

　山根村は龍江郷のなかの一つの行政村である。行政村としては村長がおり、また党支部書記がいる。この二人によって山根村の行政は行われている。いずれも若い30代の者が就任している。行政村の下部組織は村落を単位とした生産隊である。山根村を現在は五つの生産隊に区分している。第1隊は五宅塘、五畝頭、第2隊は山根の半分、第3隊は沙旺、第4隊は尖坎と犁頭尖である。そして、第5隊は山根の残り半分である。これで分かるように、もともとは4隊編成であったが、規模の大きい山根を基礎にした第2隊を分割して、第5隊を作ったのである。分割して二つの隊にしたのは1980年のことであった。当時の人口によって等しくなるように地域区分したが、その後の家の移転や新築によって今までとは違う所に住んでも、所属の隊はそのままなので、今では必ずしも地域区分とはなっておらず、一部第2隊と第5隊の家が混在している。

　　生産隊には隊長がいて、隊内の取りまとめと連絡等を担当している。主として上意下達の役目である。村落としての代表はいない。生産隊の隊長がその村落の代表となるが、山根のように二つの隊がある場合は二人の隊長が相談して山根のことを決めて実施する。

　　また村落として溜池や道路の維持管理のための共同作業を行うが、その基本的な単位は生産隊である。道路の場合、軌耕路は山根村の管理で、全体で修理や管理を行うが、小路や農田路は生産隊が自分の隊の範域内を管理し補修する。隊長からの指示で実施するが、大体農閑期に行う。普通は各家から一人ず

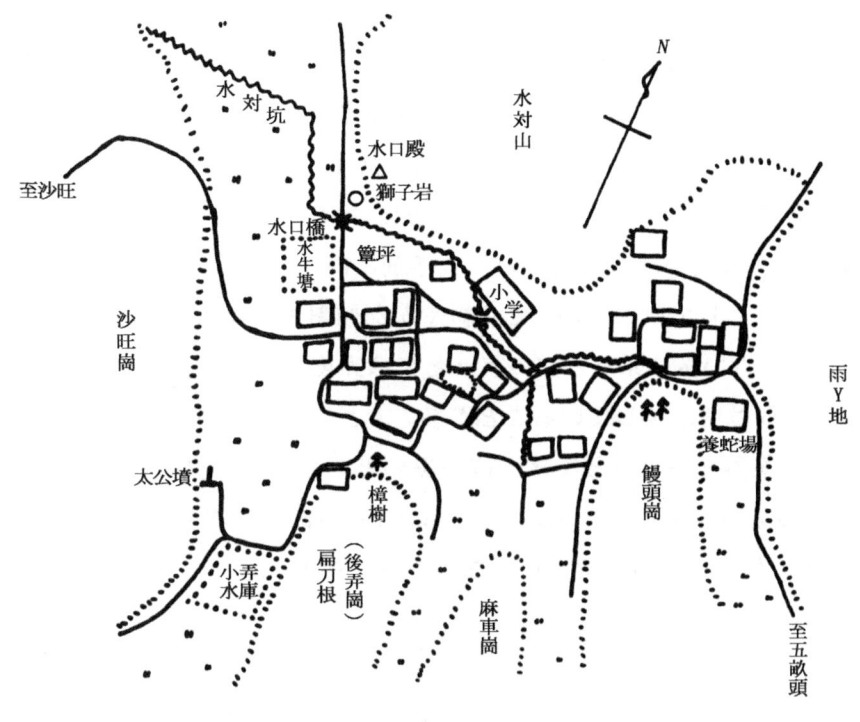

図3　山根の集落概念図

つ男性が出る。女性がそれに出ても構わないが、子供では出たと認められない。用水路や溜池の補修もほぼ同様の方式でやはり農閑期に行う。

(2)村落空間

集落の外形

　すでに述べたように、山根村を構成する各集落は、五宅塘を除けば、いずれも北西方から入ってきた谷が樹枝状に分かれた各谷筋のそれぞれ最も奥まった所に位置している。したがって、山根村の各集落は北西が低く、南東が高いのが普通であり、南面していない。日照という点では不利な場所ということになろう。しかし、逆に集落はその両側を尾根筋の谷壁で守られている形になる。恐らく風雨を防ぐという点では望ましい立地だったと考えられる。この集落全体を守る東西の尾根筋を、風水先生はそれぞれ東を虎、西を龍と説明するが、多くの村人は必ずしもそのような知識をもっておらず、一般的な理解とはなっていない。なお、五宅塘のみはやや集落立地の様相が異なり、尾根筋の上に乗っている。もちろん南方から張り出した尾根の先端部分に集落があることになる。

その最大の規模の集落である山根は、谷が大きく三つに分かれる地点にある。大梁山から見れば、三つの谷が一つになって北流する地点と言うことになる。山根から1本の流れとなって北西へ向けて流れ出ている川を水対坑という。その三つの谷を形成する尾根が切れる地点に集落があることになる。東西にのびる形の集落を形成している。それを概念図として示したものが図3である。南東の谷奥に近い所は高度が高く、手前に向けて少しずつ低くなっている。それほど目立つわけではないが、ごく緩やかな傾斜地に集落は立地している。したがって、山に近い後の家々と前の家々とでは高度差がある。家々は密集しており、家と家の間は壁が接していることが多い。どの家も黒い瓦屋根なので、北側の丘陵上から集落を眺めると集落全体が黒いという印象を受ける（写真7）。東西に展開する集落であるが、全体としては西側の部分の密集度が高く、東側の部分では家と家の間が畑や空き地になっていたりする。

写真7　山根の集落（北西側から撮影）

道路は直線状に走っていない。地形に沿って作られており、どれもゆるやかな曲線を描いていると言ってよい。道路に面して各家は建てられているが、壁が高く遮っているという印象は与えない（写真8）。各家は敷地いっぱいに家屋を建てており、敷地内に庭その他の空き地は見られないのが普通である。集落内の道路は自動車が走ることができるものは1本もない。道に高低差があり、段があったり、階段があったりする。小川を渡る所も橋ではなく、川の中に踏み石が配列してある。すなわち、集落内の道は基本的に歩くための道である。自動車だけでなくあらゆる車が移動することはできない。集落へ北方から入ってきた道は、獅子岩の前を通り、水口橋を渡って集落に達するが、自動車が入

中国江南民俗文化

写真8　山根の家と道

れるのは道路の横の篁坪と呼ばれる穀物等の干し場に使用される広場までである。その篁坪から東に行き、川を渡った所に小学校の校舎がある。現在は小学校は統合されて陳店村にあり、ここに幼稚園として使用されている。集落内には特別な公共施設とか公的な建造物はない。集落の入口の西側には水牛塘と呼ばれる溜池があるが、現在は使用されていない。いつも水がなく、底を見せている。また集落内の中央に魚塘と呼ばれる小さな池がある。

集落と周辺の境

　集落が一つの社会を形成していることは、集落の周辺部の施設によって明らかになる。山根村の各集落には垣根とか塀が巡らしてある所はない。また門とか木戸もない。その点では開放的な集落景観である。しかし、いくつかの象徴的な事物が集落周辺には配置されており、内外の区別を明確にしている。以下では山根の場合について見ておこう。

　山根へ向かって北西から谷に沿って道を上ってきて、いよいよ山根という地点に来ると、特徴のある木が見える。これが一つの目印である。そして、それを過ぎていよいよ集落という手前の、集落に向かって左側に大きな岩がある。これを獅子岩と言い、村を守っているのだという（写真9）。獅子岩は自然石であり、特別に彫刻等はされていないが、たしかに獅子の姿形を思わせるものがあり、沖縄の集落境にもよくあるシーサーに近似している。

　その獅子岩の上の斜面にあるのが水口殿と呼ばれる廟である。屋根付きの建物

写真9　獅子岩

で、堂内の正面には大きく龍の
姿が描かれている（写真10）。こ
の廟堂はいわば山根の入口で村
を守っている。現在の水口殿には
かつて別々に祭られていた神が
合祀されていて、複合的な存在
になっている。現在の堂の建物は
1987年に再建されたものであ
り、堂内には「1987年修建山根

写真10　水口殿

水口殿各戸援助現金公布如下」として39名の名前と寄付金額を掲げている。そ
れによれば、36名が山根の人名で、残りは犁頭尖、五畝頭、そして官山（麗水
市水閣郷）の各1名である。山根の全部の家が現金を寄せていると考えられ
る。寄付金の最高額は官山の藍永富で、10元と紅磚200枚である。山根内の人
間の寄付最高額は7元であり、最低額は2元となっている。寄付総額は現金183
元であった。

　山根の集落の背後の二つの尾根の先端にも特別な大木がある。西側の尾根の
木は樟であり、この木のことを樟樹大王と呼んでいる。この木は子育ての神で
あり、村人はここに祈願する。また東の尾根にも2本の大木がある。これによ
って、山根は集落の背後からも守られていると言ってよいであろう。

　他の集落についても概ね同じような集落構成と景観を示している。その集落
に入る地点には廟があるのが普通である。道路脇のやや高い所に堂がある。そ
して、その近くには目立つ大きな樹がある。

3. 村落空間の特質

　姚村と山根村という二つの調査地は、集落としては密集した集村の姿を示し
ているが、姚村は大規模な閉ざされた家々の集合として存在し、山根村は小規
模でやや開放的な様相を示している。どちらにしても、集落の姿はそこに形成
された社会を外貌として表しているものと予想されよう。集落を基礎に一定の
社会組織が形成されており、それはその組織の様相、活動の内容から判断して
村落として把握できると言ってよいであろう。かつての宗族組織は人々の生活

と生産に大きな影響を与えることはなくなり、再生産に関与するのはこの村落（自然村）である。解放後はその役割はかえって大きくなってきていると言える。姚村の龍灯会がかつては宗族を構成する四つの房の交替担当制で行われていたのが、現在は村落として実行委員会方式で毎年行っている。山根村で、自然村が共同に利用する山を持つようになったのも生産責任制になったからである。

　しかし、村落の形成を新しいと考えることはできない。姚村も山根村も自然に集落ができ、また村落が形成されたのではない。明らかに、一定の計画によって道路網が作られ、家々は配置されてきた。それは、姚村に明白に示されているように、背後に龍の山、前に川の流れという配置は風水による配置である。龍脈を背後に背負って、それに守られる形で自分たちの居住空間を形成し、その空間配置を永く守ろうとしてきたことが近年までの集落の規模や外形に表現されてきた。姚村の龍灯会は、龍に守られた姚村を民俗として示す重要な行事であり、それだけに今日なお村人によって熱心に執行されているのである。また村落の東北部の外側に土地公があり、それに接して太公墳がある。山根村においても同様の風水によって集落が配置されている。そして、その周囲には廟や獅子岩、さらには風水樹が設定されて、自分たちの生活世界を守っている。

　このような世界観に基づく集落形成が行われ、村落として成立していたが、その村落が強固な組織を持ち、その組織によって村落構成員の生活と生産を完全に保障するような再生産の条件は確保されていなかった。村落組織もかつては非常に不明確であった。村落内を区分する組織は発達していない。日本でいうような村組とか近隣組という組織は見られない。かつての保甲制も生活互助組織として定着することはなかった。また姚村の今日の村民小組も家々の居住の近接に基づく近隣組織としては存在せず、その社会機能も強いとは言えない。この点に注目すれば、村落は存在しないという見解も出てくるであろうが、また結集しようとする力も必要に応じて働いている。たとえば、解放前に姚村ではしばしば実施されたという雨乞いにそれは示されている。共同祈願の執行は村落としての大きな機能であった。

　ところで、姚村でも、山根村でも家屋の古さを言うが、集団としての家の古さは言わない。新しい建物に住んでいても古い建物に住んでいても、いずれも同じく子孫なのである。古い家や敷地にこだわらないのが姚村も山根村も特色

と言ってよいであろう。親が存命中は、息子たちは親の所に結婚後も残る多子残留を理念としているが、実際には相当早くから息子は新しい家屋を建てる努力をしている。また父親も息子たちに財産を均等に分け与えるために、新しい家屋を建てる努力をする。そして、息子の結婚に対応して自分たちの暮す空間も移動させる。最初は家の中での部屋（房）の移動であり、次いで棟を別にしていく。このような居住空間の移動性が、超世代的に固定する地域社会が発達することを弱めたと言ってよいであろう[①]。

---

　①　この二つの村落における家族と相続継承の様相については別稿に譲りたいが、基本的には男子の間の均等分割による相続が行われ、両親の健在なうちは息子全員が房を分けて親の所に住むことを理念としている。そして、新しい家屋を別に設けて兄弟がそれぞれ別の家を構えるようになる。

摘要

江南农村的社会组织和生活空间

福田亚细男

如何理解中国的村落社会，这是一个由来已久的研究课题。而且，在日本至今仍然有这样一种传统观点，认为中国的村落缺乏共同性，村落自身的结合力脆弱。这是对中国村落社会僵化的理解，现在是需要放弃这种观念，组织新的理论框架，以便重新把握村落的特征的时候了。

聚落是构成村落的基础，中国大多数的村落是由一个聚落而形成，也有由几个聚落组成一个村落的情况。聚落的姿态、形象可以认为是村落的社会特征的外在表现。但聚落这一历史现象既不是偶然形成的也不是仅仅由于自然条件的限定而出现的。

正是围绕着上述问题，我们对兰溪市姚村和丽水市山根村两个村落进行了调查，并将调查结果归纳成这份报告。目的是试图以生活空间为焦点，尽可能具体地展开民俗的特征，从而把握村落的全貌。

姚村和山根村这两个调查地，都是以聚落为基础而形成的一定的社会组织，那么，是不是可以通过对它的组织形式、活动内容的判断，把它们作为村落来加以理解呢。曾经给农民生活和生产带来极大影响的旧宗族组织的作用已经消失，参与再生产的变成了村落（自然村）。解放以后，村落所起的作用越来越重要了。

但是，不能认为村落的形成是新生事物。姚村和山根村都不是自然而然地先出现聚落而后形成村落的，很明显，它们都是按照一定的计划铺设好道路、安排好房屋布局后出现的。这就是背倚龙山、前临河水那种依照风水来安排的布局。到现在为止的聚落的规模和外表仍然是背靠龙脉，在它的保护下结成居住空间，并长久地保持这种空间布局。

在这样的世界观基础上形成了聚落，又成立了村落。这种村落没有强固的组

织形式，也无法依靠这一组织完全保障村落各成员的生产和生活以及确保再生产的条件。村落组织曾经是很不明确的。村落内部的组织划分也是不发达的。如果注意到这一点，有人也许会提出并不存在村落的见解，但试图结集起来的那股力量确实是按照时代的需求在发挥着作用。

浙江地区民俗生活中的空间观念

尹成奎

空间观念贯穿于纷繁奇彩的民俗生活之中,由村落到民居,从阳宅到阴宅,以及各种仪式中均可透见出空间观念之一斑。空间观念是民俗社会中的人们约定俗成且经世代人们传承下来的意识观念。

一、集合空间——村落

一个村落即构成一个完整的群体社会,在此社会圈中,各种空间(公共空间与私家居宅)的架构布局并非凌乱无律,它是依地理环境的具体情况而建构的。

村落空间的格局首先是村落与外界的界定。浙江的村落一般与外界是由村口隔开的,形成村落与外界的内外空间世界。村口有数个,一般为两个者居多,但村民们只认定一个最重要的村口为一村之口。村口是村外世界跨入村中的入口,它的好坏影响到全村人的福祸吉凶,某种意义上说是村落的灵魂,故此由标定的建筑物或自然物当作全村灵魂的象征。浙江地处多降雨地区,水乡江南的特色尤浓,多以水口为村口。在我们调查的兰溪市殿山乡、丽水市龙江乡山根村(畲族村)、新合乡堰头村三个调查地看,皆以水口作为村与村外界的交界处。姚村将水溪作为天然护村河,沟连溪两岸的桥是通向村外的村门。堰头村的水口是比较典型的江南农村的水口模式,其水口非但造有常见的水口桥,桥旁更建有凉亭(建于清光绪年间),实际上凉亭是供祭文曲星的魁星楼(图1)。据

图1 堰头村水口、水口桥、樟树及魁星楼

当地79岁的叶新荣老人讲，建魁星楼的本意是保住村里的龙脉，以使堰头村的风水不因河水而流走。在楼的朝村外堰头村水口、水口桥、樟树及魁星楼方向置放石制狮与虎于楼门两侧，以避祛灾祸恶鬼入村骚扰。水口桥边有古樟树数棵，人称"水口树"或"风景树"，当地人说每年除夕夜以猪头、鸡、肉等供物祭拜，求樟树保家平安，四季丰收，尤其是小孩拜樟树为干爹之俗颇盛。有孩人家遇逢七月半或春节时，给孩子鼻子上抹点锅灰（避鬼），背负米筛（扣鬼），镜子（照妖）和黄历，到樟树下拜之为"干爹"，设供品，点三支香，并烧纸元宝，令子说些吉利话讨彩而后回家，一年中樟树神就能护佑孩子的健康成长。樟树居于村口与水口桥共为村与外界的联结物，它不仅仅是象征村口的"水口树"，更持有安抚村子老小的神奇力量。在山根村畲族的村水口上也有水口树，与水口及水口树相配，在水口旁的山上，造有一座"水口殿"来镇水口。此与山根村的实际地形空间相合。山根村，顾名思义，位于山之脚的村落，的确，山根村地处大梁山根，遇雨季，山洪由山上倾泻而落，村子的水口成为重要的疏洪关口。水口时有涨破四泄的危险，于是村民在正对水口的山坡上，修建了水口殿（重建于1948年，1987年复修），殿内有联"守定村头保水口，一年四季保平安""国泰民安人人乐，风调雨顺家家好""神灵威赫登宝殿，保障全村吉平安"等。正墙上画有蛟龙喷水图，图前置香炉、烛台等物。这种水口与水口殿的相配极具整合性和稳定性，与堰头村的水口模式异曲同工。水口是村子的入口处也是保护神，它要防备风水外流，龙脉不遭破坏。

据姚村人讲，姚村的龙脉起于黄大山（龙首），止于下龙庙（姚村小学旁）。认为自己家族系龙山姚氏，与龙脉亦有关联，而且奉龙脉为神圣不可冒犯。在龙脊上割草、采石将会坏风水，龙爷遂发作惩诫冒犯者。有人说70年代初期一石匠在龙脉上打石头，不知何故而暴死，人们认为那是龙爷发怒了。为姚村人丁兴旺，福荫后世，前辈姚村人在龙脉上造建了文昌阁、武圣宫、祠堂（小学现址）。文昌阁里供奉的是文昌公、文昌母，祈愿姚村人中科举，兴文事；武圣宫祭供的是关平执帅印、周昌拿大刀、关公看兵书，求祝姚村后代除邪恶，尚勇武；祠堂则是祭姚氏祖先之所，中堂为总太公的牌位，中堂左为第一、二房的牌位，右为第三、四房的牌位。每逢年终各房到大祠堂祭祖，求愿祖先降福后代。龙脉上建此三殿阁，可谓全村最为神圣的空间。

山根村的畲民除讲究龙脉风水以外，还讲究对山神的崇祀。山根村的畲民不

仅现在住在山区，而且迁至山根前的祖先也是山民。畲民自称"山哈人"，意即"住在山里的人"，男子主打猎，女子主耕田。狩猎时，祭山神，求平安，获猎物。在畲民隆重的"度法师"仪式中，男孩子须过九重山，并以猪头供奉山神，才可以成人，并认为山有山神，树有树神，在有松树和樟树的坡上，用几块大石头垒成小庙，供奉香火，不许砍树和大小便。

土地神是掌管农田和动土之事的。姚村和山根村每逢大节小祭必拜土地公公。家中盖房立灶也要祭土地公公。

村落空间中，除上述几个空间观念外，祖坟的空间分布（另节论述）、村场坪的设立位置等也是十分重要的。

二、家庭空间——屋宅

村民们的房屋是村落的内核空间，家与家关系的有机总和即构成村落。欲识"庐山真面目"更待于慎细地审察每家屋宅的空间结构。

1. 屋宅空间的基础——房基

房基一般请风水先生（地理先生）勘测选择。浙江一带的房屋以坐地朝南的房基格局为大宗，认为这种"负阴抱阳"式的房基可兴家发财，如果找一方左有水，右有路，前有塘，后有丘的宅基地则是符合"左青龙、右白虎、前朱雀、后玄武"的最贵之地。风水先生以罗盘、指南针、秤、尺等工具测出房基的走向和大小范围后定桩木，再择吉日破土动工。吉辰良时一到，请道士（风土先生）念诵经文，宰杀公鸡一只，取血拌之以米、茶叶撒在宅基地周围，并祭拜土地爷，以示动土先向他通报。此中，鸡血、米、茶叶具有驱除宅基地周围的凶神恶鬼的功效，以确保宅基地内不存恶魔鬼神。

2. 家宅入口——门

门似如村水口，是家与村的界定点，喜丧吉凶之事均由此出入。禳灾祛祸，祈福求吉是人类的天性，人们在此贴上和合二仙以利市，贴门神以驱鬼。人出入于门，鬼神亦是。在姚村居宅的门上方挂有各种各样的照妖镜（其形状有方的、圆的、半圆的）、逐鬼用的剪子、叉子（图2），还有画着暗八仙的镇宅图（图3）。此图中的剑是吕洞宾的剑，据说吕洞宾的剑是不惧人鬼凶神的，故称他的剑为"剑现灵光魑魅惊"。山根村兰炳贤家的门神是现今难寻得见的传统门神（图4），图中的"神荼""郁垒"是上古时执百鬼的神话人物，现在的门神多以武士钟馗、秦琼、尉

迟恭（敬德）代之。姚村视门神为家中督师，与灶神一起洞悉家中大小事，每年向天神通告，故此每月初一、十五日拜门神，在门的上方两侧置香筒（图2），一直挂着不撤。姚村的门神由庙里的斋公送来。门不仅可以拒鬼防其入户，亦可以招仙神入户招财进宝。姚村的门户上多贴有"和合利市"二仙图（见图5）、"福"等有吉庆气的字或画，门楣一角还贴挂"五彩（色）利市布"（见图6）。"五彩利市布"是红、绿、灰等五色布钉贴而成，它具有双重功能，既是利市的彩物象征，可以招财进宝，升官晋爵，人丁兴旺，又是隔邪的镇物，邪鬼见了，惧怕而遁。

图2 姚村照妖镜、驱鬼叉和门两侧的香筒

图3 姚村暗八仙图

图4 山根村兰炳贤家的"神荼""郁垒"门神

图5 姚村和合利市二仙图

图 6　姚村五彩利市布

门是人神出入的界面，同时又是划分家族门第高低的现实表象。俗话说"村修村口，人修门面"。为标榜家中的财力和地位，人们争相把门造得威严而有气势。姚村文化宫原为本村有钱势人家之宅，其宅门又阔又高，煞是气派。丽水在正月初一晨，由家中长者开门后放炮仗，忌哑炮，意为开门大吉，然后祀先祖。门是立户之表，在屋宅中的地位很重要。由于皇宫大门是朝正南向的，常民庶人不敢高攀，不可冲了天子之瑞祥，故多取偏南为好，堰头村的院门以朝河（偏东南）、向路为多，不取正南，以照墙相对（图7）。

不仅如此，门又可以界定娘家与婆家、男性与女性等。山根村民母亲故去时，请娘舅到家吊丧，娘舅到丧家，进门后先向门外拜三拜，表示接他家的香火，再向里拜三拜，意为把娘家的祖宗安放在这里，其界面即为门。当孕妇临产后，娘家人到婆家时，若婆家面朝门内则婴儿为男性，朝外则反之。另外，畲民提媒时，媒人须三次提媒，但有时媒人为简便起见，由大门出，旁门入，反复三次寓示提亲三回，缩短了空间距离，具有强烈的写意特点。

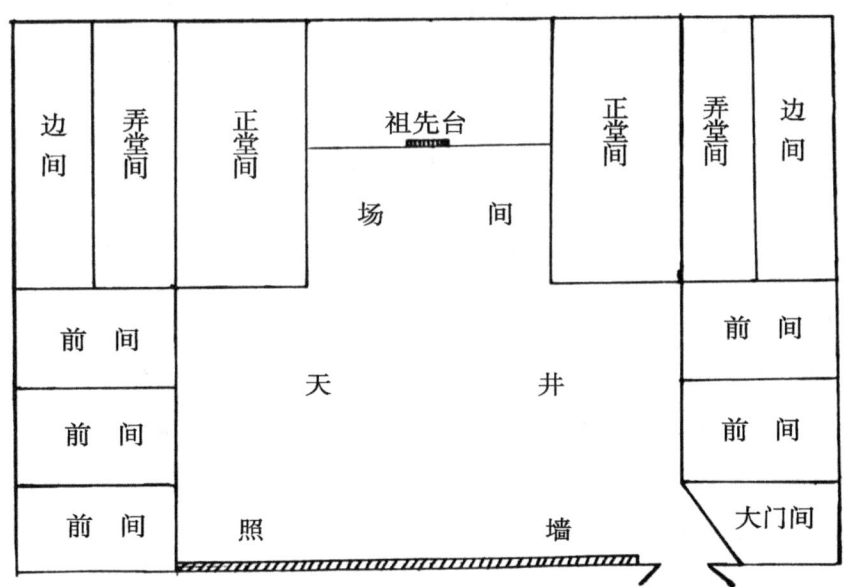

图 7　堰头村叶新荣家

与门相连，窗门也被认为是鬼神的出入口，故此，姚村居宅的窗户上多雕（或画）有狮子、鱼、鹿等图案（图8）。图8中狮子雕饰是逐鬼图，这是较暗八仙（图3）形成更古老的驱鬼装饰图案，它既为窗户的保护神，又是整个房屋的镇宅物。有的窗户上则有鱼图案，取谐音"余"，意为"年年有余""富裕有余"，鹿图案取长寿之象，以受瑞光祥气。

3. 屋宅中心——堂屋

堂屋是房屋空间中最神圣之处，是一家祖位神灵与世人的共栖之所，在此禁忌多，举事也多。堂屋因处于房屋结构的中心地，故又称"中堂"。姚村的堂屋如图9、图10所示，严格地恪守左右对称的房屋结构习惯，是名副其实的中堂。

图 8　姚村窗户雕饰

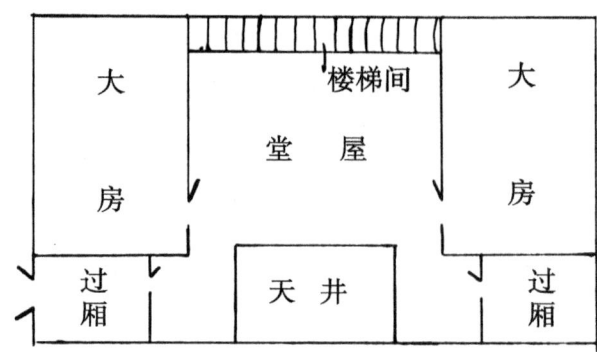

图 9　姚村三间两过厢

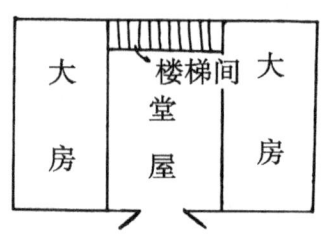

图 10　姚村硬三间无天井

堂屋的中轴线位置的几案上，供奉着一家的祖先牌位、香烛等。姚村人的寿诞在高烛明亮的中堂上进行；而且把宾朋馈赠的寿礼摆在中堂的方桌上，其中条幅贺联挂于中堂墙壁，以女婿的条幅最贵，挂于墙之中央，然后依辈分类排。家中祭祖必行于此，每年除夕夜还要往中堂墙壁"贴香火"，因为祖宗香火要千年、万年延续下去，故贴于中堂墙壁上。畲民祭祖用的龙头祖仗（亦称"龙头像"）和祖图一起供放在厅堂中。

婚丧嫁娶是一家之大事，凡此种种活动均在中堂进行。姚村丧俗，人死后由床上移尸到堂屋，置放于门板上。定亲时，将生辰八字的"年庚帖"，压在中堂祖宗牌位前的香炉底下，点香烛三天三夜，请祖宗来判定，男女二人合不合。一般寡妇改嫁、招赘入婚时不拜中堂。畲民婚礼时，新娘入中堂后先拜天神三次，后向中堂上的祖宗香案、公婆三拜。中堂又有大小之分，以东（右）为上。畲民婚礼前两天，男方家请歌手一人往女方家对歌，当他进屋后，女方家很客气地将板凳放在堂屋东首（右侧亦称"大头"）请来客入座，歌手如果是聪明人将凳挪移到西首（左侧亦称"小头"）去坐。反之，歌手稳坐不动，女方家就认为此人不聪明，于是讥笑他不才，连大小头都分不清，甚者以炮仗轰之而去。姚村人待客习俗是每来客请东侧坐，喻上；正月过年长辈坐在堂屋中方桌右侧，给小辈压岁钱。

中堂是一个家庭居宅空间中，神圣的中枢地带，是人神共居的不可冒犯之地。

4. 生命的空间——灶房

灶房是屋内空间中仅次于堂屋的要处。堂屋是供祖宗神灵之地，灶房里则供灶神等。从使用者看，男人多居堂屋，女人则多在灶房行事。从圣俗性上看，灶房是次于堂屋，多些世俗空间的意蕴。虽说如此，人们奉祀灶头之神——灶神爷也是尽其礼敬的。房子新落成后，打灶前根据女主人的生辰八字请风水先生算好立灶时辰、灶头朝向（忌朝东），并问好放几把火，而后准备立灶。行工前，先杀一只雄鸡，其血滴洒于灶基四周，如果是拆旧灶立新灶，则动工前一日先祭拜灶神送走，第二天拆旧灶再立新灶。新灶建完，祭新灶请回灶神。灶台立好后，在最上方设灶王爷神龛、香座，其状基本如图11、图12。

每年腊月二十四日（另说二十五日）夜，祭灶神，有的家每月初一、十五也祭灶，但较少。祭灶时，在灶头供奉麦芽糖（或白糖条）、果蔬等祭品，烧香燃烛，三跪九叩，口念"上天言好事，下地保平安"，祈求灶神从天神国多给家里带来吉福，同时将给灶神骑的纸马、纸轿、纸钱以及灶神像拿到院庭焚掉，请灶君上天报告凡间好事。为不使灶神胡言乱语，供麦芽糖以粘牢其口，少讲几句，也是乞讨求助的另一面。除夕夜接回灶神，将新的灶神像供于神龛内。

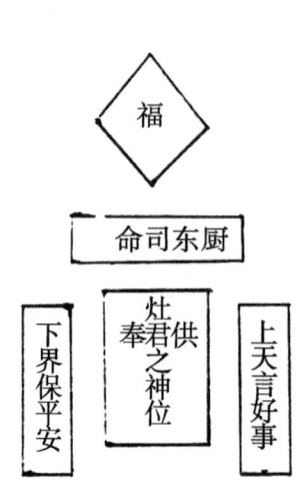

图 11　姚村灶神　　　　图 12　姚村灶神位

民间之所以敬奉灶神,是由于他不仅是司厨之君,更是一家之主,进而将他与繁衍子孙后代、人丁兴旺维系起来。前面提及中堂续香火之俗,其香火与灶神爷不无关系。姚村分家习俗,老大、老二、老三、老四、老五分别从父母的灶王爷神台中,取走顶块、右块、左块、底块、面块而各自立灶就算成家了。立灶后,儿子到父母灶中点一把火拿到自家或由父母点一蜡烛送到儿子家,父母并送儿子算盘、秤、账册,送儿媳箩筐、畚斗、笊篱,意为"今后生活精打细算",如果儿子分家前已有孙儿,爷奶还送他们书包、笔等,希望他们识书知理光宗耀祖。灶神由司厨功能衍化出家族兴旺、繁衍护佑子孙的功能。乍看起来令人疑惑,其实灶神既然是一家之主,衍生后代保平安本是应司之责。姚村生孩子时,即使在医院临产,家中老人还是要在家里拜祖宗、土地神、灶王爷求儿媳顺产,等孩子生下后,返谢灶王爷,烧纸钱。山根村除夕夜,在灶火里烧一根粗木,称"烧过年大猪",寓示来年大吉,能养一头肥猪。在这里昭示出灶火旺寓大吉,潜隐着牲口肥壮与人类的关系,归为人丁兴旺。

除门、中堂、灶头的重要空间布局外,从厕所、牲口栏等的配置亦可见空间观念之一隅。从山根村兰炳贤家的房宅俯视图(图13)可知,厕所和猪栏均在西侧,在整体布局中,处于偏侧和次要地带,因为畲民尚东(右)。牲口与人类居住空间的离分相当强,以牲口门洞连成通体。而在姚村猪栏有猪栏神、厕所有

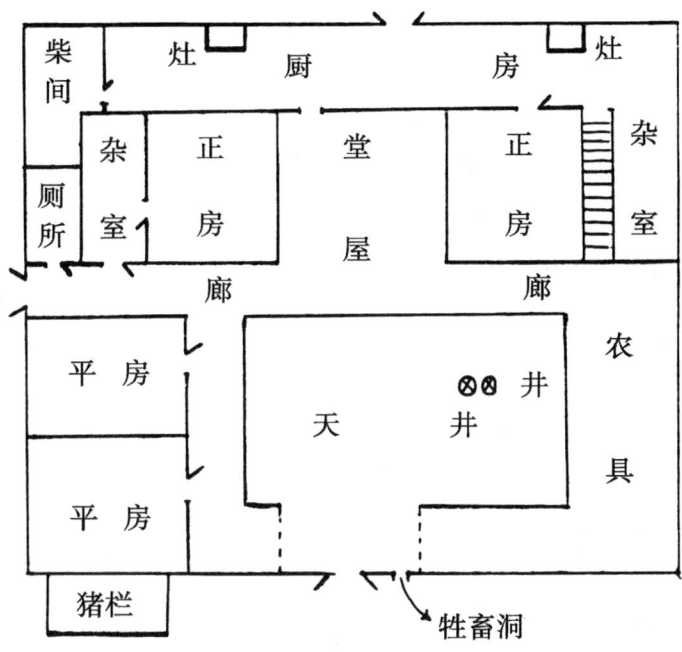

图13　兰炳贤家屋俯视图

厕神、鸡舍有将军等。猪栏离灶头很近，共属于灶间，人畜共存的遗风在此仍有残存。在猪栏上贴五彩利市布，杀猪、卖猪均择日，并且杀猪以后，切点肉，烧几支香，在栏头拜猪栏神，俗语称"烧栏头"。除夕夜，同门神、灶神一起谢猪栏神，并贴"六畜兴旺"等吉语到栏头，其信仰程度不亚于对人神的信仰程度。司厕之神为紫姑，姚村曾于正月二十日祭紫姑。紫姑住在茅坑，她是被大老婆锁在厕所里，是日，迎紫姑神至堂屋。去接紫姑的是女主人，因为紫姑没穿衣服，男的去的话就不肯出来。白天，女主人在笊篱上插几朵花，盖上衣服去厕所接迎。接来后放在堂前，烧香祭拜，笊篱柄要斜放，于是女主人问"今年粮食好不好？"等一年之吉凶。由紫姑神司厕，她可以明晓一年收成的好坏。从前的农业生产力毕竟有限，人类靠天然肥料用于耕地是显见的，由此推演，紫姑卜一年收成吉凶则是顺理成章的。

图14　姚村墙界

人类的房屋空间一经形成，就不可能向左右上下无限地延伸下去。门是家与村的界定，地基是房屋与地间的相对限定，另外还有房屋与房屋的墙界（图14）。这一墙界拍于姚村，说明村落的家庭房屋空间观念甚强，而且从另一角度显现出村落空间的紧狭。房屋的墙面上画有多种镇物或吉祥物，如八卦图、鹿、狮子、鱼、暗笔图等。八卦图寓示驱凶避祟，趋利向善，生生不息，香火永不断；暗笔图喻家中出秀才，福星高照。

三、异界空间——棺、墓

村落的公共墓地在村落内一般有固定的地址。坟墓是中堂供奉的祖宗神灵外在空间表象，神牌则是坟墓精灵的虚拟空间抽象物。坟墓的内部空间格局，是人们的直观视觉难以体感到的，它是异界（他界）观念上的空间形式。

1. 异界的设定

在民间信仰观念渐趋淡化的现代社会中，很难梳理出异界的完整结构，只能从零星片断的蛛丝马迹中，钩沉出不完整的异界观来。

俗称"祖魂归天在西方"，姚村民间故事中也说梁山伯一命归西天，说明异界位于西向。岔路口是鬼神常经过的地方，人们用世间的岔路口人频步多而推想岔路口也是鬼神常出没的地方。姚村中元节祭野鬼，设祭在三岔路口。寡妇改嫁，亡夫不满三年时，寡妇赴嫁，至岔路口脱旧鞋换新鞋，怕亡夫之鬼到新夫家作祟骚扰，扔掉鞋也就不能跟上来了。一般认为人死后阴魂要闯七关，每七天过一关，故此人死葬毕，要"做七"，为使阴魂平安过关，每七天做祭饭供之。民间有"头七慌慌，二七忙忙，三七见阎王，四、五、六七还乡"之说，原来，死者阴魂经阎王爷的阴府后，又回到自家的神位中。山根村的丧俗能较好地说明这一过程。人死以后去阴府，但是人若死在外地，抬棺回村要过36道界门。界门由竹子制成"门"形，人从界门下钻过后砍掉横杆表示已过。当抬棺队伍每过一个村子的时候，在这一村的前后各贴红纸，表示祛邪，并向村人说："向贵村借路行棺"，到了自家村口时，要将棺材用凳子支架，搭棚点油灯，烧香，由子女叫魂回家，然后请功德先生做功德。因客死外地叫"住伤"，要用36种药浴尸意即敷好36种药到阴府不得伤，烧7天香，告阴府，让他们拖去，道士纸书长辈死者的名字，并摆道场。摆毕，到三岔路口烧掉金、银、粮等纸钱，道士从火堆带回灵魂，洗净后与堂屋内的香火并起来，第二天早上抬出尸体，发丧。姚村死

在村外的人不能入村,他们在祠堂内没有牌位,在村外一百步以外搭一草棚吊丧。外乡人暴死于村内,无人管就不能超度,于是成为野鬼。村内无人供奉的均为野鬼,七月半用香粉羹祭野鬼,不让他们来找麻烦。由上述资料可见,野鬼是不安分的游鬼,家人在村内的死者亡魂超度后,或在墓中或在祠堂或在家中牌位。姚村人传说人生前不行善事,死后掉进河里,不能顺利通过奈何桥。阎王爷有生死簿,门神、灶神都知此人的品行,告知阎王爷,如果念好语,即可过奈何桥。发现鬼魂从世界到阴府时要过奈何桥,经由此桥而回到自家的祖坟、祠堂、神牌。

2. 死者的空间——棺

棺椁是盛放死者尸体的空间,死者的灵魂可从棺椁内外出入。木匠造棺不能在棺上留有墨线,否则亡灵永不能出棺超生回到祖先牌位,村民也不买这种寿材。棺椁内外是否放进了死者尸体意味着人之生死,如果两家订婚后,男方家母故,家中无主妇照料,则在母亲尸体入棺前速成婚。因为丧期三年不得婚,故死者未入棺权作人尚未故去。还有时,男女订婚后,男方突死,女方仍与亡夫完婚,其法是女方披红挂绿由棺椁下钻过去,即为阴间结婚,棺之下为阴间。姚村、山根村丧俗中,入殓时,头脚的方向一定要摆正,否则日后死魂给家里找麻烦。

人死后并非人人都可以享用棺这一空间。婴儿、少儿死亡,用草席裹之而葬。外地流浪者也一般不用棺椁。

3. 棺的空间——墓

俗语说"人重三修——修房、修灶、修墓"。造墓请风水先生择地,以鸡血淋洒四周,先挖好墓待葬的谓之"圹"。山根村畲民人死后,停尸期不定,请风水先生算好时辰。若时辰不好,棺不封口,等日子好了封口,入墓时亦选吉日将棺抬到穴内,以抬棺的毛竹垫下,表示还没入土(图15),棺椁不入土,墓门也就不封口。择好吉辰,抽去毛竹表示已入土,墓门也就可以封口了。

图 15 山根村墓示意图

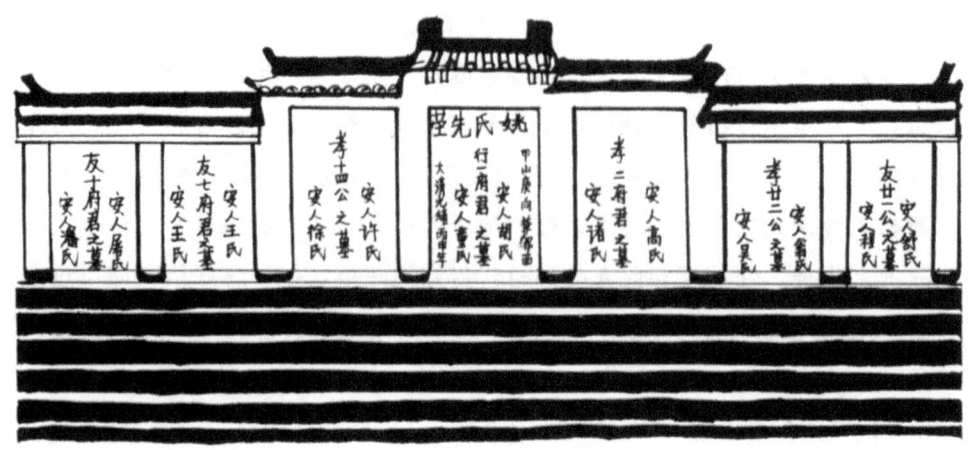

图 16 姚村祖坟示意图

坟墓位置是根据长幼序次排列的（图16）。姚村祖坟的左右排座是按字辈"万、千、史……瑞、文、行、孝、友、睦……"序排的。从中可知"行一府君墓"紧右侧为"孝二府君"，紧左为"孝十四公"，尚右，与中堂的尚右习俗相吻合。

人满寿死后，葬之以墓，若家道有灾不兴，认为祖坟位置不利风水，须请风水先生另择地，拾骨再葬。山根村畲民的坟墓，父母之墓绝对高于子女墓，女性家的墓绝不能高于男性家的墓。

除以上三方面外，空间观念在其他民俗中的地位也很重要，如建房仪礼中的空间观念、婚礼中的各种语汇、巫术中的邪鬼之所等，因篇幅关系，不多赘言。

要旨

浙江省の民俗生活に見られる空間観念

尹　成　奎

　空間観念は民俗社会を貫き、民間で守られるイデオロギーである。したがって村の空間は各自の自然認識によって設定され、主に村口、龍脉、土地公、山神、祠堂などで組み立てられる。屋敷は村の空間の中核的な空間であり敷地、玄関、正堂、台所、家畜小屋、便所で構成される。他界空間は墳墓などの形によって形成された霊世界の空間であり、人間世界の観念の延長上にある。

姚村における宗族組織と祖先祭祀

小熊　誠

はじめに

　漢人社会における祖先祭祀については、主に台湾と香港を中心に調査、研究が行われてきた。その先鞭をつけたのは、M.フリードマンの『東南中国の宗族組織』(1958)と『中国の宗族と社会』(1966)であった[①]。フリードマンは、東南中国を対象として、そこに特徴的に発達した宗族組織とそこで行われる祖先祭祀について着目し、家庭内の祖先祭祀と祠堂での祖先祭祀を区別し、それがいかに家族と宗族に対応しているかについて分析している[②]。いずれも文献を中心とした研究であったが、この研究を受けて、1970年代に台湾や香港でフィールド調査によるモノグラフが次々と公表された[③]。

　この時代、つまり中国の開放政策が始まる以前は、中国本土におけるフィールド調査が不可能であったために、香港・台湾で集中的に調査が行われたわけで、M.フリードマンが香港新界にフィールドを設定せざるを得なかったのも、

　[①] M. Freedman, Lineage Organization in Southeastern China, the Athlone Press, University of London, 1958. 末成道男・西澤治彦・小熊誠訳『東南中国の宗族組織』弘文堂、1991年。M. Freedman, Chinese Lineage and Society : Fukien and Kwangtung, the Athlone Press, University of London, 1966. 田村克己・瀬川昌久訳『中国の宗族と社会』弘文堂、1987年。

　[②] M. Freedman, 1958, 訳文　119－133頁。

　[③] 祖先崇拝をメイン・テーマにしたものでは、David K. Jordan, Gods, Ghosts, and Ancestors : The Folk Religion of a Taiwanese Village, University of California Press, 1972やEmily M. Ahern, The Cult of the Dead in a Chinese Village, Stanford University Press, 1973などの研究がある。前者は、祖先だけではなく、「鬼」や「神明」との関わりから台湾漢人社会における霊的世界観の構造を分析し、後者は、祠堂や位牌、墓における祭祀の儀礼について分析している。

このような政治的状況が原因であった。開放政策以降は、多くの人類学者が香港や台湾から転進して、中国本土で長期間の調査を実施している。ところが、現在の中国では伝統的な習俗の変化が著しく、とくに、本稿で扱おうとする祖先祭祀については、位牌は破棄され、祠堂はその機能を失い、その習俗のほとんどが姿を消している。したがって、本調査の資料は、そのほとんどがインタヴューによって過去の習俗を復元したものであるという制限を受けていることをあらかじめ明記しておきたい。

　中国における祖先崇拝は、M.フリードマンが指摘したように、祠堂や家庭の正廳など祭祀する場所がいくつか存在し、それに対応して祭祀する社会集団の対応がみられるという特徴をもっている。姚村も、基本的に一村一姓で宗族組織が発達し、祖先の位牌を安置した一族の宗祠をはじめ分節ごとの祠堂も多く存在した。そこで、本稿では、まず、第1章で姚村における宗族組織についてその概略を記述し、第2章で祖先祭祀が行われる行事ごとにその内容を整理し、そして、第3章において祭祀場所と祭祀組織の対応など祖先祭祀の多重的な構造について分析したい。

第1章　宗族組織

(1)姓による村落の構成

　伝承によると、姚姓の祖先は、南宋の建炎年間に紹興からこの地に移住してきたと伝えられている。その祖先が、万六公である。万六公が住み着いたのは、姚村の西北に位置する姚塢堂という所だった。祖先は、そこで陶器を焼いていたが、そこの土質は「黄泥」で耕作に不向きであり、したがって姚姓の祖先は貧しかった。姚村の集落の西南部に夏宅という地名が残っている。かつてそこには夏姓が住んでいた。万六公から数えて8代目の祖先が、姚塢堂から夏宅の周辺に移り住むようになった。その後、夏姓はしだいに数が減り、現在では誰もいなくなってしまった。そのため、解放前まではすべての村人は姚姓であり、姚村はまさに単姓村の形態をとる村落だった。

　現在、姚姓のほかに他姓の者も、若干ではあるが村落の構成員として住み着いている。姚村の南西にある黄大山に住む胡姓は、80年ほど前に殿山郷の西隣に位置する厚仁郷から移ってきた。移住当初は「草房」（わらぶき家）に住

み、土地をもっていなかったので、小作をしていた。胡姓の所有する祠堂が姚村になかったので、結婚式や葬式は祠堂で行わずに自分の家で行った。解放前は村民とはみなされなかったが、解放後の土地改革によって土地が分配され、姚村の村民となった。もとは1戸だけだったが、現在では7・8戸に増えている。また、上山頭に住む蒋姓は、解放前に慎徳堂の墓守をしており、竹細工で生計を立てていた。住む家もなく、「涼亭①」に住んでいたが、土地改革で土地が分配され、村民に加わった。

解放前、胡姓や蒋姓は身分的差別を受けていたわけではなく、姚姓の中で貧しいものは、彼等と通婚していた。その他に、長工として住み着いた何姓と、招婿として婿入りしてきた章姓が住んでいる。

(2) 宗族組織の構成

姚村の姚姓は、万六公を移住第1代祖先とし、現在は第22代目から第28代目の子孫が住んでいる（以下図1を参照のこと）。各世代には輩行字が決められており、さらに各世代の中で出生順に数字をつけて表わすので、それぞれの祖先は輩行字と数字、それに「公」をつけて識別されている。たとえば、「万六公」は輩行字「万」の世代の第6番目に生まれた祖先だということになる。

万六公以降、輩行字が千－肆－増－再－福－宗と7代目までの祖先は姚塢堂に住んでいて、第8代目の兄弟5名がそこから姚村に移動してきた。この兄弟は、長男から恭、商、角、徽、羽という別称をもっている。長男の恭は子孫がなく、姚村姚氏一族の下位分節を形成することはなかった。この下位分節の支派は「房（ファン）」と呼ばれる。次男の商の子孫は繁栄し、現在姚村のほとんどがこの子孫になっている。三男の角には3人の息子がいて、それぞれ松・竹・梅という房を形成している。4男の徽の系統はその後6代、第13代まで子孫が続くが、13代目に後継者がなく、その房は絶えて、「絶房」になっている。五男の羽は隣の舒村に移って、現在もこの子孫がそこに住んでいる。

---

① 涼亭とは、通行者の雨宿りや休息のために建てられたあずまやで、一般的に5里ごとに一軒あったと言われる。中には、通行者のためにお茶や草鞋などを無料で置いてあるものもあり、金華一体に多く見られた。（浙江民俗学会編『浙江風俗簡志』浙江人民出版社、1986年、433頁）。

中国江南民俗文化

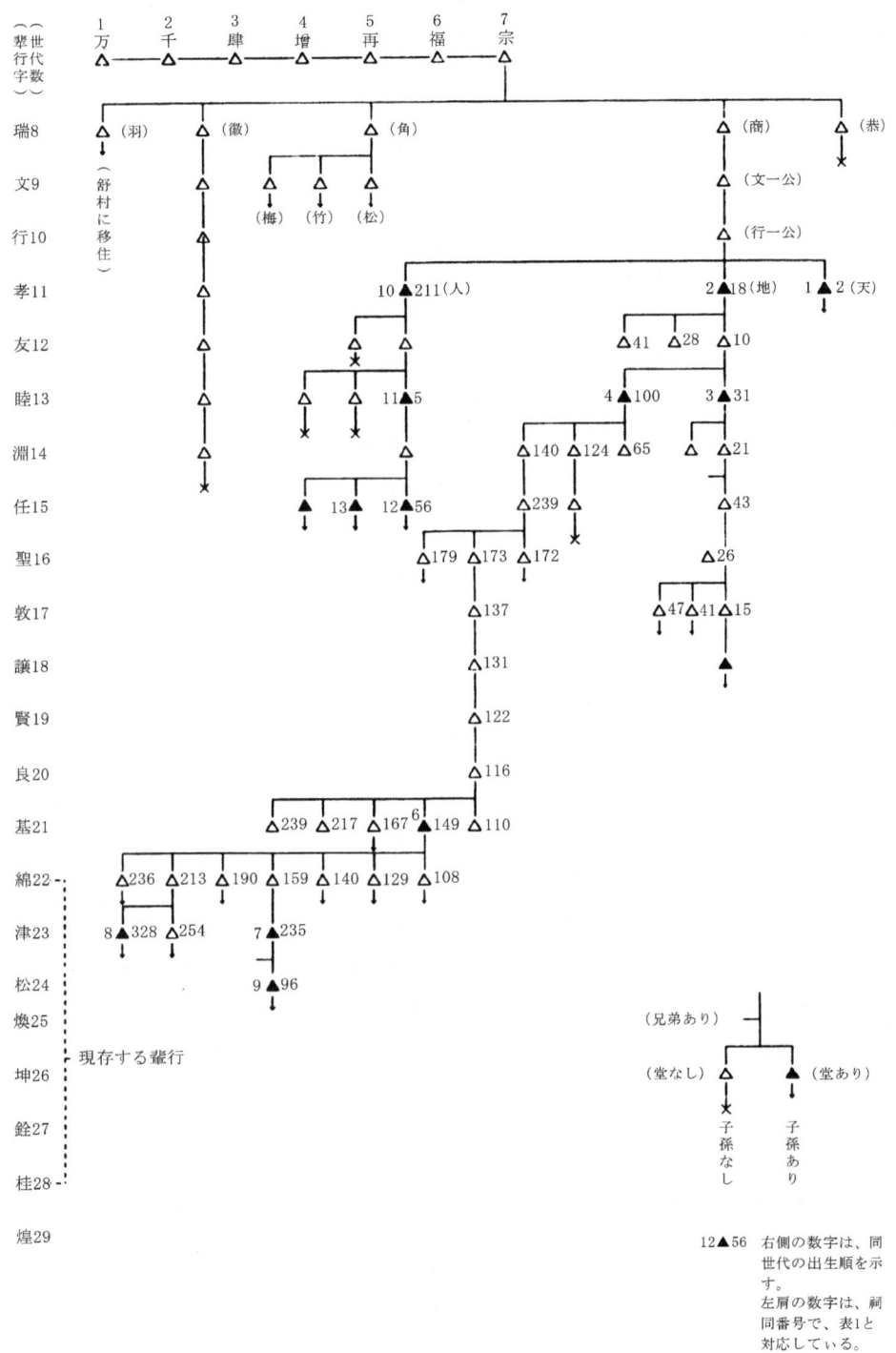

図1　浙江省蘭渓市姚村の系譜略図及び祠堂の始祖

表1 姚村の祠堂

	祠堂名	房名	始祖名	備考
1	存徳堂	天	孝二公	道光廿七(1847)年建設。存在。
2	如徳堂	地	孝一八公	存在。
3	餘徳堂	地	睦三一公	なし。
4	永慶堂	地	睦一〇〇公	民家。
5	思深堂	地	賢四一公	乾隆壬辰(1760)年建設。民家。
6	齊政堂	地	基一四九公	民国2(1912)年建設。「瑞叶三斯」
7	慎徳堂	地	津二三五公	現在文化宮として使用。
8	厚徳堂	地	津三二八公	民国2(1912)年建設。民家。
9	衍慶堂	地	松九六公	村委員会の辦公室として使用。
10	崇徳堂	人	孝二一一公	倉庫。「頌叶三斯」
11	逸志堂	人	睦五公	一部民家。
12	萃徳堂	人	任五六公	民家。
13	迎紫堂	人	任	
14		人	任	(1〜14までは系図上位置付け可能)
15	存義堂		孝四二公	なし。(15〜21は松竹梅の房が所有)
16	永清堂	松？	孝六五公	なし
17	鐘瑞堂		〇三五公	改築後、民家。
18	世徳堂		聖二三五公	なし
19	聚斯堂		聖二三五公	なし
20	向心堂	松？	譲九八公	なし
21	樂成堂		賢199/226	合建。咸豊四(1854)年建築。なし
22	敦厚堂		津	民家。
23	有政堂	？	賢175/324	合建 咸豊四(1854)年建築。
	宗祠			大祠堂とも呼ぶ。明萬暦乙未建。
	下龍廟			建于乾隆三八年重建。(1773)
	雨台			重修于宣統二年。(1910)

　次男の商は瑞六公と呼ばれ、その息子が文一公、さらにその息子が行一公である。商以下の分節全体は「商房」と呼ばれる。さらに、その下位世代の分節も「房」と呼ばれるので、行一公の3人の息子以下の子孫が形成する分節を、それぞれ天房・地房・人房と呼んでいる。つまり、房の基本概念は、息子が父

親に対して単独に構成する父系系譜上の関係であって、兄弟がいればそれぞれが独立して房を形成し、それが系譜上連続していく。さらに各世代で不断に分裂し、拡大していくので、房の関係は世代ごとに幾重にも入れ子のように重なっている[①]。

また、天房・地房・人房の始祖以下の祖先を祀る祠堂がそれぞれあり、天房の祠堂は存徳堂、地房の祠堂は如徳堂、人房の祠堂は崇徳堂という名称をもっている。これらの祠堂を姚村では「花庁」とも呼んでいる。その他にも23軒の祠堂があり（表1参照）、それらは現在消滅してしまったものもあるが、慎徳堂が文化宮として、衍慶堂が村委員会の辦公室として使われているように、公の建物として使用されたり、あるいは村人の住居として使用されている。

祠堂の存在は、その支派の勢力と相関関係があったことがうかがえる。地房の支派が最も多く祠堂をもっていたが、現在でも村の人口に占める割合はこの支派が最も多いといわれている。次に人口の多いのは、祠堂を5つもっていた人房の支派で、祠堂を1つしかもっていなかった天房の支派は人房の支派の半分ほどの人口しかないといわれている。また、「角」の支派には祠堂がなく、系譜上は「角」の1世代下で「松」「竹」「梅」の3つの支派に分派したことになっているが、実際にはそれぞれが独立した支派として機能していなかったようだし、村民の意識の上でも松竹梅の各房がどのように分節しているのかあいまいにされていて、むしろそれが天房・地房・人房に対応する一つの支派であるようにみなされている。つまり、系譜に精通していないかぎり、一般村民の意識の上では、商の子孫である天房・地房・人房の3支派と角の子孫である松竹梅の1支派の合計4つの支派が、姚姓の最も大きい分節区分だと考えられている。

(3)宗族組織の地域的集居

姚村のそれぞれの支派が、村落内の特定の地域に居住する傾向がみられる。つまり、図2に見られるように、勢力の最も大きい地房の子孫が集落の中央を占め、天房は西北部に、人房は東北部に、そして松竹梅の房は南部に集まっている。この地域区分は、各支派の祠堂の位置とも関連している。すなわち、天

---

① 房の概念については、陳其南（小熊誠訳）「房と伝統的中国家族制度」橋本満・深尾葉子編『現代中国の底流』行路社、1990年を参照のこと。

房の始祖を祀る存徳堂は集落の北部にあり、天房の子孫はそこから丘の上に、すなわち西側に集中して住んでいる。地房の始祖を祀る如徳堂は、集落の東側に流れる川添いにあり、その支派の住居も祠堂から丘の上にかけた西側に展開している。人房の始祖を祀る崇徳堂は、東からの集落への入り口にあり、この支派の住居もそこから西側に広がっている。

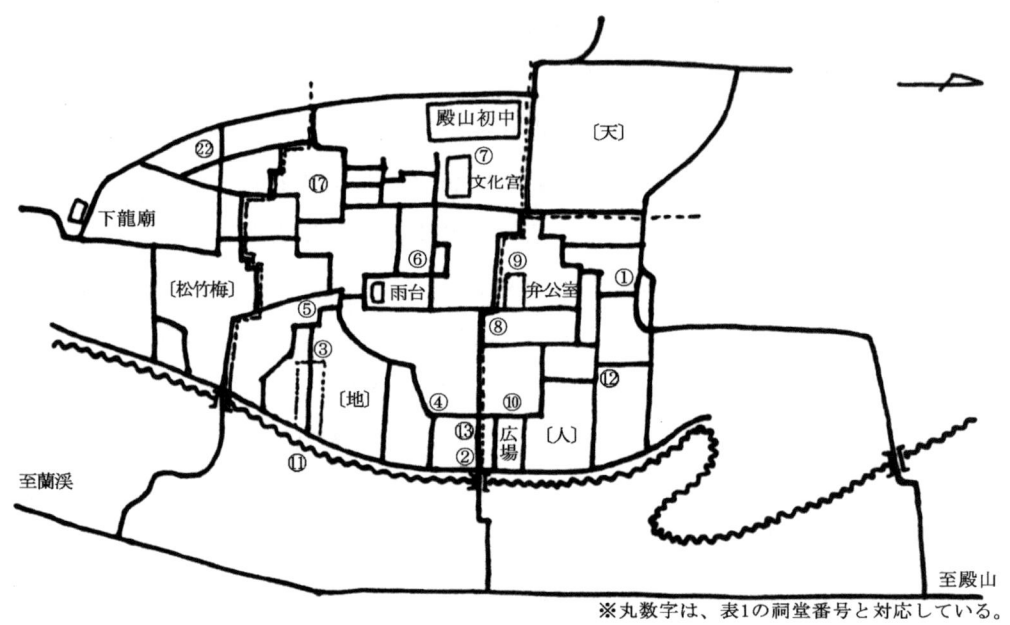

※丸数字は、表1の祠堂番号と対応している。

図2　祠堂の位置と分節組織の地域的集住

この集落が、歴史的にどのように発展してきたのかは、資料も調査も不足していて定かではないが、天房・地房・人房の始祖の時代にすでに現在のような地域ごとの住み分けが始まっていたとはかぎらない。つまり、祠堂の建設は、子孫の人的、経済的勢力と関係するので、祀られる祖先が死亡した後すぐに実現するとはかぎらないからである。たとえば、400年以上も前に死亡したはずである天房の始祖孝二公を祀る存徳堂は、150年ほど前の道光27年（1847）に建てられている。同世代の始祖を祀る地房の如徳堂にしても、人房の崇徳堂にしても、現存する建物から判断して、その建設は400年も前に遡るとは考えがたく、この3つの祠堂はほぼ同年代に建てられた可能性がある。とすると、近世後期に、それぞれの支派の成員が自分たちの祠堂の周囲に居住して、拡大していったのではないかと考えられる。

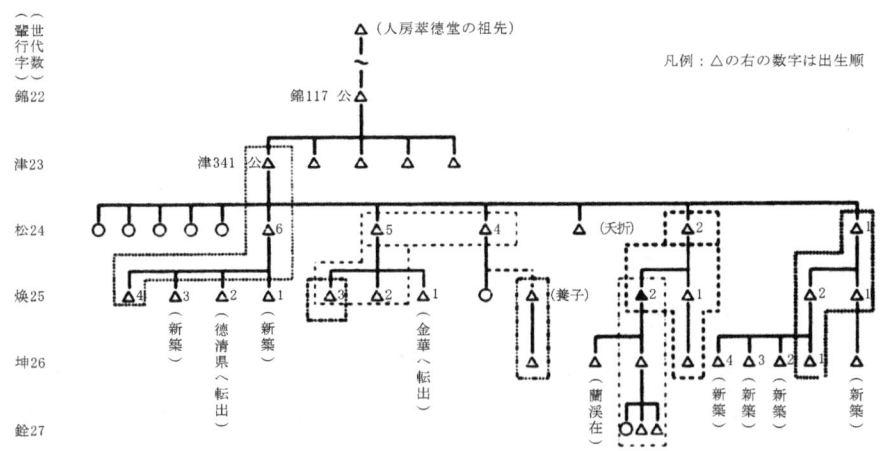

図3　姚豊仿氏の家系と居住集団

　それは、ある家族の系譜を辿ると、具体的にその展開過程が裏付けられる。人房の姚豊仿氏の祖父は崇徳堂の西側に住んでいた。図3を参照しながら解説すると、姚豊仿氏の祖父津三百四十一公には6人の息子がいて、長男と次男はそれぞれ別の家屋を、四男と五男には一つの家屋を、それぞれ自宅の周囲に新たに建てて、そこに住まわせた。結局六男が、「老房子」と呼ばれる祖父の家に住んだ。このように末子が親と同居する例が姚村には多いと言われている。世代が下ると、さらに家屋が増えた。つまり、長男の家族では、その二人の息子は親と同居していたが、その下の世代になると、次男の長男が元の家（老家）に残り、他の4名は新たに家を新築して独立している。話者の場合は、結婚した後も親の家に兄弟二人の家族が同居していたが、甥や自分の息子が結婚して家が手狭になったので、自分が新たに家屋を建てて別居するようになった。また、四男には娘しかなかったので、娘は嫁に出して別に養子を迎えた。その養子は、家を新築して別居している。五男の長男は、金華市へ転出したが、次男と三男は親と同居していた。しかし、家族員が増えたので、三男が家を新築して独立した。六男は親と同居したが、その長男と三男は老家の周囲に家を建てて独立した。末子の四男が、祖父－父親と住んできた家に居住している。こうして、祖父から数えて3世代、約百数十年のあいだに、村内だけで12戸の家屋が新たに建てられ、そのほとんどが祖父の「老房子」の周囲に建てられている。その結果、この子孫が崇徳堂の西側一帯に近接して居住することになった。

他の支派についてこのように具体的な事例を集めたわけではないが、上述の例のように、ある祖先の子供や孫たちが周囲に残って、結果として一つの支派が集居するとになったものと思われる。それは、中国社会の伝統的な家族制度と関連させて考えることによって推測できる。つまり、中国社会では出生順とは関係なく男子は結婚後も親と同居することが規範とされ、祖先を祀る正庁を中心に部屋を建て増していって、何世帯もが一つの屋敷に同居することが「四世同堂」などといって理想的な家族の形態とされているし、実際このような形態に至った例も少なくない。その場合、三合院とか四合院などといわれる伝統的な家屋の形態をとって大型化していくこともあるが、姚村の場合は、一つの家屋自体はそれほど大型化はせずに、近い親族が隣り合って居住することによって近親の集居になったものと思われる。父系血縁関係が緊密で、宗族組織が比較的発達している中国東南部では、姚村のように宗族の中の支派が一つの集落の中で地域ごとに集まって居住する例が、他にも報告されている①。

(4)祠堂の組織と財産

　姚村には万六公以下姚姓全体の祖先を祀る「大祠堂」が、解放前後まで集落の南、現在の小学校の位置にあった。それは、宗族全体の祠堂であるいわゆる宗祠に相当し、解放前はそこが学校の機能ももっていた。

　大祠堂は、図4のように、中央が中庁、向かってその右が文昌閣、左が武聖宮、さらに左に崇徳報功と建物が四つの部分に仕切られていた。中庁には、各家庭の三世代より上位の祖先の位牌が安置されていた。位牌の位置は、奥の祭壇の中央に姚村姚姓の始祖である万六公から7代目の宗までの位牌が置かれ、それより下の世代の位牌は、左右の祭壇に房ごとに並べられていた。その順番は、長幼の順で、奥から第8代長男の恭房、次男の商房のうち天房・地房・人房、そして三男角房の松竹梅の各房、四男の徽房、五男の羽房の順に並べられていた。奥の祭壇の右は、報功祠で、一族のために貢献して功労のあった祖先の位牌が、また左は節孝祠で、とくに孝をつくした祖先の位牌が祀られていた。

---

　① 中田睦子「中国における同族組織の展開とその実態―福建省晋江県の施氏宗族と地縁組織の関係―」『アジア経済』30－4、1986年。また、一集落に複数の宗族が居住する場合は、その宗族ごとに居住地が区分されているという報告が香港にある。瀬川昌久「香港新界の村とlineage―特に中小lineageの観点から」『季刊人類学』17－1、1986年。

文昌閣には、学問の神である文昌帝君が祀られ、棟木にも文運を司どる北斗七星の第一星から第四星を描いた奎星図が書かれていた。武聖宮の入り口には関帝が祀られ、奥の祭壇には中央に観音、その右に五穀尊神、左に子孫堂が設置されていた。崇徳報功の建物は、慎徳堂を建設した津二百三十五公の功労を称えて建設された。津二百三十五公とその子孫合わせて3つの位牌が、この崇徳報功の建物に祀られていたが、これらの位牌は慎徳堂にも別に祀られていた。

　大祠堂の代表者は、「管長」と呼ばれ、姚姓の族長がその任に就いた。その他に、天房・地房・人房と「松竹梅」、それに舒村の「羽」の各支派からの代表者が9名選ばれて、「首事人」あるいは「頭首」とよばれる役職に就任した。この役職は、任期が3年で、理事にあたる任務をもっていて、大祠堂に関する事柄について合議した。主な仕事は、他村との紛争や村内の紛争の調停を行うことで、村の司法的な役割を果たしていた。また、大祠堂には「太公田」という共有財産が180数畝あって、その収穫を倉庫に入れるのを監督するのも「頭首」の重要な役目だった。それを、横領することを「吃太公」（祖先あるいは祖先の財産を盗む）といった。また、共有財産の管理とこの組織の会計として、「司帳」あるいは「管長先生」が2名選ばれた。

　また、各支派にもそれぞれいくつかの祠堂があり、それぞれ「頭首」や「管長先生」を選んで、管理、運営を行っていた。各祠堂には共有財産があり、それは耕地だけでなく、山林や池もあった。池の水は自由に使用できたが、その中にいる魚は祠堂に所有権があった。また、池の所有権も土地と同じように売買でき、その際水の使用権を保有したまま売買することもできた。また、祠堂所有の耕地は、その祠堂の成員が優先的に租借することができた。

第2章　祖先祭祀

　姚村でかつて行われていた祖先祭祀は、主に春節・清明・七月半（7月15日）・冬至の時期に集中していた。そして、それぞれの時期によって祭祀を行う場所が異なり、また、祭祀の対象も異なっていた。そこで、本章では姚村における各時期ごとに祭祀の内容を整理し、さらにその祭祀が地方的特徴なのか、中国の広域に一般的なものなのかを確認するために、参考として姚村以外の地域の事例を随時併記する。

(1)春節の祖先祭祀

　①謝年　旧暦12月29日の夕飯前に、大門（入口）の戸口で供物を供えて蠟燭を立て、家長が線香をもって外に向かって天に拝々する。天の神なので金紙を焼く。この儀礼を「謝天」あるいは「祭天」とも呼ぶ。その後、竈神を拝々してから、三代前までの祖先の墓に御参りする。金華市の他の地域では、12月30日にこの儀礼を行うこともある。

　②吃年飯　旧暦12月30日の「除夕」（大晦日）には、正堂の卓に供物を用意する。供物は、祭壇に向かって手前から猪頭、全鶏、猪肉の三牲を「漆盤」（漆の取っ手付き大形盆）に入れて供える。猪肉とは豚肉のことで、それには皮がついていないと祖先に対して失礼だといわれる。次の列に豆腐、饅頭、長寿麺、御飯をそれぞれ別々に並べる。最も奥には、3つの酒杯を並べ、それぞれの杯の右側に一組ずつ計三組の箸を添えて置く。3つの酒杯と3組の箸は、3代前までの祖先を接待することを意味する。その両側に赤い蠟燭を1本ずつ立てる。これが、祖先に対する正月の準備で、これらのごちそうを「年飯」あるいは「年夜飯」と呼ぶ。

　「除夕」の夕刻、家長が自分の3代前までの祖先の墓に行って、祖先を家にお迎えする。墓では、蠟燭を立て、線香を香炉にさし、紙銭を焼いて拝々した後、「○○公跟我回来吃年飯」（○○公、私と一緒に帰って正月の御馳走を食べましょう）と祖先の霊に声を掛け、お迎えする。

　墓参りから帰ると、大門の戸を閉める。まず、卓の前で「当家的」（家長）が、祖先に対して三跪四拝（立位で拝み、次に跪いて頭を深く下げて拝む。これを三回繰り返し、最後に立位で拝む）をして、酒を杯に注ぎ、肉や御飯をすすめる。そして、祖先と共に、家族揃って食事をする。食後、子供の口を「草紙」（藁製の厚手の紙）で拭く。これは、子供が祖先に対して失礼なことを言っても許してもらえるようにという意味がある。その後、家長は、子供たちに赤い紙に包んだ「圧歳銭」（お年玉）を配る。

　食後、門を開き、戸口で紙銭を焼いて、その上に酒を撒く。これは、天に帰る祖先に酒を飲ませるという意味がある。爆竹を鳴らして、祖先を送る。

　除夜に祖先を家にお迎えして、一緒に正月料理を食べるので、この行事を「吃年飯」という。

③「初一」 元旦は、「初一」といって、数々の儀礼が行われる。まず、朝一番に大門を開いて、爆竹を鳴らし、外に向かって拝々する。これは、外に向かって邪悪なものを追い払うとともに、天に対して拝むことを意味する。「謝天」という。次に、米、粟、麦、豆、綿の種を煮てお茶を沸かし、新年の五穀豊饒を祈願する。これを「焼茶」という。そして、「敬祖」といって、正堂で祖先に対し拝々する。初一の朝には、必ず長寿麺を食べる。長寿麺は、切らずにゆで、長ければ長いほど良いと言われている。

④「上墳」 朝食後、家長とその家の男子は、3代前までの祖先の墓参りをする。墓前では、「供品」（供え物）と酒を供え、紅い蠟燭をたてて、線香を手に拝々してから、それを香炉にさす。最後に爆竹を鳴らす。

また、その村の始祖を「総太公」といって、金華市周辺では多くの村で初一にその墓に参る習俗がある。姚村では、系譜上は万六公が始祖になるが、その墓は姚塢堂にあって、祀る人もなく荒れている。姚村の総太公の墓として祀られていたのは、姚村に移動してきた祖先のうち天房・地房・人房の祖先にあたる文一公と行一公の墓であった。しかし、現在では文一公の墓には参らず①、村人は行一公の墓に参っている。その墓は、行一公だけでなく、何人かの祖先の墓が一緒になっていて規模が大きく、集落の北数百メートルの道路に面した所に位置して便利であり、またそこに土地公もあるので、現在ほとんどの村人は総太公の墓としてここに参る。ただし、松竹梅の房に属する村人にとって、行一公は直系の祖先ではないので、そこに参るかどうか確認していない。しかし、ほとんどの村人が総太公の墓としてここに参っていると説明されているし、金華市の曹宅鎮でも曹姓の総太公の墓に他姓の村人が初一にお参りしていることから、姚村でも行一公の墓が総太公の墓としてお参りの対象とされていると思われる。

⑤祠堂へのお参り 墓参りの後は、祠堂へのお参りをする。以前は、子供が祠堂の祭祀を促すドラを鳴らしながら、村中を回った。まず、大祠堂にいって、

---

① 1970年代初めに、松竹梅の房の石工が、文一公の墓石に彫刻しようとして突然死亡した。それは、文一公の墓にかんするなんらかの原因によると考えられ、それ以来村人は、文一公の墓には近寄らない。また、同じ頃水利改修のために文一公と行一公の墓石も利用されて、墓が壊された。その後、行一公の墓は改修されたが、文一公の墓はそのままにされている。

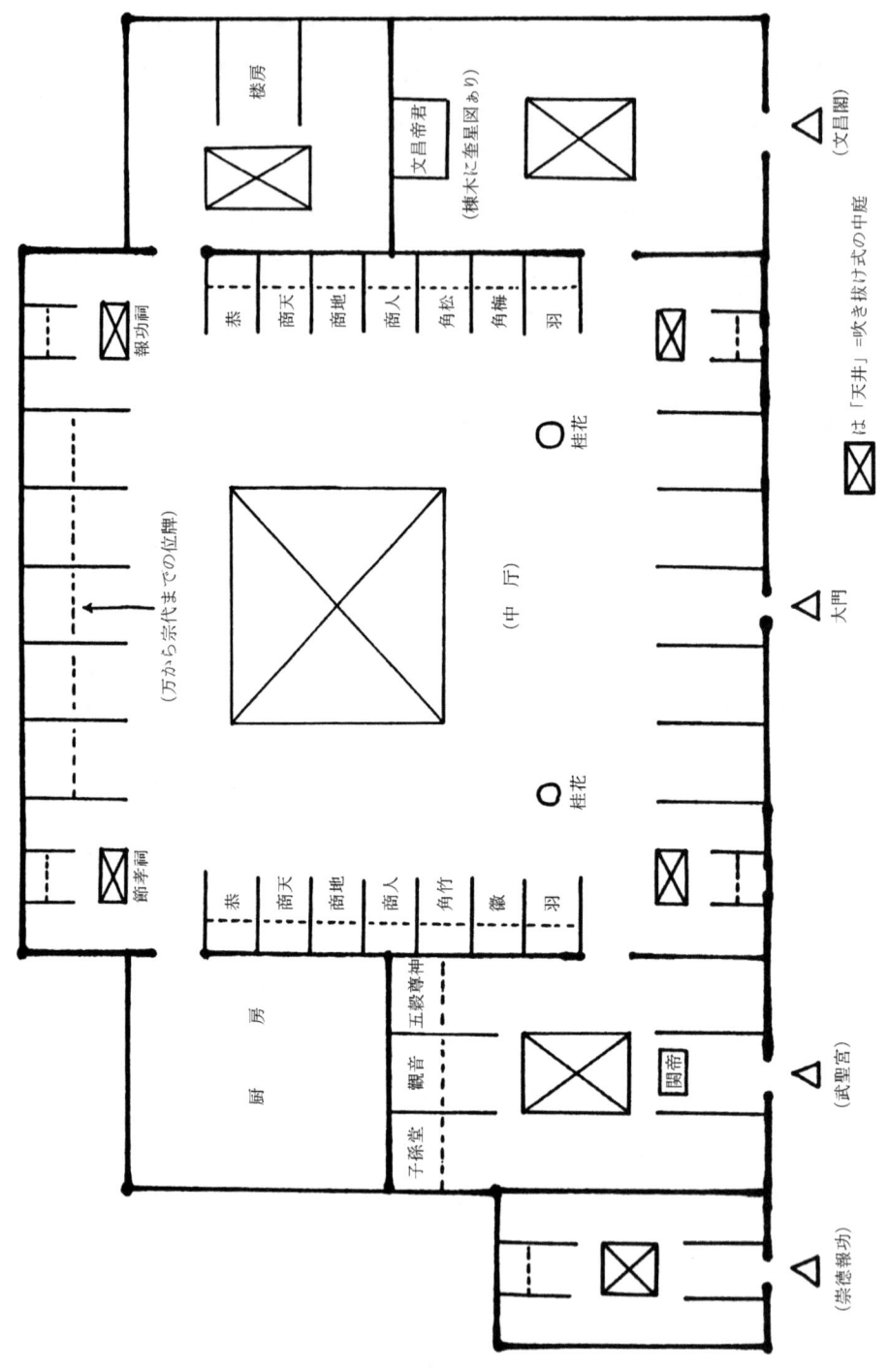

図4 姚村の大祠堂(復元図)

中央の総太公の位牌を拝み、その後各房の祖先の位牌が並んでいる祭壇に行って拝々する（図4参照）。解放前は、大祠堂の共有田があったので、その収入から饅頭を用意し、参拝した者には男子2人前4個、女子は1人前2個ずつ配った。収穫の多いときには、1人前5個ずつ配ったこともあった。また、60歳以上の男子には豚肉1斤、80歳以上の男子には豚肉2斤ずつ配った。

その後、各自の房の祠堂にお参りした。地房や人房には祠堂をもつ祖先がたくさんいるので、いくつもの祠堂を回らなければならなかった。たとえば、人房萃徳堂の子孫は、まず人房の始祖を祀る崇徳堂に行き、次に逸志堂、そして萃徳堂と3つの祠堂をお参りした。これら祠堂も、解放前は共有財産を所有していたので、この時に豚肉などの分配があった。人房では、子供達にその学年に応じて初小1斤、高小2斤、初中3斤、高中4斤、大学5斤の豚肉を分配したこともあるという。

⑥祖宗図　除夜から正月にかけて、祖先の肖像が描かれている祖宗図を正堂の祭壇に掛ける。描かれている祖先は、ほぼ三代前までの祖先である。たとえば、姚富雲氏の所有する祖宗図には、まず上段右に「太太公」（曾祖父）、左に「太太婆」（曾祖母）、次の段中央に「太公」（祖父）、次の段右に「太婆」（祖母）、左に後妻の「太婆」、その下の段中央に「太公弟」あるいは「小太公」（未婚のまま亡くなった祖父の弟）、そして最下段の右に「爹」（父）、左に「媽媽」（母）が描かれている（写真1、図5参照）。この場合は、祖父に後妻がいたことと祖父の弟が未婚で亡くなっているという特殊な事情で8名が描かれているが、通常3世代6名が描かれている。

写真1　姚村の祖宗図

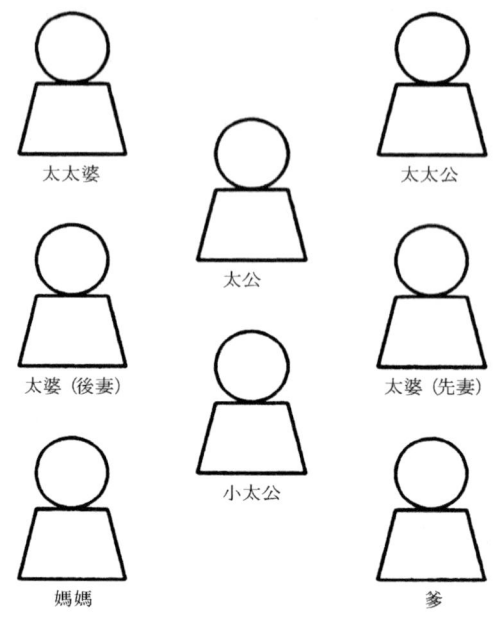

図5　姚富雲氏所蔵の祖宗図

　この祖宗図は、すべての家庭が所有しているわけではなく、祖宗図に描かれた最下位世代の祖先の子供や孫にあたる近親で共有される。解放前は、各房ごとに「輪流」（交替）で祖宗図を回して、その家の正堂に掛けた。したがって、その兄弟や従兄弟などの近親は、「連拝三天」といって初一から三日間は朝と晩に線香をもって祖宗図を掛けている家にお参りにいった。たとえば、図3によると、人房の「津三百四十一公」には6人の息子があって、祖宗図は毎年一房から六房まで順に回され、各房にもその息子が独立して分家している場合は、1順目に長男の家で祀ると、2順目には次男の家という具合に、公平に輪流した。解放後は、祖宗図を掛けることもなくなった。

　祖宗図を掛ける習慣は、旧くから蘇州にみられ、「掛喜神」といった[①]。また、金華市曹宅鎮でも祖宗図を掛けたというし、『浙江風俗簡志』によると浙江各地にこの習慣があったと報告されている[②]。

---

　① 顧禄・中村喬訳注『清嘉録』平凡社、1988年、22頁。
　② 前掲『浙江風俗簡志』によると、杭州（56頁）、紹興（263頁）、湖州（386頁）で祖宗図を掛ける習慣が報告されている。湖州では、それを「尊主」と呼び、長房あるいは太公田を保有している家が保管した。

(2) 清明

　清明には、正堂の祭壇に「清明糕」と肉、酒などを並べ、蠟燭を立てて、元宝の形に折った紙銭を置く。「清明糕」は、「糯米」（もち米）の粉に「青蒿草」（ヨモギ）を混ぜて蒸した緑色の菓子で、春の農耕の始まりを表わしている。

　家長や成人男子が、供物や蠟燭、線香、爆竹をもって、それぞれ三代前までの祖先の墓にお参りする。子供がついていくこともあるが、それは正式の祭祀者として行くわけではない。墓参りには、「前三后七」といって清明の日より前3日間、後7日間のうちに行けばよいとされている。

　祠堂では、「頭首」が、房を代表して供物を並べ、拝々する。一般の者は、祠堂へは行かない。

　金華市曹宅鎮では、祖先の墓に行って焼香した後、祖先を家に招く。墓参りから帰宅した後、線香3本もって大門から祖先の墓に向かって拝々し、上位世代の祖先から順に正堂の中に招き入れる。大門を閉め、線香を祭壇の香炉にさす。祭壇の前の卓には祖先1人に対して1つの杯と1組の箸が用意され、まず杯に酒を注ぐ。三回酒を注いだ後、祖先1人1人に対して紙銭を焼く。大門を開いて、戸口でも紙銭を焼き、最上位世代の祖先の杯で紙銭の上に酒を撒いて祖先を送る。その後、家族で食事をとる。

　「吃了清明糕以后一百二十天一直労働忙」（清明糕を食べた後は、120日間ずっと仕事が忙しい）といって、清明は農耕作業の始まりを意味する行事でもある。

(3) 七月半

　旧暦7月15日の中元節は、「鬼節」とか「盂蘭節」ともよばれ、祖先祭祀とともに「鬼」供養をする。この日には、餅米の粉とうるち米の粉に水を加えて、幾重にも高く積み上げて蒸した「千層糕」というお菓子を供える。曹宅鎮では、そのなかに金持ちは白糖、貧乏人は「紅糖」（黒糖）を入れて甘くし、はすの葉の上にのせる。その年に亡くなった新仏がいる場合は、兄弟だけでなく婚出した娘や近親も御参りにくる。

　七月半には、祠堂で祖先を祭祀することはないし、祖先の墓に参ることもない。

　十字路やＹ字路に、錫箔の紙銭と線香、そして豆腐や御飯を置いて、祀ってくれる子孫のいない「鬼」（無縁仏）の供養する。それは、実家に戻る祖先を途中で「鬼」に邪魔されないようにという意味で行われるし、また善行を施すという意味もある。

（4）冬至

　冬至には、各戸の祭壇で供物を供え、祖先を祀った。また、三代前までの祖先の墓にも供物と蠟燭、線香をもって御参りした。

　各祠堂の「頭首」が、祠堂の祭壇に三牲、豆腐、饅頭、御飯、黄酒などを準備して供えた。この日は、主に60歳以上の男子が供物を持参して祠堂に御参りにいった。その他の男子が御参りにいくこともあったが、60歳以上の男子だけに豚肉が分配された。

　19世紀初めの蘇州における年中行事を記録した『清嘉録』によると、「冬至大如年」（冬至の盛んなること元旦のごとし）といって、冬至には友人や親戚を招いたり、食物を送ったりして賑やかだった。また、この日に供物を供え、祖宗図を掛ける家もあったと記されている①。また、元旦と冬至の行事が似ているのは、中国の古代に生活上の一年の終わりと始まりを冬至においたためであると説明されている。いずれにしても、冬至に祖先を拝む習俗が、清代まで蘇州にあったことがわかる。

第3章　祖先祭祀の多重構造

　姚村における祖先祭祀の場所をみると、a 家庭の正堂に設置された祭壇、b 祠堂、c 大祠堂、d 墓となっている。aとb、cの場における祭祀の具体的対象は位牌であり。したがって、大きく分けると祖先祭祀は位牌祭祀と墓祭祀に大別することもできる。「はじめに」でも触れたように、M. フリードマンは、位牌祭祀について家庭で3・4世代前までの祖先の位牌を祀る場合と、祠堂において遠祖を祀る場合の2形態に分けて儀礼の性格や祖先の役割について分析した。その後、漢人社会の祖先祭祀組織の研究が、主に位牌祭祀を行う組織を対象にしてきたが、その理由について植野弘子氏は、「位牌に対する祭祀行為は、墓に対するよりもその機会も多く、祭祀を行う場を検討することによって異なるレベルの祭祀組織の分析も可能であることによる」と指摘している②。そして、植野氏も台湾の祖先祭祀についての「多重構造」として「祭祀組織の居住性」と「祭祀の場」（位牌）という2つの項目を設定し、A「父系的に関連する家庭よりなる共住集団が、

---
　①　前掲『清嘉録』、233頁。
　②　植野弘子「台湾漢人社会の祖先祭祀」渡邊欣雄編『環中国海の民俗と文化 3―祖先祭祀』凱風社、1989年、100頁。

庁（家庭の祭壇：著者注）において祖先祭祀を行う形態」、B「居住空間を別にする父系的に関連する集団が、庁において共通の祖先を祭祀する形態」、C「宗族や宗族の分節が宗祠において祖先祭祀を行う形態」の3つのタイプに分類している[①]。

ところが、姚村の祖先祭祀においては、墓で祭祀を行う場面も多く、さらに墓での祭祀と正堂の祭壇での祭祀が連続して行われる。そこで、祖先祭祀の行われる場として前述のa.b.c.dを設定し、それぞれの場に対応する祭祀組織だけでなく、位牌祭祀と墓祭祀の関連について考察したい[②]。

表2　祖先祭祀の多重構造

	a 正堂の祭壇	b 祠堂	c 大祠堂	d 墓
①謝年	―	―	―	三代祖先［家族］
②除夕	三代祖先［家族］	―	―	三代祖先［家族］
③初一	三代祖先［家族］祖宗図［家族・近親］	房の祖先［房］	村落の始祖以下の祖先［宗族］	三代祖先［家族］総太公［宗族］
④清明	三代祖先［家族］	房の祖先［房の頭首］	［頭首＝代表者］	三代祖先［家族］
⑤七月半	三代祖先［家族］＊鬼（無縁仏）	―	―	三代祖先［家族］
⑥冬至	三代祖先［家族］	房の祖先［房の頭首］	［60歳以上の男子］	三代祖先［家族］
備　考		結婚・葬式が行われる		

［］内は祭祀の主体を指す。

---

① 植野弘子「台湾漢人社会の祖先祭祀」渡邊欣雄編『環中国海の民俗と文化3－祖先祭祀』凱風社、1989年、107－113頁。
② 漢人社会を対象とした研究の中で、位牌祭祀と墓祭祀を同時に扱っている論文に、瀬川昌久「墓・祠堂・そして家」渡邊欣雄編『環中国海の民俗と文化3－祖先祭祀』凱風社、1989年がある。祭祀組織については位牌祭祀と墓祭祀を同時に論じているが、両者における霊魂の関係については触れられていない。

aの各家庭における正堂の祭壇には、三世代前までの「牌位」（位牌）が祀られている。それ以上の祖先の位牌は、房の祠堂や大祠堂に移される。つまり、M.フリードマンが指摘したような家庭から祠堂への位牌の「昇格」が、姚村でも見られる①。したがって、正堂の祭壇で行われる祭祀の対象は、常に三世代前までの祖先に限られる。

bの祠堂には、図1に示されているように、その祠堂を所有している房の始祖以下の位牌が置かれている。したがって、同一支派に複数の祠堂がある場合は、下位世代の位牌は上位世代の祠堂にも置かれることになる。たとえば、祠堂番号12萃徳堂の始祖任五十六公の位牌は、11逸志堂および10崇徳堂にも祀られることになる。しかし、このような場合、祠堂10に11世代以下のすべての位牌、祠堂11に13世代以下のすべての位牌、祠堂12にやはり15世代以下のすべての位牌、つまり15世代以下の位牌はこの3つの祠堂に複数配置されているかどうかについては、現在確認は不可能である。ただし、祠堂番号2の如徳堂の内部には、まだかなりの数の位牌が確認できたが、その位牌についての調査は原則として今のところ不可能な状況である。いずれにしても、前章の⑤でも述べたように、上位世代に複数祠堂がある場合には、そのすべての祠堂に参拝した。

また、c大祠堂には、図4に示されているように、各房ごとにその祖先の位牌が安置されていた。

dの墓は、基本的に個人あるいは夫婦を単位にして造営されている。そして、墓における祭祀は、三世代前までの祖先に限られ、したがって、世代が推移するとともに三世代を過ぎた祖先の墓での祭祀は行われなくなる。

以上から、それぞれの祭祀の場において、祀られる祖先と祭祀組織の関係をまとめると、基本的に3つのタイプに分けられる。a家庭の正堂およびd墓においては、三世代前までの祖先が、その直接の子孫を中心とする家庭によって祀られる。これをタイプⅠとする。bの祠堂においては、房の祖先が、房の子孫によって祀られる。これをタイプⅡとする。そして、タイプⅢとして、c大祠堂に祀られる

---

① このような位牌の移動については、台湾では原則として見られないという指摘があるし（末成道男「社会結合の特質」橋本萬太郎編『漢民族と中国社会』山川出版社、1983年、293頁、植野前掲、101頁など）、香港でも移動しない事例が見られる。(Hugh D R Baker, *A Chinese Lineage Village : Sheung Shui*, Frank Cass&Co. Ltd., 1968, pp.54-57)。

祖先（つまり姚村のほとんどの祖先）が村人全体によって祀られる形態が見られる。さらに、正月には三世代前までの祖先を描いた祖宗図を保有している家庭の正堂にその子孫である近親がすべて参拝する。図6を参照すると、タイプⅠでは、甲・乙・丙の家族が分家して独立した正堂をもっている場合、それぞれの正堂で三世代前までの祖先を祀るが、祖宗図を祀る場合は甲・乙・丙の家族がそれを掛けてある家庭の正堂に行って祀ることになる。これは、祀られる対象の祖先が共通であることから、タイプⅠ′とすることができよう。以上を図にすると、図7のように姚村における祖先祭祀の多重構造をまとめることができる。

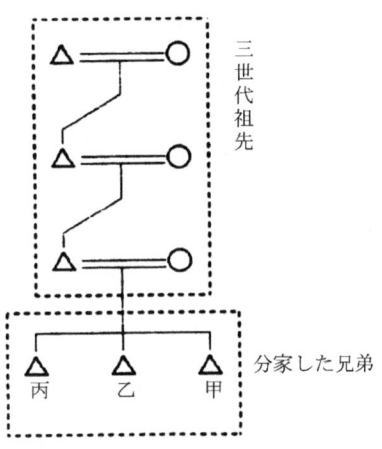

図6　祖宗図を祀る祭祀組織

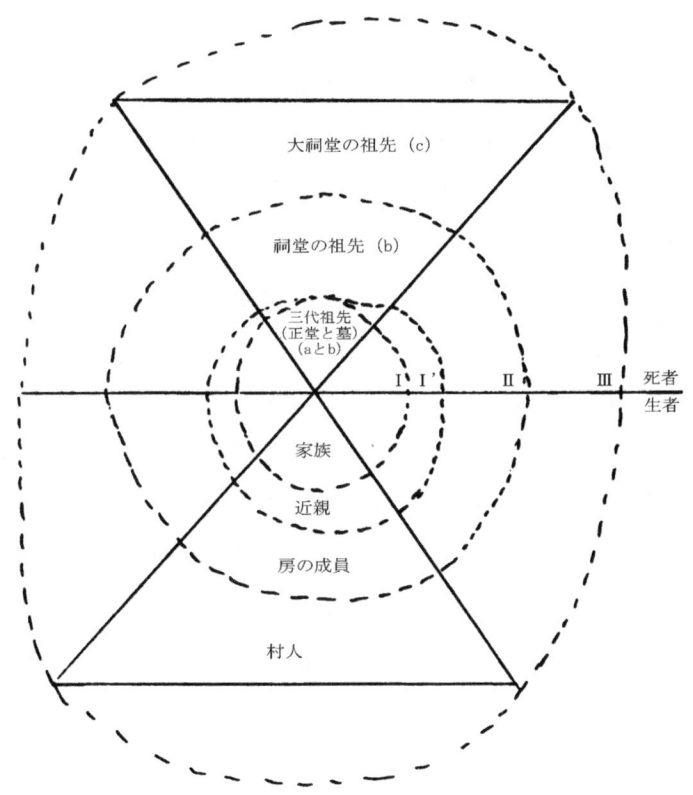

図7　祖先と祭祀組織との対応関係

次に、祖先祭祀の儀礼において、位牌祭祀と墓祭祀が、ほぼ常に連動していることに注目したい。ただし、参る順序から見ると、墓→正堂の場合と正堂→墓の2通りに分けられる。つまり、除夕には、墓から正堂まで祖先をお迎えして祭祀している。その場合、祖先の霊は墓から正堂に移され、正堂の祭壇で改めて祖先の霊に対して祭祀を行っていることがわかる。それに対し、初一や清明、冬至には正堂で祭祀した後に改めて墓に出向いて祭祀し、そこに祖先の霊の移動は見られない。ただし、曹宅鎮では、清明にも祖先を墓から家の正堂に呼び寄せて祭祀を行っており、姚村でも清明は曹宅鎮と同様であった可能性もあるが、まだ確認していない。

中国では古くから霊魂は魂魄に分離し、魂は肉体から遊離して位牌にとどまって「陽祖」となり、魄は死体に宿って墓にとどまり「陰祖」となると考えられ、霊魂あるいは祖先に対してこのような陰陽二元論に基づいて議論が展開されてきた[1]。そして、両者が独立の存在であることを自明として、祖先の霊魂の二面性を解明することに研究の焦点があてられてきた。姚村の祖先祭祀儀礼においても、初一・清明・冬至に位牌と墓を別々に参拝するのは、霊魂がその二箇所にそれぞれ独立して存在していることを想起させる儀礼であることは認められよう。しかしながら、除夜にあるいは清明に墓から祖先の霊を自宅の正堂に迎え、その祭壇で共食する儀礼の場面においては「陽祖」と「陰祖」が合体してしまうのか、並存しているのか、両者がどのような関係になっているのか、現在のところ明確ではない。

ただし、墓から祖先を招いて、正堂で儀礼が行われるのは、三世代の祖先に限られる。つまり、祭祀者にとって近親として記憶があり、正堂に位牌が置かれている祖先の場合は、儀礼上魂と魄の交流が行われる。しかし、位牌が各家庭の正堂から祠堂に移されてからは、房の成員全員が祠堂の祖先を参拝するのは初一だけで、清明と冬至は房の代表者が供物を供えるにすぎないし、定期的に墓に参ることもなくなる。こうして、三世代を超えた祖先に対しては、位牌への祭祀だけが祠堂で行われ、墓での祭祀は消滅してしまい、特別なことがな

---

[1] 霊魂二元論については、渡邊欣雄『漢民族の宗教』第一書房、1991年、141－148頁に研究の展開と問題点がまとめられている。

いかぎり魄はその場に固定することになる。したがって、魂と魄も完全に独立して存在し、以後両者が交流する場はなくなると考えられる。

第4章　まとめ

　以上のように、祖先の配置と祭祀組織が明確に対応するのが、姚村における祖先祭祀の一つの特徴といえよう。これは、過去において姚村の宗族組織の成員が一村に集中して居住していたためにその組織化が整然と行われたこと、また、周囲の村落に比べて比較的裕福であったために大祠堂や祠堂の建設や維持が可能であったことなど、祭祀組織と祭祀場所が整備されていたという条件が満たされていたことによると思われる。しかしながら、この特徴はこの地方におけるある種の傾向を示していることは予想できるが、これが典型と言いきれることはできないと思われる。今後その点を明確にするために、他の村落、とくに一村落に複数の宗族組織を有する村落での調査が必要であろう。

　また、位牌祭祀と墓祭祀の関連に注目することによって、三世代以内の祖先については、位牌に付着する魂と墓の遺体にとどまる魄の交流が除夜と清明に行われることを指摘した。魂と魄の交流について先行研究がほとんど見当たらないことと、この点に関する調査資料が不十分であるため、本稿では姚村における祖先祭祀儀礼にみられる墓からの魄の移動について報告した。この点については、祭祀組織研究だけでなく、霊的世界についての研究とも関連させて今後発展させていくべきテーマであると思われる。

摘要

姚村的宗族组织与祖先崇拜

小熊诚

  姚村基本上是由姚姓的人组成，宗族内部组织严密。族内由第八代的五个兄弟的子孙们开始分节。第二房在第十一代时分成的天房、地房和人房及第三房的子孙所组成的四个支派是姚村最大的分节单位。解放前村内有全村的"大祠堂"一座，和各支派各自建立的祠堂约23座，各由一定的单位管理及运用其财产，组织祭祖活动。

  以前在姚村举行的祭祖活动，主要是集中在农历春节、清明节、七月十五和冬至的时候。祭祀的场地有：a家庭中的祭坛，b祠堂，c大祠堂，d墓前。在a、b和c举行的祭祀是牌位祭祀，而在d举行的是墓祭。在a祭祀的牌位以家长的前辈三代为限，三代以上的祖先的牌位都搬到b或c。d的墓，基本上以个人或夫妻为单位建造，在墓前的祭祀，也限于前辈三代。因此，随着世代变迁，三代以上的祖先的墓前祭祀便不举行了。

  从以上看来，在不同的祭祀场地所祭祀的祖先与祭祀单位间的关系可归纳为以下三种形式：Ⅰ.在a和d，前辈三代的祖先，由其直系子孙为主的家人进行祭祀；Ⅱ.在b，房的祖先由房的子孙进行祭祀；Ⅲ.在c，全姚村的四代以上的祖先由全村民进行祭祀。这显现了祖先祭祀的多重构造。

  此外，本文指出，本来灵魂二元论认为牌位附有"魂"，墓附有"魄"，二者分开祭祀，但是在除夕或清明节的仪式中，把祖先的魂（魄）请出来，在家庭中的祭坛进行祭祀，这种魂和魄的交流可视为神灵世界观上的问题。

颺扇＝唐箕の系譜

岩井　宏實

　唐箕は穀物の実と、粃・殻・塵などを風力で選別する農具であるが、その名称のとおり、初源を中国に求められる。

　文献では北宋の梅堯臣（字聖兪、安徽省宣城の人、1002〜1060）の「和孫端叟寺丞農具十三首」の1首に「田扇非田扇、毎来場圃見、因風吹糠粃、編竹破筠箭、任従高下手、不為喧寒変、去麤而得精、持之莫肯倦」という詩がある。この詩は「颺扇」と題しているが、一般には詩文の中にみられるように「田扇」と呼んでいたらしい。その構造については詳らかでないが、詩文からみると糠粃を風力によって分離するもので、扇の部分は竹を編んで成しており、手を上下することで操作したようである。この詩からみてもすでに11世紀初頭の中国において颺扇（田扇）が普及していたことがうかがえる。

　中国における早い時期の農書として知られるものに、元の王禎による『農書』がある。この書には「農器図譜」二十集を付しているので、農具の形態などがよく知られるのであるが、後世多くの刊本が出されており、そのため刊本出版時の形態を所収して改作されているきらいがある。そうしたことを考慮に入れて、嘉靖9（1530）年山東布教司本の「農器図集巻十五」によると、2枚の板を平行状に立て、薄板あるいは糊竹の8枚の扇を軸に取り付けたものを、2枚の立板の上部に渡してはめ込み、扇の軸の一端から下げられた紐を足で踏んで、その上下運動をもって軸の円運動に転換させ、扇車を回転させて風を起こす仕組みになっている。それは今日の颺扇（唐箕）にみるような、扇車の部分が木箱によって覆われている、いわゆる密閉型ではなく、扇車が裸のままになっている、いわゆる開放型である。

　なお、『農書』も明の萬暦45（1617）年部渼校本や、清の『四庫全書』所収

本では、さきの山東布教司本と同じく開放型であるが、清の乾隆 39 (1774) 年『武英殿聚珍版全書』所収本では、今日みる密閉型になっている。これは当時使用されていた形態を図にし、絵図のみ改作されたもののようであるので、その絵図の資料的価値は認められない。この『武英殿聚珍版全書』から百数十年遡る明の萬曆 35 (1607) 年、王圻撰の『三才図会』の「器用十巻農器類」にみえる颺扇は、『農書』の山東布教司本、鄧渼校本、『四庫全書』所収本と同じ図で開放型である。操作方法も同じく描かれている。また、明の崇禎 12 (1639) 年蘇州平露堂本『農政全書』の巻之二十三の農器十一や、清の道光 23 (1843) 年曙海樓本もまったく同じである。

そうした欠を補う稀有の書とされるのが『天工開物』である。著者は宋応星で明の崇禎 10 (1637) 年に出版され、その後間もなく明末に書林楊素郷から出版されたが、次の清の時代には改めて出版されることはなく、一般には忘れられてしまっていた。だが、日本には早くに伝えられていたようで、貝原益軒が元禄 7 (1694) 年に著わした『花譜』の参考書目に挙げられており、さらに、貝原益軒の宝永 6 (1709) 年の『大和本草』の引用にもある。つづいて平賀源内の宝暦 13 (1763) 年刊『物類品隲』、金沢兼光の明和 3 (1766) 年刊『和漢船用集』、伊藤東涯の正徳 4 (1714) 年刊『名物六帖』、新井白石の宝永 6 (1709) 年刊『本朝軍器考』などにも引用がある。そして明和 8 (1771) 年書林菅生堂から和刻本が刊行され、文政 13 (1830) 年に再度刊行がおこなわれた。この明和版刊行後にも日本においては数々の本草や技術書に引用され、紹介されている。

中国においては『天工開物』は長らく忘れ去られていたが、たまたま日本に留学していた章鴻釗が民国 15 (1926) 年帰国するとき、和刻の菅生堂本を持ち帰り、はじめて民国でこの書が知られ、その翌年民国 16 (1927) 年、陶湘が菅生堂本を3冊本にして翻刻し、中国において流布されることになった。そして、民国 19 (1930) 年、上海華通書局刊、民国 25 (1936) 年、上海世界書局から活字本が出版され、1959 年にいたって、崇禎丁丑の初版本が3冊本として刊行されたのであった。

こうした『天工開物』崇禎版では、「風扇車」として、「凡去秕南方盡用風車扇去北方稻少用颺法即以颺変黍者颺稻蓋不若風車之便也」と解説し、またその図を描いている。日本の菅生堂本もまったく同じである。しかし、民国 16

（1927）年本は「颺扇」として開放型を図示している。これはさきの『農書』に描かれた図の変化にもうかがえるように、おそらく17世紀前半の時代が、開放型から密閉型への転換期であったので、編者陶湘が民国16（1927）年本において、図を古式にもどしたのであろうと思われる。

日本ではまた、寺島良安が30余年の歳月をかけて正徳3（1713）年に完成出版した『和漢三才図会』があり、その「巻三十五農具類」で、「颺扇　唐箕俗太宇美　三才図会云颺風飛也揚穀器其制中置箕軸列穿四扇或六扇用薄板或糊竹為之復有立扇臥扇之別各帯棹軸或手転足蹋扇即隨転凡舂輾之際以糠米貯之高檻底通作區縫下瀉均細如簾即將機軸棹颺楄之糠粞即云乃得浄米其功倍箕簸」と解説している。『和漢三才図会』では『三才図会』をもとに解説しているが、ここでは密閉型の図を掲げている。こうしたところからみて、颺扇は中国において発明され、それはもともと開放型であったのが、のちに改良が加えられて密閉型になったものと考えられ、『和漢三才図会』が編集された時代に、すでに日本においては密閉型颺扇が用いられていたことを物語っている。

事実日本においては、貞享年間（1684～88）にその使用が確認され、享保年間（1716～36）に上層農家の一部で使用されはじめ、天明・寛政年間（1781～1801）になると、各地域に普及するようになる。絶対年代の判明する最古の実物は、山城国船井郡八木村で使用された明和4（1767）年のものをはじめとして各地に実物遺品が伝承されている。それらはまた東日本、西日本とそれぞれの風土と営農形態のちがいから地域的特色がみられるのである。

たとえば、漏斗部の形態が東日本では舟型が多く、古いものは漏斗が固定している。穀物の落下量を調節する装置が、東日本では側面から、西日本では正面から操作するようになっている。選別された穀物の出る一番口と二番口の位置が、東日本では正面と裏に分かれているのにたいして、西日本ではともに正面についている。把手のある太鼓部（胴）中央の柱が、東日本では短く、西日本では長い。地面に着く柱の本数が、東日本は多く、西日本のものは少ないというような違いがあり、それがそれぞれの特色となっている。さらに密閉型の構造でありながら、異なった形態のものがある。それが「半唐箕」と称されるもので、それも東北型と近畿型に分けることができる。半唐箕は通常の唐箕の半分ぐらいの大きさで、東北型は選別された穀物が真下に落ちる構造で、現存するものでは文化5（1808）年から認められる。近畿型は真下に落ちた穀物

が、さらに箕の網枠で選別されることなどである。かように密閉型が中国より伝えられながら、日本においてはそれぞれの地域において特色をもち、また半唐箕という形態を生み、それも地域によって構造の違いが生まれたのであった。

　ところが、この中で近畿型半唐箕なるものについては、日本の農書に記されている。それは阿波国の郷士砂川野水が享保8（1723）年に編集発行した『農術鑑正記』である。その成立について著者は「産業にかしこく、耕作精出す百姓も間あるゆえ、『農業全書』出来、農の助あれども、猶諸国の土地に、厚薄寒暖あるゆえ、百穀の苗種遅く速く時節の違いあり、卑賎の業のもれたること多し。故に国々を見及び、村里の老農に尋問、予が作覚し農術を書集む」といい、宮崎安貞が元禄10（1698）年に出版した『農業全書』の洩れた所を補う意味で出版した農書である。その中にはそれまで見受けない農具図があり、農具についても「農具あしきは、奴僕牛馬の仂き自由ならず、むかしの道具土地にあわぬもあり。今利方の仕出し農具図をあらわし、遠国の地におしえしらしむ」といい、その中に農具を図示し、「唐箕　千石どおしの事也。こなしたる籾を入れば、もみほこり粃段々に分る、ひるに及ばず」と解説している。いわゆる颺扇としての唐箕と千石篩が合体したもので、純然たる日本製で、18世紀前半から実存していたことが認められる。

　唐箕が日本の文献に初出したのはほかならぬ『和漢三才図会』であり、つづいて文化元（1804）年、薩摩藩主島津重豪の命により曽槃と白尾国柱が数名の学者の協力で編集出版した『成形図説』である。だが、これらの書物は中国の農書、技術書をもとに解説し、図もそれにならった部分が多い。したがって農具の記述でいえば『農術鑑正記』こそ、その時代の器物と使用状況を純然と表出したものと考えられ、資料的価値は高いものといえる。

　日本において、農具の改良・発明のさかんにおこなわれたところは、なんといっても大坂で、その製造・販売の職人が多く輩出した。広大な近郊農村を擁し、しかもそれらの農村では早くから商品作物の栽培をおこない、先進技術をとり入れた日本農業の先進地域であったからである。そうした先進的農具として揚水具としての竜骨車、踏車（水車）、脱穀のための千歯扱き、調整用具である千石篩・唐箕の製造・販売が、大坂の職人・農具商の白眉であった。竜骨車はすでに延宝7（1679）年の『難波雀』にその名がみえ、元禄3（1690）年の『人倫訓蒙図彙』には「大坂天神橋の両又四郎これをつくる」とある。踏車は

文政5（1822）年刊大蔵永常の『農具便利論』によると、寛文年間（1661～1672）に農人橋の京屋七兵衛・京屋清兵衛が製作し、宝暦年間（1751～1763）から安永年間（1772～1780）ごろまでに諸国にひろめたという。

　『農具便利論』にいうように江戸時代中期以降、京屋を名乗る農具商が農人橋界隈に店を構えていたことがうかがえる。安政2（1855）年刊曉鐘成著『摂津名所図会大成』は農人橋界隈のことを記して、

　　　　農人橋ハいにしへ川西船場の地に田圃多くして上町より農人かよひて耕作
　　　をなすの往来のため掛し橋ゆへ斯ハ名づくとぞ今尚此農人町に万石篩の颺扇
　　　をはじめ稲扱礑等を商ふ職家あまた有ハ昔の余風存れる農具職なるべし

と、農人橋界隈の土地柄と古くから農具職人の多くいたことを物語っている。さらに大阪の『東区史・経済編』には、「明治初年の頃には農人橋二丁目に京屋七兵衛・同清兵衛・同治兵衛、又農人橋詰町に京屋太兵衛等の店舗があった」と記しており、明治時代までその状況が続いていたことが明らかである。

　この京屋は製作技術のみならず、用材についてもよく吟味し使い分けをした。『農具便利論』は踏車について、

　　　　この車に大工の上手下手と材木の善意に付て、大いに利用の甲乙あり、
　　　まず大極上の桧、もっとも節なく木理こまやかなるを数年乾かして上手な
　　　る農具大工を選びつくるべし

といっているように、踏車は水を含むから筋の通った木目の細かい材料を選ばねばならない。そのため桧の赤身の部分を踏車に用い、残りの白身の部分を唐箕に用いるという上手な無駄のない使い分けをしたのであった。だから日本では踏車と唐箕はたいていいっしょに製造されたのであった。また、踏車はふだん納屋にしまっておき、必要なとき棒を通して二人で担って田圃に運んで据えつける。そのため軽量でなければならない。唐箕も移動ささねばならないし、とくに唐箕は大阪から遠く中部、関東までも担いで売りに行ったのである。ごく近辺へは組み立てたまま、遠方へは分解して一人で背負って行き、現地で組み立てたのであった。そのためにまた唐箕も軽量でなくてはならない。

　中国の伝世顕在の唐箕が比較的厚手の板を用い、また頑丈で大型であるのにたいして、日本の唐箕はそれに比べて薄手の板を用い、花車でやや小型であるのは、日本の唐箕の製造技術と流通性によるものである。『農術鑑正記』に「唐箕、千石どおしの事也」というような唐箕と千石篩を組み合わせたものが

現われ、しかも軽便に作られ今日まで伝世しているのもそうした日本の特性によるものである。これも中国にはみられないものである。

『農書』農器図集　巻十五

明嘉靖9年　山東布教司本

『天工開物』　巻上　粋精

明崇禎10年本

『天工開物』　巻上　粋精

民国16年本

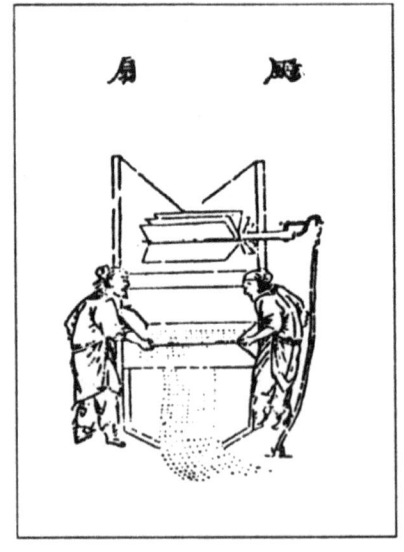

『三才図会』　器用巻十

明萬暦35年本

『農政全書』 巻二十三農器十一
清道光23年 曙海楼本

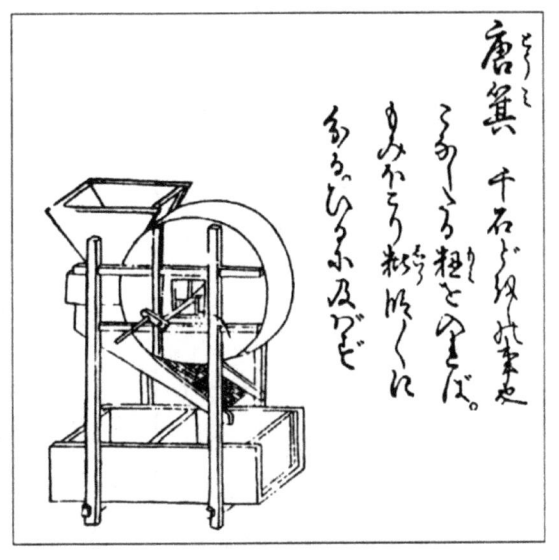
『農術鑑正記』 享保8年（1722）

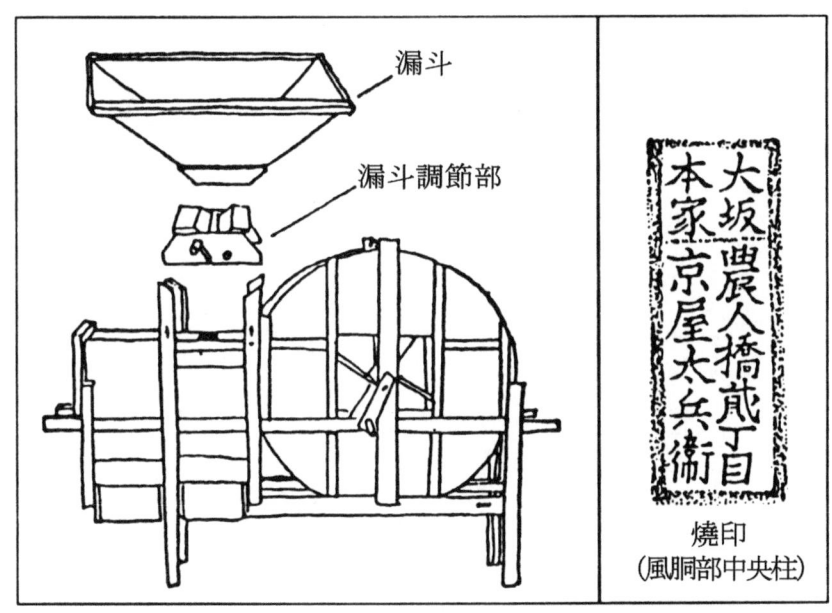
「大坂農人橋貳丁目　京屋太兵衛大極上前」
京屋の唐箕（小谷城郷土館蔵）

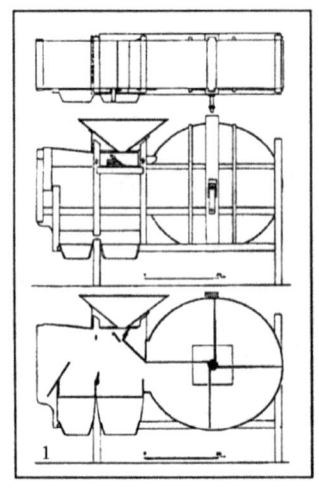

明和4年(1767)銘唐箕
京都府京都文化博物館保管
京都府船井郡八木町平井敬一郎
旧蔵（小坂広志氏作図）

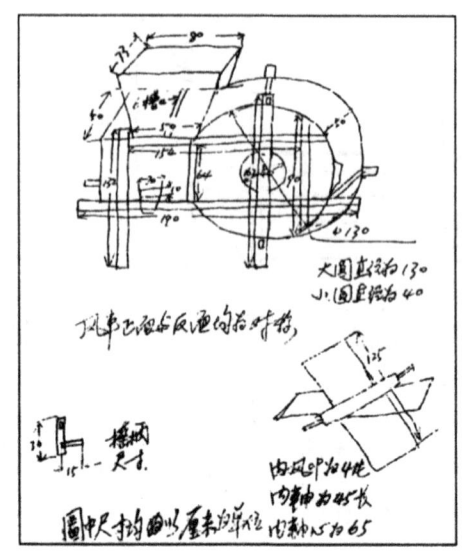

中国浙江省蘭渓市姚村の颺扇
（史　克　先生スケッチ）

摘要

论扬扇＝唐箕的系谱

岩井宏实

日本的农具，在 17 世纪得到飞跃的发展。那时，中国农具对日本产生了极大的影响，从中国传来了许多种类的农具。而扬扇（扬谷壳的风车）也就是唐箕，在当时文化交流中占有着重要的地位。曾经有一个时期，扬扇在中国经历了一个大改良的过程，但是仅从农书中来看，并没有表现出明确的发展阶段。那么，日本是在什么时间引进了这种东西？当时的形态是什么样子？在日本的农书中也没有系统的记载。所以本文想对照中国的农书与日本农书的记载、插图进行比较研究，阐明扬扇的发展形态以及中国与日本关于扬扇的关系，同时，对现在两国中存在的扬扇作进一步比较，归纳各自的特色。

日本冲绳与中国南方若干习俗的比较

张紫晨

一、冲绳的历史及其民俗文化特点

  冲绳以琉球群岛为中心，在日本的最南端，北为种子岛，南为波照间岛。在冲绳曾发现的古人类遗迹，被称为山下町洞人遗址，距今约32000年。冲绳经过古生代，于12世纪左右进入贝塚时代。贝塚时代相当于日本本土的绳文、弥生、古坟、平安时代，但是发展极其缓慢。贝塚时期的冲绳虽有日本本土绳文文化南下的影响，但仍以其南岛自身的文化为主。冲绳以琉球名于世，开始进入发展的时期城时代。特别是14世纪建立尚氏统一王朝以后，古琉球形成了它的最繁荣的时代。尚氏统一王朝之前曾有一段三山分立的时期，即南山、中山、北山三山割据，分立抗争。1429年由中山王尚巴志统一了三山，称为第一尚氏王统。到第二尚氏王统第三代尚真王时，重视对外贸易，进一步统一奄美、宫古、八重山，在首里中山城建立中央集权，成为比较强固的一个王国。就在此时，中国明代孝宗皇帝于成化二十三年（1487）封尚真为琉球国中山王，并派使臣前去首里市进行册封。从此，琉球成为中国的朝贡国。其后，庆长四年（中国万历三十六年，1609年），萨摩曾以3000余兵攻侵琉球，终于使首里城陷落，割出奄美诸岛。至1879年，即日本明治十二年（中国光绪五年，1879年）琉球始为日本吞并。当时日本实行维新，推行各项改革政策，步入近代强国。此时的琉球国已废其国王被改为冲绳县，直接在日本本土政治、经济、文化的影响下发展，成为日本的一部分。大正元年（1912年）冲绳才取得日本国会参政权，并付诸大幅度振兴计划，得以发展。在1942年爆发的第二次世界大战中，冲绳成为战场，被占领后又出现一个长达27年的美军统治时代，昭和四十七年（1972年）又被美

国移交给日本。今天仍有美军基地残存在那里。①

在冲绳几经变幻的历史中，其与中国的关系是十分引人注目的。这种关系包括政治的、经济的和文化的。政治上，如前所述，中国皇帝对琉球的册封早在15世纪就开始了。到1866年（同治五年）日本明治时期开始时止，中国派遣册封使到琉球已达24次之多。据清张学礼著《中山纪略》载，明代以前，琉球中山国已有人（王之长子）到中国入国子监读书。洪熙元年（1425年）明仁宗朱高炽曾赐三十六姓人至琉球，教化三十六岛子孙，习中国之语言文字及中国文化，此三十六姓人均为闽人。不仅传播了中国文化，而且繁殖了华裔子孙。这种文化交往，清代尤有发展。据徐葆光《中山传信录》载，清代从康熙朝开始，与琉球交往更加频繁。康熙二十九年（1690年），清代使臣汪楫、林麟焻，曾乘战舰赴琉球，传布中国文化。此后为使通航方便，清王朝命福建督臣造大型通海船只，自浙江宁波航往那霸。从此民间商船也日益增多。一般大型船中，于将台下设神堂，供奉天妃诸水神。册封使船，规模尤大，除官兵数百外，尚有医生、道士、吹鼓手、厨子、船匠、风帆船、铁匠、索匠、裁缝、裱糊匠、糕饼匠、乐工、轿夫、伞夫等多人。这些中国各行人士不仅为琉球注入了中国人的血统，而且全面传播了中国的技艺与文化。册封使船的频繁，使带去的人大量增加，行业面也大大扩展。他们虽然主要为册封使团服务，但其影响力却是很大的。再加尚氏王朝的推行，更是风靡一时。天妃信仰在我国福建、江浙十分盛行。册封使船到达琉球之后，往往举行较大的迎天妃海神的活动。琉球建天妃宫有两处，上天妃宫在那霸，下天妃宫在久米村，并有中国历次册封使的匾额。如顺治元年（1644年）招抚司谢必振的"普及万灵"匾，康熙二年（1663年）册使张学礼、王垓的"普及群生"匾，甚至还有明代册使夏子阳、王士祯所题"灵应普济神祠"等。至于关帝神堂、龙神、孔庙等也都在这时期纷纷建立。凡册封使臣到达琉球，必先祭孔，然后祭天妃。祭孔仪典，在琉球尤为隆重。据册使汪楫所记，在中山世曾孙尚敬时期（第二尚氏王统十三世，1713—1752），祭孔仪仗为："鸣金四人，鼓吹三队，队八人，方棍六人，仁隔路二人，旗十六人，铁义二人，曲铭二人，留客住四人，狼牙钩二人，长钩四人，钺斧四人，长杆枪三十二人，月牙四人，鸡毛帚十二人，马尾帚二人，大刀二人，黄徽二人，花徽二人，引马二

---

① 参见《冲绳县立博物馆综合案内》。

人，提炉二人，黄段团扇二人，绿珠团扇二人，印箱二人，衣箱二人，轿前红杆枪四人，红鞘长腰刀四人，黑腰刀二人，长砍刀四人，大掌扇一人，红络金炉二人，金葫芦二人，珠兜扇二人，小鹅毛扇二人，蝇拂二人，黄帽对马三十人，紫帽对马十二人，绿地五花织金帽对马二人。"其规仪之大和影响之深是可想而知的。至今孔庙依然有专人管理。此外，书画、工艺、制陶、纺织等亦多有传播。据《平田典通》，1672年（康熙十一年）中国彩釉工艺及釉药的制作方法即传到琉球，10年后（1682年）在那霸、首里等地即建起3个窑场，并发展成著名的"壶屋烧"酷似中国的青瓷。

由此看来，远隔日本本土的冲绳，由于其历史的独特道路，在文化方面是有其独特之处的。特别是其与中国长期密切的关系，更使其具有浓重的中国南方文化特色。当然，日本本土文化对它的影响也不可轻估。特别是日本幕府时代，德川将军结束了琉球为萨摩之殖民地之后，琉球不断派遣庆贺史与谢恩使到日本首府江户，建立同日本本土更加密切的关系。这种活动从1634年开始到1850年的200多年间曾有18次之多。它从日本积极引进许多文化技术，对促进近世冲绳文化的发展起了十分明显的作用。因此，17世纪以后的琉球，在受中国影响之下，又直接受到了日本的影响。所以，纵观冲绳的历史，可以说冲绳文化是三种文化因素溶而为一，即古琉球的本岛文化、中国南方文化、日本本土文化的历史交织，使它表现出较为奇特的形态。

二、日本本土与冲绳的民俗文化对比

首先，必须看到，冲绳民俗文化与日本本土文化长期凝聚在一起，有许多重要民俗文化现象在它们之间是一致的，如语言文字、宗教信仰、日常生活习惯、交往礼仪等等。这种一致，反映出冲绳人在几百年间已为日本所同化。唯其如此，所以从日本本土的关东地区到达南岛冲绳县，虽然要漂洋过海，但并不会感觉是到了日本之外的国土。然而住下来进行考察，就会发现，在冲绳民俗文化中，又颇有些为日本本土所无的东西。

例如，家族制度，在日本虽然本土与冲绳均为直系家族长男继承制，但是，在冲绳却没有女子相续或养子相续的制度。它所有的只能是兄弟之子或从兄弟之子相续。日本本土只有父系亲族，而冲绳则另有门中制度。这种门中是根据父方血缘结合的亲族集团。各门中有门中墓，按各自的宗系，单独祭祀祖先。其代表

之祭是清明祭。再如，日本的神社、氏神、镇守神、佛教寺院在日本本土随处可见，但却为冲绳所无。日本本土多奉地藏，而冲绳则多有观音。在本土，祭祀的担当者，氏子和职业神主为男性充当，而在冲绳，祝女、神人（ノロ、ユタ）均为女性，系女宗教联业者承担。

在墓葬方面，日本内地为个人墓、家族墓，冲绳不仅另有门中墓，而且还有洗骨改葬和龟甲墓。在居住方面，日本本土的房屋与冲绳的房屋，不仅规制大小有所不同，而且在室内格局、出居、座敷、神坛的安排上，也很不相同。冲绳房屋设有院墙，院墙大门处多有影壁，而且屋顶有屋根狮子，均呈现出特殊的模式。

如下图：

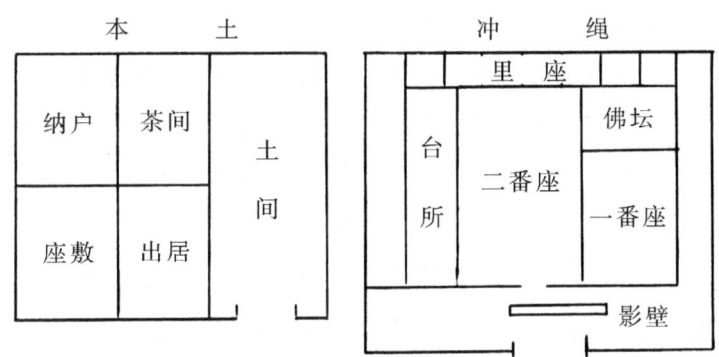

这个平面图所表现的民居模式是具有典型性的。在冲绳民居的庭院、影壁上不难看出中国的影响。

在饮食方面，日本本土很少食用猪肉，特别是猪内脏，而冲绳不仅每家有猪栏养猪，而且多食猪肉，对猪内脏、头脸、肺膀、猪血等亦食用，而且作为供品。在读谷村正月初九家庭性祭祀（クンチアマ）中，祖先牌前要供猪肉，正月二十日在灵牌前敬猪腿肉。

岁时节日，冲绳的正月为盛，从初一直到初七乃至初九均有活动，而且均取中国农历。这点日本本土不仅明治以后已袭用新历，而且正月活动也很少。在冲绳，二月二、清明节、七夕、中秋、除夕等均作为重要节日延续着。此外，舞狮、击太鼓、拔河等游艺活动，至今也仍然不衰。冲绳的村落形态以集村为主，无散村，并有以村的信仰为中心的村祭。茅草神屋（カミアシヤギ）等，在产育习俗中用井水洗婴儿及产妇的血污（产水），并有许多禁忌。在埋胞衣、存脐带、儿童脱牙等处理方法上也与日本本土有许多不同之处。此外，妇女元日不出门，

筑屋上梁贴"紫微銮驾",送葬吹海螺,举幡至坟墓,造龟甲墓等,或为本土所无,或与本土形态不同。在计年寿上取十二干支,在信奉上供奉火神,有土地君祭等,亦为日本本土所少见。等等。

为篇幅所限,冲绳与日本本土民俗文化的差异处,只作此大略的举述。但从这些事实已可看出,冲绳许多重要习俗已大有区别于日本本土。其差别如此之大,不能不说是冲绳特殊的历史条件造成的。在这里,日本学者的研究过程是很值得我们思考的。

由于琉球列岛距日本本岛较远,且曾是中国的册封国,日本文化的研究者从19世纪初开始才注意把它与日本联系起来进行研究。开创琉球研究的专家伊波普猷,1911年写出《古琉球》一书,成为日本琉球研究的开山祖。书中首先揭示了琉球文化与日本本土的一致性。同时运用大量历史、风俗材料证明日本文化的南下,对琉球的影响。值得注意的是他在论证两者的一致性中提出日本与琉球是同祖的学说。此后,1923年日本民俗学之父柳田国男到达冲绳,进行考察。1925年出版《海南小纪》,认为冲绳文化是日本文化的源头,进一步证明冲绳古代文化与日本的一致性。正是在这次考察中使它提出"一国民俗学"的观点。另一民俗学家折口信夫,也把冲绳文化看作是日本古代文化,并从中研究日本古代的历史。他在《琉球的宗教》(大正12年,1923年)中分析了冲绳御岳拜的遥拜思想以及内地的神社、岛居,考察了琉球的神道、巫女、乐土观以及天神、海神、太阳崇拜的残留与火神等等,认为冲绳保留日本古代文化最多,且多为重要者。为柳田国男的冲绳是日本发祥地的观点作了重要补充。在这种众多研究之下,冲绳与日本文化之间的联系得到了充分的论证。到了70年代,冲绳学者窪德忠冲破了这一观点,从中看到冲绳文化的复杂性。他在《关于冲绳县下的墓中符》中提出冲绳土地神、灶神、石敢当、影壁等均为中国信仰和风俗。另一学者平敷令治先生也就冲绳龟甲墓论证了它的中国渊源。① 一些冲绳风水研究家也把冲绳风水观与中国福建风水观加以比较,指出冲绳风水观不仅具有独特文化色彩,而且来源于中国。这些新的见解,大大冲破了柳田国男和折口信夫等的观点,把眼界放在冲绳与中国之间,他们从日本本土与冲绳文化的一致性中看出了其不一致,这是一个重要的进展。

---

① 平敷令治《冲绳龟甲墓》,见窪德忠编《冲绳的风水》,平河出版社1990年。

从比较研究来说，这种发现更有价值，它可以增加人们对事物的复杂性的认识，从而得出比较符合事实的结论。

三、冲绳民俗文化与中国南方民俗文化的关系及其变异

冲绳民俗文化中，具有中国南方民俗文化的影响是不容怀疑的，其中有些事项及其表现，两地非常密切，而且有许多民俗观念是相通的。

首先，关于风水的问题。

风水一词，在日本原不存在。日本本土只有"风土"而无"风水"的词汇，而南岛冲绳风水则成为通行语，而且有很深的风水堪舆观念。它直接来源于中国的福建。风水学在中国由来已久，是由中国古代阴阳五行说，谶纬学说等经道教而体系化的一种民俗观，深植于中国人民生活中，后来主要用于看阴阳宅。阴宅则为墓地风水，包括死者的埋葬，墓地的方位、地脉，墓道的确定，葬日的选择等等，均根据风水理论处理。阳宅即是人生活于其中的屋敷，阳宅风水即有关住宅的风水，包括堪定住宅的方位、朝向，井、厕、畜厩、院落的处理，以及镇宅驱凶的措施等。宋明期间，福建风水师有两个学派，一是赣州（江西）学派，一是福建学派，多为人们所重。赣州学派重地脉、龙脉、强调地灵之气和山形水势的风水内涵，福建学派则重视星宿、八卦、干支，强调方位向背，多使用罗经（即罗盘指针）。它们共同构成完整的风俗学说，应用于住宅、村落与墓地。冲绳人从15世纪开始即逐渐接受了这种风水思想进行风水堪舆活动。日本学者岛尻胜太郎在《冲绳的风水思想》一文中，提出根据《琉球国由来记》的记载，这种风水思想传到冲绳是康熙六年（1667年）的事，是周国俊国告通事渡闽在福建学来后开始的。但是接着他又援引《球阳》书中（尚质王三年，公元1650年）《唐荣地理志》载为从唐荣氏最早琉球传播的。又将此事推至顺治初年。而58年之后，又有蔡温、毛文哲等赴闽归来带来大罗盘进一步推广。蔡温等担任了首里城修建的风水师。这种风水思想，在琉球发生深刻影响。由于它的存在，不仅首里城根据风水堪舆修建，而且也多次使村落、渡口因考虑风水而移动或改址。18世纪尚穆王时代，43年间，因为风水的原因，迁移道路、渡口、村落的记载有13次之多。1689年，尚贞王二十一年，由于东风平盛村屡屡发生火灾，请风水师蔡初端判定，认为八重漱岳及其南方有火魔，因立石狮子南向以镇。现在的冲绳仍用狮子（シーサ）作为降魔物，立于门户或屋脊上，大约与此有关。在冲

绳，风水师多为久米村人，他们多在王府任职，管理进贡诸物和文教事宜，与中国联系多。周国俊、蔡温、毛文哲等不仅为久米人，而且均在王府为官。日本学者都筑晶子在其《关于近世冲绳风水的受容与展开》一文中，曾根据《久米村家谱》列出两个表格，一个表格从尚质二十年（康熙元年，1667年）开始，至尚泰二年（同治七年，1868年）止200年间久米的渡闽人物及其学习地理、风水的情况。另一表格则从1684年开始，至1870年止，以唐荣士族风水师为主体，记载地理师、阴阳师、风水师在村落、墓地等方面的表现与作为。诸如久米岛、八重山、宫古岛、那坝、座喜味等地的风水判断、屋墓图面、村落移动等重大事项，均——列出。系根据《球阳》《首里家诸》《来济姓家谱》《八重山岛年来记》《宫古岛在番记》等几十种资料概括出来的。由此更可看出，中国风水思想在冲绳流传之深广。这种风水信奉，建筑在对家族的兴旺和子孙幸福的追求上，因而十分重视家宅与墓地。琉球人民从17世纪开始对此大量引进，有意识地学习和运用，并结合琉球列岛的地形地貌，山形水势，加以发展和变化，使其成为冲绳民俗文化的重要组成部分。重要的是，由于风水思想的存在，直接影响到琉球固有信仰，如御岳信仰、祖先崇拜、太阳崇拜等。特别是龟甲墓的建制，更深受此影响。

龟甲墓，为冲绳墓制。伊波普猷在其《琉球的坟墓》中称之为"龟甲的墓"，一般民俗志如《冲绳县国头郡制》，为16世纪从华南传去，后广布于台湾和朝鲜。近年来，在八重山和冲绳本岛发现一些明治中叶到昭和初期的汉文原写本风水书。如八重山博物馆藏《识名家文书》中的《风水书》，冲绳本岛仲里家藏毛氏盛芳写本《门开家向风水秘传》等。《风水书》中即记载了龟甲墓的图面。为福建汀州府永定县大平里龟龙墓前张丙琳廷机氏辑著，《门开家向风水秘传》为"唐荣红氏秘传"。其中《墓地风水》节，除死者的埋葬、墓的营造、墓地方位、忌日等外，还有龟甲墓的图面[①]。冲绳县立博物馆"综合案内"中关于墓制、葬制部分也写到冲绳从17世纪开始受到南中国的影响，造龟甲墓。近年仍有以血族为中心的集团的门中墓。这种墓外壳为石器，墓室左右侧为两翼，似一正座巨大母体，也似一大型太师椅。在中国福建浙江极为普遍。俗称"椅子坟"。冲绳龟甲墓内放洗骨后的殡骨容器"厨子瓮"，多为陶制，也有石制和木制。龟甲墓

---

① 见都筑晶子《关于近世冲绳风水的受容与展开》，载窪德忠编《冲绳的风水》。

不仅是风水思想的产物，而且还具有血族宗祖意识和回归母体观念。冲绳人认为龟甲墓的墓形象征母体，人死后，经过洗骨重殓，再入龟甲墓，意味着回归母体。其墓地方位、朝向、型制，均依风水师堪定。尤其是墓形要根据图面的模式及当地风水而制。琉球原为风葬，改为土葬后，龟甲墓制成为主导形式。它适应洗骨葬（死后三年洗骨）后的殓骨瓮藏。一个龟甲墓可放一二十个厨子瓮，每个瓮中一具尸骨。这种洗骨葬与日本本土之二墓制有一定联系。但中国华东、华南此种墓葬并不是洗骨葬，而是尸葬。一般为两个棺木，一对夫妻。龟甲墓至18世纪在冲绳农村普及。虽仍有平葺墓、破风墓等，但龟甲墓占的分量最大，特别是丘陵地区，几乎不见其他。这是日本冲绳南岛文化之重要特色之一。

在冲绳文化中，饮食供奉、产育死丧、佛坛祭祀、岁时节日也多与中国南方民俗文化有密切联系。

冲绳饮食，以稻为主，还有芋、甘蔗等。在副食中，最突出的则是猪肉（肉料理）。冲绳民户大多有养猪栏。在座喜味、读谷村等地，每年农历腊月二十七有杀年猪的习惯，而且猪头、猪腿、猪蹄、内脏等均食用。这个与日本本土差别很大的饮食习惯，与中国恰恰十分一致。在祭供品中，常有的是芋头、糯米团子、猪肉料理。如前所述，正月初七供猪脸肉，正月二十在灵牌（佛坛）前，烧香、敬猪腿肉。其他祭祀时刻，摆熟猪肉也十分多见。这在中国江苏、浙江、福建均为常例。但琉球的祭供，用整猪头者很少。祭器也多为方盘和重箱。这是其变异之处。由于冲绳常年气温平均摄氏零上22度左右，且无冰雪，因而杀猪后多做腌肉，这点与华南也十分相似。此外，在祭天、祀海神、供奉龙王等活动中，不仅神祇与中国有渊源关系，而且祭法亦大体相同。用酒、猪肉及鸡肉等，山区亦有用山羊肉者。在土地君祭中，男性参加，但在冲绳，土地君乃是农业神，并不作为社神和村神看待，其功能显然是扩大了。

冲绳产育习俗，亦与中国相通。特别是产育禁忌更多有相似。在冲绳，孕妇不能从马鞍、马缰跨越。因为马的孕程长，为12个月，较人的怀胎多两个月。鞍有慢的意思，跨越要延长诞生期。孕妇忌食章鱼、墨鱼，忌食兔、羊。墨鱼色黑，体软，食则婴儿脸黑，易得软骨症。兔子豁嘴，因而忌食。此外，还有孕妇孕期不能看火灾，否则婴儿脸上要有疤。孕妇不能用头巾缠头，否则脐带会将胎儿缠住。毛巾也不能围在脖子上。甚至在妻子怀孕期间，丈夫不能开田埂豁口。这些产育禁忌均围绕产儿的安全健康而展开。这些禁忌为日本本土所少见，显然

也是受容了中国的东西。不过产妇月子中的伙食，则又近于日本本土的生活习惯。冲绳无本土的"产屋"，只在居宅中的一敷屋生。战前有产婆助产，遇难产，产妇紧握从天井下垂的绳子，进行缓解。此外，在儿童替换成牙时，处理方法也与中国相同。如脱下的是下牙，扔到房上，脱下的上牙放在床下。读谷村儿童换牙时，还要念几句词："你的牙和乌鸦的牙看谁长得快。"反复念诵，边念边扔。中国江浙地区在处理脱掉的乳牙时也用此方法，而且也要诵念几句话，如"旧牙换新牙，胜过老鼠牙"等。处理婴儿脐带、胞衣，冲绳也与中国民俗近似。胞衣称"イーヤー"，由丈夫笑着面向东方埋在厨房檐下的内侧。流产儿的胞衣埋在厕所前。脐带在冲绳也很珍视，往往放在座席（たたみ）之下，久为保存。出生六日要举行满产仪式（マンサン），要在地炉上生火、敬佛坛、摆米、粟、麦等。取名要由长者拜火神后起。这些虽为冲绳之特殊者，也有中国南方习俗的因素。

中国民俗文化对冲绳影响较深者，还有中国的干支观念，在冲绳亦有多方面的表现。如祝寿，不以十为进位的整寿，而从 13、25、37、49、61、73、85 等十二干支为计算，祭祀中的供香为两排，每排六支，共十二支，也与干支有关。记方位也用未、丑、癸、丁等称之。生年属相也与中国相同。

日本冲绳与中国南方这些民俗现象的沟通与互见，是很值得思索的。民俗主要形成途径，是土生土长，但也不排斥对他地习俗的接受（包括不同的国族）。但是民俗的传播是有条件的。其主要媒介是人。人都是生活在一定民俗生活环境之中的。人的迁移和并入，必然有许多习俗相伴随。在自然中形成许多新成分的融合。如有意学习，则更会促进这种受容。因此，不同地区、不同国族之间是可以沟通的。冲绳的例子，恰恰证明了这一点。

然而任何习俗传播到他地，也不会是一成不变的，总要受到当地固有传统的制约。许多事实证明，不同地区与国族，习俗间的吸收，与习俗间的同化是同时存在的。中国南方的浙江人、福建人在几百年间多有去琉球定居、繁衍子孙者。但他们即使开始带着自身固有习俗在琉球扎根，也不能长期抗拒琉球乃至日本民俗文化的同化。这种同化或交融，必将使习俗出现某些变化。只是在程度上，由于原条件适应性的不同，而有所不同。如婚姻、丧葬、居住、饮食等项习俗，多与当地环境、物产密切关联，因而各地不同的因素较大，变异也较多。而在一些牵涉其他条件制约较少的习俗事项，如石敢当、影壁墙、龟甲墓型等则虽传播较远，也不会发生多少变异。因此，当我们考察冲绳习俗与日本本土以及中国华南

的关系时，则既要从大文化圈来考虑，也要从具体交流与沟通中来认识；既要从其相互间的一致性来观察，又要从其差异性来分析；既要看到其传播的情况，也要看到其差异和变化的表现。唯其如此，才能进行客观的比较，也才能使我们的观察更接近于事实。

另外，民俗比较也要把握其历史，看到其发展阶段性。琉球的历史几经变化，固然使其民俗文化在各历史阶段各有不同，而经过第二次世界大战后的冲绳，与其战前也已有很大的不同。这些近现代的变化尤其特别重要。

由于是短期的初步调查和接触，本文只作此点滴的比较，肤浅与错误之处，定所难免，敬请专家们指正。

其他参考书目：

(1) 冲绳县立博物馆编『沖縄の祭り』，1990年。

(2) 冲绳县读谷村教育委员会、历史民俗资料馆编『読谷村立歴史民俗資料館記録』第14号，1990年。

(3) 读谷村立历史民俗资料馆编『読谷村めぐり』，1990年。

(4) 名嘉真宜胜『読谷村の民俗』，时间不详。

(5) 读谷村史编集事务局编『読谷村の年中行事表』，时间不详。

(6) 窪德忠编『沖縄の風水』，平河出版社，1990年。

(7) 王锡棋辑《中山传信录》，《小方壶斋舆地丛书》，杭州古籍书店，1985年。

要旨

沖縄と中国南方の民俗比較

張　紫　晨

　琉球は中国と日本本土の政治、経済、文化の二重の影響によって、独特な三重要素のある文化体系を形成した。その三重の一つは中国南方文化要素（主に江蘇、浙江、福建）、二つは日本本土の文化要素、三つは沖縄固有の文化要素である。この三つが沖縄の民俗文化を形成しているので、近代の沖縄の民俗文化のなかには、中国東南文化の影響があり、比較民俗研究の課題である。

　家族制度は、本土も沖縄も長男相続であるが、原則として養子と女子相続がなく兄弟相続がある。門中も沖縄のみにある。

　沖縄は、中国特に東南沿海地域の影響を受けたことは間違いない。

　民間では、風水が家の繁栄、子孫の幸福に係わると考え、干支によった日々の吉凶、住まいの向き、墓地の選択を重んじる。これは中国南方民俗の中の要素であり、沖縄の民俗思想の一つの要素でもある。

　食習俗では、沖縄は本土と相違して、豚肉とその内臓をよく食べる事と先祖祭りの時、豚肉を供えることである。この習俗は中国南方の習俗に近い。

　沖縄の民家にはシーサーがあり、豚小屋を便所のとなりに置き、入口にヒンプンのあることは中国に近いが、部屋の内部構造などは本土に近い。

　年中行事は中国と同じく、旧暦を重んじる。しかも中国と同じく干支を重視している。

　沖縄と中国南方の民俗を比較するとき、文化圏の要素と具体的な交流、変化を考えなければならない。歴史性、共通性、変異性と伝播の面から比較研究すれば、研究が深くなる。

Ⅱ 人生礼仪与冥界观

II 人生儀礼と他界観

人生儀礼から見た江南の民俗

佐野　賢治

はじめに

　今回の調査では、私の担当分野は農耕儀礼と人生儀礼であった。当然の事ながら稲の一生と人間の一生がパラレルであるという故坪井洋文氏のモデルは脳裏にはあったが、そうした分析ができるまでにはほど遠く、資料報告の域を出なかった。人間の生物的誕生である出産儀礼、文化・社会的誕生である成人式、そして葬送儀礼・祖先祭祀などを通して、この地方の人々の世界観、他界観の一端でも知り得ればとの思いも、言葉の問題もあり、その資料報告の質さえも懸念される。こうした中で聞き違いを極力避けるためにモノに即しながら聞き書きを行った。

写真1　新婚家庭のベッドと馬桶　江蘇省常熟市白茆郷

江蘇省常熟市白茆郷の出産では、馬桶（オマル）に赤ん坊は生み落とされる。分娩と排便が新旧はあるにせよ同じ民具を使用して行われる。病院出産の今日でも馬桶の使い始めに際しては男の子に小便をしてもらうなどの縁起がかつがれているという。婚礼具には必ず色鮮やかに赤く塗られた馬桶（子孫桶）があり、その一方で、毎朝の老婆の仕事とされる馬桶洗いの色褪せた馬桶を見ると、この地方の女性の一生が馬桶を通して垣間見られる気がした。馬桶の問題は住居に置ける便所の問題、人糞肥料の扱い、便所の男女別厳守、桶作りの技術など民俗全般を語る糸口にもなっていく。浙江省蘭渓市姚村で見た日本で言えばエジコにあたるような一種のベビーサークル、站桶・立桶をめぐる民俗は聞く余裕がなかったが、そこから育児観の一端を聞き出すこともできたであろう。

　死後の世界など抽象的なこともこの世、陽間からあの世、陰間の間に架かるという奈何橋などに焦点を絞ることにより問題が広がらないように心掛けた。モノに即して人生儀礼を調べるに当たって調査途次に参観した蘇州民俗博物館の展示は大変参考になった。しかし、この様な伝統的習俗は公的な場では解放前までのこととされ、インフォーマントもその後の社会情勢の変化からか、時代を前後して話す場合もあり、民俗の変化、それにもまして、社会主義国においての民俗とは何かを考慮した上での資料の扱いを実感した。

写真2　立　桶
浙江省蘭渓市姚村

　このような条件があるにせよ貴州省苗族の調査から始まった日中農耕の比較民俗調査の流れの中で、江南地方は沿海部でもあり、照葉樹林帯の文化要素の多くを示すことからも、一つには日本民俗文化の形成を跡付ける歴史的関心があった。現に、浙江省麗水市龍江郷

山根村という畬族の村では「祖先が日本へ渡った」との話が伝わっている。この話は福建省羅源県の畬族の村でも聞いたことがある。倭人のルートにしても考古学研究者は江南地方の遺物・遺跡に、民族学者は雲南地方の少数民族文化に注目しているが、いずれにしろ古代越系文化との関わりが問題となるのであろう。また、比較民俗学的関心も一方にはあり、冥界観と仏教的影響など、坂本要編著『地獄の世界』（1990・渓水社）など日中の地獄観を比較対照するのに恰好の著作も出されており彼我の異同とその背景などを考えてみたかった。さらに漢族文化の地方性、民俗性の課題、すなわちW・エーバハルトのモデルの私なりの再検討の一環をこの調査の場で試みたかった。そこで、調査の眼目を①樹木崇拝と地母神信仰　②漢族には一般的に成人式がないといわれるが？③他界観と道教、仏教の影響などに絞ったが、今後の課題ばかりが残る結果となってしまった。

1. 江南地方の人生儀礼

(1)馬桶の意味するもの………江蘇省常熟市白茆郷
①婚姻
　・訂婚（婚約）…解放前は媒婆、仲人の紹介で親同士の相談で決まった。早いほうが良いと、まだオシメをしている時に決めることもあった。仲人を通して、女方の親は赤い紙に娘の名前と生年月日を書き、小箱にいれて男方の両親に届ける。男側では算命先生に娘の生年月日、八字を見てもらう。良縁ということになると訂婚といい、男方から女方に豚の腿肉、大魚、皮蛋、酒、糖、煙草の六品目が届けられ、また、酒席が用意される。このときの品、料理がみすぼらしいと鶏の嫁、犬の嫁に行くなどといわれた。

　・男女双方の往来…娘が13～15歳になると男方の家を訪問できるようになるが、男の方は自由に行き来は出来ない。娘が19歳ぐらいになると男方の家にいき男方の長輩に会い、酒を注ぐ。このとき娘に礼金を渡す。これ以後、男女は"毛脚女婿"といって、自由に行き来できるようになった。

　・単日脚（結納）…結婚式の日取りは算命先生に相談して決め、赤い紙に書いて仲人が結納の日に女方に持って行く。結納は奇数の日を選び、男方から女方に豚肉、魚、皮蛋、酒、糖などの品物、礼金とともに、一卓八人で、多い場

合三〇卓、少なくとも五、六卓の酒席を用意した。この礼金を使って嫁方は家具や婚礼衣装などの準備をした。かつては何百元も贈った。解放前は米で、1200斤ほどであったという。

・婚礼（嫁入り道具）…女方から船で男方に家具、衣服などが先に届けられる。布団は二組みで、"紅男緑女"といい、赤、緑の色布団である。布団の中に五つの卵"搶喜蛋"を入れておく。この卵を持って帰ると子供が利口になるとか、幸せになるとかいう。男の子の数が出来るだけ多い夫婦に頼んで布団を敷いてもらう。

また、必ず持っていくものに前掛けがある。嫁入り前に嫁の母が姑、娘の息子の嫁、娘の息子の嫁の母親のために作る。衫裙といい、腰に力が入り、冬暖かい。

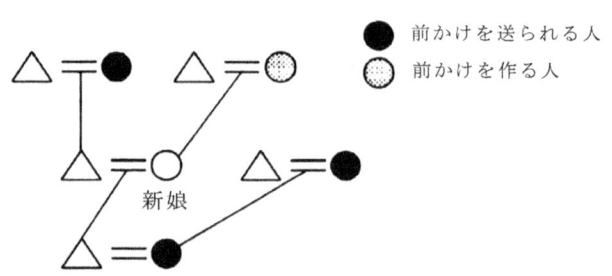

嫁迎え）　ラッパを吹き、爆竹を鳴らしながら花轎を担いで新娘を迎えにいった。花轎が新婦の家に着くと、"暖轎"といい、まず10歳ぐらいの女の子が花轎を暖めるといい、轎に乗った。

嫁化粧）　新婦は嫁入り前まで顔の産毛は剃らないで、式の当日に"巻面"といい、産毛を剃る。実際は糸状のもので、顔の汗を拭うことである。首飾り、腕飾りなどをしてから人に顔をみられないように赤い布を顔面に垂らす。

出家）　花嫁は出発準備が整うと、花轎に乗る前に、蒸器の前に置かれた二本の砂糖きびを脚で踏む。"踏蒸"といい、これからの甘い生活を意味するという。花嫁は「お父さん、お母さん」と泣き叫び、母親は先方で孝を尽くせとか、家事のことなどを言っては泣いた。また、"哭嫁因"を歌い別れを悲しむ。その歌は、上塘村の陸瑞英氏（58歳、女）が歌ってくれたものでは、

歌	解　釈
大小姐做肉到了夫家長千金、	娘は嫁ぎ、夫の家は千金を得る、（大小姐＝肉＝千金は自分の娘を指す。肉と団は江浙方言では同音である。）

脚踏陌生地、眼晴看生人。	未知の地に足を踏み入れ、見知らぬ人にあいさつをする、
早上勤早起、頭光滑面掏米問聲婆。	朝は早く起き、髪を油で整え、米を研ぐにも姑の意見を聞きなさい、
扣灰輕輕扣、蓬天蓬地蓬灶家。	炉の掃除は灰が天や地やカマドにからぬよう軽くたたき、
掃地輕輕掃、勿要蓬到家堂唥。	床は軽く掃いて、ほこりが祖先棚に付かぬよう、
施灯輕輕施、銅勺鏟刀鬧大人。	灯は静かに動かし、杓子やヘラの音で主人を起こさぬよう、
提水要提七、八分、潑進潑出進大門。（攔漿攔水攔大門）	水を七、八分目汲み、内に入る時にはこぼさぬよう、
公婆起来要叫一聲、面湯出、早飯盛。	姑さんが起きたら、洗面のお湯を出し、朝食の用意が出来ていると声をかける、
可惜呀、可惜、　肉肉呀！	―ああ、嫁に行ってしまうのが惜しい、わが娘よ！
今朝是金盆荷花掇出去、　飄来楊樹倒生根。	今日は金の蓮花を外に出し、次には楊が我が家に根づく、
（女儿出嫁）（娘婦娶到家里）	―（娘を嫁にやる）（息子の嫁が来る）

という内容であった。

　花轎）　花轎の中には鳳凰に見立てた雌雄の一対の鶏、アンカ脚炉を入れる。それから、"擁轎"といい花嫁をまわりの人が押し込めるようにして花轎に乗せた。乗るときに爆竹を盛大に鳴らした。花嫁行列には"喜娘""喜客人"と呼ばれる、伴娘がつき、また、同年齢の娘たち幾人かが従った。伴娘の費用は男女双方で負担した。

　拝堂）　男方に着くと、爆竹が鳴らされ、花嫁は鶏、脚炉と共に花轎から降り、伴娘の手引きで喜堂とよばれる中堂、正堂に進み、天地、祖先を拝み、それから両親を拝み、新郎に挨拶をする。これを拝堂という。喜堂には事前に二

本の金箔を施された赤いロウソクがともされる。

洞房入り）　拝堂が終わると、新郎が"紅緑千金"という花を象った赤い絹の布の一方を新娘に、もう一方を伴娘に摑ませ後ろ向きに進みながら、新娘を新房、洞房に導く。紅緑千金は六尺の長さで、両端には鳳凰があしらわれ、真ん中で和合結び、"同心法"されている。夫婦が百年も長らえるという意味である。このときに青色の米袋の上を進み、床を直接踏まない。花ロウソクを持った二人、三枚の米袋を順に移動させる二人は三世代家族が健在の家の男の人が当たる。袋と代は同じ発音である。洞房に入ると新郎は大声で「代々伝好、代々伝」と叫ぶ。

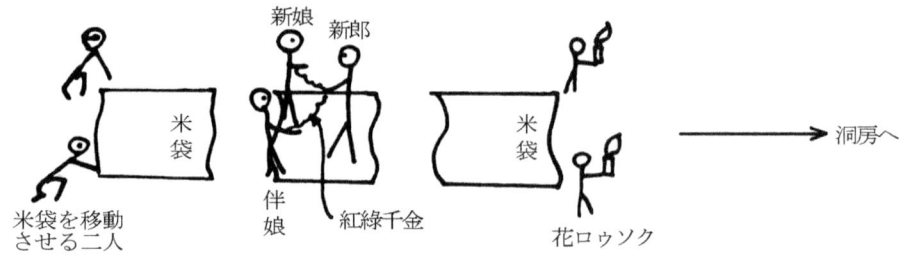

同心橙）　洞房で新郎、新娘は長椅子"同心橙"に腰掛け、新郎が新娘に箸で料理を食べさせる。喜娘が勧めることもあった。豚の胃袋は子宝に恵まれ（猪肚叫多子多孫）、豚の白身の油上げは家が栄える（走油肉叫玉堂富貴）とか、このときの菜には一つ一つ縁起の良い意味があった。

敬酒）　新郎新婦がそれぞれ食べ終わると、再び喜堂に戻り、酒を注いで祖先"新老祖宗"を祭る。終わると喜娘が新郎新婦を伴って新房に戻り、二本の花ロウソクに火を点し、同じ様に燃えるように一晩中見張った。

②妊娠

・送子観音…結婚して2～3年経っても子供ができないと杭州の霊隠寺の送子観音に姑がお参りして、子授けを願う。線香を上げて、もし願いがかなえられれば今後三年間お参りしますと拝んでくる。麒麟送子図を買い求め、その図を息子夫婦の部屋に貼る。今では結婚後に可愛い男の子の絵を貼る。

・禁忌…妊娠をすると家の戸に赤い布、紙を貼り、他人に妊娠中のものがいることを知らせる。妊婦は廟の前、住宅、橋などの建設予定地、喪家に行ってはならない。また、妊婦はよその子供を抱いてはいけない。もし、抱いたりす

ると、その子供はお腹をこわす。

・催生面（過橋面）…臨月になると実家の母親が乾燥ウドン（挂面）を持ってくる。子供が生まれることを促すためで、これは今でも行っている。橋を渡るのはお産が順調にいくようにという意味で、過橋面ともいい、安産を願って食べる。食べるとき、具として、上に海老、魚、卵、肉をつける。海老をつけるのは海老の形が胎児に似ているからだという。また、隣の家にも配り、出産のあることを知らせるのである。

③出産

・血房…長男夫婦は紅房ともいわれる正房でくらすが、出産もそこでする。出産後、この部屋は血房と呼ばれ、夫も一週間は立ち入ることができなかった。隣人、村の人は一月間入ることができなかった。

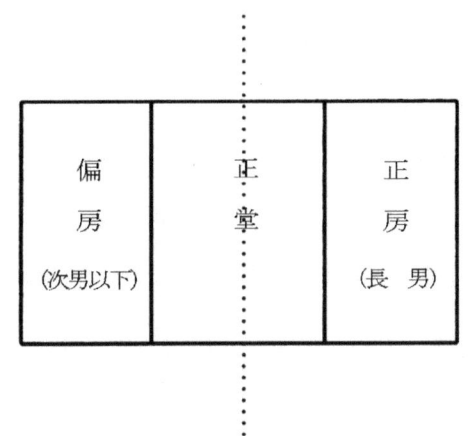

※息子が結婚する場合、新しい住宅をたててやるが経済力のない場合、正房を長男夫婦にゆずる。
※弟が半分を長男に安く売る。

・苦孝湯…出産の時、産婦はお湯（苦孝湯）を飲んで、卵（水波鶏蛋、荷包蛋）を食べる。それから産婆さんを呼んだ。

・馬桶…出産は新しい馬桶の上に座ってした。馬桶は木製の赤い漆塗りの便器（オマル）で、子孫桶ともいい、婚礼具のひとつとして必ず持ってきた。この時、馬桶の中に赤く染めた五つの卵を入れてきた。奇数は男の子を表し、五は"五子登科"、科挙に受かるようにとの意味である。また、お産の時、実家の母親が改めて持ってくることもあった。使用し始めるときには男子誕生を願い、五〜六歳の男の子に小便をしてもらった。

・燭包…産婆さんが臍の緒を切り、胎盤と共に布に包む。これは屋敷地の中に埋める。子供の霊が自分の土地にいるということと、子供として再生してく

ることを願ってのことだという。産婆さんは産婦の腰に薄い布を巻き、燭包といい白い服を着せる。

・野鬼挡道…難産は悪い鬼が産婦の体に付いているから起こるといい、悪い鬼が食べて帰るように、門口に二つ茶碗を用意し、一つには御飯、一つにはおかずを盛っておき、"お前食べて帰れ"と家族の人が大声で叫びながら、石を投げた。また、助産の意味で、産婆さんが産婦の髪の毛の一部を切って丸め、それを産婦のお腹に押し付けることもした。

・血綱…出産後三時間ほどは血綱といわれ、産婦を休ませなかった。親戚の女の人が産婦の背中に当てものをして、産婦の名前を呼んだりした。その後、床に戻って休んだ。

・産褥…産婦は産後一週間、豊かな家では一月間休んだ。乳がでるように蚕豆で粉皮を作りスープにした。また、鶏、魚、卵のスープも作った。

④育児

・過三朝…子供が生まれて三日目、家堂（祖先）に子孫の出来たことを知らせ、家族の加護を願った。かつては、男の子の場合だけであった。

・名付け…生後一月目に算命先生を呼んで名前をつける。子供のときの名前、小名で、生まれた時の年<$\frac{干}{支}$、月<$\frac{干}{支}$、日<$\frac{干}{支}$、時<$\frac{干}{支}$の"時辰八字"を考えて、また名前の二字の五行相合、天干地支を考えてつけた。この日には村人を呼んで御馳走をした。男の子の場合、長男に大男、次男に二男という名前をつけるのはこの地方の習慣である。

・剃胎頭…満月の日に床屋を招いて始めて子供の頭を剃ることで、剃った髪の毛は紙に包んで産室のベッドの上に飾っておく。この髪の毛は結婚するときまで保存しておく。床屋と一緒に会食をした。この行事とは関係ないが大きな子供は農暦二月二日に散髪する。"剃虫壳"といい、風が付かない。二月二日はまた、蒸餅を必ず食べる日で、そうすると一年中腰の病気にならないという。

・下揺藍…生まれた子供は誕生日までは外に出さなかった。初誕生日の日には実家から揺籠が届けられた。揺籠の中には四季の衣装、帽子、靴下を入れ、吉事の印である赤い点をつけた団子も中にいれて持ってきた。また隣近所に配る、ウドン、果物も持ってきた。この日には"硬喉龍団子"を夫の家族が作り、直径が40cmほどもある大きな団子は夫方の親戚に、小さい団子は隣近所に

配る。大変おいしい団子で、関係ない人が食べた場合は産婦の家にお返しをしなければならない。

⑤葬送

・臨終…死が近づくと息子が名前を呼んだり、「おじいさん―」と枕元で呼びかける。別れの意味である。

・死者…死体を運ぶときには必ず門の板を使う。息子、娘が川に行き、水を買って帰り、死者の体を洗う。死者の着ていたものは直ぐに死者の前で焼いたり"焼行衣"、埋めたりしてしまう。一方、カヤ、布団は屋根の上に投げ上げておき、野辺送りのときに下ろして焼く。老人の死の場合、死体は正堂の、西側におき、死者の鼻の穴が北に向くよう、頭は南に向ける。死体の下には初草を敷く。死体の上には紙で作った升状の"笆斗"を被せ、顔には布をかける。頭のそばで油燈を燃やす。遺書も掛ける。それから隣の人が村人に知らせる。

・客死…家の外や遠方で死んだ場合、死体は家の裏の窓から、生きている鶏と一緒に運び込む。また、葬儀後35日に霊魂を招く行事を行う。長男が行うが、いなければ次男、息子がいない場合は娘でも良い。

・溺死…犬か鶏を川に投げ込み、紙銭を燃やしながら死者の名前を叫ぶ。長男が死者の名前を呼びながら家までくる。

・"一木梢"…死者の衣替えは息子が行うが、その時、先に息子が下着からすべての着物をいったん身に付けてから脱ぐ。脱いだ着物を黄色の帯で縛り、重りを使わずに竿ばかりで計る。重りが無いので、柄が上がる。そのことを、"一木梢"といい、千斤の重さがあるという。"一木梢"をした後、死者にその着物を着せる。死んだときに着る着物を寿衣といい、60歳になった時に作っておいた。

・"含口銭"…死者の着替えの後、死者の口に金、銀を含ませる。また、生前の好物を持たせる。

・入棺…棺）　棺桶は60歳の誕生日、"做寿"を機に作る。棺材は柏、楡、楊の木が多い。棺は蓋、側板、底板ともに"周圓三"といい、それぞれ三枚の板で作るのが最高であり、経済力のある人はそうしたが、普通はそれぞれ三枚、四枚、五枚の板で作った。蓋は経済力のある人は上蓋、中蓋の二層にした。棺は普通は白木のままで、前方には福などの字を書いておいた。金のある

場合は漆で赤、黒に塗った。

　棺の中）　棺の一番下には石灰を敷き詰め、その上に油紙を敷く。木屑の入った、菱形の枕に頭を置いて死者を横たえる。死者の顔には黄色の紙を被せ、両手を"一木梢"の時使った黄色の帯で堅く縛る。棺と死者の隙間に石灰の袋を詰め、その上に油紙を乗せる。布団を被せるときには上の油紙は取ってしまう。棺の蓋を被せ、その上を赤い布で覆う。棺を閉じる時に人々は大声で哭く。

・香典…親戚の人は"幛"という白い布、布団、紙銭を持ってくる。幛をうけとったお返しに、"礼事布"を返すが、これは直接手渡さないで、一たん、下においたものを拾う。

・喪服…直系の子女と義子は"重孝"と呼ばれ、上着は白いものを着る。頭には正面に麻をくくり付けた白い鉢巻きをしめる。鉢巻きの後ろに垂らすところは、両親が亡くなっている場合は同じ長さに、片親の場合は一方を長くする。親戚と友達は腰に白い帯をする。黒い喪章（上に少し白い布、白い糸をつける）をするのは最近のことである。葬式後一年間は、息子、男孫は白い布靴、娘は白い布か白い毛糸を頭に挿す。娘の娘、孫の女の子は黄色い花を頭に挿す。

・葬列…葬列の前のほうは直系の子女、後ろには親戚の人が続く。棺の前に長男が位牌をもって歩く。棺の後はラッパ、その後ろに続く人々は泣きながら、紙銭を撒いて進む。棺は八人で担いだ。

・"暖坑"…お墓に着くと、長男を中心に参列者は時計回りに三回まわる。哀楽を行い、また、"暖坑"といって、稲束を焼いて墓地の辺りを暖めるという。墓地で棺の上の赤い布を取る。

・墓地…墓地は風水先生に地勢を見てもらって決めた。墓穴を掘るのはだれでも構わなかった。一年後には、棺を祖先の墓に移した。現在は火葬になったので、風水先生に頼むことはなくなった。骨を埋めるだけで、地上にはなにもおかない。

・位牌…位牌は息子の数だけ作り、墓地まで持っていき、また持ち帰る。そうすることによって、父親の霊を招き、福を授かる。今では、長男は骨箱、次男以下は位牌を持ち帰る。墓地から帰ると家の前に花輪を飾る。

・開喪…葬式の晩を開喪といい、豆腐を食べる。

- "哭清早"…葬式の翌日から35日まで、息子、娘は毎日早起きして、泣きながら油灯に火をつけ、紙銭を燃やす。
- "挿七団"…葬式の翌日、位牌を正堂の西北の位置に置く。"哭清早"の後、凳子、油灯、酒、菜四種類を持って墓地に行く。油豆腐、ケーキを持っていき箸で墓の上に挿す。村の子供達はあらそってそれを持ち帰って食べる。食べた子供は聡明になるという。また、糠皮、稲皮で七つの団子を作り、竹につけ、墓の上に差してくる。これは、死者がこの世（陽間）からあの世（陰間）に行くときに、"飢狗圏"という悪い犬がいる所があり、その犬に食べさせるためだという。
- "閙五更"…35日目のことで、"閙五実"ともいう。この日の夜明け、その家から嫁に出た娘がおかずを作って集まり、位牌の前で祭祀をする。その後、全家族が外に出て、泣きながら故人の名前を呼ぶ。
- "満七"…49日で"満七"になる。あの世にいくまでは49日かかる。その後、"清明節"（農暦4月4日）、"七月半"（農暦7月15日）、"焚庫"（農暦10月1日）に死者の祭りを行う。すべて新の字をつけて呼び、この三つの祭りが済むことを"満時節"という。特に"焚庫"のことを"満時節"という場合もある。
- "清明節"…死者の家だけで行う。線香、果物などを持って墓にいき、墓の周りの雑草などを取ったりして墓の掃除をする。その後で、線香をたき、紙銭を燃やして拝む。清明節の日、墓掃除をすると、夏雨のとき、雨漏りがしないという。また、この日は、親戚、友達の家を尋ねてはいけない。数年をへた後は"清明節"の前にこの行事を行う。
- "七月半"…鬼の節句という。新仏でなくなる数年後にはこの日の前に行う。"放家"といい、野鬼をまつるという。一般には14日の夕方、家の祖先を迎える。"野鬼"、無縁仏が入ってくると困るので、洗濯物、洗濯竿、洗濯柱のすべてを日暮れ前に家の中にいれる。また、夜、鬼が入ってこないように、ごみ籠に御飯を入れて、廊下に出しておく。鬼は14日の晩に地獄から帰ってきて、15日の早朝、鶏が鳴くと帰る。鬼というが実際は先祖である。
- "焚庫"…"十月初一"ともいい、10月1日の早朝、位牌を家の外にだし、紙で作っておいた家を始め、テレビ、冷蔵庫などあの世で使う日常品を燃

やす。その後、全家族はじめ、親戚の人達が一緒に食事をする。この日は新仏の家を尋ねる日なので、親戚や友達の家を尋ねて食事をすることはしない。

(2) 樟樹娘々と求子………浙江省蘭渓市殿山郷姚村
①婚姻

・媒酌人…友達、親戚が男側の親の希望を聞いて相手探しをする。廟会の時など、男の側だけに知らせて、娘を見てもらう。気にいると媒酌人を立てて、娘に八字を聞き、算命先生にみてもらう。良縁ということになると、二人の男の人を仲人に頼み、黄色い紙で包んだ菓子、二包み、今は二箱を持って女方の意向を聞きに行く。

・"走媒"…媒酌人は婚約のために、結納金の額など様々な条件の相談を双方とする。

・"訂婚"…男方から女方にいろいろなものを送る。婚約の事である。贈物は次のようなものである。

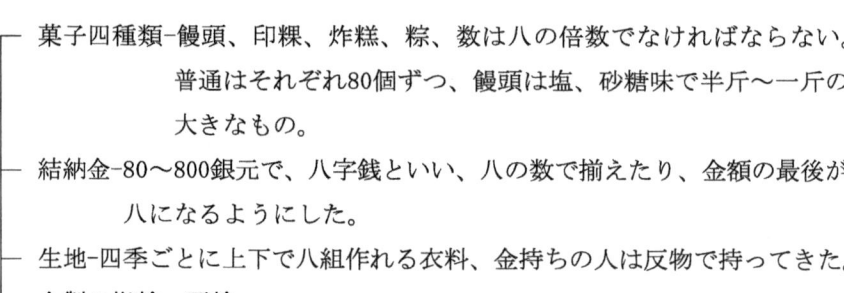
- 菓子四種類−饅頭、印粿、炸糕、粽、数は八の倍数でなければならない。普通はそれぞれ80個ずつ、饅頭は塩、砂糖味で半斤〜一斤の大きなもの。
- 結納金−80〜800銀元で、八字銭といい、八の数で揃えたり、金額の最後が八になるようにした。
- 生地−四季ごとに上下で八組作れる衣料、金持ちの人は反物で持ってきた。
- 金製の指輪、耳輪
- 男の八字−八字が書いてある帳面を"龍鳳帖"という
  ロウソク−黒以外の色のもの、二本組で一斤の重さのものを五対、五対は五代栄えるの意味である。
- 爆竹
- 干した荔枝と龍眼−それぞれ一斤づつ、これは少しずつ親戚に配る。貰った側は婚礼の時必ずお礼をする。

・"走定""換帖"…結納返しの意味である。
- 靴下と帽子−赤く染めたものを男方の籠に入れて贈る。
- お金−結納金の最後の端数のお金を返す。808元の時は8元を返す。
- 娘の八字
- 生卵七つ−子宝に恵まれるという意味である。
- お菓子−女性の側がお菓子を籠に入れる。親戚、友達に配る。

中国江南民俗文化

・式の日取り…訂婚が済むと、式の日取りを決める。双方の八字を算命先生に見せる。日が決まると、媒酌人はお菓子を持って女方に知らせる。女方の母親は「躾が足りない、もう、二三年待ってくれ」などと言って断る。媒酌人の方は「十分賢く育った」などといい、こうしたやり取りを何回か交わした後、日が決まり、親戚の人が見て分かるように、赤い紙に書いた日取りを壁に張る。男方も同様にする。

・嫁入り支度…女方は寝台から日常用品まですべて準備し、男方は家、部屋を用意する。また、娘は掛け蒲団の表や部屋の飾り用の様々な刺繍で忙しくなる。刺繍は娘の腕や賢さを示すとされ、相手の男には刺繍をした布靴などの小物を贈り、また、嫁入り後、初めての端午に配る団扇の刺繍をこの時期にして用意しておく。この団扇は婚家の長老が親戚に配る。

・婚礼具…女性側の親が用意する婚礼具は次のようなもので、経済力のある家では、テーブル、腰掛けなども準備した。椅子（骨牌凳）、箱、箪笥、五つの引出しのある馬鞍のテーブル、子孫腰掛け（お産のとき使う）、子孫凳（産婆さんが座る）、頭箆桶（櫛を入れる）、脚盆大小一つずつ、面盆（洗面用）、米升、靴桶、馬桶（便器）

写真3　婚礼具　桶と漆器

・"肉圓酒"…嫁入り道具は式の二日前に運ぶ。嫁方の親戚が途中まで送り、迎えの男方の親戚と出会うとそこで肉圓酒をたべて嫁荷送りを交替する。肉団子を食べることより、実際は老酒を飲む事である。

・"利市"…長生きの老夫婦を呼んで、布団を敷いてもらう。この老夫婦を"利市爺々""利市媽々"という。新郎は式までの二晩は親戚、友達、隣近所の中、両親健在で兄弟のある未婚の17、18歳の男と共に、この布団で寝る。

・嫁迎え…婿方は専門店から花轎を借り、中に座布団、銅で出来た暖房具（結婚式は冬に行われる）、雌雄一対の鶏を入れ、担ぎ棒の所に提灯を二つ

・123・

けて、嫁を迎えに行く。媒酌人二人も提灯を持つ。嫁方に着くと、新郎の名刺を出す。

・花轎乗り食事…花轎が着くと，新娘は最後の食事を女友達と一緒に自分の部屋で食べる。食卓では媒酌人が一番よい席に座り、父親も一緒に食べる。媒酌人に酒をなるべく長く飲ませる。母親は食卓にはつかず部屋の中で泣きながらいろいろ娘に話す。婿方は都合、三回爆竹を鳴らして、八字にあった時間通りに行くように出発を促す。娘は行きたくないと泣く。よく泣くとその家は繁盛するという。そのために泣き女を頼む。年寄りで、縁起の良いことが言え、よく泣ける人を頼む。食事が終わると、"紅几"（先祖棚）の上にローソク二本、香炉、鶏、魚、豚の三種類の肉を供え、先祖を祭る。家の財産を持っていかれないようにと扛几の四つの脚の所に何かを入れて少し高くする。

・出家…かつては旗袍を着、顔を見られないようにサングラスを掛けた、一生暖かく過ごせるようにと、服は綿入れのものを着て行く。手には二つの袋を持つ。中には棗、落花生、荔枝、瓜子、松の実、胡桃の七種類のものをいれ万年青の葉、柏の枝を付けてその口をしめる。生卵を持っていくので全部で八種類になる。花轎に乗るとき、赤いショール方巾を被る。足のところに脚炉が置かれる。

・花嫁道中…轎は四人で担ぎ、その奥さんも一緒についていく。道中は長いので新娘は轎に酔ってしまう。轎の神様に殴られたと言う。婿方では二人の女性が村から百歩ぐらい離れたところで花轎を迎える。花轎の中、廉の所に花轎の神様がいるといい、轎から降りる時、利市爺々、利市媽々は鋏と鏡で新娘の体中をなで回してから花轎の外に出す。そして、甘いお茶を飲ませる。早く着いても、時間がこないと式は始まらない。

・結婚式…利市爺々が式を進行する。まず、扛几の所で、赤い絨毯の上に立って、天地、先祖を拝む。この時、玄関のほうに向かっても拝む。新郎新婦が茶碗で盃を交わす"交盃酒"。次に、米袋二つを交替に敷き、赤いロウソク二本で照らしながら寝台のところまで行く。袋は世代に通じ、子々孫々科挙に受かること意味する。寝台につくと、まず、利市媽々が新娘のショールを取り、次に新郎が新娘の頭の花を取り、テーブルに置く。そのあとで、新娘が新郎の帽子を取ってその上におく。新郎新婦を寝台に座らせてから蚊帳を合わせ、二

人の頭をぶつけながら、「共に白髪の生えるまで」などのめでたい言葉を言いかける。利市爺々が甘い団子を持ってきて、「三人の男の子が生まれ、最高の役人になるよう」などとめでたい言葉を言いながら新郎新婦と一緒に食べる。

写真4　嫁入り道具2　麗水市内にて

・"鬧洞房"…新婚三日間を鬧洞房といい、若いものが酒を飲んで卵、落花生を貰いに新婚夫婦の寝室を訪れ、新婦を笑わせたりして、賑やかす。新婚夫婦は訪れたものからアメを二つずつ貰う。この三日間は無礼講でなにを言われても怒ってはいけない。

・馬桶…新しい馬桶の中に卵二つ、落花生、棗、赤い紙で包んだお金を入れておく。親戚の中の元気のよい男の子がお金などを取った後で、おしっこをそこにする。

・祠堂・庁参り…三日目に新娘の兄弟が実家から先祖祭り用の供物を持って祠堂・庁にやって来る。普段は入れないが花嫁がすでにその家族の一員になっているのでよい。新婚夫婦は祠堂・庁では大公の位牌を拝む。嫁がきて一族の

一員になったことを報告するのである。本保殿（廟）、墓地もお参りする。ロウソクをともし、豚肉、魚、鶏の三牲を供える。鶏は去勢した雄鳥、豚は脇肉を共に火を通してから供える。家では、世代順に挨拶をする。年寄り、上の世代の場合は、跪いて挨拶をする。同世代では簡単な挨拶でよい。挨拶が済むと赤い紙に包んだお金を渡す。甥・姪からも新娘はお金を要求されることがある。家事の最初として嫁は葱を切る。何もかも綺麗にいくようにと葱は白と緑のところがはっきりしたものをつかい、その中に細い竹を挿して、包丁、まな板と共に用意しておく。嫁が葱をなかなか切れないのを見て皆が笑う。また、カマドに火をつける。この時も、マッチの先の火薬を取っておくなどのいたずらをする。

・里帰り…四日目に新婚夫婦が日帰りで嫁の実家にいく。新婚一月間はどこに出かけても泊まることは出来ない。婿方で贈物を用意する。お菓子を赤い紙と普通の紙に包み、その上に父上拝、母上拝などと嫁方の父母を始め、世代順に送り名を書いていく。これを丸い籠にいれていき、普通の紙に包んだ方を送り、赤い方はそのまま持って帰る。貰った側はお返しに七つの生卵を籠にいれて返す。婿は嫁の両親に歓待され、お酒を強く勧められる。嫁の母親は婿が悪酔いしないようにビーフンやお菓子を食べさせたりして気をつかう。

②産育
・"求子"…子供が欲しいときに2.5kmほど離れた白麓山の送子観音にお参りしたり、村の下龍廟（祭神：地母娘々）に行き、子孫堂（祭神：子孫娘々）の中の7～8体の土製像を拝む。地母娘々は土地神で、大地を表す大きな魚の背中の上に立っていて、大地が揺れないように押さえているという。また、正月六日に"龍灯"が門口に来たとき、爆竹、線香をたいて迎え、男子の誕生を願ったりした。

・安産祈願…陣痛が始まると先祖を拝む。出産後、先祖、カマド神（竈王爺）、土地神（土地爺々）に吉事用の紙銭を焼いて報告する。先祖の場合、一番近い先祖の墓、牌位のある庁に行って拝む。

・"樟樹娘々"…子供が三歳ぐらいになった時、先祖参りの折りなどに母親が子供を連れて樟樹にお参りした。赤い紙に子供の生年月日を書き、御飯、豆腐、火を通した豚肉一切れ、お酒、箸を供えて、線香、紙銭を燃やした。樟樹が年中葉が青く、根も深く、枝も茂って、何千年も生きるのにあやかったもの

である。

　参考に麗水市蓮城郷敏河村の例を記しておく。樟樹のことを風景樹と呼び、かつてはたくさんあったという。祭る樟樹の数は村によって違った。子供が生まれたとき、農暦の7月15日、12月30日に参った。子供が生まれたときは、線香三本、ロウソク二本をつけ、紙銭を焼いて拝み、樟樹にその子の父親になってもらうのである。特に体の弱い子は樟樹を樟木の父として、その取子になる。その場合、鼻に鍋墨をつけたり、背中に小さい鏡、篩、黄暦書をつけて魔除けにした。

　鍋墨は鍋を背中にしょっている意味で鬼がつかない。鏡は妖を照らす。篩は、金、銀で作った小さな物で、鬼を捕まえることができる。黄暦書は生年月日を記した旧いカレンダーで、それを背中につけていると鬼が怖くない。12月30日には村の大部分の人が三牲を持ってお参りにいく。符を書いて樟樹に貼ってくる。畲族の村、麗水市龍江郷山根村でも子供が生まれると母親が樟樹を子供の父親に見立ててお参りする習慣がある。

写真5　樟樹信仰
麗水市山根村（畲族）

　・生後一月…子供が生後一月になると、カマドの神様に雌鳥一匹を供える。鳥のように世界中どこへでも行けるようにとの意味で、子供の耳のところに青色の糸をつけた。

③**葬送**

　・移尸…死体は正堂の右側におかれ、ここが霊堂になる。椅子、位牌、服、草鞋、碗、箸などが置かれ、豆腐包、おかず、酒が供えられる。ロウソクがともされ、"長命灯"といわれる。死体は霊堂に三日間置かれるが、見守るのは息子、娘、女婿である。

　・送無常…人が死んだ時、「死んだ」とはいわず「老了」といわなければならない。人が死ぬと、草鞋、稲束を燃やす。また、銅銭を口に含ませる。あの世でべらべら喋れないようにである。

・報喪…死者の出たことを親戚、友達に知らせる。金華市曹宅鎮では告げ人は必ず傘を持っていく。訪れた家の門の左側に、一言も喋らずに傘の柄を下にして置く。家の人が御飯を出す。それを食べた後、家の人からお金を貰う。そこで始めてだれだれが死んだと伝える。

・買水浴尸…死者の顔を一回洗う。洗う水は自分の家の水瓶から汲んではいけない。碗とお金を持って塘（池）に行き、金を側におき、碗で水を汲んでくる。丁寧な家では体全体を洗う。

写真6　棺づくり　蘭渓市姚村棺の保存　上麗水市敏河村　下蘭渓市姚村

・穿寿衣…死者に着せる服を"寿衣"と呼び、近所の老婆に頼んで縫ってもらう。テーブルを使わず、桑摘み筰を使って露天で縫う。糸は"順境"といって結びは作らない。"寿被"（死者用の敷布団、掛布団）、"寿帽"（孝子が被る）もこのようにして作られるが、布団の作り方は結婚の時の娘の布団を作るときも同様である。死者に寿衣を着せる人は家の人ではなく、棺を担ぐ人"棺材

頭"である。上衣が四枚なら、ズボンは三枚のように寿衣は必ず奇数でなければならない。また、上下とも、そのうちの一枚は綿入れである。多い場合でも11枚ぐらいである。

　・棺…葬式に棺を使うのは16歳以上である。子供の場合は棺は作らず、死体を藁で包み、簡単な箱に収めてお墓に埋めた。その上に"枯童塔"という石の祠を立てた。山の奥のほうに決まった場所があったが、現在は開発されてしまった。60歳以上になると閏年の、閏月に棺を作っておく。閏年の、閏月には順の意味がある。

　棺材）　杉の木を使う。杉の木は腐りにくい。樹齢の多いもの程よい。棺は専門の大工が作るが、板と板の間は石灰と大豆で作った豆乳を混ぜたもので埋め、その上に水が入らないように桐油を塗る。経済力のある人はその上に生漆を何回も塗る。棺の両側は赤く塗り、頭になるほうには男の場合、福の字を、女の場合、寿の字を書いておく。

　棺の保存）　棺を作るときについでに牌位、木釘も作って棺の中に入れておく。棺は普通庁に置いておく。棺の頭のところに五色の布をつけておく。この布切れは親戚が送ってくれるもので、埋めるときも一緒に埋めるのでとってはいけない。

　進棺）　…石灰と木炭を棺の底に置き、その上に敷き布団を敷いて、死体を棺に収める。入棺の時、涙が棺の中に入るのは、死者にとっても子孫にとっても縁起が悪い。

　・"做道場"…36歳以上で、家の中で死んだ人の場合、葬式は庁の所で行う。庁は"三間両明堂天井"の構造で向かって右側が男性、左側が女性の場所で、中間には菩薩像を掛けて祭壇"做道場"を作った。大門に近い手前の間は36歳以上40歳未満で死んだ人、真ん中の間は40歳以上50歳以下、一番奥の間は50歳以上で亡くなった人の祭壇の場所となる。道場は村中で牛豚の伝染病が流行るなどの事故、不幸が多いときにも祠堂、庁で行った。好いことをする"做好事"とも言い、三昼夜、七昼夜かけて行った。道場をやる人を道士といい、一人でやる場合から、八人で行う場合もあった。

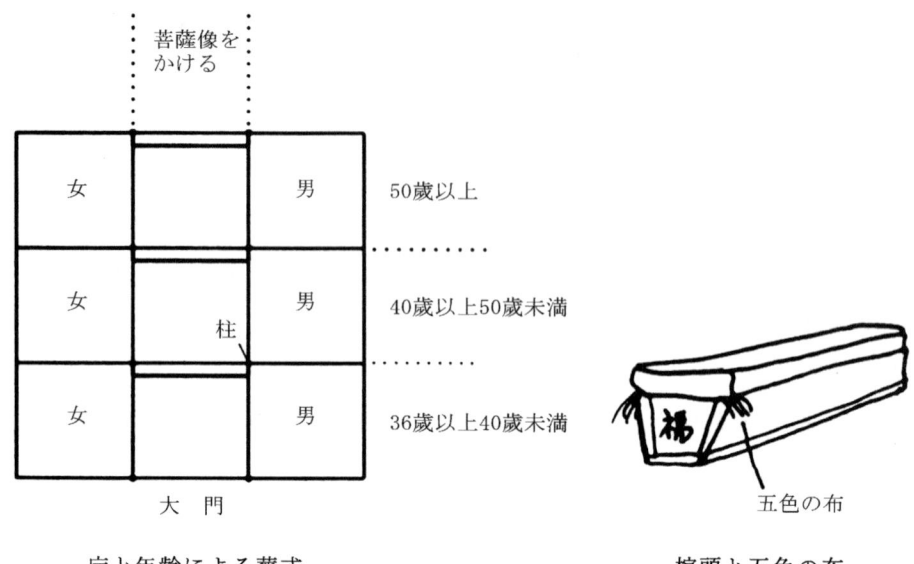

庁と年齢による葬式　　　　棺頭と五色の布

- "楊柳神"…道場をやるときにはまず楊柳神を拝む。この神を拝まないとお経の利き目がなくなってしまう。悪神ではなく、怖い神で、マージャンなど一人勝した時、その人を楊柳神といい、この神が憑いているという。清明節には楊柳の枝を玄関や香炉に挿しておくと、この神が来て食べてしまうという。清明節当日は先祖は祭らない。
- "鬼"…人間は死ぬとみな鬼になる。36歳以下で死ぬと"短命鬼"、溺死すると"水鬼"、焼死すると"火焼鬼"、客死すると"倒路鬼"となる。
- "野鬼"…だれも構ってくれないで死んだ人、野垂れ死にした人、死んで道場をやって貰えなかった人、子孫が絶えてまつり手がいなくなった人は野鬼になる。よその土地で死んだ場合、"師公"（男巫）に魂を呼んでもらい、位牌を作る。位牌を作ると野鬼でなくなる。長患いや重病、また子供が病気の時も師公に魂を呼んでもらった。7月15日は野鬼をまつる日で、家毎にビーフンを料理して地面に紙を敷いてそれをのせ、家に災いが来ないように、野鬼に食べて帰ってもらう。師公と道士は同じ様に語られる。
- "破血汚"…女性は出産、月経の血汚がある。それで、母親が死んだ場合、娘はゆで卵をむいて赤く染め丸ごと食べ、母親の血汚を代わって身につける。こうすると母親は"奈何橋"を渡ることができるという。また、道場で

『血湖経』、『血汚懺書』、『玉皇懺』を道士に読んでもらい破血汚をしないとあの世に行けず、血汚池に落ち、野鬼になってしまう。"懺"とは告白の意味である。男の場合は"破酒肉"をする。

- "仙橋"…奈何橋ともいい、生前、悪事を働いたものは必ずそこから落ちるという。そこに行くまでには、本保殿→城隍廟→東獄廟を通り、さらに10間行くと、最後に閻魔の所につく。閻魔の所には死者の生前の行いが、カマド神、門神から報告されているので、あの世で生まれ変わるか、橋から落ちて魚に食われるかが決まる。実際の奈何橋は椅子を脚にして、木板をかけわたす。その上を道士が八卦の礼服をきて、帽子を被り、紙に火を点けて松明のようにして先に進み、子孫の人が、紙箱に紙銭を入れて続いて渡った。

- "翻九楼"…テーブルを九つ重ねてその上で演技をしたり、お経を読んだり道士がいろいろな見世物をした。道士は化粧を墓場でしたので、夜、松明を持って迎えに行くと、本当の怖い鬼のようであった。

- "堤鬼劇"…十数人の道士を呼んで道場の最後の日、鬼を捕まえる劇をやる。道士がホラを吹くと、松明を持った無常鬼、五匹が出てくる。次に閻魔（審判官）の使いの二匹の鬼が、高い帽子、ボロボロの服を被り、ボロボロの傘を持って登場する。"白公劇"といい、五無常の一人が手で雄鶏の首を毟り取る。決して包丁は使わない。首から吹き出た血を桃の板、白い布につける。これは玄関に貼って厄除けにする。閻魔の使いは「帽子が三尺、草靴一足で、この村に来て、犬一匹に出会った」などとおもしろいことをいう。また、五無常の女房役も滑稽な仕種や話をする。その間、道士の何人かは紙船に紙銭をのせ、村中の家毎を回り、お茶、米を振り撒き、鬼をそこに乗せて出ていってもらうことをする。最後にその船を村の外に持っていって焼いてしまう。

④祖先祭祀

- "牌位"…"神位""神主牌"ともいう。作った時には、「主」の、を書かないでおき、野辺送りから帰ってきて、氏族の親戚の中で勤勉・努力家、偉い人が雄鶏の血に朱砂を混ぜて赤い、点を付ける。牌位は全体が黒色で、この赤い、に死者の魂があるという意味である。今では、この様なことはもうしない。一番上には姚姓の本貫地である、呉興郡（秦の始皇帝の置いた36郡の一）と書かれ、その下、右側には生年月日、死亡月日、真ん中に諡号、左側には孝

児として男系の子供、孫、曾孫のすべての名前が書かれる。牌位は楼上の真正面の真ん中、家形の神龕の中、または向かって右側の壁に掛けられる。また、牌位は庁に置かれるが、祠堂にもかならず置いた。庁に牌位が置かれて、"大公"（先祖）になるが、まだ、庁に入っていない祖先は自分の家で祭る。大公には集体大公、小大公、自家の大公があり、それぞれ"祠堂"（恭潔堂）、"庁"（承徳堂、如徳堂、崇徳堂、慎徳堂など10堂）、"己庁"でまつる。祠堂は60歳以上にならないと拝む資格がない。庁は36歳未満のものは入れない。36歳以上が大人で、60歳以上が老人である。

・清明節…先祖を祭るのは清明節、7月15日、冬至、正月"過年"である。清明節には前三日、後七日といい、その前後お墓参りをする。ロウソク、線香を点し、紙銭を焼く。盃の酒を地面に撒く。紙銭には、神、天と地、カマド神を祭るときに使う"大錠"、死者、敬祖先用の"銀錠"の二種類がある。大錠には赤紙で作った様々な形のものを吊す。銀錠には簡単なものから複雑なものまであり、二つずつ糸で繋いで用いる。

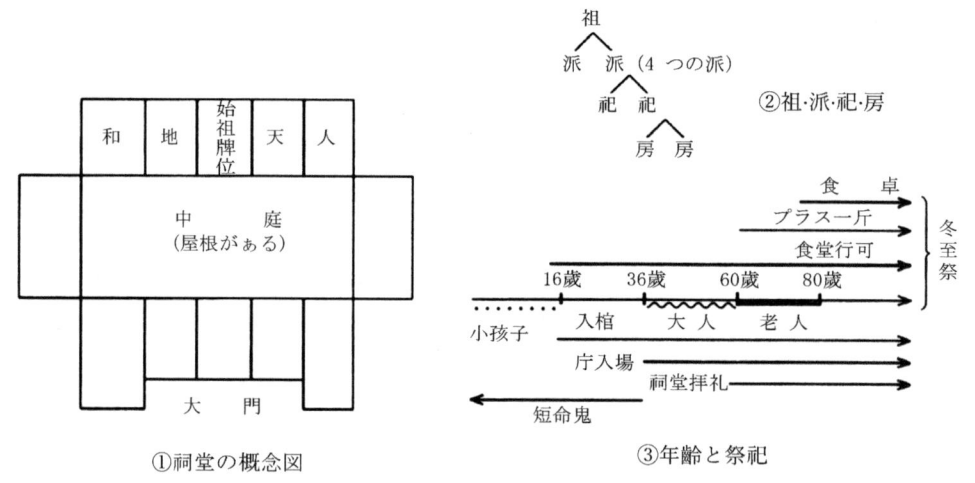

①祠堂の概念図　　　　　③年齢と祭祀

・冬至…冬至の先祖祭りは解放前までは祠堂で盛大に行われた（「冬至大如年」）。何年も前から、豚、羊を飼い大きくしたり（"聖猪、聖羊"）して、派ごとに順番で祭りの準備をした。派は天、地、人、和（天、地、玄、黄）の四つの派に分かれる。派は祀に、祀はさらに房に分れる。この日は、大人も子供も男は"男丁"といい、一人当たり一斤の豚肉を貰った。16歳以上になると祠堂に食べにいくことができたが、80歳以上の老人には一人一卓を用意し、ま

た、肉と饅頭を配った。60才以上の人にはさらに一斤、学歴のある人にはそれに応じて肉が配られた（中学校卒業→2斤プラス、高校卒業→3斤プラス、大学卒業→4斤プラス）。因みに、話者の姚　胎汭氏（1930年生）が小学校卒業のときは一斤プラスされた。父親のときには3斤プラスされたという。その昔、科挙に合格した秀歳は8斤プラスされた。肉の分配は敬老、奨学の意味のほかに正月が近いので、正月用の豚肉となった。

・先祖迎え…農暦12月28日、直系先祖の一番近いお墓にお参りし、「正月が近いから一緒に帰りましょう」と線香を点し、銀錠（銀色の紙銭）を燃やして帰る。

・"真容"…大晦日の夜に先祖を迎える。先祖の真容を紅几（先祖棚）掛け、菓子、果物、菜を供え、かつては燭台5台、香炉1台にロウソク、線香をそれぞれともした。今は、燭台2台、香炉1台である。真容は先祖"太公太婆"の遺像で、写真ではなく、絵であった。亡くなった時に表装の店にいき、故人の特徴を話して描いてもらった。服装は清代の役人の姿であった。解放後は頼むことをしなくなった。正月には分家している場合、長男→次男→三男の家というように順番に掛けていく。正月16日まで掛けておくが、姚姓の家では、6日の龍灯の日を過ぎれば外しても構わなかった。真容は掛け軸状なので普段は箱にいれたり、布に包んだりして、堂楼（二階）の棚に保管しておいた。庁にはその庁を作った人の真容と、その子孫の真容が祭られ、紙に牌位のように先祖の名前が書かれたものを拝んだ。

・正月…三牲（鶏、豚、魚）を供えるが、鶏肉の上には、赤紙で柏、松を作り挿し、豚、魚は丸ごと供える。鶏、豚は火を通し、先祖に供える時には再加熱する。豚の頭だけを供える場合は、口に尻尾をくわえさせる。先祖専用の盃で、4、7、10杯の酒を供える（少なくても4杯）。この盃は普段は使わない。正月だけは赤いロウソクを使う。先祖に供える時は、天、地も拝む。天は天井の所で、無い場合は玄関のところで拝む。紙銭を農暦12月28日、過年（30日）、小正月（元宵節：1月15日）の三回に分けて燃やす。

2. 今後の課題－考察にかえて－

　浙江省の民俗全般については浙江民俗学会編『浙江風俗簡志』（1986、浙江人民出版社）があり、金華編、麗水編の記述が参考になる。また各地区で出されている文史資料などの文献を出来るかぎり参照しながら、調査資料の位置付けを図ることが先ず大事と思われるがここでは、得られたデータから今後の課題になる点を箇条書きしておきたい。

　①樟樹娘々と地母神信仰　金華市、麗水市周辺では樟樹信仰が盛んであるが、樹木崇拝における樹霊信仰と地母神信仰（土地菩薩）が合成して、樹母信仰として子育てに関係している。病弱の子供には樟根、樟樹というように樟の字を名前の頭につけ、その加護を願うのである。取子の習俗ともいえるが、貴州省の苗族ではその対象が、橘、石、楓樹であった。麗水市堰頭村ではこのことを寄子といい（「識樟樹為父」）、樟樹を鍾馗に見たてて、その子供の父親になってもらう。樹に対する意識が、母→父に錯綜して語られている。これは樹木に木霊を認め、地→天を考える南方的要素の上に、樹木を依り代と見立て、天→地、拝天的な北方的要素が重なった結果とは考えられないだろうか。中国古代の「社」の信仰とも絡めて樟樹娘々の神格を歴史的に考えてみたい。この問題に関しては浙江省の民俗に越系文化の系譜をさぐり現地民俗調査を行った鈴木満男の報告がある。（「熊楠という名」『しにか』1991.12）

　②血忌と『血湖経』　女性の出産と死に関しては血忌の表出が強いが、今回は正面からケガレの問題を聞くことはしなかった。しかし、産室を血房と呼び、男子の入室を強く忌むことや、葬式の際に、道士の『血湖経』読経によってはじめて成仏するなど、女性と血忌についての日中比較を血盆経の内容分析、女人往生観などを指標に行ってみたい（武見李子「血盆経の系譜とその信仰」『仏教民俗研究』3.1976、高達奈緒美「血の池地獄の絵相をめぐる覚書」『絵解き研究』6.1988など）。

　③成人式と祠堂・庁　今回の調査では麗水市山根村畬族の学師儀礼、成人式について聞くことができたのは大きな収穫であった。一方、漢族の間には明確な形での成人式はないといわれてきた。永康県方岩山に8月15日に娘たちが登ることに成女礼の遺風を見る見方もある（鈴木満男「棚機つ女の爪紅」『日中

文化研究』2.1991)。しかし、姚村の事例のように、16.36.60.80歳が、冬至祭での地位、祠堂・庁への出入りなどの階梯年次になっているのは注目されてよい。先祖の位階と生者の年次による地位がパラレルな関係にある。

　④野鬼と先祖祭祀　野鬼は日本でいえば、餓鬼、無縁仏に相当するのかもしれないが、先祖に近いニュアンスで語られ、浄化されていない死霊といったイメージである。農暦7月15日、いわゆる中元節が野鬼を祀る日と浙江、江蘇でもいわれている。清明節、七月半の当日が先祖そのものを祀るのではなく、野鬼を祀り、先祖はその前後に祀るという意味合いが強い。浙江省の姚村では清明節当日は荒ぶる神、楊柳神をまつる。楊柳は元来は依り代であり、招き寄せる意味ではなかったかと推される。その一方で、野鬼＝先祖の意識がある。目蓮救母伝説の影響をはじめ盆行事がこのような霊をまつることにその本質があったのではないかとする比較民俗学的関心を再喚起させられる（鈴木満男「盆に来る霊」『民族学研究』37－3　1972、植松明石「台湾漢人の中元節」『日本民俗学』129　1980、渡辺欣雄「台湾の鬼小考」1988)。野鬼の霊格については異状死などの死因をはじめ、野に対する祠堂・庁に祀られる大公といった先祖との対比、また、家の外（野）で死んだか、内で死んだか非常に気にすることなど、漢族の信仰体系、神・祖先・鬼の三者関係も含めて多方面から検討する必要がある。

　⑤奈何橋と冥界観　人は死ぬと人間界・陽界を離れ、陰界・鬼界に行く。鬼界は四川省の酆都にあるという。日本でいえば高野山、善光寺に当たるのであろうか。冥界がこの様な特定の地に集約されていくプロセスを日中で比較してみたいものである。陰陽界の境には奈何橋がある。江蘇省の方では葬式の際、実際に奈何橋を作ることは聞けなかったが、浙江省の方では板などで実際に橋を作り、そこを渡ることをしたという。またあの世にいく途中には悪狗庄などと呼ばれる飢えた犬のいるところがあり、そのために饅頭などを棺にいれる。犬はここでは悪役になっているが、もともとは他界への導者であった（W. Koppers「Der Hund in der Mythologie der zirkumpizifischen Völker」1930、凌純聲「古代中国與太平洋区的犬祭」1957)。仏教などの影響で、在来の他界観が変質した中で、犬の持っていた性格も変わっていったのであろう。奈何橋はこのような仏教、道教の影響と冥界観の変化、地獄観の民族的異同などを集約的

図　奈何橋と血污池、清代

に現しているよい指標である（鎌田茂雄『中国の仏教儀礼』1986、佐野賢治「橋の象徴性」1988）。奈何橋について団員の朱秋楓氏の故郷、紹興市諸曁県三都郷の事例を加えておく。……人が死ぬと閻魔から鬼、無常が遣わされる。あの世、陰間まで死者を案内してくれるので、"送無常"といい、村の人が村の入り口に藁を一塊おき、その上に瓦二枚を乗せ、そこに草鞋を置く。紙銭も藁の上に乗せておく。無常に受け取ってもらう陰間に行くまでの費用と草鞋である。死後49日間、七七のなかでも五七、35日目がことに重要である。その日までに10の関所、十殿を苦労して死者は通り、この日閻魔に許可を貰い、望郷

台から自分の家、村を見る日である。望郷台は雲の上にあり、霧を通して家、村が見えるような図が寺にはあった。五七の日、家族のものは隣村にある十殿閻王の廟に行って線香をあげ、その夜は泣かなければならなかった。死者はそれを見て自分が死んだことを知るという。七七を哭くという歌の中に「五七来到望郷台　望郷台上見親人」とある。奈何橋は35日を過ぎて渡る11番目の関門である。橋は幅が三尺、橋梁が多く、両端には悪狗がたくさんおり、橋の下には毒蛇が血水の中にいる。棺の中に収める"招魂袋"に饅頭を入れ、黄色い紙銭の元宝銭、道士のところから受けてきた黄色の"経票"を入れていくのは、この犬に饅頭をやっておとなしくさせ、橋を渡り易くしてもらうために橋の番をしている小鬼にワイロをやるためである。また、橋の辺りには毒の霧が立ちこめ、それを吸うと病気になるという。このようなことは図を見たり、"做道場"（葬式）の時に道士の説明があるという（「奈何橋辺瘴気連天　毒霧瀰漫　橋下毒蛇吐焔　血水滾滾」）。朱氏は三枚の絵柄を覚えているという。上半身裸で、腰巻のようなものをつけた女性が、一枚は顔色の赤い神力士に守られて橋を渡っている図、一枚は一人でこわごわと橋を渡っているもの、もう一枚は橋から落ちて蛇に噛まれているものであった。奈何橋は善男・善女でなければ渡ることは出来ず、悪人は橋の下に落ち、蛇に食べられる。こうした陰魂は血水となってしまい、霊が無くなってしまう。善男・善女にも差があり、橋の渡りの難易があった。こうして橋を渡ると12番目である最後の関門、"売婆湯"を二杯飲ませられる。一杯目を飲むと今までのことをすべて忘れ、二杯目を飲むと来世のことがわかる。好い人は良いスープを飲んで"有霊乞"、よく生まれ変われるが、その下は半分しかスープがないので、普通の人として生まれ変わる。諺に「你這人笨的很、前世没喫過売婆湯」といい、阿保の人は前世で売婆湯を飲まなかったのだと言う。売婆湯は江蘇省のほうでは孟婆湯、北方では一般的に迷魂湯といわれる。また、普段危険な仕事をするような場合、「奈何橋を渡る」という言い方をする。浙江省の民謡"劉三姐"の中では「恋就恋、要恋就恋一百年、哪個九十七歳死、奈何橋上等三年」と歌われている。…

　以上のほかにも科挙にまつわる伝承、語呂合せの民俗（婚姻の際の縁起かつぎ等）など興味のある問題は多いが、これらを踏まえて、江南民俗における大

伝統（書承伝承）と小伝統（口頭伝承）、道士・師公・風水師とその民間活動、W・エーバハルトの地方文化のチェーン論の再検討などを通して江南民俗を位置付けてみたいと思う。

摘要

从人生礼仪看中国江南地区的民俗

佐野贤治

水稻耕作是日本文化的基础,不管这一技术是直接从中国江南地区来的也好,间接来的也好,对江南地区的民俗文化和日本的民俗做一比较,确是一个引人入胜的课题。季节感与实际的农业耕作紧密地联系在一起,在当地虽说是极其常见或者说理所当然的事情,但它不能不令人再次感到震惊。按照柳田民俗学的观点看来,水稻耕作、房屋、祖先崇拜三者之间的关联,培育出了日本人民的族性。那么,通过气候风土都与日本相似的江南地区的农耕礼仪、人生礼仪的研究,对其世界观做一探讨,也有助于促进日本民俗文化的相对化工作。

正是出于这一目的,进行了民俗调查,了解当地是如何举行作为人生生物性起点的分娩礼仪,文化、社会性起点的成年礼仪,以及葬送礼仪,祭祀祖先礼仪等等。试图通过对这些礼仪的调查记录来探讨这一地区民众的世界观和他界观,并整理出了这份报告。如果根据已经掌握的资料来考虑一下今后应当进一步研究的课题的话,则可举出以下几条:

①樟树娘娘与地母神信仰:在这个地区,树灵信仰和地母神信仰结合在一起,成为与养育子女有关的树母信仰。但是,人们对树的意识中,错综掺杂了母→父的关系。可以认为是地→天关系为主的南方地区因素与天→地关系为主并由树加以取代的北方地区因素的混合物。

②血忌与道教《血湖经》:分娩子女的产房叫作血房,认为只有通过道士念《血湖经》,女性才能成佛等等,这类关于血和死的血忌表现方式十分突出。今后计划以佛教《血盆经》的内容分析和女人转世观的研究为目标,比较一下日本和中国的污秽观。

③成年礼仪与祠堂、家庙:丽水市山根村畲族人的成年礼仪很有特色,而汉族很多人都说一般不举行成年礼仪。但在兰溪市姚村,16、36、60、80岁作为

在冬至的祭祀中所享有的地位进入祠堂及家庙的长幼之序是非常重要的。而这种地位又是和祖先的牌位及生者的辈分相联系，这一点非常引人注目。

④野鬼与祖先的祭祀：清明节、七月十五（中元节、鬼节）是祭祀野鬼的日子，祭祀祖先是在这个日子的前后进行。另外，也存在着野鬼就等于祖先的意识。在神、祖先、野鬼三者的关系之间，野鬼究竟具有什么样的灵格则成为一个需要研究的问题。同时，它也唤起了与日本盂兰盆节时进行的仪式做比较研究的必要。

⑤奈何桥与冥界观：人一死就离开阳界，到阴间去，这个时候必须要通过奈何桥。举行葬礼的时候，有的地方实际上也为死去的人造了这样的桥。奈何桥是集中表现了不同民族受佛教、道教影响的程度及冥界观、阴间观变化的最好的指标。

畲族学师仪式初析
——兼论畲族成年礼功能的衍变

巴莫曲布嫫

弁言：学师活动的有关研究

"学师"是畲族历史上世代相传、普遍盛行，并带有浓厚道教色彩的一种传统仪式活动。浙江丽水畲族又称之为"做阳""做聚头""醮名""学师传师""奏名传法""做受箓"等，意即"把活着的人的名字告诉祖先，把祖先的法则传给后代"①。关于这个问题，在清代的一些地方志及以前部分汉文史籍记载中有过只言片语的附带叙述，但讹误不少。如清同治年间的《景宁县志》卷十二《风土》中就把学师与畲民的祀祖活动一概通称为"祭祖"。凡此种种，都给研究畲族的学师习俗造成一种误识。

20世纪30年代前后，国内外学术界始对此偶有论述和研究，虽寥寥可数，但学术见解上的分歧已赫然可见。就笔者所掌握的材料而言，最早涉及学师活动的文章是沈作乾于1924年发表在《东方杂志》上的《畲民调查记》一文，文中载："在畲民较多的村中，必有一畲长。欲作畲长，必先醮名，大概和我国古时父亲醮子的意义相同。到期，遍邀亲族，于深夜设祖像，相与罗拜。"② 其观点似乎是认为以"醮名"即学师获取"畲长"之身份，其意义在于通过学师确定学师者的族长、村老类的社会地位。1932年，德国学者史图博（Hans. Stübel）及其田野协力人李化民认为学师是为了取得一种"僧侣身份"③，把学师活动归之为道教影响之所致。尔后，我国著名的人类学家凌纯声从图腾文化研究的角度，把学

---

① ［德］史图博、［中］李化民：《浙江景宁敕木山畲民调查记》，周永钊、张世廉译，中南民族学院民族研究所编印，1984年，第46页。
② 沈作乾：《畲民调查记》，《东方杂志》第21卷第7号，1924年，第61页。
③ ［德］史图博、［中］李化民：《浙江景宁敕木山畲民调查记》，第48页。

师活动视为"图腾制的入社式"①。直至 80 年代后期，学师活动重又引出学术界的观点分歧，主要有带古代男子成丁仪式遗迹的"始祖崇拜"②和"祖先崇拜"③两种看法。

根据笔者两次参加中日农耕民俗文化比较研究考察期间对浙江丽水畲族地区"学师"仪式的专题调查和所获取的有关资料，本文拟从仪式描写和仪式分析两方面对畲族学师习俗进行初步的研究，以探讨学师仪式的意义演变，从而对畲族成年礼功能的历史性退化和变异提供一个可以参照的文化背景，以补前人诸说中的一些偏颇和失当。

一、仪式描写

（一）山根畲民学师概况及有关背景

山根村行政上隶属于浙江省丽水地区丽水市碧湖区龙江乡，系山区村落。该村坐落于大梁山脚下延伸的三条山垄之间，村名由此而来。山根为全市较大的单一畲族行政村，共辖 6 个自然村，含 97 户人家，人口 399 人，有蓝、雷、钟三个姓氏，其中蓝姓居多，蓝姓畲民又分为四个支系。现全村学过师者，据笔者统计共 11 人④，其中沙旺村三人：蓝福友（79 岁）、蓝东昇（44 岁，与前者父子关系）、蓝锦裳（70 岁）；犁头尖村三人：蓝成法、蓝根兴（与前者爷孙关系）、蓝章生（此三人年龄不详）；山根村二人：蓝余彩（85 岁）、兰武瑜（60 岁）；五亩头村一人：蓝芝清（80 岁）；其他两个村尖块和五宅塘各有一人，均为老者（年龄不详）。从学师年代来看，他们多在 20 世纪 40 年代前后举行学师仪式，只有三人是在 80 年代学的师，即蓝东昇，1983 年 11 月；蓝根兴、蓝章生，1985 年 3 月。从学师者家系来看，基本上均为蓝姓，但所属支系不同。

据《丽水文史资料》载，学师习俗在福建、浙江、广东、江西等省大部分畲族地区均已失传。就丽水地区而言，1949 年以来，只有景宁畲族自治县郑坑乡

---

① 凌纯声：《畲民图腾文化的研究》，《国立中央研究院历史语言所集刊》第十六本，1947 年，第 163 页。
② 孙秋云：《浙江畲族传统的"学师"活动研究》，载《中南民族学院学报（哲学社会科学版）》，1988 年第 1 期，第 67 页。
③ 雷阵鸣：《关于畲族"学师"问题的补正》，载《中南民族学院学报（哲学社会科学版）》，1989 年第 5 期，第 56 页。
④ 丽水市龙江乡山根沙旺村民蓝东昇提供。

部分畲村曾举行过学师仪式若干次，澄照乡四隔村1952年举行过一次；丽水县富岭乡陈圩村1954年和大元圩村1963年各举行过一次。目前全面了解并能主持学师仪式的人也屈指可数，丽水市只有龙江乡山根村的蓝炳贤、蓝余彩，五亩头村蓝余宗、富岭乡大元圩村雷陈林，这些老人年纪均已在70岁以上。①

但学师习俗及其仪式，在畲族历史上是普遍盛行并世代相传的。根据现在尚可查索的部分畲族族谱可知，唐初已有学师的"法名"记载；而明、清两代，畲族有的支族中男性祖先记有法名的占90%。②松阳县雅溪乡黄岩村蓝陈土家保存的祖杖上系有20根布条，其上所写的学师人的姓名达500多人，学师时间最早的为1849年，最晚的为1930年，这些成员则分布在当时的丽邑（今丽水县）、云邑（今云和县）和松邑（今松阳县）。③可见学师习俗由来已久，其流传在畲族内部也曾是相当普遍的。笔者在调查过程中听一些畲族老人说，他们的上一辈基本上都学过师，解放前40岁到80岁的男性畲民大都有学过师的"法名"。

山根畲村现在的学师人数与过去相比显然有着很大的距离。造成这种习俗萎缩的原因是多方面的。简言之，首先是因为解放后，尤其是"四清"及"文革"十年动乱期间，学师习俗与畲族民间信仰一概被当作封建迷信的落后文化现象被强行制止，学师仪式活动与祖宗香炉一样被遭到革除，学师仪式上所用的师书（多为手抄布）绝大部分被烧毁，以致学师传师断代、学师活动杳迹；其次是年代落实民族政策和宗教政策以后，学师仪式活动始复现；再次是经济方面的限制，因学师是一个人一生只行一次的大事，畲民均特别重视，凡操办皆很隆重，耗资甚大。20年代末举行一次学师仪式得付百元至二百元④；现在举行一次，至少得花费近千元，一般家庭也是无能为力的；再者是学师习俗自身的传承限制，按畲俗，父学过师者，子方可学师，凡学师断代者，其后人不可再承，这样既约束了学师的延传，也规定了学师仪式的施行范围。

(二) 学师习俗的仪式传说

有关畲族盛行学师习俗的仪式传说可分为口传、图传和文传三种：

口传：畲族民间相传是畲族始祖盘瓠王，因不愿在宦海沉浮，经高辛帝恩

---

① 丽水市政协编《丽水文史资料》第4辑，1987年，第106页。
② 同上，第104页。
③ 宋兆麟：《巫与民间信仰》，中国华侨出版公司，1990年，第87页。
④ [德]史图博、[中]李化民：《浙江景宁敕木山畲民调查记》，第47页。

准，率盘、蓝、雷、钟三子一婿离开京都，迁居深山，以务农狩猎为生。为了子孙后代的安昌，盘瓠历尽艰辛，前往闾山、茅山学法，练就一身战胜自然灾害和抵御外来侵略的高超本领，使子裔得以繁衍生息、安居乐业。为了缅怀始祖盘瓠为民族生存创功立业的精神，畲族人民都希望自己能举行一次学师仪式，故相沿成俗。①

图传：1982年中国历史博物馆从浙江省丽水县搜集到的一件绘制于乾隆二十四年（1759）的畲族祖图中的第21节即为盘瓠"入山学法"图。② 另，广东潮洲市凤南乡山梨村绘于道光二十一年（1841）的雷氏祖图中也附有驸王（盘瓠）茅山学法图。③ 据笔者调查，现学师习俗中的有关仪式，如"过九重山"，据畲族老人讲就是因为盘瓠当年历尽艰辛，越过九重山去茅山学法，现在畲民学师也要沿祖先的足迹过九重山学法方成。

文传：畲族以汉字记载的长篇叙事山歌《高皇散》（手抄本）中也有盘瓠学法的记载："龙期（即盘瓠）田土自不管，一心闾山学法来，学得真来传祖，头上头角花冠带。当初天下精怪多，茅山学法转来做，救得王民个个好，行兵动法斩邪魔。"④ 学师仪式上要唱此歌，也以承继祖制、学师传法为目的。

以上诸种形式的传说已非仪式、习俗起源的原生传说了，其中始祖盘瓠茅山、闾山学法的情节是道教影响所致。但从中也可看出，畲族学师习俗的由来与始祖信仰有关。故畲民认为学师仪礼即为始祖传下的"祖礼"，中心内容就是要把"祖先的法则传给后代"。

（三）学师的传承惯俗

1. 学师的年龄俗定

按畲俗，凡男子年届16周岁，即有资格学师。畲民一般认为年满16的男子，在生理上已进入成年期。丽水蓝姓畲族的排行习俗有一特殊的惯制，正如一首民歌所云："男人无一女无二。"即男不排一，女不排二。如念字辈，只有"蓝念二郎"，"蓝念三郎"和"蓝念一娘"与"蓝念三娘"等，而不排"蓝念一郎"

---

① 施联朱：《畲族风俗志》，中央民族学院出版社，1989年，第167页。
② 宋兆麟：《巫与民间信仰》，第83页。
③ 朱洪、李筱文：《广东畲族〈祖图〉分析》，载《中央民族学院学报》1989年第5期，第60页。
④ 凌纯声：《畲民图腾文化的研究》，1974年，第160页。

与"蓝念二娘"。据传"蓝念一郎"和"蓝念二娘"两个位置，是留给不满16岁而夭亡的男女少年的。[①] 从此可见，畲族认为16岁以下的男女均为未成年者，所以在排行惯俗中把他们与成年人区别对待。但同时畲民也认为年过16也未必就成人了，成人与否的标识主要在于学师与否。畲族有一祖传秘语，问你成人未成人，如你已学师，就答已成人，未学师则答未成人。一般畲族男子在年过16岁以后便可或早或晚举行学师仪式，因而16岁是学师的年龄上限，一般都不可早于这个年龄。笔者的主要调查对象蓝东昇则是在他37岁时举行的学师仪式。但另一方面，年满16只是具备了学师的条件之一，能否学师的关键在于学师传师的父子关系的血缘传承。

2. 学师的传承惯制

按照畲族学师习俗的仪规，学师只在同一家族的范围内传承，而且是直系的血缘世传，即父子相传。父学过师，子方可学师，即学师的传承是按父系血缘关系世袭的，必须代代相传相续。据蓝东昇所述，其祖辈定居山根，现已发展到第八代，其祖系内代代都有学师者，传至他本人已是第七代。传师由父辈传给子辈，子辈内如有数子，均可学师。传师不分长幼顺序，先传给谁皆可。蓝东昇为次子，其兄迄今尚未学师。按照畲规，只要其父在世，其兄随时均可举行学师仪式。父亲传师给儿子以后就被尊称为"传过师男"，未能传师造成学师中断者被称为"断头师"。若一代传师中断，其后世子孙均不可再举行学师仪式，传承就此终止。学师仪式可一户单独举行，亦可在同支祖系内若干户联合起来举行，几个学师者同时受礼。可见畲族学师的传承网络是以父系血缘关系为纽带的。这种家族内部的父子传承具有相当的局限性和封闭性。

畲族学师传承的另一仪规是"传祖传内不传外"。传师不能传给入赘的外宗族成员，更不能传予外民族的赘婿。过去学师仪式也仅在畲族内部秘密举行，禁止外族人参加和观看。其传承活动局限于本民族范围内进行。这样，学师传承即表现出宗族间和民族间的排拒性。

畲族学师习俗不仅形成了特定的传承网络和传承方式，而且呈现出明显的封闭性和排他性。这种限制性颇强的传承惯制是以祖先崇拜为主导的民间信仰与父系小家庭的个体经济本位及民族内婚的社会婚姻制度和传统族规相交融的产物。

[①] 施联朱：《畲族风俗志》，第51页。

由此形成的血亲传承圈的狭隘在一个方面导致了学师习俗的衰微。

(四) 学师的仪式主持人"十二六曹"

1. "十二六曹"的分工职司

举行学师仪式，要请十二位学过师的畲族师人来主持仪式活动，他们被统称为"十二六曹"，又有"内六曹"与"外六曹"之分。这十二位师人各有职称，即东道主、东王公、西王母、度法师、引坛师、证坛师、净坛师、祖本师、保举师、专职师、阜老师公、监坛师。除西王母一角为女性以外，其余的十一个师人均为男性。另外，西王母还带有两个丫鬟，称"双伴"，为未婚女子充任。关于西王母之身份的获得，一般是畲民男子学过师后，其妻即算承了"师"，可做"西王母"，但此妇女自己必须有子有孙，且夫家上代也有人做过西王母方可。一般一家不能同时有两人做西王母，故必候祖婆或家姑死后，媳妇或孙媳才能做。西王母一般为保举师之妻，若学师的子弟为二人，则要请两个保举师和两个西王母，学师仪式结束后，弟子有的要拜保举师和西王母为义父、义母。其他师人不计子弟几个，均请一个。

"十二六曹"各有分工和职司：东道主为仪式首席主持；东王公为天下男神之统管；西王母为天下女神之统管；度法师负责把祖传的法则传给子弟；证坛师为子弟学师的公证人；引坛师为引导子弟学法之师；净坛师责在净神坛、除妖鬼；祖本师为传师人，由子弟之父担任；保举师为介绍、荐举之人；专职师专管子弟的法名；监坛师负责督察监查仪式过程和程序；阜老师公为汉族老师。据传，学师之始，主持人不够就请了汉族人帮忙，后沿成此俗。也有别的说法，如传从前一位汉族老人曾帮畲族渡过难关，为了纪念他，就在学师仪式上为其保留一个位子。实则在仪式中阜老师公不负责具体事务，只作充数而用。"十二六曹"的职司主要是通过他们按祖传的仪规和步骤，依据学师经书的内容进行唱舞来体现的，有一师唱舞、二师唱舞、四师唱舞及"十二六曹"共舞等形式。唱舞有规定的步式（如"前三三、后三三"）和节奏以及相应的唱词。

2. "十二六曹"的服饰及祖器

"十二六曹"的服饰主要有衣、冠两个部分，又因穿戴者的身份不一而分为两个系列：

"乌兰"——"水古帽"："传过师男"者穿戴。"乌兰"为青色斜襟长衫，镶有月白色布边。笔者所见的蓝东昇之父的"乌兰"前后两襟还镶贴有四方太极图

（图1）。"水古帽"式如古时的"孔明帽"，为方巾帽，帽沿镶有花边，帽后垂系两条尺余长的彩色丝带成为月白色布带。

"赤衫"——"头冠"：学过师者穿戴。"赤衫"为红色斜襟长衫，身宽袖大，衣边镶有浅蓝色布边。"头冠"为一小块梯形牛皮制成，帽沿呈角齿状，又称"角冠"。上绘有龙、虎等动物，有的中间为一虎头，两边为神祖画像。用下沿的两条带子系在脑后。（图1）

西王母：衣绿衫，戴"凤冠"。

"十二六曹"的师器：主要有龙角、令刀、锣、鼓、铃钟、筊杯、水珓等器具，还有传师用的经书，畲民称之为"师书"。

龙角用来召请神、祖，调动神兵神将的师号。师书中就有"二声鸣角响青青，拜请玉皇大帝及三清""神角当三声，谨请东海金龟王，领兵下来置龙坛"的唱词。可通神通祖，又被称为"神角"。为竹制，长20余厘米，呈半弯状，上缠有竹皮。

图1 畲族学师者的服饰：乌兰、赤衫

令刀：驱邪神器，斩鬼断邪时用。仪式中有"本师摇刀上法场""钗刀斩除邪鬼路"的唱词，刀长一尺五左右，刀刃呈短剑形，两侧从刀柄为铁制，顶端分出两叉，刀柄细长带一铁环，上串有数目不等的圆形铁片，舞动时发出声响。

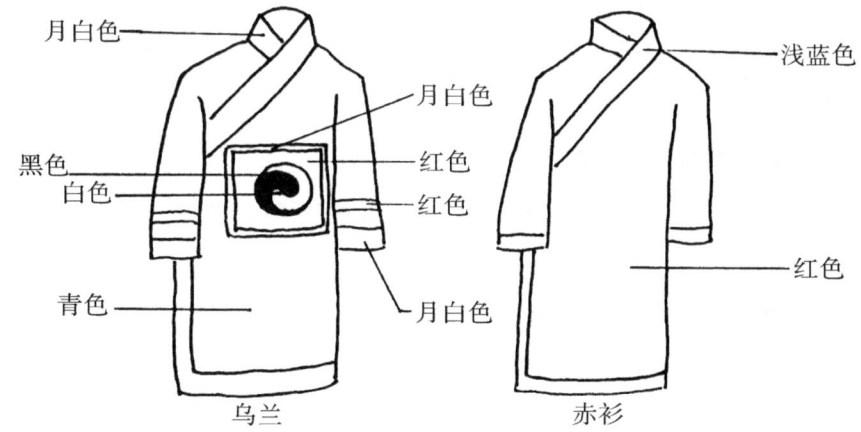

图2 学师者服饰的颜色说明

筊杯：占卜用具，用于问神讨旨。原为两只半球面形的铜制小杯，直径约五厘米，后改用竹制。使用方法是将两杯抛出落地，杯口覆地为阴筊，仰地为阳筊，双阴双阳均不吉顺，一阴一阳即为"圣筊"，是大吉之象。

水玅：用普通土碗盛上清水，仪式中用柳枝蘸水洒地，即"造水洗坛"，用来除污去秽。

锣、鼓：与普通锣、鼓一样，用于通神请神，师书中即有"鸣锣鼓角请天尊"的词句。

师书：调查中所见均为手抄本，据《丽水文史资料》载，学师用书主要有安祖本、玉皇表、话洒本、龙坛本、牒身本、符本、丙子歌等。笔者所见有《学阳师本》《度法文》等为山根畲老蓝炳贤抄藏。师书是仪式所依据的文本，基本上是使用汉字记录的，也有以汉字偏旁部首新造的文字表示畲语语义的，如"忄"即"不"，"宕"即"戴"等。

"十二六曹"的服饰扮相具有特殊的符号意义，是师人通神通祖的一种标志。在仪式上凭借着这些外观体貌的整饰和装备，在仪式参与者之间构筑出自身的特殊位置和角色，从而在人祖、人神之间发挥其沟通的中方作用。在此意义上，"十二六曹"的身份认定近乎于"仪式师"的角色，故畲族民间又称他们为本族的"师公"。

图 3　学师仪式上所用的师器和有关道具

（五）学师的仪式程序

根据以下几个方面的材料，笔者对学师习俗的仪式过程和主要内容进行了概要的梳理：

（一）笔者根据调查记录和录音所整理出来的资料；

（二）沙旺村蓝东昇所述其学师经过和有关情况；

（三）山根村蓝炳贤、钟文华两位老人讲述的学师仪式，以及丽水县政协蓝周根的述要；

（四）蓝炳贤老人所提供给笔者抄录、读录的仪式用书《学阳师本》和《学师过九重山——度法文》。

学师的仪式内容主要分五个程序依次进行，即择日、采祖、安神、引朝和度法，现分述之。

1. 择日

据传，最初学师的仪式活动需三年时间，后由于生活困难、经济拮据，采取分做的形式，即一年做一月或半月，翌年接着做，以补开支，第三年再接续进行。此后仪式时间缩短为一年，再往后又改为一个月，进而又改为七天，最后固定为三天三夜。1925年版的《龙游县志》亦云："祭祖（即学师）期日，本为三年，日夜祭之，其后以资力不断，乃改为三月，寖减为半月，至今遂减至三昼夜。"① 而举行学师仪式的具体日期则要按照择日惯俗来确定。一般凡具备学师条件的家庭，要先把传师人也即祖本师（父）和学师子弟（子）的出生年月日时辰，告诉本族师公，即风水先生（过去一般由族长担任），由他确定一个符合本师和子弟生辰的吉日，畲民称此为"拣日子"。一般多选在冬季进行。若学师的子弟不止一个，只要他们的生辰互不"犯冲"或"相克"，则可择定同一日期同时举行，否则，就得另行择日。

2. 采祖

凡要举行仪式的人家，首先要把"游祖"请到自己家里，叫"采祖"。过去，浙江畲族每一宗支都备有一套专供"做功能"（做阴）和学师（做阳）用的祖物，大体包括祖图、祖杖、香炉、龙角、令刀、朝笏、金鞭、铜锣、铜鼓等。分别装在两只竹箱或竹筐里，称作"祖担"或"游祖"。一般保存在刚做完仪式的那户人家。蓝东昇学师时，东道主、东王公带着他携一刀肉到保存"游祖"的那户人家去采祖，来回有百里路。当时还要杀雄鸡、备豆腐、斟酒，供奉在仙台香炉碗前，以示谢祖。次日此一行三人把"祖担"挑回子弟蓝东昇家，"采祖"即告完毕。

3. 安神

（1）请师爷

"游祖"请回家以后，要先把祖担内的香炉碗摆在祖师榜下的香火桌上，叫

---

① 转引自《中国少数民族社会历史调查资料丛刊》，福建省编辑组编《畲族社会历史调查》，福建人民出版社，1986年，第345页。

"设祖师爷香案"。香炉碗的数目是蓝姓宗支为六个,钟姓、雷姓宗支各为五个。六座香炉即代表蓝姓畲民以"大、小、百、千、万、廿"六个字为先后顺序的六项祖宗神位,也代表六组"学师"时必请的另一系列的神体。据雷阵鸣先生《关于畲族"学师"问题的补正》一文中的分述,这六组神祇如下表所示:

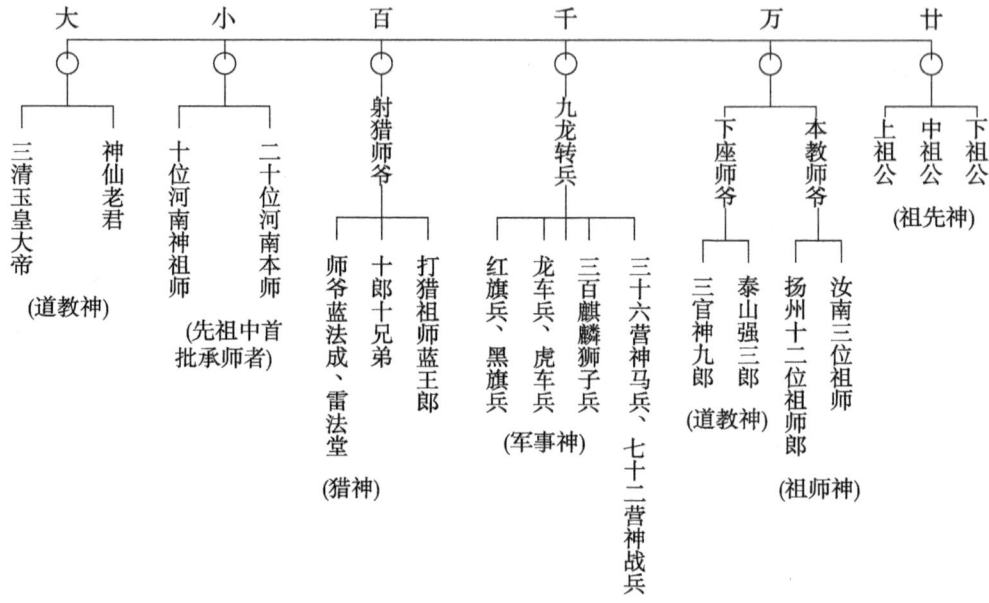

其实所请的神祇远非这些。据《学师过九重山——度法文》而言,学师活动还要请如下诸神:东岳与南岳,南斗星君郑三郎、北斗星君李五郎,东海金龟王、南海金龟王,张天尊(张道陵),花林皇太母,七十二宫相女娘,左右真人龙虎车,一十二部祖祖师、一十二部神本师,五份七份大将军等。神名繁多,神系错杂。

然后把"游祖"内的祖图挂于举行仪式的家屋厅堂之中。挂图形式如下:挂在香炉上方正中的是"神仙老君",左侧是"太上老君",右侧是"三清玉皇大帝"及该支族祖公祖婆的图像;挂在两边厅墙上方的是绘有始祖盘瓠王诞生、征番、变身、被招驸马、受封、外迁等内容的"龙联"祖图以及两幅祖宗师爷们行营、射猎、打仗的场景图,又被称为"左营兵马""右营兵马",或"两营兵马";挂在天井两侧的是日神"金鸡"和月神"玉兔",院门两块门板上则挂"神荼""郁垒"两个门神。最后把刻有始祖盘瓠头像的木雕祖杖(也称"师爷杖""孝杖")插置在香案上的香炉侧。"请师爷"遂告完毕。

(2) 安神

在祖师爷香案前，设熟猪头、雄鸡、豆腐"三牲"及酒等祭品，还有"神水"六碗，以示祀神。东道主随即向各位师爷神祇劝酒，并言：××日××家有人学师，请诸位师爷回来吃酒，念经书。据传，不安神，师爷们会跑到外面去。"安神"为准备阶段，主要情节有"起造老君殿""接神安祖""告神""拜茶""话安祖酒"等。

4. 引朝

学师仪式正式开始。主要情节有"本师接神""子弟拜天地""拜师爷""拜本师公""投入文疏""取法名""开牒""关王童""子弟变身""把盏入门""开桃源洞""唱灵罗歌""炊酒""排衙泼花""造水洗坛""子弟接神""变锣鼓""敕头冠赤衫""告神占酒""告神宣鬼牒""请神捉鬼""告神分更""招兵排兵""告神参牒""东道请角""造钱送神"……"唱丙歌"等。细节繁缛，可分以下三个步骤来描述：

(1) 祝拜天地、祖师和本师

首席主持东道主给学师子弟穿上"赤衫"，戴上"头冠"，然后把子弟带到露天野地，插三支香，点一对烛。子弟手提一盏灯笼，一俟点起灯笼就向东合揖跪拜。东道口唱"一拜天为父，二拜地为母，三拜日为兄，四拜月为嫂"。然后又念"再拜东边东王公，西边西王母"。拜毕，东道主念唱子弟的详细地址、姓名、年龄，并说"×××生了儿子，到了××岁，现在进行学师"。以禀告天神地祇。然后回到子弟家厅堂拜本家祖师，即面向香火桌上的香碗跪拜，点香燃烛，仍由东道主持，向祖师禀告，复述上言。最后学师子弟拜祖本师即自己的父亲，过程同上。

(2) 取法名、告神参牒

"十二六曹"向祖师申奏有关学师的文疏，即"投入文疏"。接着便商议给新罡子弟取法名。一般法名的第一个字必须是"法"字，如法显、法贵等。法名取好以后，即通问笅征求祖师的意见，求得一阴一阳的"圣筊"后，法名即定下来。此后专职师要把子弟的法名连同学师的时间写在一条红布上，并系之于祖杖上端，以示子弟已学师，从此成为始祖盘瓠的成年后代，同时也是为了后代子孙备查之用。法名为秘名，一般只有"十二六曹"知晓，对他人则保密。

(3) 习兵马

主要是演示先祖们行营，打仗的场景。"十二六曹"手执师器，边唱边舞，

再现先祖和师爷们"置界坛""招兵""排兵""团兵""统兵"等军事活动,如"过淮南""打场外""关兵出门斗五营""过桃源洞"等,反映畲族发展进程中的抵御外族侵略、艰难跋涉、迁徙的历史,实则是以彰纪祖功,述讲族史,对新罡子弟进行传统历史教育。

5. 度法

除部分仪式活动与引朝阶段相同以外,还有"告神请神""结金龟""置龙坛""结界涌水""过九重山""上街""拜师爷入法堂""本师度法""传口水""坐龙坛""过五岳山""送神除鬼""做大朝师""唱丙歌"等情节。仪式主干是"置龙坛""过九重山——五岳山"和"坐龙坛"三个环节。

(1) 置龙坛

由证坛师、保举师、引坛师和度法师主持。四位师人各执龙角、令刀起舞,并吟唱有关师书的内容。具体步骤是"告神置龙坛"(包括行坛、结界、把界、请界等内容)、"具记接金龟"和"具记法灯"三个部分。先以红布搭起一布棚,上画蓝天白云以象征龙坛;告请诸神和祖师下界龙坛,并"谨请东海金龟王,南海金龟王,打从五湖四海出,领兵下来置龙坛。四部天王镇四角,五海龙王镇五方。"主要意旨是把神力巨大的金龟王接至龙坛,以"保我新罡弟子受法篆,游行天下保平安。"然后在龙坛前点起七盏法灯,亦称"沙莲灯"(以烛台代之),有星辰的象征意义,并祈请法灯"常照新罡弟子身""常照新罡子弟家""伏愿此灯常照护……弟子受法尽皆通""龙坛"就此置成。

(2) 过九重山——五岳山

由引坛师主持,有"告神置山""定竹""拆山""上金街""造桥引桥""五岳山老虎抢猪头"等程序。引坛师先向四座神即"神仙老君""河南祖师""射猎师公"及"下座三官"禀告申奏,然后在野地空坪上插九茎竹子以象征九重山。随后带领身穿蓑衣、肩挎雨伞、草鞋、手提灯笼,足穿草鞋的子弟,在竹丛之间穿插行走,引坛师边走边唱,以此象征子弟经过长途跋涉,翻越九重山,渡过九条水到闾山、茅山学法之艰难行程。然后回到厅堂,设立象征性的五岳山,以猪头祭祀五岳山神,同时以急迫紧张的锣鼓声表示猛虎下山,抢走猪头的情景。最后学师子弟衣衫褴褛,头戴破旧的箬笠,以棍拄地而行,表示子弟长期在外学师、耗尽盘缠,沿途行乞回乡与乡人互不相识的惊诧情景。

(3) 坐龙坛

由引坛师、证坛师、保举师和度法师主持。他们右手执龙角,左手握令刀,围着龙坛且唱且舞。子弟坐入龙坛,由祖本师公通过"度香汽水""度豆兵米兵""度符本爻(珓)杯""度龙刀鼓角""度头冠衣衫""度鸣锣战鼓"等环节,把一套祖物包括锣、鼓、龙角、令刀、老君印、符本、赤衫、香、米、豆、水传给子弟,以示子弟学到了一套不凡的本领。其中的核心环节是"传口水",即"十二六曹"通过"变水""敕水""请水""行水""传水""取水"等步骤造出"祖水",子弟之父即祖本师公用竹筒吸水入口中,子弟再以口衔住竹筒把水从父之口中吸入食下。此为"传祖水",象征"传宗接代""合族万兴"。

整个学师仪式即告结束。

最后有集体聚餐活动。过去,参加仪式的成年人均要入席,年老者坐上席,年少者坐下席;男子坐上席,女子坐下席,进行集体聚食活动,唱《高皇歌》《封金山》《天下图》《走山歌》和《同源姓》等传统山歌。

从现存的仪式形态来看,畲族学师习俗在代代相传的历史发展中,不但形成了特定的传承网络和传承方式,而且积淀了自成系统的传师程式及完整的学师仪礼。同时,在现今的社会文化的多方夹击中,学师的传统习俗活动濒于衰亡也是必然的。

二、仪式论析

(一) 学师仪式的成年礼内核

1. 名上祖杖——学师仪式中入社式的遗形

入社式可谓是一种最为古远的成年仪式。学师活动中仍保留着这种原初文化的孑遗。畲民每一宗支都珍藏着一根祖杖,相传,畲族先民从凤凰山分散迁徙以前,族人用始祖盘瓠墓地上长出的一棵黄檀树制成一千零二十四根龙头杖,分发给当时畲族四大姓氏的一千零二十四个宗房。① 凌纯声先生认为此乃"畲民图腾主要的标识",与美洲印第安人的图腾杖类似。② 当学师活动进入"引朝"阶段后,"十二六曹"通过申奏文疏、问筊等方式给子弟新起一个"法名",并将此新

---

① 丽水市民间文学集成办公室编:《中国民间文学集成·丽水市故事·歌谣·谚语卷》1989年,第616页。
② 凌纯声:《畲民图腾文化的研究》,第154页。

名及学师日期写在一条红布上，再系之于龙头（或龙麒）祖杖上（图4），以示新罡子弟已是始祖盘瓠的成年后代，即有加入本族集团的象征意义。新罡子弟名上祖杖后，便获得了始祖的一部分灵力和勇气，并从此受到祖先的保护和佑助。

2. "过九重山"——成年礼"考验"的原型象征

"过九重山"这一仪式环节是典型的脱离仪式的象征化。当引坛师带领子弟到野地象征九重山的九茎竹子间穿行时，似乎就有了让受礼者脱离家庭和村落，放逐森林或荒野的意味。这实则是模拟一次经历艰苦磨难、锻炼坚强意志、经受严峻考验的远行。师书《学师过九重山》中就描述了翻山越岭、千里学师的艰难险阻："上是青山青妙妙，下是江水渺茫茫，石子踢烂郎脚指，眼中泪沥落千行，千里迢迢无穷尽，不知尊主在何方。……山上虎行郎借命，芭蕉树上老鸦声，进前一步退千里，不知生命在何方。"虽然只是在虚设的九重山之间绕行，并没有面临引坛师所吟唱出来的种种艰险，但这些模拟，以及引坛师低沉、肃穆的诵唱，似乎在仪式上生发出一种心理学上的效果，让子弟从心理上通过这象征性的严峻磨砺，才能成为正式的合格的成年社会成员，从而达到仪式目的。在此"九丛竹子"就有了"丛林学校"的意义。这个仪式便成为个体畲族男子为进入成人社会而担负艰巨任务做好心理准备的一种象征。

图4　蓝姓畲民祖杖

3. "子弟变身"：行乞归乡——成年礼"拟死再生"的主题凸显

在"引朝"仪式中，通过申奏度牒，子弟获得法名后，紧接下来的仪式环节即是"子弟变身"。迄今在畲民的观念中，仍认为学过师的人身份已迥异于未学师的人，他们把学过师的人称为"红身"，未学师的人称为"白身"。仪式上的"变身"，可能即指子弟由"白身"变为"红身"。这实际上是死亡与再生的一种象征。在仪式上子弟经过"度牒"和"开牒"，而获取法名便意味着子弟"过去"的死亡，正如本师公对子弟的训诫："汝今当坛受法后，千万莫叫小时名。"[①] 随新名而来的"变身"，即由"白身"到"红身"的过渡，与国外有些原始民族在

---

① 凌纯声：《畲民图腾文化的研究》，第160页。

成丁礼中将成年男子全身涂为白色，或全身画成红色或黄色以象征孩子阶段已经死去有着异曲同工之趣。民俗学研究中将这种"拟死再生"的仪式视为成年式的核心，这种仪式的象征意义在于暗示受礼者的身份在一定时间范围内，由未成年向成年人的转化突变。

子弟越过五岳山以后，身穿破褛，形容枯槁，挂棍行乞而归，似乎完全以一副新的陌生面孔出现，而为乡人所不识。此时，首席主持人东道主拦而截其路，进行认真而严格的询问和审查。据畲族老人讲，一般是以对答本族祖传的秘语来考核这个行乞的"新人"。经过盘问，确凿无疑，始得以通过。这些情节与非洲下刚果河地区原始部族的成年礼类似："当行了成年礼的人回到村里——他装着对任何事物都感到惊奇，……他不认识任何人……亲人们像迎接一个死而复活的人那样迎接他。"① 这实则象征着一种新生。

荣格（Carl G. Jung）在其《人类及其象征》中谈及成年礼的原型时认为："无论是在部落群体还是在较复杂的社会中发现这些仪式，都一定是要坚持死亡和再生仪式，这为新成员提供了从生活的一阶段到另一阶段的'人生仪礼'。"② 畲族学师仪式中的"子弟变身"及"行乞归乡"即是凸显了一般成年礼中普遍强调的"拟死再生"主题，象征着子弟旧人格的死亡以及随之而来的合格社会成年成员的新生。

图 5　插竹置山（"过九重山"仪式之一）

4. 子弟社会角色转换的实现

我们知道，成年礼的基本意义在于标记受礼人的未成年期与成年期之间的裂变和转折。在此，成年是文化意义上的成年。通过某种仪式，受礼者实现的显然不只是生理发育已进入青春期的社会认同，而是社会文化意义上的角色转换。畲族学师子弟社会角色之转换大致通过以下三方面来实现：

---

① ［法］列维-布留尔：《原始思维》，丁由译，北京：商务印书馆，1981年，第348页。
② ［瑞士］卡尔·荣格：《人类及其象征》，张举文等译，沈阳：辽宁教育出版社，1988年，第107页。

第一，社会认同。通过举行学师仪式，不仅要让子弟明确自己已获得成人资格，而且要求社会对子弟获得成人资格的认同。首先，学师仪式的举行不仅仅只是子弟所属家庭的内部事务，而带有更为宽泛的社会性。由于畲村多以血缘相近的同姓聚族而居，血缘聚居的原则较明显，如山根自然村共39户畲民，其中37户蓝姓，2户钟姓。故这种社会性则表现为宗族性和村寨性。过去仪式参与者一般约定俗成为宗房内学过师的成人及其妻，后来这种限定因学师人的大幅度下降而自行取消，而邀请同支祖系内的直系亲属以及姻亲亲属（娘舅的角色一直很重要）参加，邻里乡亲也不约而至前往朝贺，并伴有大型的宴请聚食活动。学师成为村社性、宗房性乃至族内社会生活的一大盛事。其次，仪式主持与参与筹措者均为村社中的长老，如族长、师人。通过这样的社会聚合，子弟的成年地位具有了社会认同的普遍性。如学师传师诸仪中，"传口水"是核心的焦点，是传祖承师的主要标志。再者，更为重要的是，这一环节是在社会聚合的仪式场所，当着族长、师人及众多亲邻的面施行的，使社会对子弟由此获得的成人地位产生了一种具有共识意义的认同。

第二，神、祖认同。"请师爷"是举行学师仪式的先行步骤，在神、祖前面举行成人仪式，本身就涵盖着寻求祖先认同、神祇认同，并祈请佑助的意味。取名问筊要经过一系列繁复的仪式细节，通过"圣筊"的实现来达到与诸神和祖先的沟通。子弟获得经过神、祖首肯的法名系上祖杖后，无疑表示其作为正式成年成员的地位和身份业已得到神、祖的认同。

第三，成人集团认同。名上祖杖的原始意义在于加入始祖为代表的氏族信仰集团。随着历史的发展，氏族集团的意义逐渐消失，而代之以成人集团的集体意识。子弟名上祖杖便等于由此名列成人名谱，也就是学过师的"师人"名谱，即此获得成人集团的认同，加入成人行列。学师便成了成人与否的界限。

5. 子弟实现社会角色转换的宗教化表征

一方面是特定服饰衣着资格的获取。在度法仪式上度法师把一套赤衫、头冠传给子弟。此后，成为师人的子弟在"做阴"和"做阳"两类仪式上均可穿戴这种标明特定身份，并有通祖、通神功能的服饰。师人故世后，必须穿"赤衫"或传师后的"乌兰"入殓。这种衣饰资格的获取是子弟角色转换的一种宗教性的外在表征。

另一方面是主祭、参祭与享祭资格的获取。子弟在传师仪式中承继了龙角、

令刀、锣鼓等祖物,就等于同时也获取了掌握丧祭礼仪和技术的资格。从此,子弟便有了主持父母丧祭的资格;否则,即便是亲生父母亡故,他也只能当孝子,而无权主持丧祭之仪,尽管以后他还可以参与主持别户的"做功德"(丧祭的俗称)仪典。与此同时,子弟也获得了享祭的资格,即其死后可享有三天三夜的大功德之祭,否则只有一天一夜的小功德仪式。这样,没有取得学师即成年资格的人,一般是不可能获得这种主祭、参祭与享祭的宗教性资格的。学师仪式上所授的一套祖物,实则是子弟宗教资格的一种标记。

这种社会角色转换的宗教化特征是导致畲民社会分层的原因之一,学师者的传统社会地位也是由此构筑的。

综上所述,学师仪式的成年礼意义是毋庸置疑的,与此同时,学师仪式的成年礼功能也发生了历史性的演变,而出现了受礼者社会角色转换的宗教化倾斜。由于多方面的因素,学师的子弟通过仪式主要获得的是宗教资格,而其他社会资格、权利与义务的普遍性内容如经济资格、法律资格、性生活的资格等都没有通过仪式得以实现或说明,其参与社会事务的权利与义务也不明显。因此可以认为学师的成年礼功能已经大部分消解和分化了。但从学师的传统习俗活动中仍可清晰地看到畲民成年礼的文化遗留和相关民俗传统的余绪。

(二) 学师仪式中的祖先崇拜之主题

畲族传统的学师仪式之所以在明清两代及晚近的一些汉文史志中被记述为"祭祖",主要是因为学师活动中所大肆渲染的祖先崇拜氛围,以及学师仪式环节中所涵盖的宗教性祭祖活动所致。这同时也是畲民成年礼功能消退的表现和消退的结果。

1. 学师活动中祖先崇拜的两种形式

一是始祖崇拜。畲民对本民族共同的始祖盘瓠的崇拜是其祖先信仰的遗风。在学师活动中主要表现为:在仪式场所——厅堂张挂绘有盘瓠神话传说的祖图,并展示刻有盘瓠头像(龙犬或龙麒)的祖杖,供仪式参与者瞻仰和祭拜;在"习兵马""过九重山"等仪式中颂扬、怀念其祖先盘瓠。据蓝周根同志所述,仪式上所演唱的《高王歌》《封金山》《同源姓》等,就是以叙述盘瓠由生到死的不凡经历为线索,歌颂他英勇杀敌和繁衍子孙的丰功伟绩为线索,追忆民族起源和历史传统,以颂纪祖德祖功;在具体仪式步骤中祭拜始祖,含有敬祈始祖庇护和佑助的目的。

二是宗族祖先崇拜。在学师活动中，除了祭祀民族共同的始祖以外，不同姓氏的畲民还要祭祀本姓先祖。在"安神"仪式中要专设本家祖先的香案，以香碗代表祖宗神位；在张挂的祖图中，有的还要挂本姓始祖和本宗祖公祖婆的图像；在所请的诸神中有本姓宗支的先祖，如蓝姓畲民要请"汝南之位祖师"，因其籍出汝南，死后灵魂还要返回汝南；另外要祭以上祖公、中祖公、下祖公为代表的本宗历代先祖；尤其重视"传祖水"之仪，因为传水之义一方面是传师，另一方面是传祖，以求祖宗血脉相延，千古不绝，有生殖崇拜的生育信仰表现。

2. 学师与祭祖

祖先崇拜在畲民民间信仰中占主导地位。学师仪式中所选出的种种环节都紧扣祭祖图、述祖史、纪祖功、传祖水的崇祖敬祖主题。祖图的张挂，祖杖的悬示，祖史祖功的叙讲和复述以及子弟和"十二六曹"对历代先祖的三跪九叩，都营造出一种祭祖大礼的恢宏气氛来。从而使人产生一种误觉，认为学师就是祭祖。考察学师与祭祖的关系后，笔者得出以下两方面的看法。

一则，祭祖是学师的仪式环节。梳理整个仪式程序后可以看出，学师活动的主体程式是传师度法，学师成人；祭祖拜祖只是各个主要步骤之前之后的仪式环节，意在禀告祖先，祭谢祖先，并含有祈请祖先福佑的祈祝意义。此外，成年学师是畲民个体人生的重大转折关头，也是宗族支系乃至族内社会生活的大事，故通过某种宗教性的祭拜仪式，与祖先沟通，并取得认同，就成为仪式活动的有机部分和具体环节了。畲民向来视盘瓠为始祖和民族的保护神，并在学师等重大仪式活动中顶礼膜拜，正如马林诺夫斯基所指出的："原始宗教中的一大部分，是关于人类生活上重要危机的神圣化，受孕、出生、青春、结婚以及人生最大危机死亡，都引起了神圣化的宗教举动。……青春时成年的礼节，具有复杂的神话和信仰布局，这仪式往往与保护神及文化英雄等的供奉相连合。"[①] 畲民成年礼上的祭祖行为与周代、春秋社会所施行的冠礼在宗庙里举行相类，也与少数民族如纳西、彝、基诺、瑶等民族的成年礼都包含着宗教性的祭祖活动相一致，即仪式本身就有寻求祖先认同和祈求保佑的意义；加之，学师是畲民后代通过一定的仪礼而成为始祖盘瓠的成年后裔，且被接纳为同支祖系内合格的正式成员的集体性典礼，其社会意义远非受礼者个体，而涉及支系、宗族和族体的整个文化群体。

---

① ［英］马林诺夫斯基：《文化论》，费孝通等译，中国民间文艺出版社，1987年，第17页。

故祭祀全民始祖、同宗本姓祖和历代先祖才成为仪式之所需。

二则,祭祖是学师的仪式内容。祭祖作为祖先崇拜的行为体现和情感外化,其内容与学师的主旨也是相契合的。前文已述,学师的仪式内核是畲民的成年礼。在成年式上祭祀先祖,其意义旨归主要在于以祖先崇拜加强子弟的成年教育。其一,在仪式上展示关于图腾祖先神话传说的祖图和具有神秘功能的祖杖,让受礼者仰观这实属民族秘密的图腾神迹,向新罡子弟灌输带有浓厚图腾信仰子遗的始祖崇拜,并引导子弟虔诚敬祀,恭恪祭拜,以强化子弟盘瓠子裔的族体意识,了解个体之新出,民族之来源。这样,通过祭祖,便"在新行成年礼的人与神秘的实在之间建立互渗。这些神秘的实在就是社会集体的本质、图腾、神话祖先成人的祖先;其通过这个互渗来给新行成年礼的人以'新的灵魂'"①。祭祀始祖,向新罡子弟讲述图腾起源、图腾神话以及图腾禁忌等,使子弟树立图腾观念和始祖信仰,正是远在图腾入社式的基本型式和基本精神的一种历史遗留。可以说始祖崇拜主导了仪式上的成年教育。其二,仪式上除强调族人同祖共源以外,也强调同支祖系内宗族的血脉赓续,在此意义上的崇祖只是崇拜与自己有血缘关系的先世祖宗,其目的在于"誓证家族关系的神圣性"②,属宗祖崇拜,父传子水,父传子师,由此而来。祭祀宗祖,强化子弟的宗族意识,也是仪式的成年教育内容。

在学师仪式中,子弟面对祖图、祖宗神位,在意念中体会祖先的嘱托和期望,从而严格要求自己的现世行为与新的身份相符合,为继承祖先衣钵,为光宗耀祖,身体力行。"传口水"的意旨在于"传宗接代",这不仅是要延传祖先的血脉,而且要延传祖先承袭下来的师者身份,并要在文系血缘的关系纽带上绵续,从而才能承祖制、践祖礼、循祖规,最终实现对祖先的孝悌。故经过成年教育,子弟新获得的"主祭"与"享祭"资格,都是祖先崇拜意识的反映。所以,学师乃以祖先崇拜为成年教育的主要内涵,而祖先信仰的祭祖活动是学师的仪式内容。

总之,成年礼与祭祖活动有着某种天然的仪式关联,但成年礼并不等于祭祖礼,学师祭祖也不同于一般祭祖。畲民过去有祠堂祭祖和家庭祭祖等祭祖形式,历史上也形成了全族普遍一致的固定祭祖日期(二月十五、七月十五和八月十

---

① [法]列维-布留尔:《原始思维》,丁由译,商务印书馆,第344页。
② [英]梅因:《古代法》,沈景一译,商务印书馆,1959年,第6—7页。

五），山根畲民还有"上八日"祭祖（即正月初八）的习俗。学师活动正如山根畲民所言："名为祭祖，实为学师。"学师活动不能简单地归结为祭祖活动或祖先崇拜活动，其仪式主干仍保留了畲族古代社会成年仪礼的主要仪式内核和特征，但其功能意义却发生了历史性的演变。

3. 祖先崇拜与学师仪式的功能转化

学师仪式自始至终地贯穿着畲民的始祖信仰和相应的一些祭祖环节，因为祀祖活动在加强学师仪式的神秘性和神圣性方面有特别重要的意义，这也是学师成年仪礼与祖先崇拜自然发生仪式关联的部分导因。

学师在畲民社会生活中是一种大型的宗教性礼仪活动，它通过一定的时间和空间聚合了社会成员，并举行隆重、肃穆而又不乏热烈的一套仪式，显示人们共同关心的社会生活的焦点。在这种特定的仪式场合祭祀始祖，则表现了人们信仰范式一致性的祖先崇拜。尤其是始祖崇拜，已成为民族标识的一种象征，有助于将人们团结起来，增强民族认同和内聚力。如在仪式过程中，始祖盘瓠的历史功绩、神圣威权一再被渲染，也正是因了这个神圣的族源之始的象征，后世代代相袭的学师活动才被视为族体的"祖礼"而相延不绝，成为族人历史上躬行的人生仪礼。祖先崇拜，尤其是始祖信仰，对这个历史上曾迁徙靡定、分散游耕且人口不多的民族，在巩固族体团结、维系民族感情、促进族体发展等方面有着重要的意义。这也是祖先崇拜在畲族民间信仰中导居主位，并渗透于畲民社会生活习俗方方面面的社会历史原因。学师的仪式活动便有了强化祖先崇拜，延传信仰风俗的功能。而其最突出的表现就是仪式活动中生成的崇祖、敬祖情绪；仪式空间里营造的祭祖、祀祖氛围及仪式环节中凸显荣祖孝祖心态，这些都强化了祖先崇拜的色彩，削弱了仪式活动的原生意义，使学师活动的仪式功能发生了转化。

（三）学师仪式中的道教色彩

畲族民间信仰是错杂的。在其本土宗教信仰的体系中，祖先崇拜占主导地位；同时，佛道思想的影响所引发的信仰习俗的变异也是明显的。纵观学师仪式活动的过程和内容，道教的痕迹更为昭然。可以这么认为，道教特有的鬼神观念、仪式方法方术和宗教伦理对畲族学师习俗均有不同程度的渗透。

1. 学师仪式与道教神祇

学师仪式的主要环节都有请神接神、送神谢神的步骤。学师所请之神除了畲族始祖及历代祖先师爷以外，还有众多的道教神。安神仪式中所请的各类神祇杂

芜繁多,从三清大神到真人神兵,简直可以列出一张道教神谱来。

畲民有的支系的祖图中除了描绘盘瓠一生的"长联"图以外,还有射猎师爷、打猎师爷及本姓始祖的图像。此外,还包括"三清祖图(上清、玉清、太清)"三幅,"十殿王图"十幅以及左门神、右门神的图像。众所周知,"三清"是道教最高神体,即元始天尊、灵宝天尊、道德天尊(太上老君);"十殿阎罗王"则是道教从佛教中吸收的,指北阴酆都大帝设置的十殿冥王,即秦广王、楚江王、宋帝王、仵官王、阎罗王、卞成王、泰山王、平等王、都市王和转轮王。

仪式中提及的"天师张道陵"为道教鼻祖,"茅山法主"为道教茅山宗的三茅君,"三元教主"为道教的天官、地官、水官三官;"真武大帝"为宋真宗以后的道教大神。蓝炳贤老人所藏的《过九重山——度法文》一书中还可以看到许多道教神名,如"告神置龙坛"仪式上所请之神,新拜之神多为道教神祇:"上告玉皇将大帝,下告地府将阎罗""启告三元神法主,太上玄元李老君""谨请东岳证坛师,南岳保举师""领兵下来置龙坛""谨请东边东皇公,西边西王母……张天尊领兵下来治天下",还有"左右真人""八表真人""五份七份大将军""五帝五灵""北斗星君""紫微星君"等神名。诸上神祇成为道教之神,成为道教在发展中所吸收的民间俗神,都附着于学师仪式所请之神的神目里,其中"三清""太上老君"在学师厅堂中的位置还相当重要。这些纷呈杂糅的各路神祇在仪式中的出现,使学师活动蒙上了一层更为扑朔迷离的神秘。

2. 学师活动与道教仪式和方术

首先,道教的坛醮仪式对学师活动或有影响。学师活动中的祝香燃烛、置坛洗坛、投入文疏、接神、排衙泼花、拜茶当茶、告神参牒、送鬼送神等仪式环节与道教坛醮程式①如设坛、上供、烧香、升坛、降神、迎驾、散花、献茶、祝神、送神、奏申文檄、投简告神等有着极大的相似性。"置龙坛"一仪中的"从灯"与道教祭醮的分灯燃灯也有相类的意义,即点灯象征星辰和神祇②。学师中的"沙莲灯"主要象征金木水火土五星及东西南北中五帝③。

其次,学师仪式吸收了道教符箓派的某些形式。如学师过程中,"十二六曹"先后为学师子弟向祖先师宗申奏度牒、文疏,才能取得法名的资格,故又称之为

---

① 李养正:《道教概说》,中华书局,1989年,第376页。
② 葛兆光:《道教与中国文化》,上海人民出版社,1987年,第85页。
③ 据山根村蓝炳贤老人抄藏的学师文本《学师过九重山——度法文》。

"奏名传法"或"做受箓""入箓",相当于道教的"受箓"或"给箓"。此外,每个大的仪式步骤之前都要请神,所念的"师爷名"与道教记载诸神的名册"登真箓"意义相似,似乎"十二六曹"念这些神名,其所请之神会在冥冥之中莅临学师法堂,参与仪式。这些"师爷名"就成了可以通神的百神召箓,"十二六曹"也就有了劾召诸神的神权,人神之间便可沟通了。

再者,占卜、符箓等民间方术的融入。"术"是从古之巫视中衍生出来,尔后成为道教的主要教术,也是民间道士的法术手段。"杯筊"之占法起源于南北朝时代,唐宋时已是道观佛寺的法术。宋叶梦得《石林燕语》中也有"高辛庙有竹杯筊"的记载。浙南汉区的道士也广泛采用杯筊方式问神请旨[①]。学师仪式中也采用问筊方式以求圣筊,以"圣筊报弟郎"的占卜方法问名起名。此外,"印"在道教教术中也有与"符箓"相类似的神秘功能。在民间也被视为一种附有神旨的符号。《初学记》卷十三引《录异记》中就有"恨不得印,可以驱策百神"之说,有的印就刻作"太上老君敕令",使印玺具有太上老君的威力。《隋书·经籍志》中又说:"又以木为印,刻星辰日月于其上,吸气执之,以印疾病,多有愈者。"可见道教方术印之功能为既可召鬼神,又可治百病。学师仪式中"度法"一仪,要将许多祖物传给子弟,其中就有一枚印玺,为"太上老君印",有的刻有"日月崇微星太上老君"九个字。笔者在调查中幸得蓝东昇祖传"老君印"之

图6 蓝东昇祖传的铜质"老君印"

纹样(图6),其上有"太上老君"之名,还有"日月"二字,此外还有"力士天丁""六丁六甲"的道教神名。"六丁"为阴神,"六甲"为阳神。《无上九霄雷霆玉经》中有"六丁玉女,六甲将军"之说。六丁六甲在道教神祇中为天帝役使,能行风雷、制鬼神,道士一般用符箓召请,以祈禳驱鬼。此印章纹样中还杂有难测的符纹,其符的功能显而易见。笔者采录的纹样中还有道教中的"三个"符纹。学师时子弟所得的祖传之印在其以后传师于子时,还要下

---

① 吴真:《大山里的鬼神世界》,载《中国民间文化》第2辑,学林出版社,1991年,第62页。

传。而师人自己亡故时要佩戴另一备好的木质老君印入殓。另据蓝东昇讲述，师人平时为别人家做功德，也要带上老君印，用以盖在死者的度牒上断斩邪妖。

3. 学师的仪式训戒与道教的宗教伦理

"坐龙坛"一仪中的"拜见神仙师爷"一节多以学师训戒为内容。例如，"……结义便为亲本师，传法不得负师恩，生生世世为师主，心心伏祀老君衙"，与道教"十戒"之首戒"不得违戾父母师长，返逆不孝"意义相同；"莫与香炉里无烟，莫与水碗生青苔，水碗生苔法箓秽，炉里无烟兵不全"，则与"十戒"中的第五戒"不得毁谤道法"相似。戒律是道教之徒必守的行为愿念准则，违背了要获罪受谴，道教的"功""过"伦理于此体现。学师训戒中也有"弟子若言负老君，一行师兵马者，上界玉皇无须弥，口含黄土八黄泉"和"负口违心天下去，万年为地草为生，违却上仙终不吉，十卷书符九不明"的警示，而且"受得老君三界敕，便是闾山门下师；下受老君三界敕，便是闾山门下打草奴"。即有过必有惩，以至寿命减短，苦难重重；而有功必有奖，"因人所感之善恶而天随应之以祸福"，学师训戒也多以不违逆老君，不背负师长为律条，但内容则是"功过有格""善有善报，恶有恶报"和"遏恶扬善"的宗教道德及"忠孝节义"的世俗化宗教伦常。

道教在以上诸方面对畲族学师习俗所发生的影响，使学师仪式呈现出浓重的道教色彩。学师仪式之所以吸收如此之多的道教因素，首先是因为道教文化在历史上对畲族社会所产生的巨大影响。从文化地理上看，道教的发祥地与畲族先民繁衍生息、迁徙居定的地方相近。南朝道教学者陶弘景开创的茅山宗推三茅为祖师，而又名句曲山的茅山就在江苏西南部；道教著名的三山（龙虎山、皂阁山和茅山）符箓均在江苏、江西一带。据史学家考证，畲族先民的活动范围即是在以徐州为中心的江苏、江西一带。学师仪式中所请之神就有茅山法主三茅君；畲族民间关于祖先盘瓠及射猎师公到茅山、闾山学法的传说、歌谣等正是畲族历史上接受道教影响的印痕。从文化环境来看，畲民定居的浙南、浙西一带山区均为汉畲杂居区汉族民间道教的盛行不可能不对畲族文化产生影响。其次，道教仪式、法术本来就源出于民间巫教巫仪，在信仰的思想基础上与畲族信鬼尚巫的原始信仰相切入，加之道教神系中又广收了民间普遍信仰的俗神，故易为畲民接受和沿用。此外，道教教义中所倡导的"孝谨纯一""忠于君""孝于亲""正心诚意""扶持纲常""敦人伦"等世俗化的宗教伦理与畲民祖先信仰中的崇祖敬祖、孝祀

诚祭的观念相吻合，这样，畲族民间祖先崇拜与道教的诸神崇拜的双重融合，所造成的神、祖一体，并祀不悖，加强了道教因素在学师活动中的凝固和成型。始祖茅山学法的传说也就成了畲族师人利用道教方术、仪轨来加强学师仪式的神秘性和神圣性的有效助剂，而一再被渲染。

道教文化对畲族学师习俗的渗透，一方面对学师仪式的程式化发展产生过助力，另一方面也改变了学师诸仪的原貌，从而加速了学师的成年礼功能意义的解体，直接导引了受礼者成年权利与义务趋向的宗教化的势态。即学师子弟经过这种道教化的"奏名传法"学法成师，其身份的确定和社会角色的转换更具有了宗教性的限制，个体成年的社会化过程被置换成单一的宗教化过程。

三、结语：畲族成年礼功能的演变

随着历史的发展，社会的进步以及文化的变迁，作为畲族古老习俗传承的学师仪式活动，其成年礼的功能意义已经发生了演变。仅从文化背景来考察，畲族民间信仰中的祖先崇拜之滥觞，道教文化之渗透，都加速了学师仪式的成年礼功能的湮没、转化和变异，其主要表现在以下三个方面：

其一，成年礼功能的消退。我们知道，成年礼的功能和目的是要求受礼者经受艰难困苦的考验和磨砺而最终成为氏族—部落组织中的真正社会成员，这是古老部落社会的需要。随着畲族社会的历史进化，学师仪式的这种功能目的已经消解和退化，古代成年礼中的种种考验已渐渐消失，在仪式活动中仅仅作为象征意义而遗留下来。

其二，成年礼功能的转化。学师仪式活动在其传承过程中，与在畲民宗教精神生活中长期居主导地位的祖先崇拜一直有着密切的关联。其仪式的深层结构中本身就潜存着畲民古老的"入社式"的遗形；在繁复的仪式程序和仪式环节中，不断强调着畲民的始祖信仰和始祖崇拜的意识与观念，并把祭祖敬祖的宗教行为纳入了仪式的基本步骤之中；在特定的仪式场合，以直观（祖杖和祖先神位）和图解（祖图）的方式，凸显畲民的祖先信仰，使整个仪式活动始终充满了强烈的祖先崇拜氛围。因而，学师仪式的功能在其成年礼基本意义逐步消解的过程中，导向于强化祖先崇拜，延传信仰风俗的转化。

其三，成年礼普遍性社会意义的丧失。成年礼普遍的社会意义主要体现于受礼者通过成年仪式而获得各种社会资格，从而完成个体社会化的过程。而畲族现

存的学师仪式却已经丧失了这种普遍性的社会意义，表现为，受礼者子弟通过仪式获得的主要是宗教资格，即其由此得到的主祭、参祭和享祭的权利与义务。而其他的社会资格，如经济的、法律的、婚姻的，都不是通过这个仪式得以实现的，也没有因此得到强化，从而导致了受礼者社会角色转换中的宗教化倾斜。这与道教文化的影响和渗透有关。

调查时间：1990年3月、1991年3月
调查对象：蓝炳贤　76岁　浙江省丽水市山根村村民
　　　　　蓝东昇　44岁　同上
　　　　　钟文华　64岁　同上
　　　　　蓝雪英　57岁　同上
　　　　　蓝周根　61岁　浙江省丽水县政协干部

摘要

畲族の学師儀礼

巴莫曲布嫫

　　浙江麗水山根村畲族「学師」についての調査に基づき、本稿は儀式描写と分析の2方面から畲族の学師儀礼の意義と変化を検討し、成人式機能の歴史的退化を研究するのに参考となる文化背景を提供する。

　　儀式描写は五つの部分に分けて記述した。1. 学師の概況と背景　2. 儀式の伝説を口伝、図伝、文伝に分類した。学師習俗の起源は畲族の祖先信仰と関連があり、儀式は「祖礼」の性質がある。3. 学師の年齢と非開放式から伝承特徴と慣習を説明した。4. 儀式の司会者「十二六曹」の分担と服装、道具についてのべた。5. 儀式のプロセスを整理し、中心部分を指摘し、学師は歴史的には系統的になっていた。

　　儀式分析は以下の通りである。1. 儀式の本質は成人式。儀式は畲族の古い「トーテム入社式」の原始内核を含み、古代成人式の試練、擬死再生などの要素をも含む。学師を通して、学師者が社会認可、神祖認可、成人集団認可を受け社会的身分転換を実現する。服装の変化、主祭と参祭と受祭資格の獲得と宗教的身分の確認は身分転換の外的表現である。2. 儀式の先祖崇拝の主題。学師習俗中の先祖崇拝の表現を述べ、学師と先祖祭りとの関連を分析し、学師は先祖祭りとは区別があると指摘した。3. 儀式中の道教の成分。儀式のプロセスと書籍を分析し、道教の観念、方法、法術の色彩を探った。道教要素を受容して儀式の神秘性を高め、客観的には、学師の成人式の意味の変化を促進した。

　　結び：学師は歴史の発展と文化の変遷により、本来の成人式の機能が退化した。畲族民間信仰の中の先祖崇拝の現れ、道教要素の浸透、儀式の原始機能の変化を促進した。その表現は、儀式を受ける範囲が小さくなり、成人式の普遍的な意味が消え、成人式の機能と特徴が転化し、成年資格と義名の宗教への傾斜、個人的成人の社会化過程が消えたなどである。

畬族の命名法、成人儀礼、他界観

曽　士　才

はじめに

　畬族は主として、福建、浙江、江西、広東などの東南中国の山地丘陵に居住する少数民族である。現在では人口の99パーセント以上が漢族の客家方言（一部分は潮州方言）を話すほど、漢文化の影響を強く受けてきた〔施 1988：21〕。しかし、本来はミャオ族、ヤオ族と近縁関係にあり、言語学上もミャオ・ヤオ族語群に属している。なかでもヤオ族とは民族集団としてのあり方において、多くの共通点を見いだせる。つまり、両民族とも西南中国のような辺境社会ではなく、漢族の多い東南中国において、平地の漢族と共生関係にあり、積極的に漢文化を導入する一方、漢族に同化することなく、自民族のアイデンティティを維持する機構はちゃんと持っているのである。

　具体的には、①漢字で書かれた槃瓠伝説をともなう系譜文書（特許状）——畬族の「開山公據」、ヤオ族の「評皇券牒」——を持っている。日本の木地屋が木地屋文書を持って山々を渡り歩いたように、彼らは漢族支配者から得たお墨付を奉じて山を渡り歩くことによって、移動と拡散を続けながらも民族としての一貫した生き方と文化を保ち続けてくることができた。②漢族の輩行、排行概念を導入しながら、民族独自の精緻な命名法を編み出した。この命名システムに基づいて編まれた族譜や家譜によって、どんなに遠く離れていても、一族の者どうしはお互いに認識しあうことができる。

　以上二点における両民族の酷似は両者の深遠なる関係を十分に想起させることができる。この点については、すでに先学の指摘するところであるが、なかでもヤオ族全体の歴史的、地理的な幅広い展望をもって深い洞察を試みられた

竹村卓二氏は具体的に資料を提示して、両者の類似性を指摘している〔竹村 1981：209－212、255－257〕。

　筆者の本報告は竹村氏の上記研究を踏まえつつ、ヤオ族に比べて従来あまり詳らかにされてこなかった畬族の種族境界維持機構——姓と命名法、槃瓠を始祖と仰ぐ集団への加入儀礼、およびこれと密接に関わる世界観について記述、考察するものである。なお、特に出典をことわらないかぎり、記述内容は浙江省麗水市龍江郷山根村の住人藍余彩氏（1911年生）と藍炳賢氏（1916年生）からの聞き書きと村内での実地調査から得た資料に基づいている。

1. 姓と命名法

盤姓の欠如

　浙江畬族において見られる姓は藍、雷、鍾の三種類である。伝承では高辛氏の皇后の耳から生まれた槃瓠と高辛氏の三番目の王女との間に三男一女が生まれ、長男が盤姓、次男が藍姓、三男が雷姓を名のり、娘は鍾姓と結婚したことになっている。ところが、実際には盤姓の者はいない。なぜ盤姓がないのか麗水では確認できなかったが、福建省霞浦の『雷氏家譜』には、唐の光啓2年に盤、藍、雷、鍾、李姓の合計360人余りが閩王王審知の水先案内として福建へ同道したが、盤氏の船のみ風に流され、行方知れずとなり、そのため今日盤姓を欠くことになった旨が記されている〔《中国少数民族社会歴史調査資料叢刊》福建省編輯組 1986：191〕。浙江畬族は福建からさらに北上してきた伝承を持っており、現実に盤姓がないこととこの伝承とが符合している。

　ちなみに広東省増城には盤姓の畬族が数十人いるというが〔施 1983：9〕、彼ら自身は自らを「瑶人」と呼び、畬族だとは思っていない〔《中国少数民族社会歴史調査資料叢刊》福建省編輯組 1986：36、50〕。畬族に盤姓があるとやはり言いにくい。この点、同じ槃瓠伝説を持ち、近縁関係にあるヤオ族には盤姓が広く分布していることと考え合わせると、畬族において自らのアイデンティティを律する伝説に由来する盤姓が欠如していることは、極めて特異であるといわざるをえない。

六公公と五公公

　ヤオ族は、同一出自集団における系譜概念を構成するうえで重要な要素とな

る世代名(漢族の輩字にあたる)について、「四代播回耕」(四世代ごとに循環する輩行制)というシステムを採用しているが、畬族は輩行詩に基づき族譜や家譜を作っており、ヤオ族よりむしろ漢族に近い。しかし、畬族では排字(漢族でいうところの輩字)とともに世代を大きく区別する項数を用いて世代を識別している点で漢族のものと異なっている(表2参照)。この項数は死後家譜に登録される諱名を構成する一要素として重要な意味を持つが(後述)、出自集団によってこの項数が6文字か5文字(念の字がない)かに分かれている。管見では従来の文献はいずれも、藍姓の項数が6文字で、雷、鍾姓の項数が5文字としているが、少なくとも調査地においては藍姓にも二つのタイプがあることが分かった。姓から見た行政山根村の概況は表1のようになるが、一番人口の多い藍姓を見ると、全部で五つの出自集団に分かれている。山根の六公公、沙旺と五宅塘の六公公、山根の五公公、五畝頭と犁頭尖の五公公、尖圩の五公公の五つである。

表1　姓から見た行政山根村（1991年現在）

村名	戸数	人口	姓	藍姓の内訳
山　根	35	148	藍33戸　鍾2戸	六公公24字24戸　五公公？字9戸
沙　旺	26	107	藍26戸	六公公36字26戸
五畝頭①	23	87	藍23戸	六公公36字5戸　五公公30字18戸
尖　圩②	12	12	藍5戸　雷7戸	五公公？字2戸　五公公30字3戸

①はさらに五畝頭と五宅塘、②は尖圩と犁頭尖という集落に分かれる。

ヤオ族には姓の下に亜姓が存在している。たとえば李姓には李魚、李喜、李青などの亜姓があり、これらの亜姓が現実の族外婚単位になっている。畬族にはこのような亜姓はないが、相手が同姓同宗の者かどうか識別するとき、フォーク・レベルではしばしば「六公公」か「五公公」かということを基準にしている。六公公とは上述の項数が6文字の場合をいい、五公公とは項数が5文字の場合をいう。

たしかに六公公と五公公の識別法は、自然集落山根の範囲においては異なる一族である二つの藍姓を区別するのに有効である。しかし、実際には、たとえ同じ六公公といっても、山根の六公公は24文字の排字であり、沙旺の六公公は36文字の排字を使っており、明らかに別の一族であり、有効な識別基準にはな

らないように思える。この点を話者にただしてみた。答えは、山根の六公公に属する人（話者もここに所属する）は沙旺の六公公の排字が何かは知らないし、自分の一族の排字だって、ごく一部の長老でないかぎり知らないで過ごしているのが普通である。しかし、近隣や近村の範囲では誰が自分と同じ一族の者で、誰がそうでないかの識別はできているということであった。

表2　藍姓山根家譜に用いられる排行首字

(排字)				(項数)
4	3	2	1	0
富	賢	明	維	念
貴	徳	日	宗	大
永	栄	福	朝	小
慶	華	壽	春	百
祺	茂	聯	天	千
祥	遠	昌	期	萬

これは自然集落山根村の六公公の藍姓が用いているものである。

五公公、六公公による識別法の機能としてはむしろ次の二つが挙げられる。①見知らぬ人と会った時、相手が同姓であっても、この項数を持っているかどうかによって相手が畬族か漢族か識別できる。現に見知らぬ人を迎える時に歌う唄にこの項数を尋ねる言葉が織り込まれている〔施1988：93－94〕。②同一出自集団内部の現在生きている成員間における世代尊卑の序列を相互に確認するのに有効である。たとえば同じ藍姓六公公（排字が24文字）に属する藍余彩と藍炳賢はお互いに「項数が同じ萬である」「同じ萬輩である」といって兄弟意識を持っている。五世代ないしは六世代で循環しており、ヤオ族の四世代播回耕と同様に、現在生きている成員間の世代尊卑の認識法としては実に有効にして簡便な方法といえる。

ただ、依然として六公公と五公公の違いが何かという疑問が残る。ただし、成人儀礼において、あるいは春節において始祖を祭る時、六公公の家では香炉を6個、五公公の家では5個をならべており、これは六公公の家では6体の先祖神を祭り、五公公の家では5体の先祖神を祭っているのだという〔雷1989〕。これらの神々の名前について話者は一部分しか覚えていなかったが、巴莫・曲

布嫫氏の報告に詳しいのでここでは割愛する。

個人名の種類

畬族の男子には①乳名、②世名、③諱名、④法名の四つがある。

①は幼名のことであるが、大人になっても呼び名として日常的に用いており、漢族でいうところの乳名と字〔アザ〕とを兼ねている。「姓＋□□」という構造である（□は漢字一字を表わす）。

②は成人名の一つである世代名のことであり、漢族と同じように輩行詩に基づいて輩字（畬族はこれを排字という）を用いている（輩字の例として表2参照。表中の第1列から第4列までの24文字）。漢族の諱〔イミナ〕と同じく、主に族譜、家譜や墓碑にのみ使用され、自分の世名を知らないままでいる人が圧倒的に多い。「姓＋輩字＋□」という構造をとる。

③も族譜、家譜に記載される点では漢族の諱〔イミナ〕と通じるところがあるが、世代の区別をする項数と排行システムを組み合わせた点で漢族には見られない命名法といえる（詳細は後述）。

④は成人儀礼「做樹頭」を受けた者だけが用いる資格を持つ。「姓＋法＋□」という構造を持つ。死後の世界において用いる一種の霊名であり、しかも「法」という称号を用いる点で、ヤオ族の「勲功祭宴」の第一階段である「掛三台燈」を通過した人に適用される霊名と似ている〔白鳥1975：322〕。

一方、畬族の女子には乳名と諱名の二つしかない。ヤオ族のように夫の霊位の変化に対応して妻の名前も変わるようなことはない。

諱名における輩行と排行

諱名は男女ともつける。しかし、成人儀礼に参加した男子だけは儀礼のなかで自分の諱名を教えてもらえるが、その他の人は生前自分の諱名を知らず、最終的には族譜や家譜に記載されるときになって命名され、遺族の者に知らされる。

命名は、死者たちの世代の上下や出生の前後に基づいて、族長や房長及び長老たちが行う。たとえば山根の藍姓（六公公）においては、世代の区別は念、大、小、百、千、萬の順に、その循環によって行っている（表2参照）。次に、同世代の排行システムが加味され、もし萬の世代に属する男が100人なら、その人たちの諱名は萬一郎から萬一百郎となり、女が100人なら、萬一娘から萬

一百娘となる。そして次の世代の諱名は念××郎、念××娘となる。

ただし、麗水では「男不排一、女不排二」という言い方があり、一郎と二娘は使わない。これは16歳未満で夭折した男女のために空けておくのだという。

法名

法名とは成人儀礼「做樹頭」に参加することによって得られる名前である。したがって男子のみが持っている。名前の第一字目が法となるのが特徴である。乳名がYCなら、法名は法Yまたは法Cとなる。たとえば藍余彩（乳名）の法名は藍法余であり、彼の養父藍進玉の法名は藍法玉である。

2. 做樹頭

これは青年の成人儀礼と、個人の社会的威信を増進する勲功祭宴とを兼ねた通過儀礼である。「樹頭」というのは儀礼において始祖槃瓠の像が頭についている杖のことである。法を授けることを「伝師」（授けるものは多くが父親）、法を学ぶことを「学師」（法を学ぶ本人のこともいう）ということから、この儀礼は別名「伝師学師」ともいう。

做樹頭に参加し、法名を得た人を「紅身」といい、参加しなかった人を「白身」という。紅身になると、做樹頭の儀礼を司ったり、毎年行われる始祖祭祀に参加できる。さらに紅身は死後「赤老鼠」と呼ばれ、紅袍（紅衫ともいう。赤い長上着）を着せてもらい、追善供養である「做功徳」において白身よりも丁重な供養を受ける。死後に通過する世界も白身と異なっている。このように、法名を持つ人と持たない人とでは、その社会的地位に大きな違いが見られる。

また、自分自身が紅身であり、その子に法を授けた人の法名はそのままであるが、烏袍を着ることができる。烏袍（烏藍ともいう。濃紺の長上着）はデザイン的には紅袍と同じく大襟で、膝下まで届くほど長く、ライトブルーの縁取りが施されている。違いは胸に太極図が縁取られている点である。

紅身になる簡便法

決りでは父親が成人儀礼「做樹頭」に参加していなければ、その子も参加できないことになっている。このように法の伝授が途絶えると、その子は「断頭師」と呼ばれる。ところがこれには抜け道があり、直接太上老君から法を学ぶ

という方法がある。吉日を選んで、第一日目は父親が太上老君から法を学び、翌日と翌々日に父親がその子に法を伝えるのである。こうすることにより、子は紅身となれる。藍炳賢もこのような形の「做樹頭」において引壇師（司祭の一人）を努めたことがあるという。

日時

この儀礼は毎年1回行ない、3年続けるのが本来であったらしいが、山根の長老たちが知っている限りではすでに1年限りの2日2晩になっていたという。1日目を「神罡子弟」、2日目を「延朝子弟」というが、同じ内容を繰り返しており、2日目をもって正式の儀礼としている。

参加資格

男子が16歳になると、この成人儀礼に参加する資格ができるが、もし経済的に負担が大きすぎれば、儀礼を行なうのが16歳以上でもよい。合同で行なってもよい。下に弟がいる場合、弟が11～12歳であっても兄と一緒に受けることができる。父親が高齢の場合も、16歳前に行なえる。父親が死亡しているなら、祖父が授ける。

登場人物と主な役割

学　師：受礼者。法を学ぶ本人のこと。

本師公：先祖伝来の法を授ける役で、本人の父親がなることが多い。父親が死亡している時は祖父や父方オジ、母方オジがなる。オジの場合、以後オジのことを「ディア」（お父さん）と呼び、死後再び「バ・イェ」（おじさん）の呼称に戻る。全く血の繋がりのない人がなる場合、学師は本師公に水牛を贈らねばならない。これを「水牛牽過欄」というが、実例は見たことがないという。

学師、本師公以外に儀礼全般にわたって関係する12人の司祭を十二六曹あるいは法師とよぶ。具体的には以下の12人である。女子2人を除いて他の10人の男子は做樹頭の儀礼を通過した者である。

東道主：12人の指揮者

証壇師：東道主同様、儀礼内容に通じており、儀礼の節目ごとに太公（御先祖様）に報告し、太公の指示を仰ぐ。

保挙師：手印を組むなど、簡単な動作のみを他の法師について行なう。岳父

がなることが多い。
引壇師：「過九重山」、「過三十六戒」において学師の先導をする。保挙師の代わりも努める。
度法師：「上輩伝意」において、本師公が儀礼にあまり通じておらず、唱えることができないようなとき、代わって行なう。
監壇師：「過三十六戒」において目付け役となる。
浄壇師：儀礼開始前と「坐龍壇」の時に会場を清める。三つのお碗に入った水を葉のついた楊柳枝で浄水する。
専　職：人手がいる時に随時手伝う。いわば無任所大臣。経験がやや浅い人がなる。
皁　老：人手がいる時に随時手伝う。いわば無任所大臣。経験がやや浅い人がなる。
東皇公：東道主が頭なら、こちらは尾っぽ。経験豊かな人がなる。他の法師の唱えごとを復唱し、確認する。
西皇母：「奏子師弟」の時や学師が龍壇から立ち上がる際に唱えごとをする。岳母がなることが多い。
双　伴：西皇母のおつきの者。女子。

　証壇師、保挙師、引壇師、度法師の4人は特に四大六曹とよばれ、学師がかずかずの法を学ぶ過程で、龍角、令刀を持って動作をしたり、銅鑼、太鼓を持って打ち鳴らし、重要な役割を果たす。

式次第

　風水先生が本人と本師公の八字を見立て、儀礼の日取りを決める。お互いの八字があえば、3人、4人が一緒に法を学ぶこともできる。当日は必ず岳父、岳母、父方のオジ（又のオジでもよい）など近い親類を12人家に呼ぶ。それ以上関係が遠い親戚も招くが、儀礼を司るのはこの12人である。この12人を法師または十二六曹と呼ぶ。このうち、女性2名を除く他の10名の男子はかって成人儀礼を経たものでなければならない。岳父は保挙師、岳母は西王母の役になるが、もし岳父が儀礼に通じていなければ、岳父の父親か孫あるいは他の人に頼む。岳父の息子や弟は代わることができない。もし法を学ぶ本人が結婚していないときは、母の妹か父の妹が岳母の代わりを努める。

当日、中堂（祖先を祭る祖師榜を置いている部屋。漢族居住の堂屋に相当する）の壁に祖図を掛け、香炉6個（五公公の家なら5個。本来は銅製）、師杖（始祖槃瓠の像が頭についている杖。これらのしつらいは一族のうち前回成人儀礼を行なった家に保管してあったものを取り寄せておく。さらに鶏肉、豚肉、豚の頭、酒、蠟燭、草紙（紙銭）、線香を用意する。用意が整うと、招いた12人の見守るなかで儀礼が始まる。このとき学師（法を学ぶ者）は紅袍を着て、頭冠（紙製の冠。虎の背に乗った人物が描かれている）をかぶる。屋外にも供物を置いた机があり、学師は東道主（12人のうちの指揮者）に導かれて、天地を拝むために一緒に机の前でひざまずき、順に東、西それぞれの方向にむかって3回ずつ叩頭する。屋外から中堂に戻り、祖師榜に向かって叩頭し、続いて本師公（法を伝える人。通常は学師の父親）に叩頭する。

東道主は「某村の誰がしの家に生まれた息子はすでに大きくなり、今は赤い冠をかぶり、紅袍を身にまとい、すでに天地、先祖様を拝し、法名を付けるところです。この法名は世間を渡っていく上で役立つばかりでなく、妖怪をも滅ぼしてしまう力がある。法名は上の世代と重なってはいけないことになっておりますが、御先祖様いかがでしょうか」という内容のことを唱え、「校杯」（穴開き銅銭に紐を通し、紐の先端が二つに分かれて、両方とも小さな銅製の円盤につながっている）を落として占う。聖校つまり一陽一陰（二つの円盤のうち、一つがこちらに凸面を向け、一つが凹面を向ける）が出れば、御先祖様に承認されたことになり、法名を赤い布と白い紙に書く。赤い布は師杖にくくりつけ、白い紙（文牒という。「太上老君令」の字を刻んだ方印が押してある）は焼いて天に報告する。師杖は一族のうちで次に成人儀礼を行なう家が出てくるまで、その家で保管する。

奏子弟師。学師の通行証にあたる「度尾」をしたためる。内容は「黄河橋頭…（すでに亡くなった三代の大諱）…」「長生橋頭…（本師公の法名）…」「神罡子弟…（学師の法名）…」を記したもの。これはこの後に続く儀礼「過九重山」で使うが、例の12人が階位（役職）、名前、印鑑ないしは花押を記して、裏書きする。特に西皇母は裏書きしながら口でも以下のことを唱える。「王母頭戴好珍珠、邪魔鬼子尽消除。発起強軍斬野鬼、斬断世間野鬼魔。王母印子四方正、印給子弟去游行。救得良民個個好、老君衙下有名聲。」

過九重山。学師は足に鞋、手に雨傘、背に風呂敷（度尾と文房具が入っている）といういで立ちで過九重山の儀礼に臨む。この儀礼は屋外で行ない、九重の山に見立てた9本の孟宗竹の葉のついた杖を地面に立てて行なう。具体的には①置山②柏山③折山の三つのプロセスからなり、①では学師が引壇師に先導されて竹の枝を地面に挿していく。挿す位置と順序は一、二、三、…、九、一というように九つの数字の循環路線図に従っている（図1参照）。これは九星術における九星図に基づくものと思われる〔崔 1984：1655－1663〕。②では引壇師に先導された学師が一、二、三、…、九の順で歩む。これは祖師（初代の法師）の住む閻山に赴くために九重の山を越えることを象徴している。③では②に引き続いて九から一へと逆の順に戻り、一つ戻っては枝を一つ折る。

過三十六戒。過九重山の儀礼を終えると、学師は引壇師に導かれて再び中堂に入るが、戸口の前で過三十六戒の儀礼を受ける。地面は三十六戒を表わす銅銭36枚が埋めてあり、引壇師が一つずつの銅銭のそばに来ては、第一戒はなに、第二戒はなに、というように戒めの言葉を述べては拝する。学師は引壇師に従ってゆっくりした足取りで進み、銅銭を一枚一枚踏んでいく。これを三度繰り返す。この銅銭踏みの儀礼はヤオ族の掛三台燈のなかで行われる「走七星羅歩」を想起させるもので、興味深い。

中堂に入ると、予め設けられた龍壇（龍潭とも書く。背もたれのついた木の椅子に、割り竹で作った屋根をつけ、その上に白い布を掛けたもの。布の上に赤、黄、青色で彩色された一匹の龍が描かれている）に坐るが、東道主が「九重山も越えた、三十六戒も授かった、いま龍壇に坐ろうとしているが、お許しくださいますか」と言ってからはじめて坐ることができる。学師が立ち上がる時には、西皇母が支えながら

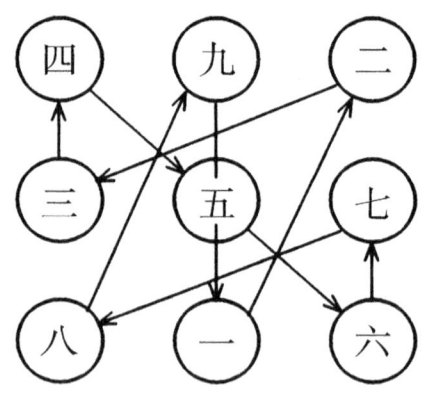

図1　九つの数による循環路線図

「千人扶起一人童」（皆の力で学師になるの意）と唱える。

上輩伝芸（伝師学師）。本師公が学師に二つのお碗（それぞれ豆、米が入っている）を手渡し、もう一つのお碗に入った水を本師公が竹のストローを使っ

て学師に口移しで渡す。同様にして、頭冠（天地を拝した時にかぶっていたものと同じだが、先にかぶったほうが副、今回のが正）、紅袍、龍角（水牛の角）、令刀、銅鑼、太鼓も渡していく。ただし、紅袍はすでに着用しているものを、太上老君が封じた衣服としてあらためて渡す。これらの法物は先祖伝来のものだと考えられており、親から子へと象徴的に代々伝授されていく。做樹頭においては、過九重山とならんで最も重要な所作であると考えられる。また、この儀礼はヤオ族における「ピュン・ファ」に対応していると思われる。

奏子弟表。二枚の子弟表をしたためる。一枚を本師表、もう一枚を延朝子弟表という。いずれも黄色い紙に赤い墨で書くが、前者は「なにがしという子弟を受け入れましたが…」、後者は「私なにがしはすでに法を学びましたが…」という内容である。二枚とも東道主が唱えてから、燃やす。

排衙招兵出門。中堂を衙門に見立て、12人の法師が定位置に立ち、東道主が唱え、天兵天将を招く。続いて12人が順々に手印を組みながら自分の職務内容を述べる。

潑花。実際には花を撒く代わりに線香をつけて、机に置いた香炉に立て、法師が机のそばに座っている学師の体に線香の煙をかけてやる。香花（実際には香煙）をかけることにより、無病息災、吉祥如意を祝福する。

3. 死後の世界

霊界は上界、中界、下界の三界に分かれており、それぞれの統轄神は昊天金窟玉皇大帝、水府紫微大帝、××鄷都大帝である。以下話者の概念がはっきりしている下界について報告したい。

下界のことを陰府ともいい、洞主殿、黄泉と大渡橋、城隍殿、十殿から成る。人が亡くなった直後に息子は死者に向かって「お金をあげますから、酒を買って飲んでください。もしおなかがすいたら御飯を買って食べ、喉が乾いたらお茶を買って飲んでください。くれぐれも蒙洞湯だけは飲まないように」と言う。もし、これを飲むと、これまでの記憶を失い、陰府において方向を見失ってしまうといわれている（俗に言う迷魂湯のことと思われる）。また、棺に入れる前に死者の体を拭くが、使う水は死者の息子が傘を広げずに持ち、河辺で銅銭3枚を投げ入れて汲む。これは河辺にいる水母娘から水を買っているの

であり、これを「買水」という。布で顔、胸、背中を拭き、秤で服の重さをはかり、「（父親の死の場合）お父さん、服をはかりましたよ、とてもたくさんありますよ」と死者に声をかけて服を着せる。着せる服は奇数枚である。

死者が最初に通過する洞主殿は胡公（大帝）という神がいる祠である。胡公はいわば土地神様のような存在で、この地に最も密着した神である。胡公は名を則、字を子正といい、北宋時代に実在した名臣であるが、彼の死後、故郷である浙江省金華地区永康の人々が彼の仁政を慕って祭るようになったといわれている。現在では金華、麗水、温州一帯で根強く信仰されており、現実に村々でこの神を祭っている。

たとえば山根の村では、村の入り口西側の小高い岡の上にある水口殿（本来は村の入り口にあった祠を1948年に現在の位置に移している）で胡公を祭っており、しかも水口殿が洞主殿だと考えられている。ちなみに本尊の胡公および陪神の土地神、五殻神いずれの御神体も石である。壁には龍の絵が描かれているが、これは龍脈を表わしており、村の風水を守っているという。

洞主殿を過ぎると、死者は大渡橋を渡る。これは黄泉という河にかかる橋である。もっとも、「人心好、橋上過。心不好、橋下過」（心根良ければ、橋の上を通り、心根悪ければ、橋の下を通る）と言いならわされており、全ての人が橋の上を通れるわけではない。

次にやってくるのが城隍殿である。白身である者はここで城隍神（日本風にいうと、さしずめあの世の県知事）の審査を受けてそのまま西天へ昇る。一方、紅身はさらに次の十殿を通ってから西天へ昇る。

十殿というのは地獄十王殿のことであり、話者が教えてくれた十王の名前も漢族のものと同じであった。しかし、漢族でいう十王殿とは死者が通らねばならない十の関所であり、前世で犯した罪業により、各殿管轄下の地獄で責めの苦しみを受けねばならないことになっている。罪の軽い者ほど通過する関所が少なくてすむ。願わくは、第一殿からすぐに昇天したいのが人情である。遺族の願いも同じである。しかし、畬族では少し様子が違っている。十殿が責め苦を受ける辛いところであることに変わりはないが、十殿を通過できるかどうかは成人儀礼を通過したかどうかによって決まる。

畬族では、人が亡くなると、翌日から二日間にわたって追善儀礼である「做

功徳」が行なわれるが、このなかで「破地獄」の儀礼がある。これは十殿を通過している死者を救うために行なわれるが、自身にはここを通過する資格すらないという。破地獄の儀礼を受けられるのは紅身に与えられた特権なのである。

このようにして死後この陰府を通過した死者は西天に昇ることができる。もっとも、上界は神々の世界であり、死者は中界にしか昇天できない。ただし、16歳以下の夭折者は昇天できない。遺族としては、埋葬後はお側でよく面倒を見てもらえるようにと御先祖に祈るが、做功徳の儀礼を行なわないので西天へは行けない。取り立てて葬式はせずに埋葬するので、城隍殿に留まるものと理解さている。特に10歳以下の子の場合、埋葬する時に両手を赤い紙で包んでやる。小さい子は手を動かすのが好きだから、城隍神によって黄泉の泥さらいに駆り出され易い。そこで遺族がその子の手を守ってやり、「手が痛いから、そんなことはしちゃいけないよ」と諭すのだという。

限られた資料から結論めいたことは言えないが、ヤオ族がイメージする死後の世界〔白鳥1978：275〕に比べると、遙かに深く漢文化の影響を受けているものと思われるが、細かく見ていくと、たとえば十殿に対する概念に見られるように、漢文化に対して、畲族独自の受容と変容が窺える。

参考文献（日本語読み、アルファベット順）

《中国少数民族社会歴史調査資料叢刊》福建省編輯組 1986『畲族社会歴史調査』福建人民出版社

陳　遵嬀 1984『中国天文史』第三冊、上海人民出版社

澤田瑞穂 1968『地獄変』法蔵館

　　　　 1976『鬼趣談議』国書刊行会

施　聯朱 1988『畲族』民族出版社

白鳥芳郎 1975『瑤人文書』講談社

　　　　 1978『東南アジア山地民族誌』講談社

竹村卓二 1981『ヤオ族の歴史と文化－華南・東南アジア山地民の社会人類学的研究』弘文堂

雷　陣鳴 1989「関于畲族学師問題的補正」『中南民族学院報（哲社）』5期

藍　章森 1987「畲族伝師習俗簡介」『麗水文史資料』第四輯

摘要

畲族的命名法、成年礼、冥界观

曾士才

　　本论文的目的是通过描写和分析姓的种类与命名法、做树头（在以盘瓠为始祖的集团中所举行的成年礼。它又是入社式）以及与此具有密切关系的冥界观，来探讨畲族以往如何巩固和加强其民族自我意识（ethnic identity）。众所周知，畲族居住在中国东南部山区，自古以来和汉族频繁接触。他们不但已经和居住在平地的汉族建立起了共生关系，而且早已积极引进和消化汉文化。其结果是，目前百分之九十九的畲族会操汉语客家方言（部分为潮州方言）的语言，从客观的属性来看，和汉族的区别极为不明显。尽管如此，他们并没有完全和汉族融合，相反地，仍保持着明确的民族界线（Ethnic Boundary）。笔者认为其原因有以下两点：

　　①保有一种记载着盘瓠传说的汉文文书；

　　②虽引进过来了汉族的辈分与排行观念，但创造了独具一格的命名法。

　　上面所说的汉文文书是一种封建皇帝赐给他们的券牒，他们靠着此特许状的保障，在山里过着漂泊生活，将独自的生活风格保持和发扬下来了。同时，尽管分散居住，同宗同族的成员凭借根据畲族独特的命名法而编纂的族谱、家谱，可以互认双方是自己人，进而结成不可动摇的连带关系。

　　关于上面所说的两点，畲族和瑶族之间有许多类似之处。由此可以推断，两者之间的历史渊源关系是十分密切的。但是，通过初步探讨，从社会、文化方面来看，畲族比瑶族更接近汉族。与此同时，我们从细节又可以看到畲族他们特有的习俗和观念。

浙江省丽水地区的丧葬习俗

何彬

一、概况

丽水地区位于浙江省西南山地。现行政管辖丽水市、青田县、缙云县、云和县、景宁县、龙泉县、庆元县、松阳县、遂昌县共八县一市。东南与温州市为邻，东北接壤台州地区，北与金华交界，西南毗邻福建省。（请见图1"丽水地区范围略图"。）

丽水地区春秋战国属越地，秦属闽中郡，汉属东瓯国土，后并入会稽郡。隋文帝开皇九年（589）置处州，又分松阳之东乡置括苍县，为处州治。唐大历十四年（769）改括苍县为丽水县。1986年4月丽水撤县设市。

丽水地区的地理特征为丛山广布，间以狭长的山间盆地，是浙江省的大山区。

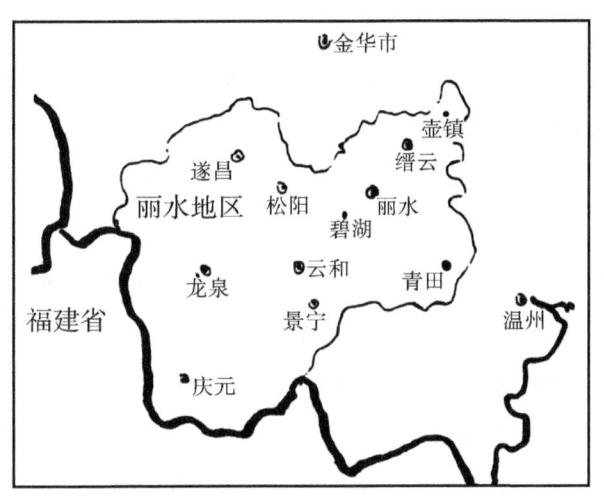

图1　丽水地区范围略图

群山阻隔，交通不便的自然条件使得这一地区与平原、沿海地区的交流较少，在一定程度上仍保留着古老的风俗习惯并盛信巫鬼。正如清光绪三年（1877）的《处州府志》卷24《风土志》载曰："山谷遐阻，商贾罕集，载籍流传，今昔无异情也。证以岁时习俗，尚各邑大率相同云。""俗惟佞鬼巫，相沿积习，牢不可破。符箓轮回之说，众口艳称，以为美谈。"

1990—1991年间，数次到丽水地区调查丧葬习俗。由于调查尚不够深入，故资料较零散。在此，仅就丽水地区中的丽水、缙云、龙泉几地的初步调查简单归纳、叙述如下。

二、丧俗

1. 缙云县

唐武德四年（621）建县。山地约占全县总面积80%，以产石闻名。20世纪60年代曾流行打石棺并销往其他县，现石条砌墓亦多见。

棺木一般生前做好，棺体黑色，两端涂红或棺体全红色。棺头、尾写字，男女不同。男性棺头"福"尾"禄"，女性棺头"寿"尾"禧"。

缙云县五云镇中心村丧俗，人一旦咽气立即在门口燃放鞭炮，烧"插袋"。插袋系纸糊成，内装冥布，袋面上写姓名、生卒年月日、郡别。烧插袋意为死者挎上插袋向阴间报到。

而后为死者穿"寿衣"，脚上换新布鞋外套草鞋，双手交叉于腹部用布条系牢。头上蒙手巾一块，身上盖一层红布衬一层白纱布缝成的"彩被"后，将其从床上移放到两只"四尺凳"支起的门板上。彩被上放一枝竹桠和一只裹沙的粽子。

死者前面置一凳、摆"长明灯"（食用油＋棉线灯芯）、"香碗"（碗内盛灰插香持续燃点）。前面一脸盆内不断地"烧银"。"银"过去是用锡箔折成元宝形或酒杯形，现在一般是纸上涂银灰色颜料或用黄表纸。

报丧后，亲友陆续来吊唁，送来香、纸、锡箔、烛或绸缎被面。来者都要喝一浅碗白糖茶水，送来的"丧礼"由专人负责登记。

请风水先生拣出丧的日子、时辰；请"四天王"（四个抬棺人）及死者儿子或娘舅陪风水先生定坟地，做记号记下棺木方向。出殡前一天，四天王挖好坟坑。

搭尸棚：尸棚用木、竹支撑旧竹席而成，人亡故在家里，出殡时临时搭；死于医院的尸不能进屋，要先搭好。

着丧服：出殡时近亲皆着丧服。丧服用白粗布制成，男式称"白布衫"，女式头戴"白披巾"身着"女褂"下系"白裙"。男女服皆反着穿，腰扎稻草搓的"反手绳"（一般搓草绳的反方向），并备一把旧伞。

买　水：孝子一手撑伞一手提篮，篮内装死者牌位，香碗、灯笼，一面大铜锣开道，近亲尾随。到近处的坑、塘或溪旁，烧香、放鞭炮，取几枚硬币丢到水

里，舀水回家为亡者擦尸。

落　材：又称"下材"，即死者入棺。四天王取下放在尸棚的棺盖抬入死者房间，死者近亲将死者放到棺盖上由四天王抬出。抬时孝子撑伞遮住死者头部直到尸棚下。近亲再抬其入棺。解去草鞋和系双手的布条，将双手平放身两侧，其子揭去头上所蒙手巾。死者女性长辈用黄表纸、死者生前穿过的较好的衣服、喜爱的小物件放入棺，塞紧棺内。四天王盖上棺盖，但不盖严。

祭材头：棺材头前方置放一小桌祭供蒸熟的猪头、鹅之类。点香。道士一人唱劝世歌。以亲疏、辈分大小为序，夫妻则成对跪拜。一司仪斟酒，祭者拜过后把酒洒在地下。

游　材：按祭材的先后顺序排成队，后面人用一只手牵住前一人的衣角或裙角，前导的长子拎香碗，由一长者分给每人一支燃烧的香，队列绕棺两圈半。

哭材头：游材后由四天王盖紧棺盖。此时女眷主要是儿媳、女儿要哭材头并一直扶在棺材旁到棺入土为止。

出　殡：四天王用粗绳捆住棺材抬起，孝子即把预先用红纸包好的钱（数额现在160元～300元之间）放在棺背，女儿也送红包"利市"，棺即出发。

出殡序列：

①分路纸　黄纸纵裁为二半，一路散发，带路之意。

②1～2面大铜锣　敲七下为一组。

③鞭炮　小鞭炮串成对系于竹竿，大鞭炮由二人燃放，过桥或路转弯时一定要放。

④牌位　长子一手执伞，一手提盛有灯笼、香碗、牌位的篮子。

⑤遗容　当地话称"照相"，即亡者遗像。围以黑纱，一般由长孙捧拿。

⑥棺

⑦乐队

⑧花圈

⑨被面　各色被面上缀有"奠"字及挽联。

⑩"送上山"亲戚、友人等送葬队列。

落　圹：墓坑预先由四天王挖好。出殡队伍到墓坑前，一般送殡人员可离去，被面上的挽联也可拆下。棺停在墓穴附近，等下土时辰到时，鼓乐齐奏、鞭炮燃响，四天王下棺盖土。孝子将撑开的伞插于坟后土中，花圈放坟四周，人可

四散回家。但孝子手提香碗篮必须原路返回。送葬回到大门口要在门外用黄表纸点燃熏熏身体再进门。

长命饭：出殡后的会餐。

分"古迹"：出殡后当日晚由娘舅主持分属于死者的大用具、银钱、金饰。

送火种：又称送火把。葬后当天、次日、第三天三夜为亡者送火。做法是天一黑把一把稻草一叠黄纸烧掉。第一天送到坟前，第二天送到半路，第三天在自家门外烧掉。

还　山：葬后第二天凌晨四五点钟，死者近亲到坟前烧化纸、"银"、燃香。之后，出嫁的女儿可回婆家。

除　灵：死后第二十一天称"三七"，要请近亲及四天王吃饭，到坟前除灵。作法：带上芝麻秆、麦秆、纸扎的"灵屋"、纸衣裤，甚至纸糊的彩色电视机、冰箱以及棉鞋之类在坟前烧化，如果未在坟前除灵，则要将除灵后的灰扫起倒在坟前。

至此，丧礼暂告一段落。之后，每年清明到坟前祭扫，缙云话为"祭青"。缙云壶镇一带新坟要连续三年提前十天去祭青。

此外，亡者生日、忌日、清明、七月半、冬至、除夕时要在家"做羹饭"祭死者。是日燃香，桌上摆酒、菜、饭，家人到大门口念念有词，接亡者及祖先回家。烧过冥纸，洒些酒在地上即"送客"。

2. 丽水

至1986年改县为市止，一直为县。地势四周高山环抱，中部丘陵山地。山地丘陵约占全市面积80％。

丽水习俗长寿老者棺木红色，40岁以下亡故属短命，棺用全黑色。人亡故后丧事程序大致如下：（与缙云相同处略）

送　终：亡者子女在其临终时都守在旁边。

买　水：略

穿　衣：略

上灵床：略

开　丧：请一个和尚、几位道士为死者念经"饯行"。亡者为男念"破地狱"，为女念"破血湖"，一般"开"三天三夜。

落　材：略

小　殓：棺盖留缝，因有亲戚尚未赶到。

大　殓：棺盖封死亲属每人手执一根香绕棺顺三圈，倒三圈。

祭材头：略

着丧服：孝子除白衣外，头戴"三联冠"（又称三良冠，稻草一束环扎，上缀三条棉球串，孙子"单联冠"，只缀一条棉球串。女儿身着白衣，儿媳额绕白布条，下着白裙。

出殡行列：分路纸、大锣、鞭炮、香碗、牌位、棺（棺上用纸糊竹篾扎就的棺罩，现多改用被面）、乐队、花圈、被面、挽幛。

落棺：

（a）过去的"土坟"事先挖好坟穴。下棺时先"祭穴"：送葬队伍绕穴一圈后杀一只公鸡以血洒在坟周围围地，称"争地界"，人们相信地界争得大些，亡者住得舒服些。覆土时儿子先捧三捧土并说："爸爸（或妈妈）泰山倒了，把眼盖好。"覆好土后坟面用石块垒成三角形。

（b）若生前做好坟"圹"的（砖或石板砌成地面拱形坟洞）则棺入圹。出殡前一天用火盆盛炭"暖圹"，入棺时用毛竹对劈开垫棺下推棺入圹。关圹门时儿子要说："××，要封门了！"

葬棺后送葬全体人员在坟前脱掉孝衣孝帽。口袋上插一红纸回家，表示白事已经束。

送火种：略

扶　三：亡者入圹第三天，儿女拿酒菜上山到坟前祭。

七　七：亡者死后每七天到坟前祭一天，共七次，有人家祭到"三七"。

祭　坟：死后第100天到坟前祭，之后是每年上八日（正月初八）、清明到坟前祭。

飘　坟：清明上坟称"飘坟"。清明节前三后四共八天时间中任意一天，到坟前烧"纸码"供"清明馃"。坟的顶部及四周用小石头压纸表示该坟有后代。过去全是土坟，时间久远记不清远祖先的坟就不"飘"了，但太公（祖父）、父母的坟一定祭。有些人家常在飘坟时给附近的坟也烧纸码，请他们关照"新邻居"。

做干饭：又称"祭祖"。每年清明、七月半、冬至、年夜请祖先都回来吃饭。按灵牌数摆放碗筷、供饭菜后点香、到大门口"迎祖"，冲门外拜，请祖先回家来。请饭时斟三巡黄酒，饭后请其自己回到坟里去。

有些人家在亡者一周年忌日时请和尚道士念经"做佛事",数年后再较隆重地做道场,当地称"做功德"。

3. 龙泉县城北区

城北区由盛溪乡、上东乡、黄鹤乡三乡的40多座村庄组成,位于龙泉县城龙渊镇北面,所在地均为山地,境内的山平均海拔都高于千米。据各村族谱、家谱载,该区人口多为明清时从福建或丽水地区其他县迁居而来,一般已居住十几代甚至二十几代。其丧俗与缙云、丽水大致同,下面仅叙述不同之点:

"买水"时不打伞,但出丧时孝子撑油纸伞,葬后伞撑开插在坟头上,入殓时亡者双手用丝棉袋包起,为日后捡骨时方便;送火种内容略异于缙云丽水,是将一只旧火笼,一小挑柴草于第三天送到坟前,请亡者自己举火做饭;坟一般是从陡坡处横向打洞,毛竹垫棺,推棺入洞;清明上坟称"照清明",时间"前照一后照七",提前一天及后七天都可;请祖先亡者回家吃饭的"做更饭",酒杯碗筷6～8个代表祖先全体,酒斟一巡,20分钟左右后送他们回到永久的家——捡骨后的安葬之处,"转金之处"。

三、葬俗

丽水地区的丧礼至棺入土下葬并不算结束,它往往要持续数年待人们将亡者棺或骨重新处理后才算是真正结束。丽水地区对出殡后棺的处理有如下几种方法:

1. "土坟"→"转身"

第一种方法是将棺放入前一天挖就的浅土坑内,棺上直接覆土,并在地表堆土成丘。土丘正面用石块垒或石条砌,有些环土丘围一土垄或小石垄等。根据外观形状不同,名称亦有异。

缙云的土坟依坟面不同而名称不同,请见图2。其中Ⅳ土堆坟的土丘为前高后渐低的长三角形,其余Ⅰ～Ⅲ均为圆形丘。Ⅰ中的"黄道圩"用土或石块垒成,意在保护坟丘不受雨水泥土冲刷破坏。

丽水的土坟坟体呈长三角形为多。坟面多用草饼或石块垒成三角形,正中嵌一小石牌,有些无碑。请见图3。丽水县城西南的碧湖镇称掘土埋棺为"挖井"。"井"上堆土成小圆丘称"坟"。坟前树碑,请见图4。

龙泉县因地处高山地带,山高坡陡,很少掘土埋棺而多用从陡坡横向掏洞为坟的方法,见图6。

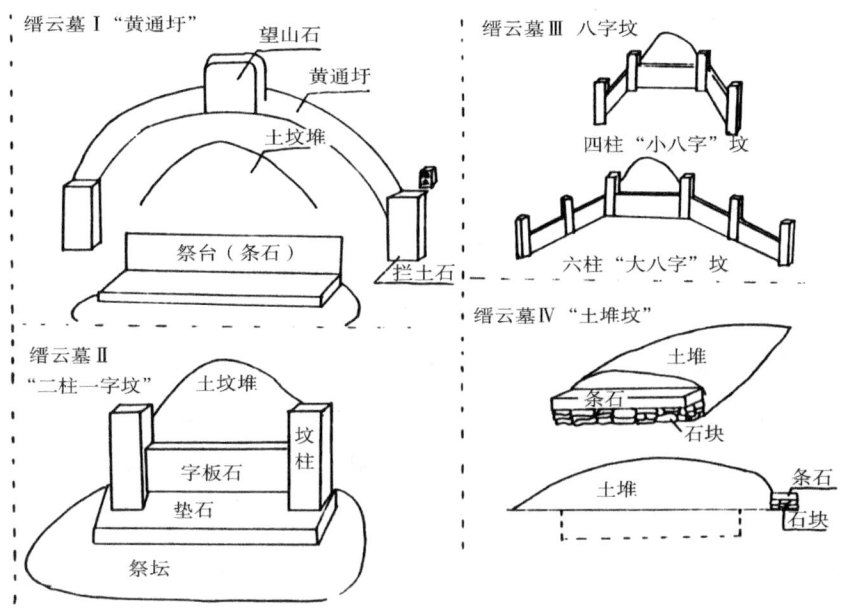

图 2　缙云县坟式

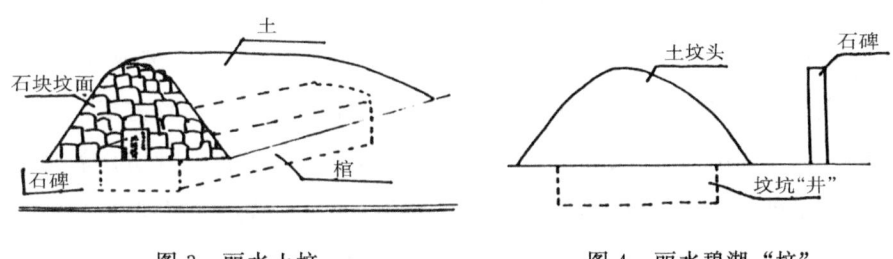

图 3　丽水土坟　　　　　　　图 4　丽水碧湖"坟"

图 5　丽水碧湖镇的"金罐"

图 6　龙泉县龙渊镇后山的土洞坟

土坟是丽水地区数十年前尚十分常见的形式，现在可见到的土坟多数年代久远，只有极少数新土坟。丽水县城对土坟的解释是由于不具备经济条件而掘土葬棺，现经济条件许可的都不再做土坟。先人已用土坟方法埋葬的，在一定原因条件下如经济状况好转、双亲均故欲将其合葬或家中"不平安"时，后代为先人移骨迁墓于新筑大坟。移骨迁墓丽水话谓"捡骨头"，但并不是凡葬入土坟者都捡骨头。盛放骨头的专用容器为陶质瓮，专称"金罐"，制陶器的地方过去、现在都生产"金罐"。捡骨是一种专门职业，一般捡骨时间是清明或冬至当日。捡骨时碧湖区新合乡堰头村要求在坟前撑伞，谓"人骨头不能见天"。捡好骨头的金罐选风水之地埋入土，修坟面或是砌地面穴"圹"放入金罐。

缙云、龙泉的棺凡用土坟（龙泉实为土洞）方法葬的，都是日后拾骨再葬所做的第一次处置。缙云县将捡骨称为"撮坟、转生、转身、捡骨头"等。一般土坟葬后三至五年后，重新依风水选地点挖掘或地面修筑墓，开启土坟、拾骨入瓮或石制长方形"石匣"，举行仪式后将石匣永久性地放入或埋入墓中。按当地人说法，"转身"是喜事，亡者"翻身"了，后代举行仪式时不再穿白，而是穿红着绿以示喜气。开棺时要用三角形架子支一竹匾挡住死者头部，由"骨师"以头→脚序取出骨用纸擦擦，在稻草束上熏过后放在红绸布衬白布缝成的"红布被"上包好。家人将包好的"骨合"抱回家祭拜后再送出去安放。已修好或挖好的坟前已准备好石制"骨槽"，按风水先生定下的时辰放骨合入骨槽。骨槽合盖时要摊一条红线伸出槽外，使亡者渡"金桥"回家吃羹饭。缙云"转身"冬至日为最佳日。

龙泉称第二次处置为"安坟、化坟、转金、捡骨头"。父母亡后3~5年或更长时间后要为其"转金"拾骨入瓮，不然会被指责为不孝。瓮为陶质，称金瓶、金罐、金钵，一般陶器店出售。转金多在清明或冬至日进行，亦可请风水先生另择吉日。过去几乎每村都有专职捡骨人，转金时专职捡骨人将棺从洞中取出，骨头用火烤干后放入垫有红布的金瓶内，瓶盖用水泥封住，其上蒙绸缎或毛巾，而后将金瓶依风水选定的地点打洞放入，洞口立石碑。

2. "土库"→"归椁"

第二种处置方法是直接将棺停放在山坡地面上稍加遮盖，棺四周或围或砌，顶用稻草或瓦覆盖，以遮风挡雨，数年之后再次处置，即"浮厝"的方法。

图7的照片是缙云县现代的"土库"一例。据老人们讲，土库又称"暂厝"，过去是用砖砌四周顶用木条挂瓦，形似一幢小房。而现在的土库用石条或水泥制

成。土库虽鲜见记载，却至少从清代就已存在。一般棺入土库3～5年后拆除土库或"拾骨头"或"归椁"即棺入砌好坟洞的大坟。入椁后的棺不再"转身"。"椁"是当地人对生前所建坟的称呼，壶镇一带亦称"阁"。主要特征在于用砖砌拱形坟洞或石板砌四方形洞，其大小可容一具棺，一般夫妇修在一起称为"双圹"。椁上或覆土或抹灰，现多用水泥。椁周围"黄道圩"围起，现多修一椅子圈而成"椅子坟"。按当地解释，人死后身上有凶气，不能直接入椁。夫妇一方已"归椁"的，另一方亡故时也要三年后才能"归椁"。

图7 缙云"土库"仙都乡笋川村塘虬

这种浮厝的方法丽水县城一带称"坟屋"，棺周用土垒墙，上部用木条挂瓦片而成。抗战时期死于此地的外省人多用"坟屋"厝棺，待日后尸骨还乡。解放后在距县城30多里的县北太平乡尚有因"风水"不宜入土而以坟屋厝棺的。但一般说1949年以后坟屋已很少见。

龙泉县山多坡陡，多打洞入棺而不浮厝。但50年代在县东面福源乡、县南部大赛乡（梅地村、官田村）都曾有浮厝。大赛乡的棺四周用竹篾编起围住，顶上用竹篾遮盖。

缙云的土库发展到80、90年代，已从"土库"而变为"砖＋水泥"库，或"石库"，材料改变之后人们一般不再进行"转身""捡骨"而渐变为一次性处置。

3. 入圹

第三种处置方法是将棺放入生前或出殡前已做好的坟洞中不再直接覆土。生前造的坟称为生坟、生基、圹、阁、椁等。

在丽水地区，经济条件较好的人家在父母60岁之后为其做墓。墓的基本形状为在地面上砖砌拱形长洞，每洞大小可容一棺。洞称为"圹、观音圹、阁"等。圹上覆土，圹周稍围圈或不围圈的，是这一带数十近百年来的老生坟样式；若再进一步土上抹灰或浇水泥、圹周用砖或石砌起、正面修较大坟面，则是近十数年来盛行样式——椅子坟，当地话称"交椅靠、高椅梢"。

人们认为坟墓是人死后的永久居住地，因此尽量在生前选风水地"做圹"。

近世尤以豪华为荣。为了占好风水，近年在经济有所好转后修造大型圹成风，满山遍坡布满了一座座堂皇的大墓。

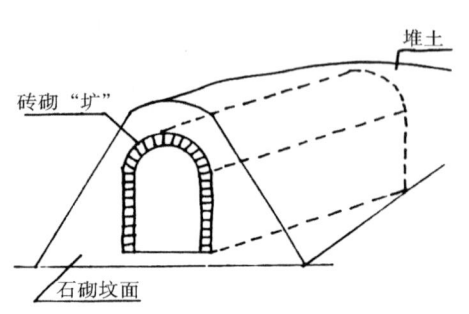

图8 圹的示意图

图9 丽水县城郊的"交椅靠"生坟

圹依外观形状可分为三角形坟面覆土圹（图8）和围有"椅圈"、正面为"八字"坟面并有"坟手"的"椅形"圹。夫妇合修在一起为"双圹"、只一孔为单圹、偶见三圹一墓。按年代分，三角形坟面的较古老，过去较多见；"交椅靠"数十年前已有，龙泉甚至有北宋年间的，但真正白晃晃一片出现在漫山遍坡则是近十几年来的事。

生圹区别于已葬入亡者圹的标志用圹口留孔、涂红字等方法。夫妇"双圹"一方亡故的，三年后移骨或移棺入一圹，其圹口封死字涂黑，另一孔圹则仍然留孔或保留红字。图10正中红砖留孔为生圹，右侧前后两座均为亡者圹，图中左有一三角形坟面圹。

近几年丽水地区渐渐出现一种倾向，棺不再浮厝或入土坟，而直接入圹、归榇，将棺放入生坟，放入后也不再"转生、化坟"。为入棺修造的圹空间可容一具棺略有余，为放"金罐"而修的圹深一般只有其一半左右。图

图10 丽水的圹 丽水市郊五里亭山

11是碧湖一座墓，左孔为生圹，用砖堵起但留有不规则口，右孔是准备捡骨安放金罐（亡者已葬在别处）用的，圹深仅1.25米，请见第12图。

图 11 丽水市碧湖区
大岭乡一墓

图 12 图 11 的近景

四、结语

从上面的简单记叙中可看出丽水地区几县的丧俗虽有异处，但小异而大同，可归为同一大文化系统。作为一方特色，与北方相比其丧俗中的买水、送火种及买水、移尸、出殡时以伞遮天的诸做法特色突出。纸扎灵屋、年节时做羹饭请亡者即祖先回家的做法表示了人们相信灵魂的存在；丽水县送葬时的以洒鸡血"争地界"让亡者"住"得更舒服；缙云送葬后孝子必须提香碗、灯笼、牌位按出丧原路回家，以使"亡者魂回家吃羹饭时不走错路"；丽水"飘坟"时给其他坟烧纸请他们"照顾新邻居"及各县的"送火种"到坟前的诸做法说明了人们的"灵体一致"观念及亡者魂与尸骨同在坟墓的观念。碧湖的"金罐"（图5）正面有图纹为"门"，是留与灵魂出入之用；缙云"转身"后的骨槽要从两侧伸出红线，请祖先之魂跨过这座"金桥"回家受祭"吃羹饭"，各地接祖先之魂吃羹饭后"送客"回坟、龙泉"做更饭"祭祖后请祖先回到其永久的家——"转金"之处等解释，表明即使对亡者遗尸进行再处置，人们仍笃信魂灵附在骨上，无论是尸是骨都是灵的可见依附物及有形崇拜物。

从葬俗看，这一地区明显大量存在复葬。无论是从土坟到"转身"，还是从土库浮厝再"归椁"都属于改葬，与长江以北汉族棺一旦埋入地下轻易不可触动相比，习俗颇异。北方墓多为土堆成且深挖为宜，此地却是墓建地表高大为佳，地下葬与地表葬亦为异处。捡骨入瓮"转身、转金"之类更为北方鲜见。

丽水地区虽处浙南山区，然而在丧葬习俗方面却与日本冲绳地区表现出耐人寻味的近似。

根据在冲绳读谷村调查所得到的初步资料看，两地的墓外观结构近似。但丽水椅子坟与冲绳龟甲墓相比，规模小，夫妇墓居多，至多三代同一墓。但同样是先造好空间（圹）再入棺或骨瓮。且骨瓮"金罐"与厨子瓮亦形似。在改葬这一点上，同样对尸进行第二次处置，只是名称和具体做法不尽相同。与冲绳的"洗骨"不同，丽水一带捡骨后只用纸擦、火烤、稻草熏，但究其内涵、清洁骨头后再移住他处之点是共通的。

丽水地区并不是孤立的地区，其习俗亦与浙江省内各地区相近，亦与毗邻省份福建更有文化关联，如温州及福建省的椅子坟与冲绳龟甲墓更相似，作为研究探索一个大文化系统的尝试，丽水只是解剖了一个小点而已。此课题的研究尚有待于从浙江省范围及与福建结合起来探讨，毋庸赘言，亦有必要在更详细深入研究的基础上展开与冲绳的比较研究。

要旨

浙江省麗水地区の葬墓制

何　彬

　浙江省麗水地方で調査して得た資料にもとづき、主に縉雲県、麗水県（市）、龍泉県の葬儀のプロセスと墓制から見た複葬をのべた。葬式に「買水」、「送火種」など特別使用される特徴があり、死後の祭祀「做羹飯」などから死後霊魂の存在がわかり、その霊魂がつねに遺体あるいは改葬された骨と同一の場所にあり、「霊肉一致」の霊魂観を持っていることが分かった。霊魂の居る場所として、墓に住んでいる、墓にいるという回答が圧倒的で、遺体か、改葬された骨が「魂」の依代だと思われる。また、調査資料により、この地方では改葬がよくおこなわれ、複葬の地域ではないかと思われる。

　沖縄読谷村での調査の資料と照らし合わせてみれば、麗水地方の「椅子墳」と「亀甲墓」の外観の相異、改葬に使う「金缶」と「厨子甕」、「撿骨」と「洗骨」の異同点を指摘でき、より広い範囲での調査と沖縄との比較研究を今後の課題にしたい。

民俗事象のなかの色彩表徴

小林　忠雄

はじめに

　これまで、日本の民俗学では色彩に関する事例に注視し、それを歴史的にあるいは科学的に分析し、なんらかの文化論として展開したものはほとんど皆無といってよい。

　柳田国男の『明治大正史・世相篇』において提示された「新色音論」はそのなかでも、きわめて民俗学的な対象について論じた唯一のものかもしれない。

　本論は日本における色彩の民俗論を背景に置きながら、中国の江南地方において調査した色彩に関する民俗事象の一部を報告すると同時に、日本の事例とどこがどのように類似し、違うのか、なぜ同じであり、違うのかといった理由についての問題を、今後研究を進めるにあたりその基礎データとして、ここでまとめておきたいと考えている。

　特に中国では、日本にも古代において影響を与えてきた陰陽五行の思想にもとづく色彩表徴が顕著であるが、実際にはそれぞれの個々の民俗事象において、その思想のみで解釈できない様々なヴァリエーションをもった事例が数多くあることは注意され、事例を列挙するだけでも今回は意義あることと考えられる。

　調査は初年度（平成元年度）は江蘇省常熟市の事例を含み、浙江省金華市及び麗水市は2年度（平成2年度）3年度（平成3年度）にも一部展開しているので、全体としては浙江省の事例が中心となっている。しかし、少ない日数ながら江蘇省の調査によって得られた資料については不完全ながらも、内容は重視されるので、ここでは一応記録しておいた。今後機会があれば、その不足分に

ついての再度調査を試みたいと考えている。

　なお、調査は主として人生儀礼と年中行事における色彩の民俗表徴の事例に焦点をあて、記述の中心となっているが、その他農耕儀礼あるいは実際の染色技術などにも触れ、さまざまな角度から民俗として登場する色彩について列記している。

　ちなみに、ここでは色名はすべて中国語の表記としたが、口頭による伝承の聞き書きのため、その都度日本の色彩表現に照らし合わせて確認はしたものの、現実にはその色調にある程度の幅がある。例えば「紅」は日本の赤色に相当するが、日本の赤色は中国では「紅」の語彙に該当するものであって、この色名は一般的に使用されてはいなく、従ってこのように明度においてもかなりの違いがあるにも拘わらず、他に色名が無いので、ほぼ伝承者の語るままに「紅」色として記述した。なお調査に際してはとりあえず、漢欣文化事業有限公司発行『配色事典』を使用した。

　とりあえずここでは調査地の順に従って、色彩に関する伝承例を地域ごとに分類しながら述べてみよう。

1. 江蘇省常熟市白茆郷の事例

(1) 年中行事

　・大晦日に祖先を祀る行事として、黄色の紙に「元宝」と書いて作ったお金を2〜30枚供え、後にこれを焼く。

　・正月・春節には家の入口に紅紙の上に「正」「春聯」或いは「除旧財迎所春」の字を書いて貼る。または常緑樹の葉と柏の葉を束ねて、入口の左右にとり付ける。そして寝室のベッドに紅紙に「括財」の字を書いて貼る。一方、稲積の中央に砂糖漆を差し込み（甘さは豊さの象徴）、臼の上には「春聯」の字を書いた紙を貼る。さらに牛小屋には「福」或いは「藁萬」の字を書いた紙を貼る。正月一日にはアンコの入った丸い餅を食べる。さらに長寿を願って白髪を象徴するウドンを食べる。また、「梅の花一つに提灯2個」と言い、春になると梅が咲き家々の提灯が倍に増えると言う。正月の夜に子供たちが歌う戯れ歌には「わが家のベッドには紅かけ布団があるが、余所の家にはミノかけ布団しかない」という意味の文句がある。

- 清明節は祖先を祀る行事。お墓を掃除し草をむしり、墓の周囲の土を固めた後、果物や線香を供え、黄色の紙でつくったお金「元宝」を焼く。
- 端午の節句（5月5日）にはチマキを作り、人々はよく食べる。これには一つの伝説と歌謡がある。昔、春秋戦国時代にこの地方の役人で、屈原という名の立派な人がいた。ある時梔（くちなし）の花が咲き、花の芯が黄色く色づいた頃、張儀という名の悪党が祖国をうらぎり、六つの国が連合して屈原に膨大な調をかけて圧力をかけた。屈原は抵抗したが果たせなかったので、河に飛び込み自殺してしまった。後に人々は彼を記念して端午の節句にはたくさんのチマキを作って河に投じ、魚になった屈原に食べさせるようになったと伝えている。
- チマキに砂糖をつけて食べ端午の日を過ごすが、ヨモギや菖蒲を部屋のなかで燃やして蛇とか虫を追い払う。またチマキを食べないと野辺送りには誰も来てくれないという。この日は子供の額に黄色で「王」の字を書くが、これは魔除けの意味で、同じような魔除けの習俗には子供の胸に大蒜（にんにく）を掛けるというものがある。
- 中秋節（陰暦8月15日）には木犀の花が咲いて、心地良い季節となり、この日年越しと同じく祖先の祀りを行う。ワンタン、団子、月餅などを作り、ヒシの実や蓮根などのご馳走を食べる。また祖先にはそのご馳走や線香、蠟燭を供える。ワンタンは金持ちになることを意味し、元宝の形につくり、蓮根は穴が開いているので、道が通りすべての事がうまくゆくことを意味している。また、中秋節には粥を食べるが、これは米の粉でつくった団子と芋を鍋で煮たもので、煮立った後に紅糖を入れるために紅色の粥となる。この夜は月見をする。昔は中秋節に里芋を食べる習慣があったが、今は砂糖を入れた甘い芋を食べる。砂糖は紅糖で芋を煮ると紅色になる。
- 重陽の節句は別に長寿節とも言い、敬老の日があって、特に長生きした99歳の老人を祝って重陽餅を食べる。これは糯米の粉を蒸してつくったもので、上に紅・緑・藍など多種多様な色紙で、上に「長寿」「幸福」「健康」といった字を書いた、小さな三角形の旗を立てて飾る。人々はこの餅を食べて近くの山に登る習慣がある。（「人々去登高寿比南山万丈高」）また、「九粒の糯米で一瓶のお酒を作り、十人の娘さんが飲みに来る」という歌がある。

・冬至節には団子を食べ、糯米でつくった新酒を飲む。団子と酒があれば暖かいが、無ければ我慢できないほど寒いという歌謡がある。冬至は千年の如くといい盛大に祝った。

・季節と色の象徴性として、ここでは次のよう認識されている。

　春－青－東－龍　夏－紅－南－朱雀　秋－白－西－虎　冬－黒－北－亀

　中央－黄（金色）－皇帝

・植物（花）の象徴性

　春－梅　夏－蓮華　秋－菊　冬－梅

(2)人生儀礼

・男女の結婚は、以前は父母の意志によって決められることが多かった。目当ての女性が見つかると、媒婆・牽紅綾（傳紅）と呼ばれる仲人をたてて、相手の家に話に行く。

・相手の娘の名前と生年月日を紅紙に書き、小さい箱に入れ男性側の両親に再確認する儀礼がある。両親が生年月日を見て判断し了解すれば婚約が成立するが、占師に観てもらうことが多い。

・結婚の日取りは「好日」を占師に相談して決めるが、占師は紅紙に月日を書き、それを仲人は娘の家に持っていく。娘の家が同意すれば「盤」を送り、結婚生活に必要な道具や家具などの準備をする。春節に集中して行われることが多い。

・結婚のとき娘への贈物は紅色の絹に包んで贈る。

・娘が婚家へ嫁ぐとき、化粧をするが、その後眼鏡をかけたり、紅布（絹）を顔にかけ、他人に顔を見せないようにする。新婦は幼い頃から嫁ぐ日まで産毛を刷ってはいけないとされ、そして産毛を剃るときは「巻面」と称してカミソリを使わず縒った糸で剃る。

・新婦の衣裳が整うと、駕籠に乗るが、そのとき蒸器の上に砂糖黍を2本載せ、介添え人の助けを借りながら、新婦はそれを足で踏む仕草をする。これはこれからの甘い生活を象徴的に表すという。そのとき家の外では爆竹が鳴らされ、新婦が駕籠に乗り込むとき娘とその母親はともに泣き、「お父さんお母さん」と泣き叫ぶ。そして母親は「むこうの家では家事をうまくやりなさいよ」と娘に言い含める。昔は運河（クリーク）を使って舟で迎えに行ったが、今日

では自動車（マイクロバス3台）を使用している。
- 婚家に到着すると、駕籠の御簾を開いて新婦が降りる時、新婦が家から持ってきた雌雄一対の鶏（鳳凰に譬える）とアンカ（脚炉）をともに下ろす。婚家にちかずくと4軒手前で駕籠や車から降り、歩いて来る場合がある。
- 婚家の入り口のニワの南東の角にはワラジを三脚状に3個立て、これに火を点けて燃やし、新郎新婦はこれをまたいで家に入り、これを「三灯火祥」という。これは中国では悪魔が新郎新婦に付いてこの家に入らぬよう火でもって退治するのだという。
- そしてこの習慣は「文革」まで行われていたが、その後中断し、1980年前後から再び始めるようになった。
- 家に入ると、新婦の兄弟の一人が新郎を抱えて新房に入り、新婦を迎える場合は新郎の姉妹の一人が抱えて入る習慣がある。これは女性の場合は自分で積極的に歩いてこの家に来たのではなくて、新郎の家がむしろ自分を抱えて来たことを意味し、新郎新婦をベッドに置くと、その後は自由にされた。
- 拝堂には既に人々が大勢集まっており、新婦は添娘とともにまず最初に天地を拝み、婚家の先祖を拝み、両親を拝み、そして新郎に挨拶をする。中堂には大きな机の上に金箔を貼った紅蠟燭が置いてある。拝堂の先祖に供えるご馳走は必ず偶数であり、葬式や先祖祭りのときは奇数を並べる。
- 次に拝堂から寝室まで、新郎は新婦の手を引いて歩くが、そのとき三つの米袋を順におくりながら行く手に置き、その上を絨毯代わりに踏んでいく。これは家を代々継承していくという意味である。この儀礼はすべて男の子が行うが、その資格があるのは両親や祖父母の家族がすべて揃っている家の男の子に限られるという。

```
         （後向きに進む）        男の子
  新婦——〇——新郎        （蠟燭を手に・・花）
  添娘  絹の花飾り            男の子4人
        紅緑牽布            （米袋を移動させる）
      （絹の紅緑の布を持つ）
```

紅・・新郎の象徴色、陽、力が強く太陽と同じ。
緑・・新婦の象徴色、陰、月と同じ。

〔紅緑牽布　六尺長　両辺一対　好駕鳶　中間打〕

・寝室（新房）に入ると二人は長椅子に腰掛け、新郎は新婦にご馳走を食べさせてやる。箸でおかずをつぎつぎに新婦の口へ運びながら、次のような歌を歌う。

「鶏の手羽を食べさせて夫婦がどんどん栄えるように。油揚げを食べさせて富が増えるように。海鼠を食べさせて、形は曲がっているが順調に進むように。豚の胃袋を食べて子宝に恵まれますように。」

以上の歌を歌った後、もう一度拝堂に戻り、二人は酒を注いで祖先にお供えする。

それから、添娘は新郎とともに新房に入り、そこで紅蠟燭に火をつけ、蠟燭が同じ速度で燃えるように目配りをしなければならない。不規則に燃えるのは不吉であると言われているからである。特に添娘には責任があった。

・結婚式のときには小豆を入れた餅（これは赤飯の意味）や黒砂糖をいれた餅が作られ、また客への土産には「喜蛋（紅卵）」「喜爪子（南瓜の種）」が用意される。

・結婚式の当日、壁に紅紙に子供を抱いている三仙（福禄寿）の絵を貼るが、これは福を招く意味と子供が早く生まれるように願ったものである。

また、その紙の左には「花好月圓」右に「百年合好」の字を書いた紅紙を貼る。

結婚式のとき、婿の衣裳は現在、西洋風の黒の式服を着るが、以前は紅色の衣類を着るのが習慣であった。

・結婚式の祝宴は第一席はまだ新郎が到着していない時に既に食べ始める。二席目は新郎新婦が揃ったところで始められ、新しく親戚関係を結んだ関係者が一堂に揃った宴で最も賑やかである。第三席目は新郎側の親戚のみで行う。

・結婚式の翌朝は、新婦は新郎を伴って新婦の両親を拝見する。これを「回門」という。新郎の家から二つの籠を土産として持参していくが、中にはピンク色の餅、長生果（紅の色づけした落花生）、枝豆、紅卵（これは必ず6～12の偶数個）、砂糖黍を入れる。新婦の家へ行く時は新婦が前を行き、帰りには新郎が前を行く習慣がある。

新婦の両親を訪ねた後、婚家に帰ると、新婦は最初の食事をつくるが、まず

新郎が竈の火をおこし、新婦が煮たり妙めたりする。新婦が前もって運んでおいた二つの茶碗のうち一つはそのまま、もう一つは茶碗の口と口を重ねてから、上に「吉祥」の字を書いた藍色の布で覆う。まず新郎新婦が食事を始めるが、さらに新郎の両親や兄弟姉妹が加わって一同で食事をとり、これを「閤家飯」と称し、一つの家族になったことを意味する。

・結婚してから新婦は隣家や親戚の家を訪問することは出来ない。これは一カ月間夫婦は二本の糸で結ばれているからであり、一カ月後最初に訪れる家は新婦の実家である。このとき二つの籠を用意するが、これは結婚式の翌日の挨拶まわりのときとほぼ同じであり、多少違うのは饅頭、アンマン、ニクマン、蜜柑（果実）、砂糖黍、糯米と黒砂糖でつくった菓子（梅の花を形どり、祝意を表している）などを加えている。実家へは新郎はその日のうちに帰るが、新婦は一、二泊して婚家に帰る。婚家には糯米の粉でつくり、小豆あんを入れ「満月団子」と称される団子を32個土産として持参し、隣近所に配る。

・婚姻関係でやりとりされる土産籠や諸道具にはすべて紅色の縒りをかけた綿糸を結ぶ。

・新郎新婦の新房のベッドの上には2枚の布団が置かれてあり、それは表が紅色と緑色の布団で、布団の仲には6個ずつの紅卵が入れてある。また、ベッドの片側には赤漆を塗った円い新しい便器が置かれ、その中には4個の紅卵が藍色の布にくるんで入れてある。これらの卵は子孫を象徴している。

・新房の入り口には紅布の簾（門簾）が掛けられている。また壁には「百年和好」「白頭偕老」と書いた2枚の紙が貼られている。

・新房のベッドは木製で、様々な彫刻飾りが施してある。例として、ヒマワリの花は子孫繁栄を意味し、太陽、末広がりの扇子、寿桃、麦などの文様がある。これらは小麦の豊作などを象徴している。ムラの大工が製作する。

・子供が誕生してから2カ月後に満月式の儀礼を行うが、この時に使われる食べ物や着物はすべて紅色である。このとき髪を少しだけ切る。紅卵を子供にあげる。

食べ物は四角に切った豚肉、鶏肉も紅色に煮る。麺は卵の黄身を使って塗る。またその日は海老を食べる習慣で、海老は紅色となるから一番良い色とされている。次の日子供の両親は嫁の実家を訪ね、実家の祖父母とともに満月飯

を食べる。満月飯とは大豆を入れたもので、大豆は子孫が生まれる時の良い星を象徴している。また紅茶豆も色が紅色なので祝いのときに食べる。さらに、両親は大中小6～7個の餅を重ねて持ってくるが、そのとき一番上の餅には紅色の花印を付けている。これも吉の意味である。ちなみにこの餅の中には大豆や砂糖が入っている。

・子供が満1歳になると襲名の儀式が行われるが、このとき親戚から紅卵が贈られる。また、紅紙に「寿比南山福如東海」の連句を書いたものを貼る。

・60歳になると子供や娘達はご馳走を作って祝う。このとき豚肉の角切りを紅色に煮て、それを60個つくる。実際には道士を招くので、その分を加えて65個～80個作ることが多い。またこのとき棺桶をつくる。さらに死者は長い衣服を着るのでそのため衣服を予めつくって置く。これを「寿衣」という。この日は長寿麺を食べる。

・この地方では9のつく年齢は、例えば29・39・49・59・69歳は人生の危ない歳といわれ、すなわち厄年として小さな祝いを行って、長寿麺を食べる習慣がある。

さらに糯米の粉で作った寿桃の菓子、寿蠟燭、寿老人の像を飾る。

・人が死ぬと白い紙に黒字で姓名を書く。葬式では死者の近親者はすべて白い衣服を着るが、黒い喪章を付ける。葬式には白い豆腐を必ず食べるので、葬式に出かける例えとして、「あなたは何処へ行くのか」と尋ねると「私はこれから豆腐を食べに行くところだ」と答える習慣があった。老人が長寿で亡くなったとき、家族は白い喪服に赤色の毛糸で花の形をした飾りを付ける。袖には黒い布をつける。紅は結婚を象徴し、白は葬式を象徴する。「紅白喜事」の言葉がある。葬式の前に各家から紅色の絹で作られた布団の表の布を持ってきて死者にかけるが、それには誰それから贈ると書いてある。葬式後これらを子孫に配る。また他の葬式のときに持参できるようにと、とって置く。

(3) 農耕儀礼

・米は3種類を生産している。すなわち (1) 粳米（うるち）(2) 糯米 (3) 鴨血糯米（ヤーシューミー、これはごく僅かだけ生産する）。糯米は全収穫高の約半分を占める。ちなみに、鴨血糯米はこの常熟地方だけに産し、清朝時代には皇帝へ献上する米として作られてきた。現在でも日常的に食べることはなく、

家に珍しい客が来たときとか、結婚式などの儀礼食として使われることが多い。各種の米の中で最も栄養価が高いといわれている。これを調理するときは、白米2に対して鴨血糯米1の割合で混ぜ、水につけるとすぐに紅色に染まる。

・5月15日頃から種を蒔き、苗をつくる。苗床の場所は決まっていない。個人でつくる場合や隣家と共同でつくる場合とでは異なるが、水利の良い場所が多い。

儀礼は昔はあったが、今はない。かって儀礼の場所は、田の畦ならどこでもよいが、米飯や料理、酒、線香、蠟燭をその一画に供えて土地を祀り、その後、苗を取り出して田に植える。(6月20日頃)雲南省でも同じ儀礼がある。

・「猛将老爺」という名の菩薩を招いて虫除けをする。これを祀る寺は白茆郷には二カ所あり、像を担いで迎えるものである。大天地菩薩は紅顔をしているが、もう一つの「白袍将軍」はすべて白い長い服を着た像である。像は各家の田をドラを鳴らしながら廻り、各田には三角形の紙で作った旗を田に刺していく。

・雨乞いの時にも行列の先頭には「紅旗」と「行牌」といって二つの板に「廻避」「粛静」の字を書いたものを掲げ、太鼓を叩き、ラッパを鳴らしながら行列して行く。

・稲のとりいれる前に祭りが行われれる。京劇のように様々な扮装をし、太鼓を叩きドラを鳴らしながら行列するが、行列の先頭は紅色の帽子を被った人が白い馬に乗り、これを「頭馬」といい、最後には「龍王」の像を担いだ人が行く。行列が各家々の玄関を通るとき、蠟燭、線香、菓子、果物などを供える。

(4) その他

この地方の衣類の染色は、マチで化学染料を買い求めて、各家で染めた。

2. 浙江省金華市の事例

(1) 人生儀礼

・お産の後胎盤は瓶の中にいれて蓋をし、子供が大きくなるまで自分のベッドの下に置いておく。

・男子が誕生すると夫は自分のお祖母さんに誕生を報告する。これを「報

生」という。

　このとき常緑樹の柏の木の葉を付け、錫製の茶瓶にお酒を入れ、注ぎ口に紅糸を結んだものを出して報告する。

　女子が生まれたときは、妻の母親に錫の茶瓶の把手に紅紐と柏の葉を付け、注ぎ口を相手に向けず、手前に向けて報告する。

　・子供に初めて母乳を飲ませる前に五つの味を食べさせるが、これは酢（すっぱい）・砂糖（甘い）・塩（しょっぱい）・黄蓮（苦い）・？（辛い）の五種類である。

　・子供が誕生して100日目の満月のとき、子供の体が弱ければ、母親は子供を連れて樟の樹の下に行き、拝む。

　・毎年子供の誕生日にはウドンを食べる。ウドンが長ければ長いほど縁起が良い。10年毎の誕生日は特別だが、40歳は四が死に通じるので誕生祝いはしない。また59歳はするが60歳はしないで、59歳のとき60歳の祝いを行う。

　ちなみに、10歳と20歳の誕生日にお祖母さんが子供にみやげを贈る。30・40歳のときは妻の母親から贈り物がある。50歳と60歳（実際は59歳）のときは娘婿が贈り物をする。昔は亡くなった人の誕生日は「陰寿」と称して、親戚の人々が集まって会食をする。

　・結婚を決めるとき、仲人は男性側の親を伴って娘の家に行くが、お茶のときに娘がその結婚話に同意するときは鶏の卵を2個茹でる。そして男がこの女性が良いとなればその2個の卵を食べる。もし同意でないときは1個だけを食べ、1個を残す。男の方がまったく満足しないときは2個とも食べない。さらに女性の方が男に対してまったく満足していないときは卵を落として割る。また、焼き卵をつくりそれを食べるか食べないかを見て判断する場合もある。

　・娘が嫁ぐとき（嫁迎え）は紅花駕籠に乗って男の家に行く。花駕籠には娘の兄か添嫁によって娘は乗せられるが、自分で歩いて行ったときは自分は積極的に歩いて行ったことを表す。また花駕籠に乗せるとき母親は泣きながら「娘よ娘、可愛い娘よ、紅花駕籠に乗ってむこうへ行ったら、早く孫を生んで実家に帰っておいで」と言う。

　・新郎の家に到着すると、新婦は駕籠からすぐに降りず、駕籠の下に麻袋が敷かれてから降りる。これは「代々伝」の意味である。

・祝宴のときは新婦の前に生煮えの大きな四角い塊の肉を置き、早く子供を生むことを象徴する。

・結婚式の夜は皆からひやかしのいびりがあり、激しいいびりは新婦の衣服を盗んで、それと飴とを交換する。さらに激しいいびりは二人の衣服を盗んでいって、母方の伯父まで持って行って返すものであり、また別のいびりとして二人のベッドの上で男の子がトンボを切り、ベッドの横に置いてあるオマルにその小さな男の子が小便をすると男子が授かるという。

・人が死ぬと、家族は息をひきとる直前に、死者の口に一粒の米を入れるが、これを「満口飯」という。また死者の口に硬貨を一個入れることもあり、これを「満口銭」と称した。死者は死んでから7日毎に7回で49日間供養されるが、これを「七七を泣く」という。

3. 浙江省金華県曹宅鎮の事例

(1) 農耕儀礼

・春分の頃から稲作の準備を始める。清明節から種蒔きをする。そのとき餅と豚肉を食べる習慣だが、これはその後苗が順調に育つようにという意味である。

　稲の芽がでると、親戚や友人を招いて豚肉を食べてから水田に行き、苗を植える。これは田植えのときと立夏まで半分ずつ2回に分けて植えるので、豚肉は2回食べることになる。

　数十年前には、種蒔き前に水田で線香に火をつけ、神を迎えてから種を蒔くことがあった。

・田植えは主として男の仕事で、少しは女性がする場合もあるが大半は男である。

　苗は一尺の幅で5株ずつ植え、昔は自分の勘で植えていたが、その後は紐を利用しながら直線になるように植えて行く。

・水利は現在はダムが出来ているので自由に水を田にあてることができるが、以前は山から流れてくる自然水を利用していたため、水争いがあった。その場合、曹宅鎮には祠堂がありそこで、ソウリによって裁判が行われ処理していた。

　ちなみに、ここでは東側と西側に2本の灌漑用水があり、10数人で管理している。

・旧暦8月15日は収穫が終わった祝いがあり、解放前まで三国時代に活躍した関公の人形をつくり、これを椅子に腰掛けた姿で輿に載せ、行列しながらいくつかのムラムラを廻るものである。人形にはこの関公以外のものもあり、その他の道具や灯籠などを持ち劇なども加わって、爆竹を鳴らしながら何百人もの人が参加し、たいそう賑やかであった。

・日照りが続き溜池の水が枯れたときには、雨乞いのために水龍を迎えに行く儀礼があった。それはここから20キロメートル離れた山へ、龍が変身した「柳九娘々」と称する女神の人形を担いで行くもので、山の奥の川で祈り、その際に川面を覆っている木の枝や紐、葉など水のついているものを龍頭（吉）として持ちかえる。これはムラ全体の儀礼で、道士や和尚などを伴って行くこともある。

雨が降ると、歴史劇などを演じて感謝し、龍頭をお返しする。

4. 浙江省麗水市敏河村の事例

(1) 農耕儀礼

・旧暦1月14日および7月7日には、大勢の人が「十四婦人廟」へ線香を持って祈りに行く。

・1949年の解放前までは種蒔き時には金華県の隣の永康県の方岩という所にある「胡公廟」へ線香ならびに蠟燭、銀粉（これは紅色の紙に模様を施したもので、お金の意味である）を持って祈りに行く。そして廟では神様の前でそれを焼く。また収穫時期の旧暦8月1日にも感謝のために線香を持って祈りに行く。その際に吉凶の占いをしてもらう。

(2) 人生儀礼

・10年毎に祝いを行う。10・20・30歳は各家で小さな祝いを行い、家族だけで簡単な食事をし、衣類とか食べ物を本人に贈る。40歳は忌年にあたり死とつながるため、そのときは静かに家で過ごすか、寺院へ参りに行き、吉凶占いをする人もいる。

50歳から60・70・80歳と10年毎に盛大な祝いを行い、親戚や隣人を招いて宴を開く。

・子供が生まれて3日目、満月、1歳には盛大な祝いを行う。この時は親戚

を招き、子供には衣類や食べ物を贈る。よそから招いた人はお金を持ってくる。

　産後の3日目には卵、鶏、衣類などを贈り、特に子供と産婦がそれを食べる。

　満月は各家の経済状態によって異なるが、裕福な家では餅をつくり、招いた客に配る。

　その際にこれは産後3日目の祝いと同様に、紅紙を付けて客に配る。

　1歳の祝いには長寿麺をたべる習慣があるが、実際に行う人は少ない。

・妊娠している女性は結婚式には出席出来ない。また、妊婦は花嫁が駕籠に乗るときあるいは降りるときの場面を見てはいけない。なぜなら、花嫁が妊娠したとき困難な情況がうまれるからという。

(3)年中行事

・旧暦1月1日にはムラの祠堂へ行って先祖祀りをする。これはこのムラが鄭一族で形成されているからであり、祭りに参加した人は帰りには「香餅」と称される餅を貰ってくる。これは丸餅で円満の意味を象徴し、各1人に4個ずつ配られるが、前年に新しく嫁にきた女性には8個が与えられる。

　この餅は、開祖の族長が部族が益々大きくなったことをあの世で喜んでいるからであり、またこれからさらに苦労するからといった意味があるという。ちなみに、この餅をつくる費用はムラが共有する太公田の収穫高から捻出される。

　祭祀には線香、蠟燭、折り紙などが供えられ、祖先を祀る人はムラの年輩者で太公という人物に限られており、他の人はできない。

・各家で行われる先祖祀りは祖父および曾祖父を崇拝して祀るもので、家の中心にある部屋のテーブルの上に位牌を置き、5・7・9組のご馳走を供えるが、この場合、3組や偶数組は禁止されている。特に死者は鬼になると奇数を好むからであり、また3組は普通の食事と変わらないからである。この供え物は「庚飯」と称され、その他線香、蠟燭、銀粉の紙などが供えられる。

・このムラの年中行事は春節（正月）の他に清明節、7月7日、冬至が主として行われている。

・昔は家族に病人がでると、稲藁で高さ90センチメートル程の人形を作り、病人のいる部屋を一周した後川へ持って行き、火をつけて川へ流すという病気

払の儀礼が行われた。

・昔は1月1日にムラから15キロメートル離れた「唐葛周廟」と称される廟へ参りに行った。これは養蚕の収穫が良いようにと祀ったもので、この唐葛周は3人の伝説上の神であり大元帥と呼ばれ、唐は紅色、葛は白色、周は黒色を象徴しているという。

5. 浙江省蘭渓市姚村の事例

(1) 年中行事

・旧暦正月6日　龍灯の行事

これは提灯・龍頭・麻布灯・走馬灯を使って龍亭の東屋をつくり、この日の朝、爆竹を鳴らしながら4人によって担がれた龍頭をこのムラの祠堂から迎える行事である。ムラの中心の雨台（舞台）の所に龍亭の東屋をつくりそこに龍頭を置き、豚の頭、鶏、魚などを供え、線香を立てる。午後4時頃になると龍頭は東屋を出発し、各家でそれぞれ保管している巾15センチメートル、長さ2メートルほどで両側に穴のあいた龍の胴体の一部が持ち寄られ、それを繋いで一匹の龍に形つくられるがこれを「橘龍」と称し、再び爆竹を鳴らしながら、先頭には旗、大提灯、大ドラが行き、ムラのなかを2周して廻る間にさらに龍を繋いでゆき、全部揃って完成する頃には最早夕方となる。夜になると龍頭には蠟燭の火が灯され、「紅灯」と呼ばれた。

行列は寺から獅子山を経て先祖の墓へ参り、さらに上殿山の胡公廟へ行き、そこで各家から持ってきた提灯をはずして戻ってくる。麻布灯・走馬灯も同じ扱いとする。

・立春には春餅をつくり、薄い餅に菜の花と豆腐、冬の竹の子を巻いて食べる。

・雨水のときには柳、蓮樹、桐、棗などの生命力のある樹木を植える。

・啓蟄には雷が鳴り、生物が冬眠から目覚めるという。陰暦2月2日で廟会がある。

・2月19日は観音様の誕生日なので拝む日とされている。

・3月3日は「涼布」といって衣服を干す日である。

・春分は二八平分（平均に分ける意味）で昼と夜の長さが同じであり、この

日水の検査を行う。
・清明節には清明菓子をつくり、甘いのと塩辛いのと二種類の菓子をつくる。特に米粉に野生の「青（チン）」という名の植物を採ってきて、粉にして混ぜるもので、従って菓子の色も青色となる。また菓子型があり、羊、牛、鶏、豚頭などがあって、祖先にも供えられる。祖先に供えるものを総称して「紅脚餜」といい、これは裸足の意味でこれから野良仕事に出ることを指し示している。菓子は「青・紅・白」の三色を三枚重ねてつくる。
・4月8日は釈迦が入滅した日で「浴仏節」と称し、この日は亀や魚を池に放ち、仏様の体の汚いところを食べるあるいは仏の汚れは人間にとって薬となるといって「烏米飯」と称して植物の汁を入れた黒紫色の黒いご飯を食べる習慣である。
・5月5日の端午の節句には鐘馗の絵を壁にかける。また五毒符（端午符）といって蛇・蜘蛛・ヤモリ（壁虎）・イモリ・百足・蓬等を描いた紙を門に貼る。また、菖蒲と蓬でつくった刀を門の両側にかけ、菖蒲の茎を水桶に入れて毒消しとする。さらに昼の12時に端午のご飯を食べ酒を飲む。このとき五つの黄色の物、三つの白い物を食べるが、これは黄色の酒、黄魚、胡瓜（黄瓜）、卵の黄身、田鰻（黄鱔）の5種と鶏卵の白身、アヒル（鴨）の卵の白身、ラッキョ（大蒜）の3種である。またこの日子供は虎の靴を履き虎の絵の衣服を着る。女性は石榴の靴と衣服を着るが、男性は青木香という薬草を入れた酒でそれぞれの額に「王」の字を書く。虎のような形になるからという。さらに男女とも胸に香袋をかけるが「虎・心・石榴」の形をつくるという。
また、この日はチマキや緑豆の糕を食べる。
・立夏には腰が固くならないようにとの願いで大きな餅（油条）が食べられる。
・吉龍は舞龍ともいい、現在ある龍は姚村の彫刻師である姚貴勤（62歳）が製作し、その他のものは父親が製作したもので、材料は樟樹である。
舞龍は旧暦1月6日に行われ、朝はムラの祠堂に置かれてある龍頭をムラの人々は拝みに行くが、これは龍の霊に対して今年一年間すべてがうまくいくようにとの祈願で、線香をあげる。
・この龍には次のような伝説がある。

中国では、昔から河のなかには龍が棲んでいるといわれ、この龍は時には人間に変身して占いをするのであった。その昔、鬼谷という名の有名なよく当たる占師がいた。あるとき龍は人間に変身して、この鬼谷に会い「去年は雨が少なかったので、作物の生産が悪かったが、今年はいつ雨が降るのか」と尋ねた。するとその占師は「ここに玉皇大帝が書いた誓詞がある。それによればすぐに雨が降るが、城街内には全体の10分の3が降り、城街の外に10分の7が降るよ」と変身した龍にいった。

　すると龍はその占いが当たっていないことを証明するために、城街内には10分の7、城街外は10分の3が降るようにした。そのため、城街内には洪水が起こり水害が発生したが、城街外は水不足となった。翌日、占師はもはや自分の占いが当たらないと見て、家の角に貼ってあった「碑（看板のようなもの）」を剝がしてしまった。すると龍がやってきて、占いが当たらなかったならばそういう風にするのか、頭も切らなければならないはずだと言って帰って行った。しかし、そのことはすぐにバレ、今度は龍が変身したその占師が罰を受けなければならなくなり、龍の占師は、頭を切られると思うと恐ろしくてしかたがない、命だけは助けて下さいと言う。そこで唐の人で魏征という名の人が占師に、あなたの命を助けることは出来ないが、しかし皇帝の一人の王様だけは命を助けることが出来ると言った。

　龍は王様の所へ行って命だけは助けてくれ、許してくれといった。だが魏征は龍を殺そうとした。唐の時代のこと、ある日王様は自分の家に魏征をよんで将棋をさした。将棋をさしている間に魏征は居眠りをはじめ、王様は扇子をかざして涼しくしていたが、実際には魏征が居眠りをしている間、その霊魂だけが飛んでいって、夢のなかで龍を殺しに行ったのである。魏征は龍を追っかけているために汗をかいていたが、そのことは誰も知らなかった。汗をかいているので、王様はなおいっそう扇子で風をおくったので風は龍風となったため、魂征は風に煽られ龍に追いつくことができた。そして龍の髭をとり頭を切ってしまった。すると頭を切られた龍の霊は王様に対し、よくもこういうことをしてくれたと不満をいった。そして龍は約束を破ったことに怒りをもって、王様の前で泣いていた。今度は王様の方が怖くなって自分の部屋に閉じ籠もりいっさい外には出なかった。そして王様の部屋の入り口には二人の大将が守ってい

た。龍は王様がいつ外に出るかと毎日出向いたが、一方二人の大将は部屋の入り口に四六時中立っているわけにもゆかず、そこで考えたのは二人の大将の絵を門の外に貼っておいたところ、龍は怖くて入れなかった。龍は毎日出かけたが、とうとう手をくだすことができなかった。そこで、王様は頭と体を繋いであげたらと考え、唐僧へ行って功徳を積んでくれと頼んだ。この功徳のことを仏教では「超渡」という。このときから農村では舞龍が起こり流行するようになった。

そして王様が最初にしたのは、自分がいつも各地の舞龍に行くわけにはいかないので、龍宮（龍亭）をつくってその中に「万歳牌」を置くことにした。これは王様を象徴するものではなく、王様を呼ぶときには万歳ということを表わしている。

舞龍のとき龍頭の前には王様が先導することになっており、龍宮と龍頭との間の距離は40～50メートル離れている。龍宮は4人が担ぎ、さらに4人の守護する人がいる。また二人の大将は、正月には門神となって貼られる。魂征の話は龍を殺すという物語で征遊記に出てくる。王様が閉じ籠もっていて繋ぐことから、中国語で吉＝接は同じ発音であるため、舞龍は別に吉龍とも称された。

・舞龍に使われる龍の形状は伝統的に決まっていて、板で造ったもの一個と布で造ったもの二個があり、色は黄色と緑色の二色で、特に黄色は龍が出現した意味とされる。

・龍頭には次のような彩色が施されている。

髪は黒色、顔は緑色（草緑色）、口髭は褐色、歯は白色、舌は紅色で、これは絵で龍を描くときの配色であり、図像は伝統的に継承されている。

・龍亭の彩色は、大半が紅色に塗り、文様には金色を使う。紅色は吉祥色で富貴を意味している。龍亭の4隅には象徴的な架空の動物が彫られており、獅子の形〔＝キリン虎〕で、山海経に登場する動物である。また龍亭の内部には牛脚を彫り、八仙の像や和合神を描く。蓮の花は和合ならびに一家団欒を象徴している。

・6月6日は紅・緑の服を外に出して干す日だが、これはその日は太陽が最も大きいので、その日に衣服を干すと虫がつかないという。また「狗忽浴」といい自分の家で飼っている犬を池に入れて洗うが、この日入れると犬の毛は落

ちず皮膚病にはかからないとされている。

・7月7日は「天仙女」といい、天の神がこの日人間界に降りてくるもので、その日ムラの女性は早朝の4時に起きて外で髪の毛を洗う。頭を洗うときは「打碗花」の煮汁を使うが、この洗った後の水を池の中に流し、これは渓のように黒くて永い髪になるようにと願うもので、帰ってきてから家で線香をあげる。（ちなみにこの地方では牽牛、織女の伝説はない。）

・7月15日は祖先を祀る「中元」の行事が行われる。これは別に「鬼の祀り」という。祖先には紅豆をいれた米粉祚をつくって供える。祖先の祀りはこの他に清明節や冬至のときにも行い、外の家の鬼の場合は、山の上へ道士を呼んできて、三叉路にテーブルを置きお茶や棗・黄色の紙でつくったお金、お茶を入れた糊などを供え、この場合紙の上に糊を置き少しずつ離して置くことによって他の家の鬼に食べさせるもので、そのとき道士はテーブルの上で音をたて、また法螺貝を吹く。これは鳴り物で鬼を招くためである。さらにこの糊を四方に蒔く所作も行われる。

　三叉路でこの儀礼を行うのは、鬼がムラの中に入ってきては困るからであり、この場所は自分のムラではないことを鬼に見せるためである。

　鬼は背が低く、顔も手も黒くて汚い。普通の鬼は人間と同じ服を着るが、吊死鬼は藍色の服を着ており、無常鬼は白い帽子を被り白い服を着ていて、別に黒い帽子で黒服を着た無常鬼もいる。古い劇のなかでは、白色とか黒色の無常鬼の登場するものがある。

・夏至には自家製のワンタンを食べるが、これはワンタンはスープの上に浮いているので、これを食べると人が川に落ちても沈まないでいられる。またワンタンを食べると昼間が長くなり、太陽が大きくなるといわれている。

・小暑には河童が出て来るというが、これは河童は自分の代わりになる人間を捕まえると、人間に戻ることが出来るといい、大人は河へ泳ぎに行くときは河童の嫌いな鉄を持っていくという。ちなみに河童は「水猿」といわれ、人間を河底に引きずり込んで人間の鼻の穴から血を吸い取るという。また河童は丸い形の菓子やリンゴに化けることが出来、また西瓜や棗など紅色の果物に化けて子供を深いところに引きずり込むので、河に浮いているものをとるなという。

・中秋節には各家ごとに柏餅をつくり、親戚同志が相互に贈り物を交換するが、以前は月餅とか肉を、今は高価な物を贈る。また、昔は夜に月を拝む習慣があり、庭にテーブルを出して、四つの皿にお菓子を入れ果物などを供えた。昔は玉色鏡、玉馬、玉石八卦、玉石の羊、象の歯の旗（32枚）、玉石の蟬（雄雌一対）、置物の石榴あるいは黄色の果物、手の形をした果物、桃、月餅などを供えたという。そして裕福な家では家宝の品々も供え、夜になって月が昇る頃になると三本の線香に火を点けるものであった。

また中秋節にはチマキをつくって食べたり、月の形に似た大きな蜜柑（ザボン）を天井から吊るして月を拝む。ザボンの周囲には沢山の線香を刺し、ハリネズミのような形のものをつくることもあった。

・立秋は収穫の時期である。

・処暑は青棗を採る季節で、鳥がとってきた棗は一番美味しいという。

(2) 人生儀礼

・嫁が妊娠して臨月になると実家の父親が赤子の衣類やその他を持ってくる。それは次のものである。百枝、紅に着色した落花生、紅糸を結んだ柏餅7個、紅紐を結んだ紅色の砂糖、「長命富貴玉満堂」と称して二分銭を付けた富貴帽、うまく生まれるようにゆるく紐を結んだ紅袋、紅卵7個、「万事如意」を意味した根を紅色に塗った草（日本のオモトに似た植物）等を籠に入れる。この籠は臨月を意味し「催生」と称される。また持ってきた父親は長く滞在すると出産が遅くなるといわれているので、早々に帰る。

・出産の際に使用する産湯は必ず蓋を半分開けて沸かし、蒸気が多く出るとめでたいといわれている。嫁は今は病院で出産するが、昔は婚家の自分の寝室で生み、藁束や灰を膝下に敷き、自分の体の前に誰か女性がいて、その人に摑まって生み落とす。赤子をとりあげることの出来る人を「接生婆（娘）」と称し、臍の緒を鋏で切る。鋏は普通のもので熱い湯で予め消毒しておいて紅布で包んでおいた。赤子の臍には蓬の葉をもんでおいたものを付けておいた。

・出産の際に体から出る胎盤には二色あるといわれ、青色の胎盤は吉祥色でめでたく、将来ともに労働力のある強い子供に成長するといい、紅色の胎盤はめでたくないので、ムラ外れの棗の木の下に行って、紅色に塗った7個の落花生とともにこれを埋めるという。又棗は早の字と同じ読みなので、「早産貴

子」という意味で吉祥の樹木とされていたともいわれている。臍の緒は胎盤とともに土に埋め、産湯は野菜畠にもっていって捨てた。

・子供が生まれると妊婦の実家から子供の衣服と食物が届けられる。これを「催生」という。そして子供が無事出産できるよう菩薩に祈願し、酒・ご馳走・紙・線香を供える。

・子供が誕生して三日目を「三朝」といい、母方の祖母は竹で編んだ四食と呼ぶ籠に、饅頭、柏餅、祚糕などを入れて持ってくる。この場合の四つには「四々方々四季発財」の意味があるといわれている。またこれらの品々は各種に40個ずつ揃えて持参するもので、その他に二刀肉と称される二枚の肉が入れられ、一枚の肉には予め切れ目が入れられていて、四枚肉になるようになっている。饅頭には紅色の桃の形のものが付けられており、日本の落雁菓子に似た祚糕にはその四方が紅色で囲まれていて、司法（四方）試包みの上から紅色の紐で結び、肉の上にも紅紙が貼られている。籠の上には子供の衣類や帽子、靴下、おむつまで必要な物一式が載せられている。この三朝の儀礼は男児の場合のみで、女児の場合はあまり行わないという。

・子供が誕生してから満月の夜には髪の毛を少し剃るが、このとき男の子の場合は親戚を招いて祝う。

・満月のときは三朝と同じく四盒に「満月米子」と称される食べ物とセーターの材料となる毛糸などを入れて持っていく。この食べ物は近所や親戚に配られる。

また、この日は床屋を呼んできて子供の頭を剃るが、これは「剃満月頭」と称され、このとき茹でた鶏やアヒルの卵で子供の頭の上や顔を撫で、卵のように白くなって欲しいと願う。さらに剃った毛髪は自分の家の瓦の上に載せて置くものである。

・子供が1歳、10歳になると母親の祖母から祝いの品が贈られる。これは饅頭、靴、帽子、衣類、糯米の粉でつくった四角の甘い餅などである。

・結婚は男の両親が相手の女性を気に入れば、仲人を頼み相手の家に話に行く。相手が同意すれば「八字」と称して両方の生まれた年月日を占いでみる。仲人は餅とか菓子を持参していく。婚約が決まると衣類や指輪などを準備する。

結婚式の3日前には女性の荷物を婚家に運ぶが、これは2・4・6人といった吉数である偶数の組合わせによって行われる。

　結婚式のとき婿はお祖父さんが連れてゆき、花嫁はお祖母さんが連れてゆく。これを「利市家々」（めでたいお祖父さんの意味）「利市媽々」（めでたいお祖母さんの意味）であり、この二人を交えて杯をかわす。

　花嫁は3日間家から離れることはできず、3日後に実家の両親や親戚に会うことができる。実家の妹達には紅紙に包んだ紙を渡す。また目上の人には靴や帽子などを贈る。実家に着くと、両親や目上の人に挨拶をし、台所へ行き竈の神様を拝んでから包丁で葱を切る。

・結婚式では男性は紅色、女性は緑色が象徴的色と目されているが、これは緑色に紅色が似合うからだといい、「藍衫配大紅」の言葉があり、これは藍衫は緑服の意味で良い役者になって出世ができるのであり、紅は嫁を意味し良い妻になれるとされている。

　結婚式の衣裳は男は胸に紅花を挿す。また結婚式の行列には「利市媽々」と呼ばれる母親役の女性が2人、「陪堂小娘」4人が付き、さらに米師は箕の中に鏡尺を紅糸で巻いて置いたものを持つ。さらに酒壺を持った人などが加わる。行列は他のムラから嫁を迎えた場合には嫁は家から100歩（約30メートル）離れた所から婿さんに抱かれて家まで来る。そして嫁さんは家の前で箕の上に乗り、そこで紅色砂糖入りの茶が入った酒壺の茶を小さな杯に三杯飲む。そして家のなかに二人で入り、正面の部屋にて祖先に三拝する。祖先の祭壇の前のテーブルには鶏肉、豚肉、魚などが置かれている。二人はまず線香を供えてから外に向かって拝むが、これを「拝天地」と称し、次に婿の両親を拝むが、これを「拝公婆」といい、そして婿と嫁は相互に挨拶する。

　ここで、卓（テーブル）を元の位置に戻し蓙を敷き、次に利市媽々が婿の祖父母や主な親戚を嫁に紹介する。そのとき座っている親戚の人達を拝むと、人々は紅紙で包んだお金を嫁に差し出すが、これを「紅紙包」という。それから祝宴が始まる。

・嫁は実家を出る直前に家族の兄弟姉妹とともに、これから出るが二度と戻らないので最後の食事だとの意味で「上轎飯」と称する食事を食べる。また遠方へ嫁ぐときには土を持っていくといわれる。

・嫁入りの道具は六仙卓、閣几（台）、椅子、骨牌凳、馬桶、小物入れ箱、大小脚盥（5個）、箱子（衣裳入れ）、樟木箱、皮箱、箱台、化粧台、春凳（座る物）、これらの多くは赤漆で塗られ、全部の物の上には紅紙が貼られるが、福禄寿萬の文字が切り紙細工で施されている。また恩愛を意味する鴦（おしどり）や蓮華（蓮＝荷の意味で和を意味する）を切り抜いた細工の紙などがある。

嫁入り道具を運ぶ際には嫁方から2人出て途中まで行くと婿方から出た2人が迎えに出て来る、或いはそのまま4人で婚家まで来ることがある。また日は偶数日とされ、この道具とともに七種類の菓子（これは棗、落花生、西瓜の種、桂園＝レイシ、栗、蓮の実などで、「連生貴子中状元」の言葉で表現され、男子と子孫を長く伝え出生する意味とされている。）や落雁状の菓子祚糕と紅卵も持参する。また四盒には嫁さんの食べ物として嫁の兄か弟がこれを担ぎ、名前のみは上轎飯というが実際には鶏豚肉、青豆、糖谷（粉）、干した猪肉、茶碗なども持参し、これは嫁が嫁いだばかりで、実家にも食べ物が豊富にあることを強調している。このうち鶏は一羽は生きたもので、もう一羽は既に殺した肉である。

・利市媽々の役割を担う女性はムラのなかで夫・息子・孫が揃っていて、知識があり尊敬されている女性がなる。またこの用語はめでたい・幸運を意味しているという。

・60歳になると、一般に老人と呼ばれ、祠堂で先祖祭りを行うが、これを「祭冬」と呼ぶ。供え物は豚肉1斤、饅頭1斤で、70歳になるとこれが倍になり、また80歳になるとそのまた倍の量が供えられる。子供たちは衣類などの贈り物をし、そのお礼として集まった人達に「長寿麺」をふるまう。孫達にはお金が紅紙に包んで配られる。

・人が死ぬと、子供たちがベッドの前に集まり、戸板に死体を移して1日置き、ついで庁（道教の道場）に移しさらに7日間置いて、その間祀る。このとき道場の壁には五つの色の紙を貼るが、これは五匹の馬を象徴している。これは人が死ぬと地獄の王に馬が死を伝えにいくもので、今日はこの色の馬、明日はこの色の馬といった具合に毎日その壁の紙を一枚ずつ剝がしていく。剝がす順序は黒－白－緑－紅－黄の順で最後は黄色の紙だが、これは黄色の馬は走る

のは最も早く、最後に出ても一番最初に地獄に到着するといわれている。また道場ではなく家の門に貼る場合もある。その後野辺送りをするが、蠟燭、線香、スズの紙でつくった模造のお金を墓所まで持っていく。喪主は麻布製の服を着て白い帽子を被る。葬列はドラを先頭に行き、長男は死者の容器を持ち、次男は旗を持つ。棺の頭の方に五色の布を差し込む。墓所では棺桶が墓の廻りを3回廻り、再度逆に3回廻り、それから土に埋める。そこで死者の家族は皆一度家に戻り、さらに埋める準備がすべて整ってから再び墓所へ出向く。戻ってから家の玄関では砂糖を入れた甘い水を飲み、藁に火をつけてから家に入る。また墓所からの戻り道は同じ道を通らず別の道を帰る。

　葬式のときの饅頭の上には緑色の紙が付けられている。また正月には門に貼られている紅紙の上には緑色の紙を貼り、喪を表す。また喪の間は靴に白い布を付け、さらに麻糸を1本首に巻いておくことがあり、女性の場合は髪を白糸で結うか、髷の場合は白い象牙か竹の割ったものを挿しておいて喪中であることを表示した。

　墓へは7日毎に家族が行くもので、6～7日目のみ娘が行く。親の財産は息子に譲られ、娘は形見を貰う。

(3) 農耕儀礼

・清明節までには種蒔きをする。田へは線香を持って行き、線香を紙にくるみ地面に刺して行事を行う。

・苗代から苗をとってきて最初の一本を自分の家の屋根に投げる儀礼がある。

　家では農耕の最初なのでご馳走をつくって食べる。

・虫除けの儀礼として使い古した家庭用のホウキ（掃除具）を逆にして田圃に立てると、誰もが嫌がる行為なので虫がつかないという。

・八月には豊作祝いでムラでは演劇が行われる。

・1951年頃に二年続いて雨が降らなかったので龍を迎えに行く雨乞いの儀礼が行われた。これはここから約30キロメートル離れた泉水洞には昔から龍が棲んでいると伝えられているので、そこまで迎えに行く。行列には三角の旗があり、この旗には海老や蟹の絵が描かれているか或いは龍の絵と称して羊の角を頂き脚が一つの「商羊」とよぶ翼のある架空動物が描かれたものである。　こ

れは『山海経』に記されている動物で「商羊舞天降雨」という言葉に基づいているという。また太鼓が叩かれた。この龍迎えの行列にはムラの辰年生まれの男子が全員参加することとされ、役割としても最も重要な龍瓶を持つ人はムラのなかで地位の高い人物がなった。4人が持つ銅叉あるいは斧の採り物の柄は紅色に塗られている。なお行列は真夜中にムラを出発し山道を行った。洞に到着すると、人々は持参した線香をあげ、次に洞から流れ出る川の両側から水面に垂れ下がった樹木を斧で切り、やがて9人の太鼓が小さく鳴らされ龍を呼び出し、そしてムラ人9人が2回迎える。そして占師で白い服を着た「師公」が牛の角笛（「鼓角」という）を長く吹くと泉の水面から波立ってくるといわれ、ついで太鼓の人が水のなかに入って水中生物（多くは蛙）を一つだけ捕ってきて龍瓶のなかに入れ、その瓶の上から紅色の布を被せるが、その龍瓶を持つ人は白装束で身を固めムラに着くまでの間、常に全身を水で濡らしていなければならないとされた。この龍瓶の前を行く採り物を持つ人の中に紅や青色の衣服を着た人があれば追い出され、さらに道中の途中に雨帽子を被っている人に会えば帽子をとってもらい、田圃で灌漑をしている人があればその作業を中止してもらうが、もし言うことを聞かなければ斧で殺すことになっている。ムラまでは途中休むことなく一気に戻ることになっており、これは休むと龍がその休んだムラに付くことになるからだという。また道中に菩薩廟の前を通るときは、堂のなかの菩薩は全部外に出すことになっており、どうして雨が降らないかを菩薩にも問う。

　ムラに行列が到着すると家の前に置いてある小便桶はすべて取り去り、祠堂の前には予め祭壇が造られていて、その祭壇の外には「半仙桌」が置かれ、龍瓶は祭壇の中央に置きやがて笛が吹かれる。すると白服姿で白い草履を履いたムラの最長老が祭壇の前に膝まづき、またムラの70歳以上の老人達はすべて白服を着て祈るが、笛は雲が空に出てくるまで吹き続けられた。また雨が降るまでは1日2回拝み、女性はその祭壇には近づいてはならないことになっている。

　1951年頃に行った時のその年にはほんとうに雨が降ったので、龍である蛙は元の泉に戻された。これは師公は銅叉を持ち、感謝のための供え物としてマントウを持参していく。雨が降ると騒いではならず、また「ああ雨が降ってきた」という言葉を発してはならず、また干し物を家の中に入れてはならないこ

とになっている。雨が降るのは「尻尾の無い龍が母親に会いに行く時に降る」と昔から言われている。

　これは尻尾の無い龍は人間の女が産んだ龍であって、昔、桂竽山という所で夫と別れて暮らしていたある夫人が妊娠して出産した折にたくさんの蛇の子が生まれてきた。それを見た姑が鋏で次々と蛇の尻尾を切って捨ててしまった。すると蛇は霊物であるからやがて雲が出て、そしてその夫人は蛇だけれども私の分身にはちがいないと毎日泣いていた。それを見ていた天上界の王母娘々はすっかり感動し、王母は蛇に「おまえの母は捨てられたおまえのことをたいそう思っているから、これから会いにゆきましょう」といって蛇＝龍を連れて夫人の所に行った。すると雷が鳴り、風が吹き、雨が降ってきた。こうして尻尾の無い龍はお母さんが生きている間は毎年会いにきたのであった。（この話は中国の北方の山東省に伝わる「禿尾巴老李」の話に似ているという。）

　・苗を植えるとき黄色の紙（お金に見立てる）に包んだ線香3本をあげて「天地拝」を行う。蒔いた種は「開秧門」では眼を意味し芽が開く意味に通じる。また苗がすべて植えられた後「拍秧盥」と称して苗をいれた盥の底を叩く習慣がある。これは苗を総て植え終わった証であることを示している。

　苗を植え終わると最後の苗の一束を空に向かって投げるが、これは梅雨の頃に害虫がつかないためである。

　・麦は田植えの前に収穫するが、多くは夜中に起きて麦を広場に運ぶ習慣がある。これは朝太陽が出ると麦の穂が落ちてしまうので、夜明けまでに終えるものである。

　また穂打ちのときは1日4回の食事をとるが、夜中1回、午前10時頃1回、午後2時30分頃に1回でこのとき風呂に入り、夕食に1回、麦でつくった餅を食べる。

　・蝗虫が出てきたら柄のついた雑巾を逆に立てておくと退治できるという習俗がある。

　稲の害虫は「三化螟」というが、ここでは「鬼摘頭」ともいい、鬼はいつも稲の穂の上の方ばかり食べるという意味である。また「稲飛風」という害虫は「禍稲鬼」とも称された。害虫駆除には「雷公藤」という名の薬を使用した。これは植物の一種で、その茎を茹でてその汁を稲に散布した。

・稲の収穫は立秋前後（陰暦8月8日）頃であり、このとき「稲桶一呴黄魚白鱉」と称し稲刈りのときは労働が辛いので良い魚を食べる習慣である。

・稲刈りのとき「大田」あるいは「還田福」と称して田の神様を拝む儀礼がある。これは昔は地主が行ったが、田の持ち主が田の神様に酒の入った三つの盃と三つの箸、豆腐飯、煮た刀肉、線香、紙でつくったお金をそれぞれ三人前ずつ供えるもので、この場合の三は吉数だからだという。

稲刈り時の食事は1日5回とり、朝はお粥、昼食は田圃でとり家に二籠の米を運んだ後帰りに食事を運んでくるもので、また、稲穀を担いできた人には4個の卵を食べさせ、また一杯のお酒を飲ませる。すなわち最初に田から家に来ることを「挑出田担」という。

昼食は田圃で食べるが、裕福な家はその日のおかずが良いので他人に見せびらかすが、特に肉は大きく切ってあり、肉団子、豆腐、干し魚などがある。3回目の食事は緑豆のお粥に祚糕などの甘いものを加えた小点心である。4回目の食事は大点心で午後3時頃にご飯に肉を食べ、お酒を飲む。5回目は夕食で風呂に入った後食事する。稲刈りは男の仕事で女性は稲を干すときに仕事をする。

(4) その他

姚村における色の観念は以下の通りである。

・紅色、桃色（粉紅・朱紅）この二色は吉祥色とされ、また黄色は端午の節句に使われ、また金色、緑色も良い色とされているので、従って暖色は紅・黄・緑・褐色で緑は中間色とも目され、冷色は白・黒・藍・銀色・紫色とされるが、ここでは紫色はほとんど使われない。ちなみに「万年紅」は朱色で最も吉祥色とされている。

方向は東ー緑色、南ー紅色、西ー白色、北ー黒色、中央ー黄色で建物を新築したとき、家の戸口の頭の方の高い梁に五色の布を挿し込む。これは五行が揃っていると家が栄えるからだという。

・白色は死に関する色だが、例えば家族が死んだときには白い紙を貼る。家族のなかでも息子は親が死んで1年目は白い靴を履き、2年目は藍靴を履き、3年目は黒い靴を履くこととされている。また息子の嫁は100日間頭に白い紐を付けている。

・約30年前から姚村で塗料の仕事に従事している姚文遠さんの話では、このムラでの塗料の色の好みあるいは最近の傾向（3～4年前からの）では、家具や冷蔵庫には乳白色、これは茄子の花の色（紫羅蘭の花の色）とされた色が流行したがこれは高貴な色といわれ、現在は緑がかった白色が流行しており、微妙に変化しているという。

色彩の好みは地方によって異なり、内陸奥地の山岳地域では紅色が大変好まれ、大紅色はもっと好まれている。そこからやや下った半山岳地域では紫紅色が好まれ、特にテーブルの塗料に多く使用される。都市に近い地域では紫檀色（コーヒー色）が好まれている。

・姚村では8月の収穫時期に豊作を祝って劇が行われる。昔は「玉堂春」などの婺劇が行われたが、今は新しい宣伝劇を他の地方から招いて行う。この劇の中で使われる衣裳や装身具の色彩はこのムラの人々の色の意識に影響を与えてきたとみられる。

特に劇中に3人が仮面を付けて演じられる。(1)「魁星」は筆と墨壺を持ち、黒い仮面を被る。(2)「財神」は元宝を持ち金色の仮面を被る。(3)「書生」は一人前でない学生で白い仮面を被る。

6. 浙江省麗水市堰頭村の事例

(1)人生儀礼

・子供が生まれてからなかなか育たない時、ムラのなかにある大きな樟樹を父親に見立てて拝む習俗がある。これは樟樹は大きく根が深いからだといわれている。

多くは母親が子供を連れて樟樹の下まで行き、鶏、豚、線香、蠟燭を持っていって供え、子供をひざまずかせてから、「子供を守って下さい」と唱える。子供は男の子が多く、また病気のときは観音菩薩へ拝みに行く。

(2)その他

・堰頭村では絹、綿、麻で布をつくった。紡いだ麻糸は石灰の水に浸けて漂白する。夏期の場合は稲藁の灰を煮た灰汁で漂白し、太陽に当てる。また麻布で靴をつくった。

結婚式のとき嫁が家に入ってから歩く道筋に敷く麻布の袋を紅色に染める

が、この染料となる紅花は昔は各家で植えられ、その花を水に入れて石臼で粉にして使っており、今は購入している。また蚊帳などの多くが藍色（緑色）に染めた。

　ここで藍色は実際には緑色のことで、これは山の野生の「緑紫」と称される植物を煮てその緑色の煮汁を使って染める。まずその樹木の皮を鍋で煮た汁とともに布を煮るもので、緑色が充分出せない場合には霜が降りる寒い頃に、布を干しては煮るといった工程を3～4日くりかえし行う。黒色に染めるときは「金鋼刺根」というものを使って染めるが、これはその根を小さく刻んで水の中に入れて煮た後、その煮汁に浸けて染めるもので、やや紅味を帯びた黒色となる。また布を黒い泥で上下にはさんで染めることもある。ここでは煮汁のなかに媒染材は何も入れなくとも変色しないという。

　黄色は黄芪樹の花の実をとって染料とする。これは山に生える低い灌木で陰暦の2、3月頃に採取する。このムラでは青色の染色はできない。

・その他、家を新築したとき部屋の重要な梁に五色布をつくって掛ける。また拝菩薩の旗や蚊帳、葬式のときにお棺の上を覆う五色紗などが自前で染色されるが、五色布は綿布で紅、黄、藍（緑）、白、黒で藍は化学染料を買ってきて染める場合と昔は藍色の土が出る場所があったので、その土を使用した。

・帯は綿糸を紅、緑、藍（黒）に糸染したもので織られた。このムラでは紅と緑色が好きで多くはこの色が使用された。

・このムラでは太陽は女性に見立てられ、なぜなら太陽を見るときは手をかざして見るのでその姿が恥ずかしそうであり、従って女性を象徴した。それに対して月は男性であり、月のなかには木を伐る男がいるからだと伝えている。

7. 浙江省麗水市山根村の事例

(1) 人生儀礼

・山根村には「陳十四夫人」という名の観音様を祀った土地廟がある。そのなかに「插花娘々」という畬族の菩薩がある。陰暦8月15日には多くの女性達がこの廟を拝みに行く。このあたりの未婚の女性は髪に花を挿すが、貧しい家の娘は山の花を、裕福な家の娘は高級な花を挿した。この插花娘々には次のような伝説が伝えられている。昔、松陽県の人で雷という姓のお祖父さんとお

祖母さんに育てられた一人の娘がいた。娘はとても利口で、16歳のときには多くの字が読めた。ある日のこと、娘はお祖父さんと一緒に山へ牛を放牧に行き、ついでに水田を鋤で耕やそうとしたところ水が無かったので、娘に水をとってきてくれといった。娘には特殊な才能があったので、水を山の下から上へ流すことができた。どのような方法でとったかというと草で筒をつくりそうやって水を引いた。そのときの方法を誰かに見られ、見た人はたいそう驚いて皆に語ったので、ムラ中に広まり、人々はあの娘は人間ではない神様だといった。すると馬という姓の役人はそのことを聞き、また娘がたいそう美しかったので自分の嫁にしたいと思い申し込んだが、娘は「私は貧乏な家に育ったけれど、どれだけお金を積まれても好きな人と結婚したい」といってその申し出を断った。しかし馬という役人は諦めずに、権力をもって強引に結婚しようと娘を迎えにきた。連れだされた娘はその途中のワンレンという高い山の上まで来ると、そこから飛び降りて死に神様となった。人々はこの娘のために廟を建て、それを挿花廟と呼ぶようになったという。女の菩薩であることから、女性が病気に罹ったとき、あるいは子供を授けて欲しいときによく拝まれている。娘が髪に挿す花はどんな色でも良いが、白と黒の花は避けられた。

・子供が生まれて3日目には親しい人や親戚を招いてご馳走をするが、そのとき招待された人は妊婦を力づけるために紅紙を載せた卵を持ってくる。

・満月になると夫婦は子供を連れて実家に帰るが、そのとき紅紙を載せた紅色の砂糖と米粉麺、卵を持参する。また満月のときに剃髪するが、お湯のなかに蓬を入れ魔除けとし、また剃った後の髪は端午の節句の時、家の玄関の扉の下の方に挿しておく。

・子供が病弱でよく育たないときには別に親を立てる。別親はムラのなかで子供が多く順調に育っている家になってもらう。また大きな石や樹木でも毎日成長するという樟樹が親になる場合もあり、石を父親にした場合は子供の名前に石の字をつける。また石を母親にするときは子供が夜泣きする場合であり、生まれてきた子供が何度も死んだときには樟樹を母親にする。この儀礼は早朝に母親は子供とともに大きな石や樟樹の下に行き、紅色蠟燭と線香をあげて拝む。

・山根村では幼児を育てるノントゥイという呼び名の揺籠を竹や木で編んで

つくるが、これは大概1日でつくる。これを他人に貸す場合には相手が取りに来るもので、返却のときは持ち主が取りに行く慣例である。ここでは建物をつくる時の尺と祖先の図と蜂桶の四つの物がこのような慣習にて貸し借りが行われ、ちなみに建物を測る尺はその目盛りを借り主が新しく書きあらためるためであり、蜂桶はかつて布の靴をつくるときに蜜蜂が必要だったので各家では大量に所有していたもので、これらを他人に貸す場合に自分が自ら持っていくのと不吉になるからだといわれている。

・結婚のとき嫁が持っていく藁ぞうりぞうりにはかかとの部分に紅色の綿布を巻いておく。帽子に紅色の布を付ける。

結婚式のときの服装は黒あるいは藍色の長着に黒の西瓜帽を被り、男は黒の靴、女は花模様の靴を履く。靴下の上には帯を巻き、帯の真ん中には文様がある。家の中に入ると紅布が敷かれてあり、その上を嫁が歩いて家に入る。

・山根村の色彩の観念は次のようである。

紅色は最も吉祥色で結婚式のことを紅事ともいい、紅は方言でチャーチャーと呼び、黄色・緑色は中間色となる。青色は黒色の意味で不吉な色として認識されており、人と関係したもので例えば青服と称してもこの場合は黒服と同じであり、どちらかと言えば何か汚い物を指す場合には黒の字を使い、黒の言葉を使う。昔は紅は女性を青は男性を象徴色としたが、今はそのような区別はない。

・「緑」という言葉はかつては無く、今は「草緑」といい、老人達は「淡い緑」とか「濃い緑」といった表現をとる。同じく「紫」という言葉もなく「蓮華の花色」と表現された。

・葬式のときには紅緑紫黄青（黒）の五色の紙を使用する。また建物の新築のときは黄色の紙を切らずにひとまとめにして使用するもので、このように黄色が使われるのは葬式と新築のときだけである。

葬式の棺は予め作っておき、黒い棺で上に紅紙が貼られている。死者を棺に入れて山の墓地まで持っていくとき、その上には紅紙と生きた鶏を載せていく。このあたりの漢族のムラでは死者を墓の中に入れ口を閉じる直前に鶏を殺してその紅色の血を墓の周りにひとまわり撒くが、これは鬼避けのためである。これに対して畲族のムラでは棺の上に鶏を載せていくが、死者を墓のなか

に入れるとこれを殺さずに家まで生きたまま持ち帰り、家人は白い服から紅色の服に着替え、その鶏を「長生不老」の意味で「長生鶏」と称して飼いつづける習慣である。この不老鶏を家人は決して食べることはなく、誰かにむしろ盗んでもらって食べられることを望む風潮がある。これは死んだ人の霊魂が鶏についたからであるという。しかしながら、息子や子供が死んだときには鶏を棺に載せることはしない。

・葬式のとき春節や祝い事で貼った紅紙の上から紫あるいは青色の紙を貼る。すなわちツイレン（対聯）と称して白ー緑ー黄ー藍ー紅という風に変わり、例えば去年家に死者がでたら今年の正月2日の「拝新年」のツイレンの色は藍＝紅となり、親戚が来て拝んだ後にこの藍色紙を取り、紅色紙を貼って喪が明けたことになるという。

・ちなみに葬式のことを漢族では葬事あるいは喪事といい、畬族では白事という。

・子供が成人式をしなければ服は紅色だが、済ませると服の外は黒色で中が紅色、帽子も黒色となる。（成人式の詳細は巴莫氏もしくは曽士才氏の論文を参照）

(2) その他

・山根村では主として絹糸を染色し腰につける細い帯を織る技術が伝えられている。

自分で糸をひいて染色し、畬族の習慣で正月5日間は男がご飯をつくり、女が帯を織る慣習が古くからある。これはその年、親戚廻りをするときに新しい帯をしていくためである。

まず糸染は現在では紅粉（染粉）をマチで買ってきて鍋で煮て染めるが、黄色は山の植物でこの地方の言葉でワンサンリ（黄芪）という名の低い灌木の実を使用するが、これは陰暦の8、9月頃に小指の大きさの実を採取して、その皮を剝いで中の実を鍋のなかで煮るもので、その煮汁に少しだけ塩を入れて糸や布を浸すと黄色く染まる。

また、畬族は黒色が好きで、布を黒く染める場合はやはり野生のクンシュヤ（柏）という樹木の葉を陰暦の6、7月頃に大量に採取し、さらに蓮実の皮と鉄粉を少々混ぜて鍋で煮るが、その煮汁を一度冷ましてから布を入れ、その時に

塩と菜の花の油を少し入れる。布は予め水で濡らしておいてから入れる。山根村では衣服は黒色か淡藍色の2種類であった。

　また、黒色は自分たちがつくってきた色であり伝統的な色であるため象徴的色とされている。また畲族の象徴色として藍色があり、この色が大変好きであるといわれている。麗水のマチにはかつて「染布店」があり、化学染料を売っていた。結婚式など祝い事に使われる紅卵の染料は植物染料で、ここでは染蛋草という蔓草の根から染料を取っている。この根をよく洗って水に入れ鍋で煮るもので、帯の糸染にもこの染料は使われた。現在使用している儀礼服の胸の虹文様刺繍は上海から購入したもので最近の傾向である。帯には黒糸で正、三、日、九、女、山、田、主、心、中、曰、王、目、卍、子、井、五などの文字や魚の形、四季の花、蝶々、梅の花などどちらかと言えば吉祥模様を入れる。

8. 若干の考察

　以上、主として江蘇省および浙江省における色彩に関する民俗事例を抽出してきた。これを概観すると特に目立つ色彩は紅色である。次に黄色が吉色として認識され、また白色、黒色、藍色は不吉な色としてあまり好まれない色と意識されている。これは基本的には五行の思想からくるもので、黒は北の方向を指していることから、死の世界と繋がっているように解釈されるからである。

　きわめて注目されるのは、江蘇省の常熟市白茆郷で聞かれた伝承にて紅色は太陽で男性神、緑色は月で女性神を象徴していることである。日本の沖縄の八重山諸島におけるアカマタ・クロマタの仮面行事において調査されている色の表徴によると、赤色面は男性神で太陽を象徴し、黒色面は女性神で月を象徴しているが、中国では緑の濃い色は黒色であり、日本でも緑の黒髪という言葉があるように、黒と緑は同系統の色と目されていることである。従って、アカマタ・クマタマにおける色彩シンボリズムはまさに中国江南地方の色彩認識に合致し、沖縄における伝播伝承に一致している。

　また、浙江省麗水市の山根村における藍色の象徴性には注目され、ここでは藍（ラン）が一族の姓として使われ、しかも女性が着る儀礼服の象徴色が黒色であり、日本の色名の藍色とのズレをみいだすことができる。

　山根村では現在、少数民族としてみずから民族文化を強調しその伝統性を誇

示しているが、そこでは藍色（青色）の化学染料を使用し儀礼服を作っており、これはつい近年のことであって往時ほとんど黒色であった。しかもそれは本来藍色を出す技術がなかったからであり、天然染料に鉄粉を混ぜて出す黒色の伝統技術によるものであった。

歴史的な経緯のなかで、これ以上を探りあてることはできないが、色における様々な認識の問題については、まだ多くのことを検証する必要があり、今後に課題を残しているであろう。

最後に染色技術において、この調査を通じて貴重な伝承に触れることができたが、それは日本の天然材料を使った染色は従来からほとんどが色を定着させるために（色止めするために）、草木灰のいわゆるアク（灰汁）を使うか、大豆の煮汁を使用した媒染材の工夫とのたたかいであった。

しかし、中国の浙江省における事例をみると色数は限定されているものの、媒染材をほとんど使用せずして染色している。ここでは、わずかに塩が少々使われているのみで、これは染料の素材の問題なのか、あるいは水の問題なのかはまったく不明である。いずれにしろ媒染材なしの技術は相当に重視されるように思われる。

以上注目すべき特色について概観したが、最後にいわゆる民俗的な色彩表徴とは何かについて少々考察してみたい。

いわゆる民俗社会においては、色は実際上まったく生活のなかの標識であり、必ずしも決まったものではない。さらに装飾性の意味を考えるとそこでは、行事なり儀式なりにおいて何らかの非日常性を強調することに意味があり、色そのものについては意味をもたないのかもしれない。しかし、今日でも中国の人々にとっては紅色は吉祥色であり、それが喜びやめでたさを強調する色であって、日本でいうハレ感覚としてそれを使わざるを得ない意識にかられるのである。

すなわち、日本民俗学がこれまで対象としてきたハレ・ケという認識は中国の民俗社会にも顕著に観察され、日本の環境とは異なり、まだほとんど民家の家屋空間や村落空間では色彩の氾濫といった現象がみられない情況のなかにあっては、ひときわ色彩の刺激は伝統的に感知される環境のなかにいることを示している。すなわち日常的・ケの色と非日常的・ハレの色とを明瞭に区分する

ことができる環境であるということである。
　色が資本主義的なものであるのかどうかについてはここでは論じられないが、一方で社会主義国家の象徴として赤旗がシンボルカラーであることの歴史はともかくとして、現在の中国の民衆が認識する紅色は基本的には古くから好意的に捉えられてきた紅色への無意識の賛同であったと考えられる。
　ここのところではまだ、日本民俗において区別されるハレ・ケの対立概念がすぐさま中国の民俗社会にあてはまるかどうかについては疑問が生じ、これからさらに検討する必要があるであろう。

摘要

民俗现象中的色彩表征

小林忠雄

在这个调查活动中，笔者所担当的，是关于在中国民俗现象中使用什么样的色彩来进行象征性地表现这方面的调查研究。这是笔者迄今为止对日本国内民俗现象中的色彩研究的一个补充，笔者认为，这两者之间在结构上具有什么样的不同确实是一个进行比较研究的对象和领域。

这次调查，主要围绕着每年作为惯例的节日、活动，人生礼仪，农耕礼仪以及染色技术色彩方面的事例，进行了访问调查。

在调查结果中，以下几点情况是特别引人注目的。

第一点，调查的大部分事例都源于中国的基本传统观念——阴阳五行思想，但根据地区不同却有微妙的差异；另外，在汉族和少数民族（这里指畲族）之间，也可以看出色彩表征上的差异现象。

因此可以确认，色彩并不是在中国社会中统一的观念之下展开的，而是存在于一定范围内的民俗社会中，从某种意义上说，它是作为社会机能，或者是作为标志机能的色彩表征。

第二点，在中国，红色作为一种非同寻常的色彩受到特别重视，在所有的庆祝活动中都使用红色。这一点远远地超过日本，可以被看作是其显著的特点。另外黄色被认为具有驱魔消灾的咒力，然而，白、青、黑色却被认为是不吉利的颜色。

因而，将日本与中国进行比较的时候，就出现了这样一个问题，色彩感觉上的艳丽与暗淡的对立性，这种民俗性真的是一致的东西吗？也就是说，日本的所谓艳丽与暗淡的概念难道能够原封不动地简单套用到中国民俗中吗？这个问题没有获得解决。

第三点，在冲绳的八重山诸岛，有所谓 Akamata－Kuromata 的宗教礼仪。

红和黑具有的象征性,与我们在江苏省常熟市白茆乡所看到的事例中用红和绿代表太阳和月亮、男人和女人的象征性相类似。这一点得到了新的确认。

第四点,在日本,为使染色固定使用触媒染材,这样可以染出绚丽多样的色彩,但是在浙江的这些地区内,使用触媒材料的情况很少见,这个不同点可以说是一个新发现。然而,换一个角度来看的话,这个技术的应用与否确实不可思议地引人注目,可以考虑把它作为今后的一个研究课题。

Ⅲ 民间信仰与农耕礼仪

III　民間信仰と農耕儀礼

江南岁时节日与农耕信仰

张紫晨

一、岁时节日与农业季节性

岁时节日是农村社会与农业家庭中的重要传承。它以农历时序为进程，将农业劳动者的全年进程，分割成若干阶段性的节结点，从而制约着人们的生产和生活。

江南的岁时节日，以我所调查的江苏常熟白茆乡和浙江丽水的姚村、曹宅镇等若干乡、村而论，其与农业季节性的关系十分密切。它们连同通过仪礼、农耕信仰一起，构成农村习俗活动的主体。其中有宗教性因素也有非宗教性因素。通过仪礼中的丧葬活动带有某些宗教因素，如佛头讲经、超度亡灵、道士为女死者破血污、念经超生、祭七、为死者规定的一年三节（清明节、七月半、十月一）的祭祀活动，多带有宗教性。而亡灵经过七个七天方能到达阎罗殿，以及跨过奈河桥与人世阳间分开等观念，也与佛教思想有关，但大部分岁时节日，并非宗教性而是农业性。而且处处充满农耕信仰，表现生产意识。

江苏常熟县白茆乡溇泾村的岁时节日，特点最鲜明的首先是农时农节。其一年中节日的基本框架是四时八节。四时为春、夏、秋、冬。从总体上体现春种、夏锄、秋收、冬藏的农耕环节。八节为春节、元宵节、清明节、端午节、中元节、中秋节、重阳节、冬至节。这八个节日与二十四气相照应，贯穿于四时之中。二十四气为立春、雨水、惊蛰、春分、清明、谷雨、立夏、小满、芒种、夏至、小暑、大暑、立秋、处暑、白露、秋分、寒露、霜降、立冬、小雪、大雪、冬至、小寒、大寒。半月一节、一季六节。这个源于中原的岁历，在江南依然普遍使用。江南所重视的八节中，清明节、冬至节，正是直接取这二十四气中的节日。而春节处于立春前后，元宵节在立春与雨水之间。端午节在小满以后，中元

节处于处暑与白露之间。中秋节靠近寒露，重阳节在霜降左右。如果把农历二十四气作为岁时之纲的话，那么，常熟白茆乡农村所重视的八节，正是这个纲上的若干节点。其节日内容也均照应这个岁时的季节性。特别是与农耕生产周期的节奏密切联系着。与此八节并行的还有一些次要节日，如二月二、三月三、四月四、六月六、七月七、十月十等等。也均与农业生产密不可分。二月二，"蚰蜒百脚全下地"，"蝎子蚰蜒皆出兵"，万物复生，蛰虫复苏、与惊蛰有关。儿童要"剃虫窝"（剃头），成人要吃撑腰糕，使一年生产中筋骨强壮，不患腰疼，也是出于有利于生产的农耕意识。三月三，"荠菜开花赛牡丹"是百草发萌之时。阳春三月，万物充满生机，为农耕准备时期。在江南，大田中的农业生产已经开始，人们去拜祖庙，祈求一年保丰收。四月四是南方农家的开秧节。"上午团子下午糕，点心送到田埂头"，为迎接稻田生产的开端，这些节日，虽然没有八大节那么重要，但是农耕意识也是十分明显的。因此，与其说是人们追求节兴以增加人们的兴趣，不如说是出于农耕生产的根本需要，从而过上这些节日。在这个意义上说，农村世代传承的岁时节日，除宗教影响之外，其主要的出发点，便是有利于农耕生产。正因为如此，所以即使正月半（元宵节）这样的节日，除了过灯节的意识之外，那么还有走亲戚"喝荤汤"之举。特别是要在这一天称体重、吃补药，使在今后的生产中筋骨强壮，不掉膘，不消瘦。而在夏至节中，必吃糖粥。用枣、糯米、麦米、蚕豆、糖等一起煮粥。娄泾村即有"夏至不吃粥，死了没人哭"的谚语。这虽然是一种具有特点的节令饮食，但是它却有一个中心出发点，那就是农耕生产观念，和从此观念出发的有利于农耕生产的追求。

正由于这种生产观念的根深蒂固，所以这些有关农业生产的节日及其活动、饮食模式，也就固定不变，经久不衰。甚至时至今日，有些地区已发生农改工、兴办乡办企业的变化，从业农耕生产的人日渐减少（特别是青年农民更少）的情况下，这些节日还在人们心目中占有重要位置。

中国岁时观念，由来已久，周秦时期，已臻成熟。《礼记·月令》中已有仲春之月"始雨水，桃始华"的记载，而且在这个季节，"雷乃发声、始电、蛰虫咸动，启户始出……耕者少舍，乃修阖扇，寝庙必备，毋作大事，以妨农之事"，至于夏令，秋令也均以农耕为中心。百事服从禾稼。这在以农立国的中国来说，是至关重要的。当然，周时之农历月令与秦时之农历月令不同，惊蛰为二月节、清明为三月节是经历很大变化，至汉代以后，才有今日之岁时定制，但其基本观

念和规律，却具有始终一贯性，即使中国南北气候多有差异，也还始终成为人们遵奉的信条。

按《事物原会》二十四气始定于周代："《汲冢周书》周公辨二十四气之礼，以顺天时，作时训解，始有二十四节气名。"十五日为一气，二气为一月，二十四气为一年。然而不论其定制多么古远。它在中华大地之农村中，始终以岁时之根本制约着农耕农时的每一个环节。江苏东南部，风俗淳厚，务农为本，勤于禾稼，素为稻米之乡，因此农俗农节也富有传统。仅以其二月二日的"撑腰糕"即早已见蔡云的《吴歈》和《吴中岁时杂记》。

《吴中岁时杂记》云："二月二日，以隔年糕煎食之，谓之撑腰糕。"而《吴歈》中记载更为具体："二月二日春正饶，撑腰相劝嗾花糕。支持柴米凭身健，莫惜终年筋骨劳。"它虽为吴歌的吟咏，但撑腰糕的时间、吃法、目的却十分清楚。强身健骨以应终年的用意，亦清晰可见。此外，在徐士铉的《吴中竹枝词》中也有反映："片切年糕作豆条，碧油煎出嫩黄焦。年年掌得风难摆，怪道吴娘少细腰。"不仅生动有趣，而且又丰富了撑腰糕制作之细节。

再如七月半，全国各地将此节称为中元节，受宗教影响又视为鬼节，于是日超度亡魂。但在江苏常熟白茆乡，则不尽相同。该地虽然也有于当日祭亡灵之举动，并于当晚将所晾晒的衣物，收回室内。因为传说这天阎王要放出野鬼，以防它们在天亮之前，回不到阴曹，藏在晾晒的衣物之中。但是，在该地七月半的一个重要活动，却是要"斋田头"。此时农家要祀田神，各家准备好粉团、鸡黍、瓜蔬三属，于田间十字路口，叩拜祝祷，称为斋田头。这个活动遍及吴中地区，成为当地之惯习。

九月九日，重阳节。在文人之中视为登高节。多进行登高赋诗，饮菊花酒等，以寄雅兴。然而在吴中地区，常熟白茆等地，农民中间也将它视为大节。它有两层意义，第一是把它看作重阳信，即立秋以后的第一个寒信，它预示重大季节的转折。从此，不仅百工夜作，而且农事也有变化，要为秋收冬藏作准备。第二个意义是把它看作寿节，取九九之数，祈人长寿。因此，把重阳糕也认为是长寿糕。"每年吃块重阳糕，寿比南山万丈高。"在吴中地区，重阳糕是用米粉蒸成的五色糕。上面插上红绿小旗。也有放枣的。《吴歈》中说："蒸出枣糕满店香，依然风雨古重阳，织工一饮重阳酒，篝火鸣机夜作忙。"这种观念，也自有江南农家的特色。

冬至节，就二十四气看，只是其中的一气，并没有更多的讲究。然而在江南稻乡却极为重视，白茆乡有"冬至大如年"的谚语。而且这天，要以新稻酿酒，必吃团子。这种团子是用糯米粉制作，中间有馅，以糖、肉、菜果、豆沙、芦菔丝等作成。做好后，用它祀先祭灶，然后馈赠亲友及自家食用，名为冬至团。各家都必应此节。尽管过去贫富悬殊，穷人常常有困难，以至常有"财主团子骨碌碌，穷人眼睛骨碌碌"的现象，但依然要追求这种冬肥年瘦的举动。特别是此时要以新稻酿酒，称"饮新稻酒"，它也有尝新稻，祝丰年之意。其农耕季节性十分明显。这种季节性的表现，反映江南农村岁时的根基与农耕节序的密切联系。而其中的农耕观念由于这种农耕节序的制约，更是无不贯于岁时节日之中。

二、岁时节日中的祭与农耕信仰

在江苏常熟与浙江的兰溪、丽水的调查中，时时会发现农村的祭祀活动，并且许多祭祀活动都与水稻耕作有直接的关系。例如：常熟市溇泾村，种稻时有烧火把的举动，种稻前搓制稻草捆，一把一把的。然后把它们捆成大捆，拿到稻田里去，抽出一个一个的小捆，点燃，在稻田的地上走来走去。照亮田头，使燃烧的草灰落到田里。这个举动在观念上是一种火把祭。在实用价值上是为即将下种的秧田增肥加温。又如：祭祀猛将老爷。当地刘猛将被奉为掌管蝗虫的神，每年祭祀一次。由各农家轮流作猛将社，负责组织，各家捐助。猛将老爷有塑像，每到祭祀时，便将它从庙里抬出，使它坐在类似轿的小亭中，众人抬着它，敲打锣鼓、举小旗围着田走。走走停停。停轿处在地上插上小旗，即表示此处有猛将老爷巡过，不再有蝗虫。然后抬起再走，再停，再插小旗，直至把全部田地走遍。祭祀的时间，多在农历七月份，白天进行。（正月十三日为刘猛将军诞辰，因此，这天也多有祭祀）猛将社，一般为十来家组成。猛将社组成要到猛将老爷那里去报到。各村都有猛将社，各社要互相协商，排出日程及各社抬猛将巡回的时间、次序，猛将巡回仪式完毕后，组社的主家要开宴，宴请参加社的各户家长。这种祭猛将活动成为常熟地区七月份的重要节日活动，牵涉到各村村社社。家喻户晓，影响广泛。《乾嘉录》与《土风录》中均有记载。

此外，祭猪婆也是一种常见的活动。这种祭是在养猪家进行。特别是生下小猪以后，要举行祭猪婆仪式。祭时，先把灶神请出来，将猪神纸码挂在猪栏的柱子上。用黑鱼祭，以祈母猪平安。这种祭祀没有固定的时间，亦属江南农村生产

祭的一种。

但是更重要的是在农时节日的祭。首先是祭家堂。在江苏常熟每家都有家堂龛（木制），置于正堂北墙上角第二根檩上。每逢春节，重要活动之一，便是祭家堂。祭家堂，实为祭祖宗。家堂即祖先堂。祭品为雏雄鸡一只，鸡口插上一条葱，两条鲤鱼，一整块肉，半把葡萄，四十个水果。鸡、鱼、猪三牲为主要。此外还有蜡烛、香纸等等。家堂龛中，先人死后三年，立牌进入此家堂。多为近祖。家堂中如有三十人，则要放 30 个酒盅。祭时敬三次酒，跪拜。除除夕大祭一次外，家中生下男孩，要祭三天。兄弟分家后，各立家堂，每到春节排出次序轮流祭。长子年三十祭、次子二十九祭、三子二十八祭，家堂龛内有木像或纸像，也用木牌。有钱人家祭后还要做道场，请戏班唱戏。

这种祭家堂，在江南常熟一带遍及家家户户，是稻作文化区的祖灵祭。目的在于祈求家祖家宗对后代儿孙给以保佑，人丁兴旺，禾稻丰收。在溇泾村，庆丰收活动的时刻，正是除夕晚上，与此祖灵祭一起进行。祭时与祭家堂为一体，念祷词，感谢祖宗保佑了丰收。这样，家堂祭又成为丰收祭，又是农耕信仰的重要部分。

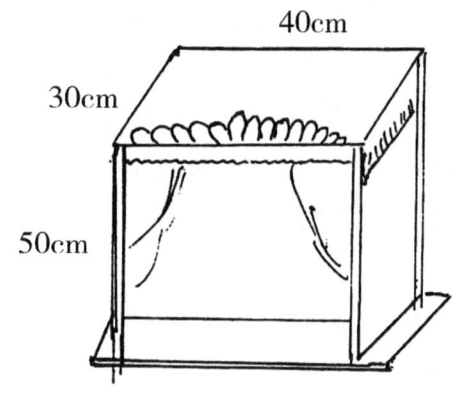

在春祭之中，祭田公田母，也是重要的祭祀。白茆乡、溇泾村于正月初五举行。各家在家里各行祭祀，田公田母是稻田之神。神偶为画在纸上的像，折起竖置于祭桌上，左为田公，右为田母。在他们面前横放一把筷子（十双）。筷子面前放香炉，左右各一烛台，点燃蜡烛再前一排摆成五个酒盅。酒盅摆五个碗，分别装有鱼、肉、鸡、麦、藕，燃香跪拜。至清明时，还要在田里拜田公田母。拿上香纸到秧田中，把烧纸卷在整束香的外面插在田里，祭拜。谢灶祭，在江苏白茆地区属于经常性农祭，各家灶台上均有灶神绘像。常年摆在灶台正方或侧方，当地谢灶，一年要进行九次。年初一为第一次祭，祭灶时供品为两块豆腐干，一碗汤团，一碗面，第二次谢灶为正月半，每家做大团子，越大越好，这种团子叫"稻棵团子"。这次谢灶有迎接灶神，为他接风之意。当地习俗，头年的腊月二十四日，送灶神归天庭。正月十五日接回。这第二次谢灶要隆重迎接。因为灶神在

这天带回来三石六斗米，人们要在家里恭恭敬敬等着，不能到别人家去串门。如果灶神回来时见主人不在家，便会寻找，找到你在谁家，米就给了谁家，这三石六斗米，意味着一年的丰衣足食。所以人们在这次迎接灶神归来的谢灶中，要做大大的"稻稞团子"。这个举动与祈祝好的年景密切有关。此后，清明节有祭灶，六月初四、十四、廿四祭灶，八月初三、十五、廿四三次祭灶。六月的三次祭，用豆腐干、橘子、玉米、莲藕。富庶人家有用全鸡、全鸭、全羊祭的。八月初三的祭灶，除豆腐干、水果外，还要用长寿面，因为这天是灶爷老婆的生日。

如此众多的祭灶谢灶活动，在全国看来，也是比较特殊的。清代顾雪亭所选《土风录》多记江苏风俗。其中"祀灶"（灶马、灶门）条即记有"六月四日及二十四日家祀灶"。在中国北方祀灶为腊月二十三，无夏季祭灶的习俗。但《土风录》的作者指出夏季祀灶乃是古俗："按《月令》夏祀灶。《孔氏正义》云：灶神常祀在夏，俗祀于夏，固合礼然……祀时以纸印灶神像供灶门，谓之灶马。"可见江苏常熟之祭灶，渊源久远。不过，一年九次祭灶是有其特殊性的，不知此俗之所本，或许是当地的创造。至于与此有关的跳灶王，即腊月乞儿丐户装钟馗灶神到人家乞钱米的举动，也为江苏所特有，被认为古之大傩，即腊傩。其源则更古了。但不管如何古老，这种祭都是从事农耕的农民群体所奉行的。它们一经与人们的农业生产活动结合起来，便被赋予深刻的农耕意识，成为追求生产的精神寄托。

这种情况在浙江丽水市曹宅镇也同样有所反映。如在清明前后播种季节，要喝清明酒、吃清明肉，拜土地公公。烧香拜祭后，把香插在田里，然后正式播种。插秧第一天，还有"开秧苗"仪式，要吃猪肉，请几个亲戚先吃。丽东村在清明期间，有"围秧田"的举动。当地稻民在播种布秧时，为防鬼踏秧苗，用柳树枝插在秧田四周，把秧田围起来，以防鬼进入。不仅如此，在稻谷丰收时，还要祭土地爷爷。稻谷成熟，先把熟透的稻稞割下穗头，搓成米，做新稻饭，再煮一块肉，奉献在土地爷爷面前。即把这新稻饭及供肉摆在有秧的田头上。请土地爷爷先尝，表示对他所赐予的丰收的感谢。在浙江金华，五月二十五日，祭五谷神，此时青苗生长正旺，还有祭青苗的仪式。一般用演社戏（婺剧）的方式进行，但也有用饭、菜、茶等供祭的。

基于对农事丰收的心情，不仅在年中行事中强化了祭拜祖宗的观念，而且扩大了对民间神祇的崇拜。金华地区，七月半的中元节有尝新米习俗，新谷饭要先

祭天地、祖宗，还有耕田的牛。在姚村每年正月初六举行的大型灯会中，灯队的行进中，必祭的是祖宗坟和吴公庙。此举十分壮观。初六黎明，从小祠堂请出小龙头，放在村中舞台前，村民献祭鸡、鱼、肉三牲。下午4点，各家操龙灯、鸣炮、接龙头，列队出发。前面是大族、灯笼、高跷，接着是两个人抬着的大铜锣，后面是銮驾：旗罗伞扇、金瓜钺斧、魁斗，绕村两周到村中，将各家灯会齐，在祖宗祠堂前展列。然后到祖坟祭拜，再到吴公庙拜吴泽菩萨。丽水地区还有祭壶公庙，拜胡公将军的。乡民相信这些民间神祇是生产的保护神，并以此祈求农耕生产的丰收，实现大好年景。敏河村冬至节时，在祠堂分肉，摆酒祭祖。

这些重要的祭祀随岁时日，百行不厌。其深层隐义与传统观念，导致行为上的多重复现。充满了农耕信仰的强烈意识，使农村的各项民俗活动不断活跃。

这些农时节令中的各种祭祀，充分反映出江浙一带稻作文化区农民的心理定式。由于祭是循四时之气、八节之序，所以每年流行运用，俗有相承。由于它以农耕信仰为动因，所以导引人们不断增强祈祝意识，期冀莳壮禾丰，物衍天成。

三、岁时歌谣的季节意识

江苏白茆地区是山歌之乡。白茆山歌远近驰名，在白茆乡渌泾村，更富有山歌传统。在他们题材广泛、丰富多彩的山歌中，农时季节的山歌成为人们头脑中保存最长，应用最勤的一个部分。人们常常用来进行农时问答，季节预示。表现了深刻的季节意识和富有特点的农事活动。

白茆歌谣对于一年十二个月，用时令花名加以表示。如：一月梅花、二月杏花、三月桃花、四月蔷薇、五月石榴、六月荷花、七月凤仙、八月桂花、九月菊花、十月芙蓉、十一月水仙、十二月蜡梅花。花的季节性最强，江南的气候，使每月都有相应的花卉开放。这样，十二个月，配上十二种花，不仅显示了民间对时令花卉知识的了解，而且也使季节流年深入人们的脑际。歌谣的这种实用性时时刻刻在深化着人们的季节观念，启示人们把握农时，顺时而作。

除用花来表示外，白茆山歌还常用时鸟来表现。如：

> 二月里来雁门开，燕子双双南方来。
> 不到季节他不来，过了季节飞脱哉！

夏季里来鸽鹑来，鸽鹑飞来把秧栽。
姐女拔秧郎栽秧，两手弯弯六棵栽。

秋季里来白鹳来，耘耥农活结束哉。
白鹳飞来郎上岸，夫妻双双探娘怀。

冬季里来野鸭来，金黄稻谷收起来，
飞到南方正有吃，吃到清明回去哉！

时鸟的来去标志着季节的变化。季节的变化又反映着农事的活动。而且农事活动中又以栽种、莳耘、收获为大的环节，呈现出水稻耕种的季节活动。

在江南农村，主要农时是稻作耕种 因而一切有关农作或农时季节的歌，都以稻秧的栽种为重。如：

啥鸟飞来郎下秧？啥鸟飞来姐拔秧？
啥鸟飞来郎上岸？啥鸟飞来稻上场？

燕子飞来郎下秧，鸽鹑飞来姐拔秧，
白鹳飞来郎上岸，野鸭飞来稻上场。

基于农时季节问答的歌谣，明确地将稻之下秧与收获之上场，作为问答中的主要内容。这里的燕子、鸽鹑、白鹳、野鸭四种鸟，成为下秧、插秧、上岸、上场的四个生产环节的时间信息。它通过艺术手段取得象征意义，将明确的季节性词略去，使人们见鸟而知季节，见鸟而知行动。由此，也可以看出，民间口头文学创作与农耕生产的直接联系。这样的季节观念，无孔不入地浸透于各个方面，在稻作农民思想行为中起着重要的指导作用。

民歌中的这种描述，不是随意而为，它是以大量农作、农时、动植物以及气候等实际经验为依据，因而在传承中具有极大的稳定性。在一般情况下，它是不能更改的。尽管其中的文词表达尚不甚圆润和雅驯，但是却有其基本定式，在农时不可更宜的制约下，在民间多处反复应用着。

例如，当地的十二月歌，也常常以应时开放的时花作为每月的起句（兴句）。诸如"正月里梅花心里红""二月里杏花粉英英""三月里来开桃花""四月蔷薇像爬藤""五月石榴满树红""六月荷花伏中心""七月凤仙朵朵红""八月木樨满

园香""九月菊花盆里青""十月芙蓉对头稀""十一月水仙像条龙""十二月蜡梅雪里开"等等。用它们将每月四句的歌体带出来，既取其声韵，又取其时序，同时又可照应每月的活动。如四月"四月蔷薇像爬藤，养兔副业最最稳，灰兔肥料最最好，兔毛还可纺绒绳""八月木樨满园香，社员家家要养羊，羊灰肥料质量好，羊皮出口派用场"都是这种方法的具体运用。

在中国南方，以十二个月的体式表述一年到头的生活的歌十分流行，有用以表达为人佣工的长工的生活者，称为十二月长工歌。有歌唱孟姜女为丈夫万喜良送寒衣的十二月孟姜女小唱，还有表现妇女生活的十二月歌。重在一年从头至尾的叙述，目的在于通过一年十二个月的连续吟唱，全面记叙长工或妇女的生活。如江苏地区过去就流行着这样的长工歌：

一月里来一月中，腰里无钱手里空，
计算春天难过活，无可奈何做长工。

二月里来二月中，畚些秕稻碓臼里舂，
当家老板碓旁过，糠多米少骂长工。

三月里来三月中，打发长工祭祖宗，
替化包子替磕头，居然是个"主人翁"。

四月里来四月中，脚踏水车手攀弓，
当家老板田里过，水大水小骂长工。

五月里来五月中，挑担黄秧倒田中，
一众秧师齐下镗，压死挑秧小长工。

六月里来六月中，六月太阳高火烘，
堂前老板摇凉扇，田岸上热死小长工。

七月里长工七月中，扫帚榔枷与长工，
上场扫了下场打，雷暴雨打死小长工。

八月里长工八月中，手拿镰刀下田中，

大众人人齐下镗，下镗压死小长工。

九月里长工九月中，钉耙麦种与长工，
当家老板田中过，嫌稀嫌厚骂长工。

十月里长工十月中，挑水桶子与长工，
老板奶奶厨房到，水缸里没水打长工。

十一月里长工十一月中，洗菜淘米叫长工，
手冷不许怀里捂，脚冷不许踏火烘。

十二月长工十二月终，长工被压一年中，
长工吃苦没处诉，天工有眼不放松，
半夜三更起把火，把他银子烧成锡，
把他金子烧成铜，乱卷坑里搭卷棚，
与俺长工一样同！

  在这里，时序起着贯穿的作用，而且每月长工的活动，又与当地重要生产环节相扣和。因此虽然写的是长工之苦，但也反映出农时农活之貌。但是，在这样的歌中所用的每月的起句，采取平叙，句子本身只点出月份，没有具体的象征。有的还用"正月里来正月正"一般性套语。这点，就不如前面所述的花名时序性更强，民间说唱里也时常有十二月花名的演唱。这种歌唱的知识性既有识"草木虫鱼之名"外，农时节季知识，往往是更有重要的。他来源于农耕意识，又反过来强化农耕观念。过去有人说民间口头传承是"农民的文字"，是看到了这层意识的。这不仅是说作者是农民，而且是指这种口头传承中表现的是农民的意识和思想。因此农耕信仰、农耕观念便占有极重的分量，而其创作的实用目的之一也就在这里。这正如民间节日饮食与民间节日游艺也都贯穿着农耕心理一样，都是农村物质生产文化与农村精神文化密切结合的产物。它们如同纺织物中的经纬线一样，纵横交织于其中。对于了解江南水乡稻作文化区的农耕文化，其意义是不可轻估的。

  民间口头文学中所反映的文化现象，大多直接与生产相联系。也就是说，其中的文化蕴含，是经过"生产者"的眼光过滤过的，因而凡是与生产有关的知

识，都被放在突出的位置。当然，与生活有关的知识，在民间广大生产者的眼中也是十分重要的。

农节农时的歌谣，是生产歌谣中重要的一种。它们虽然与一般的劳动歌不同，不是直接描写劳动，但是它对农时的把握，劳动的进程，种植的急缓却至关重要。丰富的经验升华为耕种的科学。在这里农耕意识与操作经验溶铸为一体，艺术因素与科学因素也结下不解之缘。

总括以上，可以看出江浙农村岁时节日富有深刻的农耕意识。其中，农业季节性与农耕信仰、季节意识融而为一。它们是时间民俗的重要表现，年中行事的核心，由于农耕生产的世代传承和生活的稳定，在农耕祭祀、生产仪礼、收获仪礼方面始终处于不变之中。在江南稻作文化区，农耕仪礼是服从于水稻耕作收获期的进程而进行的。在水稻下秧之前，耕种尚未真正开始，因而这一阶段时间予祝性仪礼显得特别重要。许多春季农时农节都在展开祈祝方面的活动。祭供祖先、田神、土地以及其他民间神祇，反映了这个祈祝的愿望，避除灾害，保证丰收的动因使节日活动十分活跃。而在夏秋之后，各种农时农节的展开，又在于收获和尝新祭方面。其许多谢祖、谢神之举动，在这一段的节日中比较突出。江南多种双季稻，使水稻之种植与收获时间拉长，收获仪礼也以六月和九月为多。除此之外，为了能使生产者健康从事生产，在劳动者自身的护理与保健方面也通过节日饮食习俗加以表现。诸如立夏吃补品身体过磅，二月二吃撑腰糕之类，追求健腰健腿、体魄旺盛，也富有特色。至于求雨、防雹、赛龙舟等活动仪礼也都在生产需要或农闲空隙进行。这看来虽无固定节日，但是服从生产、保护生产的意识也是十分明确的。农时农节不仅是村落性的，而且是地域性的。特别是与耕种（稻作、大田作）有密切关系。稻作耕种对农时农节的要求，与传统岁时既有统一之处，又有不同差异。其中的各项活动也就有若干不同点。因而农耕意识有许多表现也是具体的。但是，这并不影响人们在岁时节日中投进的生产意识。因此，透过岁时节日，是可以看出在稻作民心理深层农耕信仰的基本点。它对于了解江南农耕民俗文化是有重要意义的。

以上为初步调查，由于时间短促，所得有限，谨此录之。

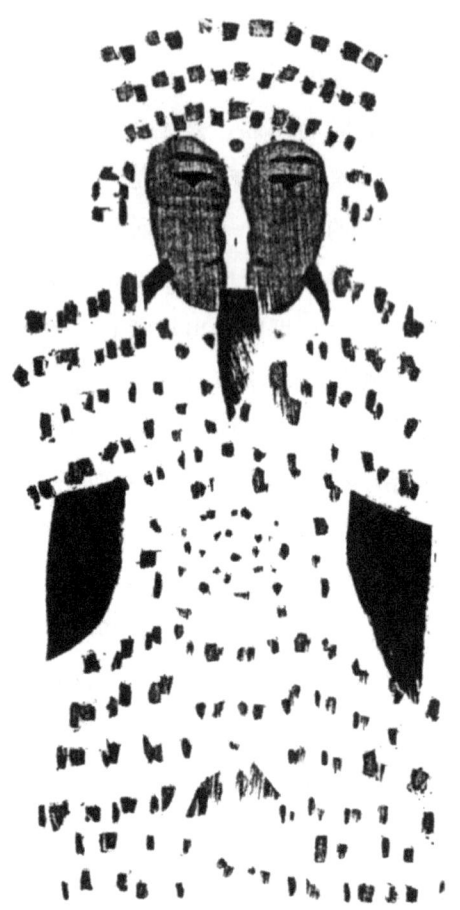

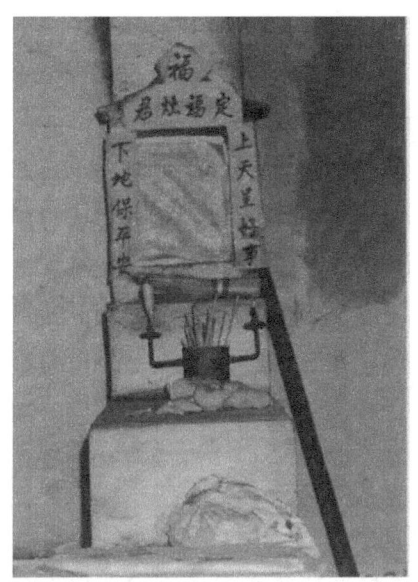

要旨

江南の年中行事と農耕信仰

张 紫 晨

　本文は江蘇省常熟市白茆郷婁泾村および浙江省金華の姚村、曹宅鎮、敏河村などの江南村落の農耕民俗文化の調査により書いたものである。本論文は三つの部分からなっている。一つは中国江南農村の年中行事の季節観念とその意味。四時、八節、二十四気の季節性的内容および農業生産との関係をのべた。そのほかの農村に関する年中行事についても簡略にのべた。第二の部分は江蘇、浙江両省の年中行事の中の祭祀と農耕信仰の関係について重点的にのべた。具体的に「焼田祭・猛将祭・猪婆祭・家堂祭・田公田母祭・謝竈祭・清明祭」などをのべ、その農耕信仰と心理的な原因を分析した。第三の部分は主に年中行事に関する歌謡の季節的意味を分析した。江蘇省白茆郷における農耕に関する歌謡に表われた季節観念と農業生産への実用的な価値は季節の知識、農耕意識と文字との結合である。最後に年中行事の中核とそれを貫く農耕信仰の基本的要点を概説した。

方岩胡公神及其信奉风俗的调查

吴刚戟

方岩,浙东第一名山,宛如一颗璀璨的明珠,镶嵌在永康县东部。这是经省府批准的浙江第一个旅游集镇。它不仅拥有"稀、奇、怪、绝"的景观景点,且有闻名遐迩的千年古刹,而其胡公大帝灵显著称于世后,更变得神奇令人向往。

对于方岩的具体描绘,明嘉靖《永康县志》有明确记载:"方岩山,县东五十里,高二百余丈,周六里许。其山四面如削,驾飞桥石梯而登。将至绝顶,有两岩相峙为关,一夫守之,万夫莫开。上有亭,曰透关。自亭而入,地皆平衍。有井,曰砚井。有池,广亩余。有祠,曰佑顺侯祠。右有佛庐,曰广慈寺。寺后有岩,高数仞,曰屏风阁。其下有石室,深一丈许,广数丈。僧构室于旁,居之。寺门之左有坑。广二三尺,深二百余丈,曰千人坑。坑之侧有小径,缘崖而登,行二百余步,有石穴,曰读书堂。俗传胡侯弦诵之地。诚一方之形胜也。"方岩自然景观与人文古迹紧密相连,相互辉映。自胡公祠庙建立迄今,方岩更发越其光辉。尤其在胡公庙会到来时节,岩顶岩下热闹非凡,盛况空前。据《金华府志》记载:"邑人奉祠唯谨,每岁秋仲,浙东西来礼于祠者,率数百万人。"方岩的游客与香客每逢春秋季就从四面八方潮涌而来,几乎每天络绎不绝,除本地本省者外,并有远及千里之外的福建客、广东客和上海客等。有的挑着香碗,背着香袋,担着祭品,抬着三牲;有的敲着木鱼,扣着响铃,手执长香,肩扛红烛;有的三跪一拜,口念经词,许愿神灵,祈求保佑。总之,善男信女对胡公崇拜得五体投地,这里的胡公在她(他)们眼里,心里,不再是普通的平常之人,而是威灵显赫,消灾灭病,祛邪降福、永保平安之神圣。

胡则其人与胡公之神

胡公,俗称胡相公,老胡爷,也常以封号谓称胡公大帝。胡公原来是个普通

人，北宋时期的一位真实的历史人物。他姓胡，名则，字子正。生于北宋乾德元年（963），卒于宝元二年（1039），享年77岁。祖籍卜居永康县胡库村。他的曾祖父叫胡彭，祖父叫胡彦潋。其父叫胡承师，字元祖，号达人，宋国子博士，官至尚书兵部员外郎，赠吏部郎中，其母应氏。他的家族并不显贵，但其祖宗三代乐善好施，修功积德，备受乡里百姓称赞，有一定名望。

胡则少年长在农村，喜爱习武，就读于方岩，通经史，经乡里荐举参加科举考试，于太宗端拱二年（989）三月进士及第、金榜名传。淳化二年（991）委为许州许田尉，后补蕲州广济宰。至道二年（996）擢任宪州录曹。咸平二年（999）升任秘书省著作佐郎，签署贝州节度观察判官公事。景德四年（1007）升为本省丞，出知浔州，同年升任太常博士，提举二浙榷茶事，兼知桐庐郡。大中祥符元年（1008），其母应氏病逝，奔丧居家守灵三年。大中祥符三年（1010），任朝奉郎太常博士，出知永嘉郡。第二年（1011）迁屯田员外郎，提举江南路银铜场铸钱监。大中祥符七年（1014），擢任江淮制置发运使，转户部员外郎，入为三司度支副使，并荣膺金紫之赐。大中祥符九年（1016），升礼部郎中，但丁谓失宠，受牵连，被贬为京西路转运使，二年后"被诏诘责"。天禧三年（1019）移广南西路转运使。因义抚夷舶有功，以户部郎中复充江淮制置发运使，转吏部郎中，改太常少卿，后来被目为"丁党"贬为信州知州。正逢其父病卒，在家守孝未去赴任，至丁忧期满才出任。天圣三年（1025）谪迁福唐郡（福州）知州。天圣四年（1026）四月，进封为右谏议大夫，移知杭州。天圣六年（1028），入权吏部流内铨，后因"荐举不当"从右谏议大夫降为太常少卿，出知池州。天圣七年（1029），官复谏议大夫，知永兴军，领河北都转运使。天圣八年（1030）升给事中，回京师任权三司使。天圣九年（1031），免去权三司使，谪贬知陈州。明道元年（1032），升任工部侍郎，集贤院学士。明道二年（1033），进刑部，以侍郎再次知杭州。景祐元年（1034）四月，获准致仕，加封授予兵部侍郎的荣衔，定居杭州。宝元元年（1038）九月，其夫人陈氏病逝，胡则因丧偶，积郁成疾，于宝元二年（1039）六月十八日与世长辞。他的一生浮沉宦海四十七年，可谓：一举登科，"逮事三朝，十握州符，六持使节，选曹计省，历践要途"。在仕宦生涯中，由于胡则善于体察民情、好行仁政，力主宽刑薄赋，改革弊端，有德于人，有功于国，百姓以为"其也利有以惠之，其没也功有以庇之"，"生当侯封，死当庙食"，所以在他少年读书之处——方岩，为之建祠立庙，树立偶像，

将他作为神灵加以祭祀崇拜。

胡公庙兴建及信奉之风的盛行

　　胡则所处时代是北宋王朝从兴盛到中落的时代，内外矛盾日益加剧加深，究其原因主要是农民赋税过重。胡则却应顺民心，主张改革旧制，宽赋除苛，安抚黎民，稳定国家。特别是为民请命向皇上奏免身丁钱的壮举获得成功，给金华、巨州两地人民永免了身丁钱，办了件大好事。这不仅因此永垂史册，并且在当地人民心目中留下了不可磨灭的光辉形象。胡则逝世后不久，乡里百姓在方岩大悲寺旁为他立祠庙，是为每年岁时有个奉祭纪念的场所，显然是出于人民感恩戴德的一种表示。因胡则是北宋前期一位名臣，为人正直，为官清廉，"不以物喜，不以己悲"的仁人君子，且又善于敬贤礼士，备受北宋大政治家、文学家范仲淹推崇，范文正公有赠胡仕郎诗为证："官秩文昌贵，功名信史褒，朝廷三老重，乡党二疏高。"范仲淹在亲自为胡仕郎所撰写的《墓志铭》里予以高度赞颂，曰其："进以功，退以寿，义可书，石不朽，百年之为兮千载后。"乡里百姓的信奉、名人学士的宣扬，对胡公拜祭者日益增多，胡公盛名更广为传播。朝廷为巩固封建统治者利益的需要，亦许可报以神之典。宋徽宗宣和二年（1120），农民领袖方腊在睦州青溪（今浙江省淳安县）举旗起义，东南地区农民云合响应，起义军集结百万，声势浩大，攻克了六州五十二里。在永康县的首领陈十四也率义军数千人围攻县城，知县见势不妙，只好退占离永康县城五十里的方岩山，靠方岩"绝壁无它径"的天然地理环境保护自己，战胜了农民起义军攀涧夜袭的战斗，致使义军葬身于方岩山的千人坑之中。方腊农民起义整个遭到镇压后，当时永康地方封建官吏就编造了胡则英灵助王师殄灭巨寇的传说，向皇上奏请下旨敕封胡则为佑顺侯，并光大其祠庙。方岩山原是佛教净地，早在唐大中四年（850）创建了大悲寺，属天台宗，北宋治平二年（1065）大悲寺经过翻修，改名为广慈寺。胡公庙开始建在大悲寺左侧，后庙久而圮，将胡公像迁入寺中位于大雄氏之前。就在宣和年间大兴土木、重新修建了广慈寺和胡公祠庙，并被皇上封为佑顺侯。其后，南宋绍兴末年皇上又赐庙额：赫灵，并累加嘉应、福泽、灵显、极于八字。淳祐间又遂进爵为公，更号显应，寻加正惠。宝祐初再加忠佑。从此，每年不仅在祭祀时拜祭胡公，而且"能御大灾祀之"，"能捍大患祀之"，已将他作为神来崇拜之。随着胡公灵显的传说增多，胡公也就更加显得神奇，最后被冠为

"胡公大帝"。胡公祠也再次得到修建与扩建。广慈寺后殿（以洞为阁的屏风阁）成了胡公大帝坐落的主殿。乡民为奉祭胡公方便起见在邻境普遍建立了胡公别祠。据元代进士黄溍在《胡侍郎庙碑阴记》中记载："公本以助王师、殄巨寇，庙食于一乡，而其光灵，无远不被。能出云为风雨，农人咸以望岁者望于公。凡村墟里社，必为祈报之所。故公之别庙，布满于郡境，不啻数十百区。"胡公别庙越建越多，信奉胡公之风更为盛行，人们对胡公之崇拜达到顶礼膜拜的程度。清朝国子监学正应宝时在《重建胡公庙记》一文中说："庙成不数月，远近乡民争助冠袍、幢节、钟鼓之属，几无虚日，于以知公之灵至今犹赫濯如守土时也。余郡暨绍台温处诸郡公庙以千百计。……惟浙东千里，几无一邑一乡无公庙，则公之能使桑梓远蓄害，蒙庇覆，亦彰彰可信矣。"

方岩胡公庙会和八月十三

方岩胡公香火为农历八月、九月最盛，每天上方岩朝拜胡公的人数达万人以上。其八月十三方岩庙会，仅在这一天，在永康县境内就有72个胡公和上百个罗汉班上方岩换香火与游案，加上香客和游客人数要达数万人，以岩下街至方岩顶，人群川流不息，挤挤攘攘，热闹非凡。为何在农历八月十三方岩胡公庙会这一天特别隆重、格外热闹呢？传说是：一、胡公为乡里百姓除赋解难，奏请朝廷免除了婺衢两州人民的身丁税，百姓为感恩感德定这天为祭拜胡公的纪念日；二、胡公为励精图治，提倡人民练武御敌，每年流传民间的武术罗汉班云集方岩在这天接受胡公检阅；三、胡公为人间消灾灭病，确保五谷丰登，六畜兴旺，乡民为向胡公还愿酬谢，喜庆吉祥；四、谓为胡公管远不管近，选择这天为特向胡公兴师问罪之日，俗称"打胡公"矣。但也有人传说，农历八月十三日是胡公生日（不过传说胡公生日是二月二十五日为多）。在胡公诞辰之日必至方岩朝拜庆贺，乡民认为这一天祈求保佑将来定有洪福降临。又因为方岩胡公神像是千年香樟精心雕制而成，此乃胡公属正宗，真神所在，最为灵显，它方面大耳、赤脸黑须，栩栩如生、神采奕奕，头戴珍珠缀成的皇冠，腰佩龙泉剑，仪表堂堂、端庄和蔼，令人可敬可亲。所以大家竞相必至来此膜拜。但是上方岩只有一条通路，且又蜿蜒曲折、高陡狭窄，方岩顶可容纳人数有限，仅八月十三方岩庙会，一天时间远不能适应善男信女之要求，于是约定俗成，八月、九月的日子都成了朝拜胡公好日子，正好又是秋收农忙过后的时间，因此，四面八方的来客特别多。平

日去方岩朝拜的香客一般三五成群结伴而来，有的一家人同来，有的志同道合者相约而行，到了方岩顶在胡公神像前先上灯烛、烧香跪拜，然后许愿还愿、求签诗，并表诚意向殿主捐赠钱物，有钱人拜罢胡公在回去路上还向穷人乞丐施舍一些钱财。八月十三方岩庙会这一天可不寻常，主要的活动由各地民间胡公会有组织有安排地进行，有的以都乡为单位组织，有的以村镇为单位组织。每个胡公会都有一个胡公殿和一个胡公龙庭设置，胡公龙庭用木雕朱漆而成，状似宝塔式的楼台殿阁，胡公神像坐在其中，并雕造有胡公十兄弟的造像，平时胡公龙庭摆在胡公殿神位上，参加方岩胡公庙会时将胡公龙庭背上方岩。起驾胡公龙庭仪式隆重，有仪仗队，要鸣礼炮、敲锣打鼓，有罗汉队和各种娱神表演的队伍护送，少则几百人，多则上千人，既声势浩大，壮观威严，又美妙动人，活泼有趣。胡公会组织上方岩朝拜胡公的队伍一般次序排列是：先行长幡、长旗、头旗、蜈蚣旗、大刀、响钗、盾牌、红缨枪、棍棒、火铳等组成的罗汉队；再行荷花神、高跷、大面姑娘、十八蝴蝶、十八狐狸、九串珠、台阁、旋车、三十六行、十字莲花、讨饭莲花、狮子枪球、敲敲班、唱戏班等组成的传统文艺娱神表演队伍；后行鹅毛旗、令字旗、香案、铜锣、字牌、花竹、挑香碗、刀钗、万岁牌、胡公龙庭、黄阳伞、降神者、挑抬供祭品者和背香烛的人，在胡公队后随着拜佛念经的香客。朝拜队伍从村里出发，路经各地游案时迎胡公队伍在后，但到方岩脚时，迎胡公队伍必在前，而迎案与表演队伍在后。胡公会组织的队伍到了方岩顶，在胡公大殿前，首先鸣放鞭炮，供上祭品拜祭胡公，烧香跪拜，降神者跳上供桌在香炉里掏香灰，将新的香灰装上。这叫为村上胡公庙的胡公换香火。然后迎案的罗汉班队伍在胡公殿回旋顺三圈，倒三圈，娱神文艺表演队伍边走边表演，朝拜胡公队伍仪式完毕后，即离开方岩胡公殿让别的胡公会队伍朝拜胡公，下方岩原路回村将胡公龙庭背回村里的胡公殿安放原处，胡公会参加方岩庙会的一年一度大活动才告结束。另外，在方岩胡公庙会前后，有的胡公会在方岩顶还演胡公戏表示庆贺，有的胡公会则在自己村上组织戏班演上二天三夜胡公戏，也叫还愿戏。据说在永康县境内共有105个胡公会的胡公，而八月十三日上方岩的胡公只有芝英、厚塘、渔浦里、柏岩等72个，由于风俗习惯不同和其他条件限制，其余的胡公会的胡公，就在八、九月其他日子上方岩进行换香火及游案活动。据调查，胡库村和在城八保、莲湖、独松的胡公在八月初一上方岩，四十四坑、新店、前仓、石柱等地都在八月初十，派溪、岩后、武平等在八月十一日，唐先、

古山在九月初九上方岩。胡公会集体组织上方岩除本县外，还有外县的，如义乌的胡公会组织在八月十七、十八日，东阳、盘安在八月二十三、二十四日，而东阳南马在九月初一上方岩。不过，据当地老人回忆说，外县只有东阳、义乌有案、缙云、盘安迎罗汉。但最迟组织上方岩的却是金坑、下位、八字墙、三十里坑。岩下街人说是金坑、下位缴客坤。从方岩庙会八月十三的盛况之空前，八、九月之间朝拜胡公地域之广，人数之多，说明了人们对胡公神的崇拜，信仰之追求的虔诚。这是人们精神上的一种寄托与安慰，也是人们封建文化心态的根深蒂固的反映。方岩胡公之所以吸引四面八方来的香客，有其历史的、民族的、社会的、文化的原因。固然是人们对胡公神的信奉，其实拜神和娱神活动，也是人们对精神文化生活的渴望与要求。虽然其中有的属于封建迷信，但有益的、健康的仍是对民间民族传统优秀文化的继承与发扬。如朝拜胡公时种种武术表演和文艺形式表演，在今天对人民还是有益无害的，至少可以增强体质、愉悦心情。庙会原是封建礼教的产物，可是它依然是人民群众对文化的一种创造。只要弃其封建糟粕，今天政府还是允许组织庙会活动，以丰富活跃人民群众的文化生活的。

信奉胡公之风俗的传承衍变

信奉胡公之风俗，是在一定的历史条件下和一定的地域范围内形成的。此风盛行其历史已久，从北宋中后期始，有八百多年历史。信奉胡公者除婺、衢两地外，杭、宁、绍、处四属为最多，温、台其次，亦有远自江苏、福建、上海、广州而来的。朝拜胡公每年在春秋两季香火最盛，因人们在一年开春之际总想图个吉祥如意，在收获的季节总要借机喜庆丰收感恩酬报。一般香客为表虔诚，上方岩进香前往往斋戒吃素三天，头一天晚上务必沐浴，并要通香告知，第二天凌晨全身内外换穿新衣裳，上路时先洗火浴，后背上香烛和粽子、麦饼等点心，还愿者还要挑上供品，到达方岩朝拜前还需再行洗脸洗手，跪拜求胡公保佑或求签诗时不能少于三跪三拜。拜别胡公后，香客常常在方岩天街或岩下街店铺里，习惯买些竹木制的方岩大刀、宝剑、泥捏的鱼蛙哨子，以及佛珠神像、纸皮老虎、五光十色的纸花等等，捎带回家与亲友或里邻孩子分享欢乐。善男信女同是信奉胡公者，由于信奉的虔诚程度和地域环境不同，习俗也有差异。绍兴、嵊县、新昌客到方岩拜胡公最早，刚过年，正月初二、三就背着香袋上方岩。东阳客上方岩往往长年不断，尚有"方岩胡公日日不离东"之说，对胡公信奉之虔诚数东阳

客，她们上方岩胡公要从家乡起身边念胡公经边拜到方岩。处州人对胡公信奉之虔诚亦远近闻名，其丽水人上方岩有七步一拜和一年两拜连拜三年的习俗。松阳、遂昌人在年关十二月底还上方岩，甚至连年三十日夜也不回家过年。天台客上方岩通常带活的大雄鸡，当场在胡公殿前杀生敬请胡公。传说天台有一个单身汉，捧着一只烧熟的雄鸡请胡公，胡公想他是个单身汉，养只大雄鸡很不易，就让它还生。当这个单身汉在低头朝拜之时，供桌上的鸡不翼而飞了。他好生奇怪，结果回到家里大雄鸡早等着主人了。从此天台人上方岩请胡公就用大雄鸡。金华人上方岩与天台人却不同，请胡公用的是老母鸡，这也事出有因。传说金华有一个老太婆上方岩，背着一只老母鸡请胡公，胡公看看老太婆养一只老母鸡很辛苦，就在半路上让老母鸡逃走了。老太婆到了方岩边拜胡公边责怪自己不小心让老母鸡逃走，拜好胡公回家，只见老母鸡蹲在鸡窝里下蛋。因此，上方岩请胡公用老母鸡成了金华人的习俗。只要在上方岩人的队伍中，有迎着鸡娘案、挑着一副担，敲着一面锣的就是金华客。在调查中，发现对胡公信奉的习俗表现形式多种多样，除上述外，尚有诸暨人喜爱三五成群地背着引人注目的花树上方岩，在胡公殿举行花会。永康派溪的花灯、文楼的大轿在正月十三日夜，岩下街的龙灯在正月十四夜上方岩顶参拜胡公也相传成习已久，每年到时非举行灯会不可。但现在为确保人身安全，当地公安部门禁止上方岩顶举行灯会了。永康本地的和来自东阳、武义、义乌、金华的妇女，还有到方岩胡公庙靠山（又称靠庙）的习俗，往往在二月二十五日胡公生日，方岩胡公庙会的八月十三日前后或每月初一、十五日夜为多。所谓靠山就是在胡公庙里就地坐夜圆梦，虔心敬胡公，求福增寿，发财致富。去祸消灾，平安无事，风调雨顺，五谷丰登，或求胡公保佑自己有个好命运、好丈夫，终身有依靠。靠山必须在头一天白天到达方岩山顶，第二天天亮时下山返归。笔者今年去方岩调查采访时，正巧碰上二月二十四日胡公生日的前一天，目睹成群结队上方岩靠山者。其中有一支队伍是从永康象珠区珠山乡来的，有敲锣打鼓、吹唢呐拉琴的，有背着胡公旗号，迎着黄阳伞，手捧捐赠的胡公冠帽、龙袍、胡公夫人凤冠、锦衣，有背大香烛、挑着丰盛供品敲着木鱼、扣着响铃、口念胡公经、背着香袋执着香的妇女，共 300 余人，在靠山前举行了朝拜胡公的隆重仪式。但信奉胡公的风俗中最为独特的是永康荆州厚吴人在遇大旱之年举行向胡公问罪求雨的仪礼。先是从本地胡公殿抬出胡公像问罪姑爷，后去方岩请胡公三夫人回娘家（传说胡公三夫人是厚吴人）。全村上方岩求

雨者全是男人（女人不去），事先斋戒三天，去方岩时身穿白布衫，腰系稻草绳，从早上三时起身，沿路看见烧灰当场扑灭，遇着带雨伞和箬帽者，将它夺下撕碎，逢田缺与桥跪拜。到了方岩将降神者用绳与胡公像的头吊在一起，口念《求雨咒》："天灵灵、地灵灵，田土晒得龟壳形，泥鳅晒得像铁钉，蚌壳螺蛳晒得郎郎声，求求姑爷上天讲讲情，降我姑家三竿雨，田稻丰收保太平。"全村求雨的人从晚上跪到第二天天明才能起身回程，传说每次向胡公求雨后，老天爷都降雨，并且求雨路过的地方全下着雨。解除了旱情，厚吴村人即兴高采烈地迎着罗汉，将胡公三夫人送回方岩，并抬着三牲供品向胡公还愿，表示谢恩。

以上所述情况，说明了信奉胡公之风俗，同信奉其他神佛的风俗有相通之处。它约定俗成，由人相袭，代代相传，其心理信仰因素起着重要作用。它有较大的传承性与稳固性，所以许多风俗至今还保持着。但它并不是一成不变，也在逐渐演变中。

信奉风俗是具有鲜明的时代性、社会性的。它同任何事物一样在不同时代、不同社会里都会打上自己印记，因为它受不同的经济、政治、文化因素的影响。随着时代的变化、社会的进步，人们对方岩胡公之神的崇尚风俗，在解放后，尤其是现代化的今天，已开始淡化。关于胡公灵显的传说也在减少（目前市场已经缩小），信奉胡公的观念相应在动摇、改变。因为，多次进行破除封建迷信活动，方岩庙会的娱神活动性质发生了本质变化，基本上成了娱人的文化活动，政府与文化部门组织的庙会只是运用其形式，目的全然在于丰富人们的文化生活的需要。虽来自各地到方岩朝拜的香客时多时少不统一，但总的看与解放前相比大为减少，而随着方岩旅游事业的建设与发展、风景名胜的开发和扩大，游客也在日益增加。以往上方岩围绕农事活动多，现在提倡科技兴农，求神问卜少了；过去医药落后，卫生条件差，生老病死怪现象多，只得求天老爷与胡公神保佑，现在条件完全两样，就医便当，技术高超，科学治病，起死回生司空见惯，人们一般都认为拜神求佛无济于事。现在上方岩，有关单位社团组织甚多，并利用其节、假、日活动、职工、干部、学生上方岩人数巨增，这是新时代产生的上方岩之新风俗。由于交通发达，现代化交通工具增多，生活节奏加快，过去上方岩的程式在今天已不适应，人们已将它简化。上方岩的来客云集快、疏散也快、住宿方岩顶与岩下街的香客与游客均明显减少，方岩镇一带的人不可能再靠过去单一的旅馆业维持生活，那种"吃胡公，用胡公，不靠胡公一切皆空"的状况不得不彻底

改变。在改革开放的今天，以岩下街为基础新成立的方岩镇，立足于自力更生，一面加强改造农业，积极发展村镇工业，另一面加强对方岩自然景观与人文景观建设，合理发展商业网点，使整个方岩面貌焕然一新，从而吸引了更多游客。仅据 1988 年统计，旅游业总产值达 450 万元，镇办工业总产值达 323 万元。展望未来，方岩镇的经济基础会打得更加厚实，方岩会建设得愈来愈美好。加之，又有胡则这位有德于人、有功于国，深受人民大众爱戴拥护的历史传奇人物在增辉添彩，这颗浙东明珠必将放射出更加灿烂的光华，必将吸引更多的中外游客。

要旨

方岩胡公神とその信仰

呉　剛戟

　方岩胡公神は地方の偶像神であり、浙江各地でよく知られている。江蘇、福建、上海、広州にも影響がある。胡公、胡相公、老胡爺と俗に呼ばれ胡公大帝と封ぜられる。彼が実は宋の時代の人で、963年生、1039年卒、浙江省永康県胡庫村の出身である。一生官途で47年、兵部侍郎の重職にあった。民情をよく察して、仁政を行ったため、人々は彼の少年時代読書した方岩に、廟をたて、像をつくった。永い時代をへて、胡公は人間から神にかわった。

　胡公を崇拝する原因は、1、彼が生前民衆のため皇帝に上奏して、金華州の人民の身丁税を免じ、民衆の心のなかに良いイメージをのこした。2、歴代の支配者が自分のために、胡公の霊は王を支持することを作りだし、重ねて彼を封じて神化した。3、彼が人柄がよく、人に好かれた。ほかに社会、宗教、文化などの原因もある。

　この風俗は歴史の産物で、当時人々の精神状態、文化レベル、経済、などとは密接な関係があり、地域により異同がある。方岩胡公廟会8月13日、9月9日の胡公を祭ること、各村の上方岩換香火儀礼、各羅漢隊の遊案の風俗に特色がある。普段の胡公を祭る行列からもさまざまの風俗が見られる：金華、義烏の勧娘案、諸曁の花会、永康の雨乞い、珠山の胡公誕生日の儀礼などである。

　この信仰は時代と社会の発展により変化する。科学、技術、情報発達の社会では、神への信仰は明らかにかわった。昔、上方岩には胡公を祭る人が多かったが、いまは観光客が主である。胡公の信仰はよわくなったり、消えたりしつつあり、新しい風俗が方岩で形成し、その影響も次第に大きくなる。

浙江民间的建房礼仪

周星

1990—1991年，我作为中国方面的成员，参加了"中日农耕民俗文化比较研究"考察团在中国江苏、浙江两省及日本冲绳县农村的民俗学实地调查。本文以考察团在中国浙江省兰溪市殿山乡姚村、丽水龙江乡山根村（畲族）和新合乡堰头村的调查为基础，并结合其他相关资料，重点记述和讨论贯串于浙江农村民间建房过程之始终的种种礼仪活动。

一

在浙江农村，农民兴建房屋，都需要经过审慎、周密、实际和相对长期的准备工作，对任何一位农民来说，建房都是人生的一件大事。建房的准备包括筹集一笔可观的资金；逐渐购置积累建房所必需的材料，诸如木料、水泥、石灰、石料、砖瓦、黏土以及少量的钢材等；得到村民委员会乃至乡一级政府对其新建房屋宅基地具体地点位置和具体面积大小的核定与批准；请来可靠的工匠（手艺人）与帮工等等。在姚村，宅基地是由村委会统一规划和批准的，一口人大约平均25平方米，三口之家的宅基地面积一般在75平方米左右。为使建房工程顺利展开，村民们常会动员一切可能的人际关系与社会资源，甚至不惜负债筹款。在金华地区，过去曾有为建房而"做会"的民俗。除为了获取宅基地的批准而奔走之外，还有必要协调好与亲友近邻的关系，这样就可以使建房工程始终得到亲邻的帮助，也将减少那些可能发生的与宅基地相关的邻里纠纷。

浙江农村民间建房，一般在农闲季节进行，如农历八月或二、三月，但以后半年闲暇且天气好时居多。一旦开工，常一鼓作气使工程完成或基本竣工。除备料、选址外，民间建房的基本程序为看风水、破土、开沟、夯打地基、排宅基（脚）、平磉置础、立柱、砌筑墙壁、上梁、吃上梁宴或竖屋酒、葺顶做脊、安

门、砌灶、粉刷、乔迁等。由于不同地区不同民居类型的区别，浙江各地建房工序在细节上多少有所不同，但一些基本程序却是大体一致的；与此相联系，伴随各个基本工序，总有许多形式不尽相同，意义却大体相近的礼仪行为得到普遍的信守与遵从。

浙江民间建房，要始终得到风水先生的指导，尤其是房屋坐向，开工、上梁等举行重要礼仪活动的时辰，建房者总会听从风水先生的建议。一旦宅基地被确定，就要请风水先生看风水（相宅），看风水主要包括确定宅基、测向定桩、确定房屋坐向和开工时辰等。浙江农村多数村落都有一或数名风水先生，他们均为男性，一般处于半职业状态，有求而必应。山根村和堰头村都有风水先生，姚村以前也有，现在则需要从邻村去请。邀请本村或邻村的哪一位风水先生，随建房者自便。金华地区的农民十分讲究"三场"即屋场、灶场和坟场的选择，都要由风水先生来确定，人们相信，风水看好了，子孙就会发家。

风水先生以罗盘（指南针）、黄历和各种民间手抄流传的风水书为工具和依据，对宅基地的风水环境予以评价，一般都要亲临宅基现场。由于生存空间拥挤，宅基地因风水先生的意见而实际变更的情形并不多见，就是说，风水先生一般不会对事主费了一番周折才获得批准的宅基地轻易否定，他总有足够的理由为这块既定的宅基地做出正面评价，或者建议事主通过各种方法弥补该宅基地在风水环境中的缺陷。风水环境包括宅基周围的山脉走向，水势流向，地势高低等，一堂好的宅基，会被称作"风水宝地"。风水理论中不乏附会穿凿，但民间宅基的实际选择一般总以地势高亢、背山面水、向阳避风、视野开阔平坦、距离农田近而方便为通则，其中显然内涵着长期的经验积累。浙江民居的功利取向与风水先生的指点，每每是大体上一致的。

在浙江民间，请风水先生确定宅基的礼仪已经衰微，于是，确定房屋坐向、大门朝向、开工时辰等，便成为风水理论影响民居建筑及建房活动的主要途径。浙江民居以坐北朝南为多，金华谣谚有"高田的谷、朝南的屋""有福住得朝南屋"之说。但是，民间屋向与门向绝不取正南的"子午向"，据说"子午向"为金銮殿（皇帝所居）、寺庙（菩萨所居）和官衙专擅，小民百姓无此福分，若僭越取了此向，会对房主不利，所以，民居总是多少偏离正南而取东南或西南之向。堰头村风水先生方永康家的门向便是回避子午而取癸丁之向的例证；在姚村，房屋一般取向东南，村民们认为朝北风大阴冷，朝西则有西晒之苦。在多数

场合下，房屋坐向（即正堂朝向）和庭院大门的朝向相一致，位于同一轴线之上，但也有因具体环境而变通错开的情形。

建房开工时日，由风水先生根据事主或其全家的年龄、生肖和生辰八字（年、月、日、时），配以阴阳五行和天干地支等，不使相互冲犯而与房屋坐向等同时确定。人们把由风水先生确定的时日称作"黄道吉日"或"吉时良辰"。当拆旧房在原宅基上新建房屋时，虽不必相地，但时辰则是必看的。

风水先生把吉时良辰写在一张红纸帖上，交由建房者保管，并会因此得到一个内装若干元人民币的红纸包。风水先生所获酬劳的数目从数元到数十元，无一定之规，因建房者的重视程度与富裕程度而异。建房程序及其礼仪的一系列重要时辰，可一次看好，也可分数次择定。浙江民间建房请风水先生择时定向的礼俗，是当地人民时间与空间民俗观念相互交接的焦点，其中尚有许多细节及其意义有待进一步澄清。

二

一般来说，吉时良辰一到，建房者会风雨无阻地如期破土动工。在浙江各地，破土前和破土时的民间礼俗主要有祭拜土地、镇宅驱邪、淋血奠基等。

山根村村民过去建房动土前，要拿着肉、鸡等供品，到村头的土地庙（水口殿）上供烧香，口中念念有词地祭拜土地公公，告诉土地说"我家要建子孙堂，请求土地公公准许"。在姚村，建房动土前也要拜祖坟（行一公）旁的土地庙（照片一），人们燃三炷香，点三张纸，作揖叩拜土地，祈求他保佑建房工程顺利。由于民间土地信仰的泛化，不少地方除祭拜总管全村的土地外，还要祭拜专门管辖宅基所在之地的小土地。

各地的破土仪式不尽相同。在金华地区，开基时人们要宰一只公鸡，取血拌以米和茶叶，先撒宅基四周，再用锄在四周各角略挖几下，是为动土。① 这是奠基、驱邪与动土相结合的仪式。这天人们还要吃"起工酒"。姚村在祭拜土地后，要贴上书"甲马将军"的菱方形红纸符与上书"兴工动土姜太公在此天无忌地无忌阴阳无忌动土无忌百无禁忌大吉大利"之类咒符字样的长条形红纸符于四邻屋角墙壁或工地附近的醒目之处，然后方可一齐动手破土开工（照片二）。这是驱

---

① 章寿松主编《金华地方风俗志》，浙江省金华地区群众艺术馆，1984年，83页。

邪与动土相结合的礼仪。有一种说法认为，动土过程中应始终能够看到这两个贴在一起的红色的镇邪之符。甲马，亦即纸马，泛指供人们祭祀或焚化的神像，有时则只写神名于纸笺。在兰溪、衢州一带，都有兴工动土时贴"甲马将军"的风俗。兰溪一些地方，过去连伐木之举，也要在四邻房角贴"甲马将军"，以防坏了地气或有损风水。[①] 之所以用姜太公为镇，民间亦多有说辞：一说管妖的诸神均为姜子牙所封，故建房请其镇邪，以成好事；另一说则谓姜子牙死后神位已满，玉皇只好封他为"瓦老爷"，地位虽不高，但专管百姓宅基房屋之安宁。

照片一　姚村土地庙，人们建房动土前要来这里祭拜土地　　照片二　殿山乡小集镇张姓村民建屋动土时所贴的镇邪红符（尹成奎摄）

在山根村，破土前的镇宅驱邪仪式比较复杂，畲族村民称之为"生插"与"淋生血"。动土吉时一到，由风水先生在木签上写以"敕令"之类咒语。裹红纸于木签之上，并钉入宅基，此木签被称为"令箭"，它可使宅基周围的凶神恶煞一概退避，是为生插仪式。

"生插"之后，由风水先生宰一只公鸡，口念"王母娘娘给我一只制煞鸡，我是天上白鹤仙师，我的刀不是平凡刀，是上帝玉皇给我的宰鸡刀"之类咒语；宰鸡时动作凶猛，并念口诀"宰了凤凰金鸡，头上花冠血淋淋，制了五方龙神土煞"；边念口诀边淋鸡血于宅基四周："一点血下地制凶星，二点血下地制恶煞，

---

① 陶敦植主编：《兰溪风俗志》，兰溪县县志编纂办公室、兰溪县文化馆，1984年，10页。

三点鸡血下地制了五方龙神土煞……"；每次口念咒语，最后两句总是"天煞归天去，地煞落地藏"。是为淋生血仪式。咒语使鸡血渐备神力，淋生血旨在避邪气镇恶煞，以保建房工程顺利平安。有时也有用茶叶、米染以鸡血，撒宅基四周以避邪的情形。宰杀之鸡，一般由风水先生、建房者和泥水、木、石诸工匠在淋血之后共食。当泥水匠按照风水先生指定的地方动过第一锹土之后，主人与帮工即可一齐动土。

破土诸仪式的细节虽异，但基本态度无非有两种，一是谦恭的祭祀祈求，消极地避邪，二是积极主动地对宅基四周的五方土神恶煞予以威胁和制约。

破土之后开掘夯沟、扎砌墙基等，一般都在泥水匠指导下进行，较少特别的仪式，唯求平稳坚固。不少地方在筑砌屋墙时忌听哭声；东阳一带尤忌女人朝墙而哭，若遇此情形，必停工重新择日开工。据说这是泥水匠人们的规矩，与孟姜女哭倒长城的传说有关。[①] 在兰溪，建造房屋时闻听哭声，为屋坍之凶兆。屋墙或以黏土板筑（照片三），或以砖砌。

浙江传统的土木结构民居，多以木柱及梁架承重，墙壁更多地具备空间分割的意义，因此，某些地方建房，置础立柱也有一定礼俗。在姚村，置础立柱要择定吉日，石质柱础之下多填以碎石块等物做坚固处理；在山根村，还有淋鸡血于柱础和木柱根部等仪式细节。兰溪一带建房搭脚手架竖第一根柱子时，要祭请鲁班莅临，并缚香纸于柱上。

三

屋墙砌就，房架搭好，就要请风水先生为上梁仪式择定吉日良辰。上梁仪式由祭祀鲁班、浇梁、抛梁接宝、吃上梁宴等一系列复杂而又紧密衔接，并可以相互说明的仪式细节所构成，它是浙江民间建房礼仪中至关重要的项目与程序，因而也是最为隆重的。民间建房最重上梁，它实际上也是宣布或象征新屋竣工或新居落成的礼仪。

上梁之前，要举行敬天地、祭太公和鲁班先师以祈求上梁平安的仪式。在堰头村，上梁前祭鲁班时，要用截自大梁的木墩做烛台，祭后则置木墩于中堂案几

---

① 金华市民间文学集成办公室编：《浙江省民间文学集成·金华市故事卷》，中国民间文艺出版社，1989年，62页。

之上，长期保存。姚村在上梁前要再拜土地。山根村祭请鲁班师傅时，横置大梁于桌上，供以鸡、肉、酒、茶、斧、尺、墨斗等。在东阳一带，有上梁习俗传自鲁班的说法。如果上梁仪式由木匠与泥水匠共同主持，那么，偶尔还有同祭鲁班与张班的情形。

无论是将正梁搁在砌就的土墙顶端，还是仅将中梁或中檩安装于既定位置，上梁礼仪之所以隆重，首先是由于"梁"在土木结构民居中具有重要的作用。在多数情形下，上梁主要是就中厅或堂屋而言的。有时，大梁早已就位，上梁只是时辰一到，抽去垫物，敲大梁于既定的榫卯结构之中。

照片三：山根村村民在板筑屋墙

浙江民间建房上梁，有一系列增进大梁神性的仪式或行为。讲究风水者，木匠制作屋架与大梁时，也要选择吉日。在堰头村，过去有从采伐、运输到制作，大梁均不得落地，否则不吉的禁忌；讲究者甚至在上梁前一日才从山中砍来活木，连夜赶作。木匠坐其上干活时，敬此活木若神，称自己是鲁班而非凡人。金华一带也有视大梁为生命之物的类似习俗。在采自东阳县南溪乡的《上梁歌》中，有"破树木"一段，说大梁、小梁、紫金梁、栋梁，其树木生于昆仑山中，小将军出游发现，五母娘娘出判，程咬金开斧，鲁班仙师取料，不长不短地做成等内容，这也是夸张大梁神性的一例。① 根据

照片四：古井村村民叶正泉在碧湖镇开设的小店，专售贺房用的对联，由他的女儿照看着小店

---

① 东阳县民间文学集成办公室编：《中国民间文学集成·浙江省金华市东阳县歌谣谚语卷》1988年，115页。

对一则民间故事①的阐释,浙江某些地方上梁时钉红布于梁上的习俗,除驱邪保平安,祈愿上梁顺利的意思外,红布还被作为人心的替代物用以祭祀大梁。

在兰溪等地,人们借助悬挂的物件来增进大梁的神性。大梁正中有红纸横批"日月拱照"或"紫微拱照"及其他四字吉语,柱上常贴"竖柱喜逢黄道日,上梁巧遇紫微星"之类志喜庆贺的对联。根据在民间文学普查中搜集的各种风俗诠释型的民间故事异文,浙江民间普遍相信张贴此类吉语,可避阴鬼邪气,可逐火烛灾星,可使祥瑞之光环照,新屋坚如磐石。②许多人认为紫微星即为皇帝(乾隆或朱元璋),这意味着新建屋宇如同皇帝宫殿一般。姚村上梁时,在大梁两端或柱梁角各挂五色利市布、灯笼、粽子等物;中间或有由木匠挂的剪刀、镜、尺诸物,并嵌于米筛之中;连根的万年青与松柏枝被红线系于梁上;有时,还将两根连根的毛竹(称作"龙凤竹"),从两侧用红布交系于栋梁正中,并不使竹根离地。

在山根村,大梁也十分讲究。正中要贴竖长方形的黄纸,上用红笔(或用鸡血调以朱红颜料)竖书"紫微銮驾在此","紫微在此"或"天皇在此"以及"百无禁忌"或"天地无忌"等。两端有绕梁的红纸圈,并悬挂木锤、彩灯、五彩布,正中有时也要悬置米筛、尺子和镜子等物的组合。根据风水先生的解释,木锤称作"令星锤",可使天上凶星恶煞退隐。彩灯称作"七星灯",从上梁之日起早晚均要点燃达七天之久,亦为镇宅驱邪之物。五彩布条又叫"利市布",多用红、青、蓝、黄、绿诸色,据说分别代表五行,功能亦在避凶趋利;五彩布一般不用白色,因其不吉。米筛、尺子与镜的组合,可使这些镇物的法力成倍增强。又有红布五谷袋,内装少许稻谷、麦、豆、茶叶、糯米乃至钱币,用一撮头发悬于梁上,五谷表示五谷丰登,头发则通过谐音表示"头家发财"。正厅或中堂多柱于上梁之日,均贴红色对联,全为庆贺溢美之辞,诸如"华堂建就六亲力,玉宇落成百匠功""新厦新地新气象、好山好水好风光""华堂集庆""新宅接福"之类。

上梁仪式一般由木匠与泥水匠共同主持。在山根村,水匠高喝吉时已到,遂

---

① 邵忠胜讲述《上梁挂红布》,载《山海经》1991年2期。
② 兰溪市民间文学集成办公室编:《中国民间文学集成·浙江省金华市兰溪市卷》,1989年,258~259页。

抽去梁柱榫卯间的垫物，将大梁敲入榫中，同时鞭炮齐鸣，是为上梁。鸣放鞭炮除具驱邪之意外，还有烘托热闹氛围与告知乡邻的作用。此外也有时辰来到，由两位父母双全、子孙兴旺的"全人"用红布将栋梁提拉到位，再由木匠安装固定的情形。大梁到位，一般不得差长错短，须恰到好处。抛梁由木匠和泥水匠二人共同进行，他们从梁上向四方抛撒五谷、花生、糖果、发糕和小馒头等物，村民们尤其是孩童争抢，以抢到为吉。撒五谷时，建房者先以布单接之，然后换用红布或红纸包半斤左右，置谷仓中，俗云可兴家发财。置于谷仓的红色五谷包可保存数年之久，人们相信它有药用，可熬汤治病。抛梁时，斗中之谷，筐篮中的发糕与馒头，多不撒完而必余少许，以讨"有余"的口彩。抛梁之后，木匠、泥水匠与风水先生均可得到事主红色的酬谢。

姚村与堰头村的包括抛梁在内的上梁礼仪，与山根村大同小异。堰头村在上梁时，要杀公鸡淋血于木柱根部和大梁两端。姚村在上梁礼仪中，要给木匠和泥水匠吃"利市蛋"（染红的熟鸡蛋），送"利市包"（即红包）。他们抛撒的馒头，表示发家致富；糖果，表示日子甜蜜；枣，表示早生贵子；花生，表示生财和后代兴旺；荔枝、桂圆，表示圆满吉利；"茶叶米"，表示利市与避邪等。梁上所挂诸物，在宴请之前不能取下；随后要将连根的万年青和毛竹种植在房前屋后。

一般情形下，上梁必须按时进行，风雨无阻。在金华一带，上梁若遇雨天，人们会说"屋宇屋宇，竖屋逢雨"，以为吉利。上梁仪式中所抛的各种东西，都具有特殊的法力，这既由一系列增进大梁神性的行为所促成，也因抛梁者喝才唱词的语言魔力所导致，同时也可通过抛撒物本身的象征寓意来体现。金华各地抛梁中"先利自家"的仪式，最好不过地说明了这一点。所谓先利自家，是指抛梁开始时，先由建房者家人张开被单盛接抛撒物的仪式细节，类似的习俗也见于山根村的上梁礼仪之中。浙江民间普遍相信，抛梁之后建房者必能兴旺隆盛，抢捡到抛撒物的亲邻也认为他们会因此得到好运。当然，抛梁在一定程度上也表示主人乐善好施的德行。

四

木匠和泥水匠在主持上梁仪式的每一个细节程序时，口中多念有吉词或高咏口诀颂歌，以为祝贺；口拙者仅简单数句，但也有发育传唱为长篇"上梁歌"或"抛梁歌"而泱泱极尽祥语吉词者。上梁或抛梁歌，已经成为浙江省农村民间仪

式歌的主要类型之一。

1991年3月,我从山根村村民钟文华的手抄本风水书中采录了《竖造喝梁一段》,全文如下:

夫以夫以①,一枝香通天啐(抄本原字),二枝香红洋洋,三枝香请你鲁班师傅到中堂,三茶三酒,凤凰金鸡,豆腐仙饭、落刀净肉。住在浙江道处州府丽水县×都×村×地方,兴造房子一堂,中华人民共和国×年×月×日×时上梁。红洋洋,红洋洋,两边排起金菊黄,六亲九眷多来到,金杯银杯排横上,手把金盏出外堂,一步金梯步步高,二步金梯彩(采)仙桃,三步金梯三大元,四步金梯四子(季)大法(发)财,五步金梯五子登科,六步金梯六国成(丞)相,七步金梯七星宝箭(剑),八步金梯八仙过海,九步金梯九子十三孙,十步金梯十子中状元。脚踏炮楼台,一朵鲜花满地开,二月开起桃花红,八月开起贵(桂)花香,西(喜)洋洋,西洋洋,叶弄②先生看了一堂好住场,坐在青龙之地,朝在金鸡凤凰山。哪个人看见有大梁,黄(王)母仙娘看见有大梁,哪个人彩大梁,鲁班师父彩大梁,彩支陈(沉)香做大梁。大梁生在哪里,大梁生(在)金鸡凤凰山,大梁根生在五湖四海,大梁叶生在金鸡对太阳。鲁班师父差起三十六徒弟,开了一支陈香木,落山横手拿章干(杖杆),量一量,大头量得小头量,小头量得大头量,两头量的一样长,取得一堂好住场。三十六徒弟抬在肩头上,一抬抬到鲁班师父大作场。一只木马三只脚,两只木马凑成双,放在木马上,做个好大梁……

山根村建房礼仪深受周围汉族民间基层文化的影响而稍有变异。此段喝梁吉词,当系辗转抄自他处汉族风水先生或工匠之手。对照于流传在东阳南溪一带的《上梁歌》,可知此段"喝梁"文中包含了祭请鲁班、爬梯登高、抛梁、风水相地、破木做梁等段落,前后也显然有不少脱落舛错。

建房上梁或抛梁的仪式歌谣,多是由木匠与泥水匠创作与传唱的。在浙江省,以东阳、湖州等地的此类歌谣流传较广。咏唱种种建房歌谣,是工匠们技术之外另一颇为重要的谋生技巧,极尽恭维祝福之口彩,可讨建房者欢心,多得一些喜赏之钱。同时,多说好话也可赢得更多的生意。若就上梁歌之类建房歌谣的

---

① 夫以,即"伏已",相传为鲁班高徒。
② 叶弄,相传是过去一位老风水先生的名字。

内涵意义加以分析，它所反复表述的主题主要有官宦功名、发家致富、平安和祥、五谷丰登、人丁兴旺、长寿吉利等，这些都是浙江农村的民间理想。

抛梁结束，建房者向工匠及小工们发过喜钱之后，便立即开宴款待工匠、帮工、风水先生和前来祝贺的亲友邻居，是为"上梁宴"或吃"竖屋酒"。

竖屋酒，旨在感谢与回报大家的辛劳与帮助。吃竖屋酒仪式与民间贺房习俗密切相关，前来赴宴者，尤其是至爱、亲朋、好友，必有种种贺礼（诸如发糕、馒头、粽子、面条、鸡、肉、鸡蛋、红包、镜匾、万年青、画轴、对联等等）带来，以恭贺主家新居落成。丽水市碧湖镇古井村村民叶正泉，在碧湖镇上开设了专售贺房对联的小店，生意很好（照片四），这表明送对联贺房的礼俗是相当普及的。竖屋酒宴上很讲究座次，以右上为尊，八仙桌之上推崇风水、石匠、泥水与木匠，然后才是娘舅或本家长辈的太公。在山根村，酒宴前先要敬酒祭祖，请本家祖宗同吃竖屋酒；宴席务求丰盛，以烧肉、豆腐、米饭和自酿土酒待客。姚村贺房用的粽子，表示新房四面八角均已齐全；所收对联画轴，按规矩要将岳父、娘舅和朋友送的挂在堂屋正中（照片五）。在姚村村民姚富云家的正堂上，一块上面红书"富云同志大厦落成志喜"的镜匾，已悬挂了数年之久，落款多为同村同姓的人。

浙江农村民间建房，程度不等地普遍存在着帮工互助的习俗。在山根村，建房请亲友帮工可不付工钱，建房者只需付给工匠工钱，浙江各地的畲族村落，一家建房乃全村大事，乡亲们会自觉前来帮助，人们觉得这是一种义务。在姚村和堰头村，关系好的亲友之间建房帮工，也不要工钱；即使一般的村人来帮工时，东家须管他们吃饭和付少量工钱，这其间的关系也绝不仅仅是雇佣关系。

帮工互助与亲邻馈赠，为农村乡俗社会中人际关系礼尚往来的传统所规范，它以互惠互酬为原则。馈赠可得到预期的回报，帮工也多具有换工的属性。一般在同村、同族或姻亲之间，互助换工的义务可以保障建房者在必要时获得足够的人手。

从祭请鲁班、叩拜土地等直至竖屋酒宴，总体上都是民间上梁礼仪中前后紧密衔接的不同组成部分。在许多地方，视上梁为新居落成或竣工。上梁礼仪结束后，葺顶铺瓦、安门起灶及屋内装修等，既可抓紧完成，也可从容为之。上梁后的建房礼仪，一般地讲，主要有安门、起灶和乔迁。兰溪一带在上梁宴之外，还要设一次"完工酒"宴，再次犒劳工匠、帮工及送礼者。

五

门在浙江民居中具有强烈的象征性，故民间素有"千斤大门四两屋"的谚语。一般来说，正门（或庭院大门）的重要性远远高出侧门、偏门、后门与便门。

姚村新居安门，须择日而行；门梁两顶角处压挂五彩利市布条，旨在避邪，一经挂上，便不得取下直至其自然脱落。根据金华一带人们的解释，五彩布条代表五方神主有五将军护卫，故大吉大利。在不少地方，安装门梁的仪式，也可能在上梁仪式之前举行。浙江农村与门有关的各种礼俗诸如门神、门对、门斗、门匾、横批、门向、"开门见福"之类，十分繁多。在山根村，安门须请风水先生看好时辰，也要挂五彩布条；凡通往户外的门均有门神把守，农历每月初一、十五多插香于门框敬之。据说村民蓝炳贤家的庭院大门，符合风水先生说的"生气门"，故其家道兴旺。

大门或正门的象征性，主要表现在两个方面。门首先是家室内部与外部空间的分界，由于外部世界充斥着鬼祟、邪恶和不安全的因素，因此，门便是民间居住文化所重点设防的（照片六）。家有不祥，则挂米筛、剪刀、镜子、柏枝等物以镇邪驱秽。正对大门若有水塘、土坑、溪流及高大凌厉建筑，为躲避迎门而来的

照片五　姚村某村民新居堂屋中悬挂的对联与画轴

冲犯，或对大门做特别的转向处理，或在门前筑一照墙，或在门上挂镜以反射其形，或嵌"泰山石敢当"刻石与之抗衡。在姚村，人们对照墙的解释是聚家财不使外泄，避邪气不使入内，姚村"花厅"、祠堂和某些民居就有照墙竖于大门与池塘之间（照片七）。这种照墙在山根村被叫作"泥土挡"。其次，门又是家屋乃至家庭社会地位的象征，如同"门面""门脸""门当户对"之类俗语所反映的那样。江南民居的大门，总是尽可能高大、奢华而较多雕饰，正是由于这个原因。

在浙江民居中，灶是全家世俗生活的核心，同时还是家庭经济与生计的象

征。由于从灶的实际功用中逐渐分化出这种象征意义，因此，建灶在许多地方也伴存着隆重考究的礼俗。浙江民间相信，建灶若依据主妇生辰八字择日，建成的灶就会好烧。在姚村，不仅建灶，请灶君也要择日，有时还要拜祀天地。动土时，也要贴"甲马将军"红符；灶一般要在当日建成，出烟时辰若到，不论竣工与否，都要置柴草烧新灶，使烟囱出烟。建灶完毕，通常还要祭灶，请灶君。东阳一带人们在敬灶神时，必宰雄鸡，同时取谷、豆、玉米、麦之类会炒，俗谓"宜五谷"。建新灶时，至亲亦要送礼，多为馒头、面条之类。在某些地区，建灶开工时辰一到，还要宰鸡淋血作为奠基。分家建灶时，各兄弟要从老屋厨房灶君神龛上各取一砖或一瓦，分别砌入各自锅灶之中，新灶锅台上也要新修灶君神龛。在民间，灶君多少具备了家庭保护神的某些属性。

照片六　姚村某宅门户顶端所绘八卦符号，用于避邪

照片七　姚村某民宅门前与池塘间的照墙

乔迁是浙江民间建房礼仪中的最后环节，它标志着新生活的开始，具有明显的过渡礼仪的某些色彩。各地乔迁志喜的风俗不尽相同，其意义却多可相互沟通。

金华地区称乔迁新居为"归新屋"，一般都要择吉日，发红帖、宴亲邻。有的地方在迁入前三天，有先经镇宅之俗，即埋砖瓦各两块于正房柱脚之下，同时还要祭神敬佛，并逐一请回灶神、猪栏神、门神。武义一带乔迁，要先在老屋祭

祖，然后置旧香炉炉灰于新香炉之内，搬抬到新屋，俗谓"分香火"。山根村新居落成，乔迁亦经择日，先点燃两盏红灯（叫作子孙灯）带到新居挂起，使之照亮"子孙堂"，以利子孙万代，然后再行搬迁。乔迁之日，必有亲友送礼祝贺，主人则要请送礼的亲友近邻吃"入宅酒"。一般情形下，入宅酒的规模小于竖屋酒。在堰头村，乔迁除择日、放鞭、宴会外，还以早晨早些搬迁为吉；在姚村，乔迁时要在新居门外祭拜天地。乔迁新居，在民间被目为一大喜事，故新居多张灯结彩，门窗楹柱多贴乔迁志喜的对联。

民间建房及其乔迁，在一个传统社区中意味着村落布局微观变动的积累，同时也会带来村落社区内部邻里关系的某些微妙变化。伴随建房过程之始终的诸种礼仪，除了完成一系列状态的过渡嬗变，以确保建筑工程的顺利之外，还有许多旨在化解乡俗社会中潜在冲突的文化意义，这是建房礼仪研究今后应着力探索的方向。

对浙江民间建房礼仪的初步描述与分析，在揭示中国民间乡土宇宙观的全貌方面是有重大价值的。如果能够把民间建房礼仪的研究，逐渐扩充为居住民俗与民间居住文化的整体研究，那么，我们对民间建房礼仪的认识，将会因为得益于有了广阔的背景而获致不断的深化，这也是我下一步研究工作的目标之一。

要旨

浙江省民間の建築儀礼

周　星

　本文は1990－1991年の2回にわたり、中国浙江省農村における民俗学の実地調査により、現在その地域に行われている民間の建築儀礼を簡単に述べた。

　浙江省農村の農民にとっては、家を立てることは人生の大きなことである。建築工事の終始は、風水師の指導を受ける。敷地の確定、部屋の向き、工事の始まりと棟あげの時間などは風水師の意見に従う。風水理論は、浙江の民家と建築に大きな影響がある。民間建築工事のプロセスは系統的、具体的形式に異同があっても内容意義は同じ儀礼の行為が行われている。それが主に風水を見る、開工式、棟上げ、棟上げ食、戸付け、竈をたてるのと新居引越などである。

　風水を見るのは、宝の地を得るためで、風水がよければ子孫がますます良くなると信じられている。風水師が羅針盤と民間の風水の本により、敷地の風水環境を評価する。強引なこともあるが、民居の功利的な傾向はよく風水師の意見と一致する。

　鍬入れ儀礼には土地を祭る、家の魔よけは血をもちいる定礎式がある。鍬入れ式に表れる基本態度は二つある。一つは邪をさける、二つは積極的に邪を追い払う。

　民間建築には、棟上げが重視されている。新しい家の完成のシンボルなので、盛大に行われる。土地か太公棟が魯班を祭る、棟をまわる、棟から宝物を投げる、棟上げ歌を歌うなどである。各地には棟の神秘性を増進して、命があると思われる習俗があり、投げられる物にも吉祥の意味があり、棟からの物投げが家を立てる人を発奮させると信じられている。大工の歌う歌謡が浙江農村の儀礼歌の主な形式の一つとなっている。棟上げは親友のお祝いと食事の招待

で終わりを告げ、そのなかに互いに助けることと社交の意味もある。

　戸と竈は強烈な象徴性がある。戸を付けるときと竈をたてるときは吉日を選ぶ。土地を祭り、竈の神様を祭る。戸は家の内外の境であるため、文化的な装置がつけられる。戸は家の社会地位の象徴で、高大、豪華にあこがれる。竈は生活の中心であり家計のシンボルである。新居の竈をたてるのも分家で竈をわけるのもいろいろの習俗がある。

　新居引越しは、建築儀礼の最後の一環である。新生活の始まりで、通過儀礼の色彩がつよい。新居入りは大きな喜事とみなされ、祝いの対聯で雰囲気をよくする。

　浙江農村での建築に伴う多くの儀礼は、通過を促進して工事の無事完成を確実にする意義のほか、村社会の衝突を調節する文化的意味もある。深く民間建築儀礼のなかにある郷土宇宙観を研究することは今後の課題である。

年中行事与农耕仪礼的变迁
——中日农耕民俗文化比较

陶立璠

一、年中行事与农耕仪礼

自古以来，以农业为主要生产方式的民族和国家，农耕仪礼在其民俗文化中占有十分重要的位置。农耕仪礼在农业社会是一种复杂的又是综合性的文化现象，它最初是怎样形成的？其原生形态是怎样的？由于民俗文化的流动性和变异性，谁也无法考察它，就连考古发现也无能为力。但民俗学的研究，特别是原始农耕民族的耕作仪礼却启示我们，我们了解到有关农耕的仪礼，大都起源于原始的农业巫术和祭祀。中国西南地区山地稻作氏族的农耕仪礼为此提供了很好的佐证。如：中国云南西双版纳布朗山的布朗族，20世纪50年代初，其社会形态仍处于原始社会末期，土地归氏族公社占有，耕作方式是原始的刀耕火种。每年到了生产季节，由氏族长将土地分给各家各户，砍树烧山，实行耕作。从选地、烧山、播种到收获的每一生产环节，都要举行相应的祭祀仪式。选地时以"末占"方式进行占卜，砍地烧荒时要向氏族和村寨之神进行祈祷；在谷子生长期，请佛寺的和尚叫"谷魂"："谷魂啊：你在哪里？快回来吧，我们正迎接你！"到了收获季节，先要举行尝新米的仪式，村民们在巫师的率领下到田里摘回谷穗，舂成新米，做成饭团，先敬佛祖、寨神，再敬老人，然后开镰收割。由此可见，农耕仪礼是伴随着农作物的生长期进行的，在作物生长的不同阶段，通过一种象征性的手法，促使作物按照人们的意愿茁壮成长，以祈获得丰收。同时每一种仪礼都担负着这样的功能，即完成一项就完成向下一仪礼的过渡，当一个个仪礼举行完毕时，农作物的生长也完成了它的周期性的循环，接着下一个循环又将开始。从这种意义上讲，农耕仪礼无疑将农作物的自然生长与人们的信仰心理统一起来，

达到一种物我一体的境界。

年中行事，一般是指一年之中，随着季节、时令的变换，在人们生活中所形成的不同的民俗行为。它既是一种极其复杂的社会文化现象，也是社会发展到一定阶段的产物。初民社会不可能产生现代意义上的年中行事及其民俗。在中国，岁时民俗（即年中行事）的最初形成和古代科学技术的发明有着极密切的关系。特别是中国古代天文、历法知识的产生，直接导致了岁时民俗的形成。一年中岁时的划定是在配合农业生产和生活所进行的天象观测的基础上形成的。在此之前人们是根据自然界物候的变化来确定一年中季节的变化。古语中所说"山中无历日，寒暑不知年"正是指这种情况。游牧狩猎民族和农业民族相比，这种差别十分显著，比如古代的蒙古族对"年"的认识是草青一次为一年。中国东北的鄂伦春族以月圆十二次为一年，春、夏、秋、冬四季则以物候变化为依据，雪融化的季节叫春天，青草长出来的季节叫夏天，草木干枯的季节叫秋天，落雪的季节叫冬天。以物候变化确定年月，对牧业民族来说是适用的，而对农业民族则显得过于粗放。农业生产中作物的栽培有着很强的季节性，耽误农时会影响一年的收成和民众的生计，所以农耕民俗要求历法的精确，而历法的精确又为农业生产提供了方便，同时也为年中行事规定了日期。

岁时的划定，基础是时序系统，它虽然含有民俗的因素，但人文色彩是很淡的。中国是世界上古老的农业国之一，早在殷商时代就有了历法的萌芽，到了春秋战国时期，发明了"土圭"，并用它测定日影以定冬至、夏至，置闰月以定四时成岁的制度趋于完善，用这种完备的历法，指导农业生产，就有了可靠的依据。从民俗角度考察，以天象的变化指导农业生产，是农业社会的一大特点。中国传统的农业社会里，天文知识是十分普及的。有经验的老农，常根据节令安排农事生产，并绝无差错。民间流行的农业谚语，用一种简短、凝练的韵语形式，对农业生产的每个环节加以形象的记忆。如对一年中的二十四节气名称和时序的排列，就有如下的谚语歌：

春雨惊春清谷天，夏满芒夏暑相连；
秋处露秋寒霜降，冬雪雪冬小大寒。

这首谚语歌在日本也有流传。年月、四季、二十四节气，是中国农业社会确立年中行事日期的重要依据，有些节气，如惊蛰、清明、芒种、冬至等还直接转化成年中行事中的重要节日。年月、四季、二十四节气也是指导农业生产的时间

法则，中国采用的农历是最有代表性的。农历在中国民间有多种称谓，如阴历、旧历、夏历、黄历、历书、宪书等，具有极高的权威性，制约着人们的行动。在传统农业社会，人们的生产、生活（衣食住行）和遇到有疾病、灾害，都要查查《皇历》（《宪书》），以确定自己的行止，可见农历在人们日常生活中的重要性。

农耕仪礼是围绕农业生产而展开的，它既是年中行事的一部分，又和年中行事不完全一样。年中行事中的某些活动是在农耕仪礼的基础上形成的。比如中国的年节，它的最古老的形式便是农业祭祀。"年"字在甲骨文中写作 、 、 、 等，上半部从"禾"，下半部从"人"，像是人手持谷穗的样子。《说文》释"年"曰："谷熟也。""年"字在中国古代有多种称谓。《尔雅》曰："夏曰岁，商曰祀、周曰年，唐虞曰载。"年者，取禾一熟也。这就明白地告诉我们，"年"的本来意义是禾谷一年一熟，实为古代记时的一种方法，犹如游牧民族以草青一次为一年是同样的道理。我们从"年"的不同称谓里可以看到，"年"又是一种农耕仪礼。如商代称年为"祀"，就表明"年"与每年一次的农业祭祀有关。根据《尔雅》的解释，"年"和"岁"同为祀时单位，而在甲骨文中，"岁"写作 或 ，像是用斧子砍断人的双足，用作牺牲的情状。

农耕民俗文化包括的范围是十分广泛的。和农耕生产、生活有关的居住、饮食、服饰、交通、家庭、村落、信仰、巫术、禁忌、宗教、节日、作物种植、生产工具、生产用具、民间口承文艺（神话、传说、故事、歌谣、谚语、谜语、音乐、舞蹈、美术等）、体育竞技（如划龙舟）等无所不包，农耕仪礼只是农耕民俗文化中的一部分，它包括旱地耕作仪礼和水田（稻作）耕作仪礼两部分。中国是一个古老的农业国家，从某种意义上讲，旱地与水田的耕作仪礼统一于节日习俗，即年中行事之中，其中，春节习俗是最具有代表性的。当然在具体表现形式上，常因地区不同而呈现差异。中国的北方地区以旱地栽培为主，表现在农耕仪礼上，主要是祭祀社稷之神，也就是土地神和五谷神，此外敬奉龙王。在祭祀方式上，采取一年数度的集体祭祀，并不将祭祀仪式分配在生产过程的每个环节上。如对土地神的祭祀采用"春祈秋报"的群祀方式。据文献记载，中国在春秋战国（公元前8世纪—公元前3世纪）敬奉社神已成定制。《礼记·郊特牲》说："社，所以神地之道也，地载万物，天垂象，取材于地，取法于天，是以尊天而

亲地也。"《白虎通义·社稷篇》说："人非土不立，非谷不食。土地广博，不可遍敬也；五谷之多，不可一一敬也。故封土立社，示有土地；稷，五谷之长，故立稷而祭也。"这是讲祭祀土地神和五谷神的缘由。中国古代祭祀社神依一定的时令举行，一般是春秋两季，春天当耕作开始时，举行祭祀，祈求土地神保佑，一年风调雨顺，五谷丰登，谓之"春社"；秋天到了收获季节，如果丰收（灾年除外），同样举行祭祀，报答土地神的恩情，谓之"秋社"或"秋报"。这种"春祈秋报"活动，形成了民间的祭祀组织——社以及一系列的社日和社事。正如梁宗懔《荆楚岁时记》所载："社日，四邻并结综会社神醪，为屋于树下，先祭神，然后飨其胙。"在中国北方旱地耕作业，至今还传承着"春祈秋报"习俗，只不过春祈融合于春节诸习俗之中，秋报则在每年庄稼收获以后，酬谢土地神，唱戏还愿，谓之"唱秋报"。此外，除天旱求雨外，并无其他仪礼，而中国南方稻作文化区，除举行"春祈秋报"活动，祭祀社神之外，在水稻栽培过程中，从育秧开始到收获，在生产的许多环节还要举行一系列独特的仪礼，这样不仅突出了稻作文化的特色，而且将年中行事与农耕仪礼明显区别开来。

二、日本南方的农耕仪礼

日本在进入现代化社会以前，是以水稻种植为基础的农业社会。有关的年中行事大都以农耕仪礼为中心依次展开。中国传统的农耕仪礼以祭祀社神为中心，分"春祈"与"秋报"两大部分。日本的农耕仪礼分预祝仪礼和收获仪礼两大部分。春天祈愿，秋季酬神这在两国的农耕民俗文化中是共同的。由此可见，传统农业社会，人们对自然和神灵的依赖以及在耕作中所表现出的信仰心理也是相通的。

同样是农耕仪礼，旱地耕作与水田耕作仪礼的不同是显而易见的。这主要取决于栽培作物的种类和其对自然环境的依赖程度。日本民俗学者认为，农耕生产方式的发展，经历了从刀耕火种→旱地作物栽培→水稻耕作的过程，在农耕仪礼上，旱地耕作仪礼是刀耕火种和水稻生产之间的过渡仪礼。实际上，旱地耕作仪礼与水稻耕作仪礼的确存在着较大的差异。属于稻作的仪礼在程度和内容上增加了许多新鲜的环节，而且带有戏剧性的表演，显得富有情趣。

日本农耕仪礼中，有关农业的预祝仪礼占有十分重要的地位，这些仪礼大都被安排春天不同的时间里举行。虽然在日本本土和南方诸岛，预祝仪礼在不同地

区具体做法上存在着差异，但其传承的模式大体上是固定的。这种模式和种类包括了有关稻作的模拟仪式；小正月（正月十五日）的访问者和除害虫的仪式；象征作物丰收的仪式和年占仪式等。其中稻作的模拟仪式包括了"试锹"仪式和"插秧祭"。"试锹"在正月初三或十一日，农民们拿着铁锹在田中做一些象征性的劳动动作，预示着一年中农事生产的开始，也表示对田神的祭祀。其次，是正月十五的"插秧祭"。"插秧祭"分庭院插秧和在神社举行的"御田植祭"，在这种仪式上模仿耕地、耙田、插种、插秧、割草、收获的动作，如此戏剧性的表演十分认真和严肃，它将人们的祈愿和勤奋精神奉献给田神，希望田神能谅解并保佑丰收。小正月的访问者中常常出现儿童，他们被理解为田神和祖灵的化身，神祇的光临为祭祀活动增加了神秘气氛，在这种仪式上还要点火除虫害和各种灾难，祈求五谷丰登，人畜平安。象征作物丰收的仪式中出现多种装饰物，如将柳树枝的皮剥成一卷一卷的，或在柳树上挂许多年糕作的小球，象征花朵，或将木棒刨成开花的形状（称祝贺棒），祈祷稻子开花丰满，象征丰收。民俗学家们有将祝贺棒解释为男根，认为这是以性的丰饶祈求丰收。年占仪式是占卜风俗在农耕仪礼中的运用，如在小正月里熬粥，将其搅和，并同时在木棒上的粥粒占卜农业的丰歉等。以上仪式集中在每年开春的正月里举行，主要是祭祀田神，因为据说日本的田神春天从山上下来，它的神格似乎可以转化，在山为山神，在田为田神，是典型的农业神，它的降临是保护农业丰收，所以在生产的各个环节都要举行虔诚的祭祀。日本的田神不像中国的土地神，名称一致。在日本，各地的田神都有自己特殊的名字，如日本东部的田神叫惠比许神，西部叫大黑神，插秧时在神社祭祀，并向它献秧。秧苗抽穗时，把酒洒向田里，并向田神祈祷。作物成熟季节用来防鸟害的稻草人，也被当作是田神，田神无处不在，一直到收获完毕，举行一次称作"亥之子祭"的仪式，届时给铁锹穿上蓑衣，戴上斗笠，以此代表田神，祭后将田神送上山，一年中的整个农耕仪礼宣告结束。

农耕仪礼产生于农业生产实践，它既模仿生产的方式，又寄托了人们美好的祝愿，在传统的农业社会，它是农耕民俗文化不可缺少的组成部分。但是在目前，随着日本社会向现代化发展，传统农业社会的生产方式必然受到极大的冲击。在传统的日本社会，农业人口占绝大多数，但现在人口大量转向城市和工业，农业人口已不足20%，科学的发展，农业机械化程度的提高，人们的信仰心理也发生了很大变化，可以说，田神在农业生产中已失去它原来的光彩，神社

的职能也起了变化。1990年12月,笔者曾考察日本千叶县佐仓市的饭塚农村。据当地农业协同组合委员嶋野隆德先生介绍。佐仓市共有人口15万人,据调查20岁左右的青年人想从事农业的一个人也没有,30岁以下想从事农业的不到20人,日本的政治家对这一问题都感到头痛。具体到饭塚,全村共28户200多口人,从事农业的只有10户,其他户农忙时种地,农闲时外出打工,从事木匠和商业。在日本从事水稻生产的农民平均年龄是65岁,后继乏人。而且水稻生产赚不了钱,谁也不想再干这一行。嶋野先生不无感慨地说:"最困难的事是种地的人越来越少,农民的社会地位很低,人们一听某人是种地的,就认为没能耐。将来如果没有米吃,就要进口大米,那时20个商人赚的钱也不够供一个人吃的米。"大约是冬季的原因,笔者沿途看到有许多荒芜的水田,于是相信作为农业协同组合委员嶋野先生所说的话是真实的。在社会急骤发生变革时,作为农耕仪礼的经济基础必然消失。饭塚的农耕仪礼已十分简化,关键是现在去神社的人越来越少,神社的职能也主要转化到举行丧葬仪式上,而有关农业的祭祀,只是在稻子收获完了举行"稻子祭",尝新并预祝来年丰收。社会历史的发展,留给后人许多遗憾,许多传统的农耕仪礼,原来作为维系人们精神生活的纽带,具有一种非常的约束力和凝聚力,现在不得不走出现实生活,进入博物馆,作为一种无形民俗文化财得到保护和演示。在日本访问和考察中,处处感受到传统与现代化之间的强烈反差,传统农耕仪礼的神秘性在科学化与机械化农业面前已变得一览无余。社会的变迁,农业生产结构的变化不容置疑,但人们深层心理的变化究竟如何?却值得探讨。

冲绳民俗文化是日本民俗文化的有机组成部分。在日本文化中,冲绳文化属于南岛系统,它和日本本土文化既有联系,又有它自己的个性特点。

冲绳,从地理位置上看,属于亚热带,气候湿润、雨量充沛,和中国长江以南的浙江、福建等省同为稻作文化区。实际上冲绳的土质,加上水资源的匮乏,那里并不适应水稻的栽培,而适合于甘蔗和薯类的生长,所以冲绳的年中行事和农耕仪礼比较典型地保存着旱地耕作的特点。特殊的自然、地理环境,历史和文化的发展,造就了特殊的风俗。如果说农耕仪礼包括了刀耕火种,旱地耕作和水稻栽培三个阶段的话,冲绳的旱地耕作仪礼恰是对日本本土稻作仪礼的一个补充。下面就是对冲绳读谷村座喜味部落年中行事与农耕仪礼的考察。

读谷村位于冲绳岛的中部郡,被日本国土厅定为环境最好的居住村,在国土

厅举行的生活环境比赛中获奖。从读谷村村长山内德信先生那里我们获知，这种环境最好的居住村还不时被人们称为"基地村"，因为该村80％的土地仍然是美军基地，村民们正在为把"基地村"变为"文化村"做着艰苦的努力。我们在读谷村考察的五天里，经常听到基地飞机起飞和降落时的轰鸣，破坏了宁静的环境。尽管如此，读谷村还是在特殊的环境中保持了传统的民俗文化。

读谷村现有23个自然村，人口3万多人。座喜味村位于读谷村的中央，是读谷村的行政中心。座喜味的名称，据1649年编集的《绘图乡村帐》载，原名"城村"，因1420年顷，护佐丸筑造"座喜味城"而得名。平成二年（1989）统计全村395户，1622人。第二次世界大战前，农业是其主体，战后农业人口大量减少，现在的1600多人口中，从事农业的只有150人，其中50人种甘蔗，100人种甘蔗，或养鸡、养猪、养牛。昭和以后至20世纪60年代初，曾种植水稻，最终由于水源缺乏和甘蔗栽培技术的普及，水稻种植渐渐衰退，现在座喜味已不种水稻。但有关稻作和旱地的农耕仪礼仍然保存着。

表1　座喜味村年中行事表（此表采用农历纪时）

月日	活动内容
正月初一	挑新水。这天早晨人们到共用的水井里挑水。这水叫"若水"（即新水）。此项任务由小孩完成，挑井水时带一块大的甘薯供在水井旁，供上香，预祝今年的丰收。挑回的"若水"，取一些供在神龛上，其余的用来洗脸，一边洗一边祝福："虽然我年纪大了一岁，请保持我年轻的样子。"
正月初三	初御愿。这是整个区的活动，没有具体仪式。由区干部代表村民祈愿整个字（村落）的丰收，健康和安全。这一天第一次到地里干活，叫"初畑"，挖一些甘薯回来喂牲口。 初御愿最主要的活动是拜御岳。座喜味共有七个御岳，都要拜到。御岳里供的神叫"依摆"（イバ），神名说不清，一般由女巫祭祀。
正月初七	猪的日期。仪式在家中举行，将猪耳朵供在神龛上。这可能是冲绳养猪较多带来的风俗。
正月十六日	新十六。凡有新去世的人的家庭，这一天要扫墓。
正月二十日	供麦饭。凡有老人的家庭，做一些好菜，用大麦做饭，放上猪蹄，供在神龛上。

续表

月日	活动内容
二月十五日	麦的预祝。这一天门中（家族）的全体成员集中在长房家（本家），朝拜全门中的神棚。还要到与祖先有关的水井、墓地上拜祭。日期各门中不一。作为门中的活动，还有巡礼仪式，即门中派出代表到今归仁地方的御岳朝拜，据说那里有门中祖先的坟墓。
二月吉日	房子的御愿。日期由家长确定，必须在二月十五日以前。为了保持房子的干净，家宅平安，在院子的四角和水井的地方拜祭，特别是要拜厕所。届时供扁平线香、三张小白纸、水果等，拜时跺三次脚，唤醒厕神，呼唤厕神的名字，并说："今年也请你将房子保持干净，任何事都圆满地过去，属×的男子×××向你祈愿。"同时拜门口，不让恶风进来。
三月三日	清明祭。祭祀扫墓分集体和家族两种。集体祭祀由村落行政人员决定并由区长及有关人员在村公民馆附近祭按司墓，据说其中埋着人们的远祖，而拜所离得很远，只在附近拜。一般的家庭在清明过后的一周内在自己家的附近扫墓，届时供米、酒、重箱（装食品的多层箱笼），内装圆形年糕、豆腐、海带、水芋等，同时烧纸币3万贯（三张，每张1万）让祖先自己买东西。 三月清明祭也是关于麦和芋的预祝仪礼，祭祀芋大王的仪式在冲绳到处都有，读谷村嘉手纳町小学有芋大王的纪念碑。
四月十六日	除虫日。到新亡者的墓地扫墓。男女老幼在地里捉害虫，举行赛马，摔跤等娱乐活动。
五月五日	男人节。这一天所有的男人头戴用菖蒲草做的环。据说菖蒲可以避邪。也有在这一天做甜果、大麦汤羹供神龛上，同时供一双用菖蒲做的筷子。未成年的男孩子三五成群在山上野炊，然后回村，在某一家欢聚，并煮面条送自己的女朋友。
五月十四日	折目节。杀猪祭祖先。
五月十五日	祈愿稻的丰收。或叫"五月乌达吉"。全村的人参加，由巫女从事祭祀活动，禁止裁缝、挑粪水，否则会被毒蛇咬死。有时巫女到各家去进行祭祀。
五月吉日	屋敷的御愿，祭祖先，火神和井，祈求防火。

续表

月日	活动内容
六月十四日	丰年祭。这一天每个家庭都用新米煮饭，供神。男子们用三把稻草搓成绳子，带到阿西比那（记音，门口或村民集中的地方）和别的家庭的绳子合搓成一条大绳子（纲引）。座喜味村分东、西、前、后四组，东、后为一组，西、前为一组用搓好的绳子举行拔河比赛。参加者是 15～35 岁的男子。拔河的稻草绳由两条绳子接起来，相接处的绳扣分一雌一雄，先树雄扣后接雌扣，开始拉时插入木棒、插木棒者是青年组的头头。（图示：木棒、雌绳、雄绳） 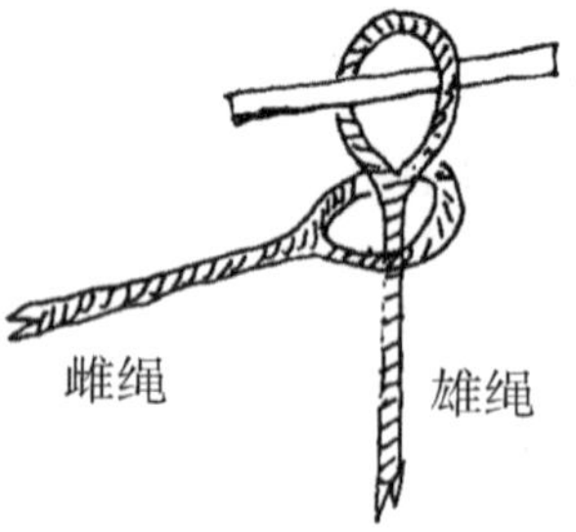 比赛后将雄绳送到东上地的门中家中，雌绳则送到叫作"奴鲁"的女巫家中。 丰收祭的另一比赛叫"门多"（记音），比赛者上身不穿衣服，互相比斗，观者甚众。晚上，青年人组织相扑大会，最后在村与村的交界处将搓绳子剩下的稻草烧掉，叫"拜厄"。在座喜味，丰年祭主要是祭祖先。
六月十五日	各门中拜祖先牌位，同时去御岳祭拜。有的门中还要去遥远的今归仁拜所。
六月二十五日	祭井神。到村内、村外祖先用过的井边祭祀，供米饭、猪肉、豆腐、水芋、线香等。
七月初七	七夕。先在家中祖先牌位前供茶，然后扫墓、除草、进行洗骨葬。
七月十三～十五日	盂兰盆节。用茶、年糕并烧香迎接和招待祖先的灵魂，到了十五日，将祖先送到门口，同时送香炉、香、甘蔗、年糕，再送一个头圈，意思是让祖先把所送的东西顶回去。十三日，在两只碗里放上水，将一束类似苔帚的草放入水中，认为可除去皮肤等疾病。13～15 日，每日三餐用茶供祖先。
七月十六日	扫旗幡。清晨每个村落将绘有自己村落标志的旗帜竖在公民馆。下午全村的人集齐，祭祀、祈祷来年丰收。这一天村民们上山去玩，意为避邪。据说生前做好事的人死后到海上，生前做坏事的人死后到山上。
八月八日	祝寿。年届 88 岁的老人庆祝米寿，亲友相聚，向祖先供茶。
八月十五日	八月十五夜。赏月。用豆做饭供神龛。在宅院中祭天地。
八月二十日	彼岸。一般人死后过了 33 年后平时不再祭祀，这一天专门祭祀这些人。在神龛前祭就可。

续表

月日	活动内容
九月七日	为97岁的老人祝贺生日。参加仪礼的每人手持一个风车（カジマヤー），表示返老还童，叫"贺寿耄仔"，老人坐在轿子里过七座桥，在七个路上做御愿，年轻人尾随轿后。
九月九日	饮菊花酒。主要是木匠、铁匠、五金工人为安全而举行的仪式。
九月十六日吉日	庭御愿。与八月十五夜的仪礼相同，供豆饭，在院落中祭天地。此外，还供花末、酒杯子、线香。糯米团子粘红豆，糯米代表月亮，红豆代表星星，感谢丰收。
九月十八日夜	拜喜名观音和土地公，以求保护航海安全，求子。
九月二十日吉日	山田拜。祭祀护佐王，以村落或门中为单位拜祭。
十月一日	灶巡。区长和有关人员到各家巡视，看灶是否安全，也有巫女到各家祈愿的。晚上，有人敲木梆，大声喊着"小心！小心！防火！"
十一月冬至	吃杂炊。粥里放艾草，供于神龛上。
十一月吉日	霜月祭。将拴有猪骨的绳子在村口挂起来，内脏和肉串起来分给村民，主持仪式的是年届55岁的老人。
十二月八日	吃鬼饼。一般平民在八日，武士阶级在七日，把年糕蒸好后用月桃树的叶子包起来，再用稻草绳捆住，然后将一包包年糕串起来（每串七个）给孩子吃，据说吃了鬼饼能打倒鬼。
十二月二十四	解御愿。一年结束时送旧迎新，在火神的地方竖起十二根线香，祈祷新的一年火神保佑平安。这一天打扫厨房里的烟灰。同时在区长率领下到各御岳祭祀。
十二月二十七日	杀猪腌肉。将猪血、肉、萝卜、蔬菜一起煮，供于神龛。
十二月三十日	年之夜。做菜供祖先，晚上全家族的人在一起用餐。

从如上年中行事表中可以明显看出，座喜味村的农耕仪礼分为麦的仪礼和稻的仪礼两部分，举行仪礼的时间集中在3～6月。其中三月祭是关于麦和芋的预祝礼；四月祭是感谢麦的成熟礼；五月祭是关于稻的预祝礼；六月祭是感谢稻的成熟礼。和日本本土的农耕仪礼比较，冲绳座喜味的仪礼保存了更多的原始信仰成分。这里没有像本土那样到处林立的神社和佛寺，没有专业的神职人员。所有祭祀活动，包括农耕仪礼，大都在家中、御岳、并户和墓地举行，祖先神是最高地位的神，也是农业保护神。

座喜味公民馆附近的拜所

与久田家神屋代表十一个御岳的神石和锅庄石

在座喜味年中行事和农耕仪礼中，御岳占有很重要的地位，御岳，可能是原始的自然崇拜和祖先崇拜相结合的产物。该村共有七个御岳，这些御岳有些隐蔽在浓荫密林之中，近旁是山桃树，代表祖先神位的是一堆山石或礁石，周围铺上白色的石子，严禁入内。御岳过去是冲绳人举行风葬的地方，是祖先神灵的安息处。有些御岳位于山崖之上，那里曾是风葬时放棺木的地方。御岳如果靠近住宅，那么这一家庭住宅一定是非常古老的。和御岳祭祀相联系的是巫女，冲绳语称为"诺罗"或"尤达"。巫女并非专门神职人员，而是业余进行祭祀活动。据说在现代冲绳社会，巫女越来越多，成了社会问题。在读谷村考察时，我们也时

常遇到巫女进行祭祀的场面。在座喜味村，笔者曾访问过与久田丰光先生的家，他的祖母曾是一位很有声望的巫女，妻子是巫女的助手，他本人是出租汽车司机，女儿和美国人结婚，也是巫女的助手。从其祖母的时代开始，每年要拜十一个御岳，现在座喜味公民馆附近的御岳是所留下的最后一个（如图）。与久田先生的正房是一座美式洋楼，在正房旁边有一神屋，那里现在仍是遥拜的地方，室内设有神坛，坛内设有代表十一个御岳的石块，据说神就附在这十一块石头上。旁边有香炉、烛台，气氛十分肃穆。在其祖母时代，巫女们常在这里集中，在每年拜祭御岳的日子里，巫女率领门中的人前来拜祭，带有巡礼的色彩。与久田先生的祖母每月的1—15日的早晨，供茶相拜。在座喜味乃至冲绳，祖先神同时就是农业神。由巫女主持拜祭御岳的风俗从1500年前的尚真王时代起，巫女制代替门中制一直传承到今天，成为冲绳文化的一大特色。

三、中国南方的农耕仪礼

中国的南方，习惯上泛指长江以南地区，实际上包括了中国的东南、中南及西南诸省，范围很广，那里是盛产稻米的区域，但作为稻米的集中产区是中南和东南沿海诸省，其中江苏、浙江一带素来享有"上有天堂，下有苏杭"和"江南鱼米之乡"的美誉。据考古发现，距今六七千年的浙江余姚河姆渡文化遗址中有稻壳的堆积，这是目前所知亚洲最早的稻作遗存。此外，在这里成批出土的骨耜，复杂的木质工具和带榫卯的木构干栏式建筑，也具有早期农耕文化特色。此次中日南方农耕民俗文化考察，在中国选择江苏的常熟地区和浙江的金华、丽水地区，这里既是中国稻作文化的典型传承区，又是稻作文化的播布源（以河姆渡文化为源头），对如上地区稻作文化的取样和描述，不仅可以帮助我们认识中国南方农耕民俗文化的传承历史和特色，而且有助于中日南方农耕民俗文化的比较研究。

中国传统的稻作技术，很早就形成了一整套生产程序，这种生产技术在历代的农书中均有过总结。如南北朝时代贾思勰的《齐民要术》，元代的《农桑辑要》，王祯的《农书》等，对稻作生产都作了叙述。较有代表性的是明代邝璠所著《便民图纂》。邝璠，字廷瑞，虽是山东人，但他在江南做官，对太湖地区的农村十分了解，对稻作的程序较为熟悉。所以书中对水稻种植技术区分很细。《便民图纂》卷三"耕获类"将水稻栽培分为"治秧田""壅田""收稻种""浸稻种""插秧""揭田"

"耘稻""收稻""牵砻""舂米""藏米"等十二个环节。在该书卷一的《农务之图》中,用精美的木刻表现水稻生产的全过程。每张图均配有吴歌竹枝词,读来朗朗上口。现将《耕获图》录于文中,供大家欣赏。

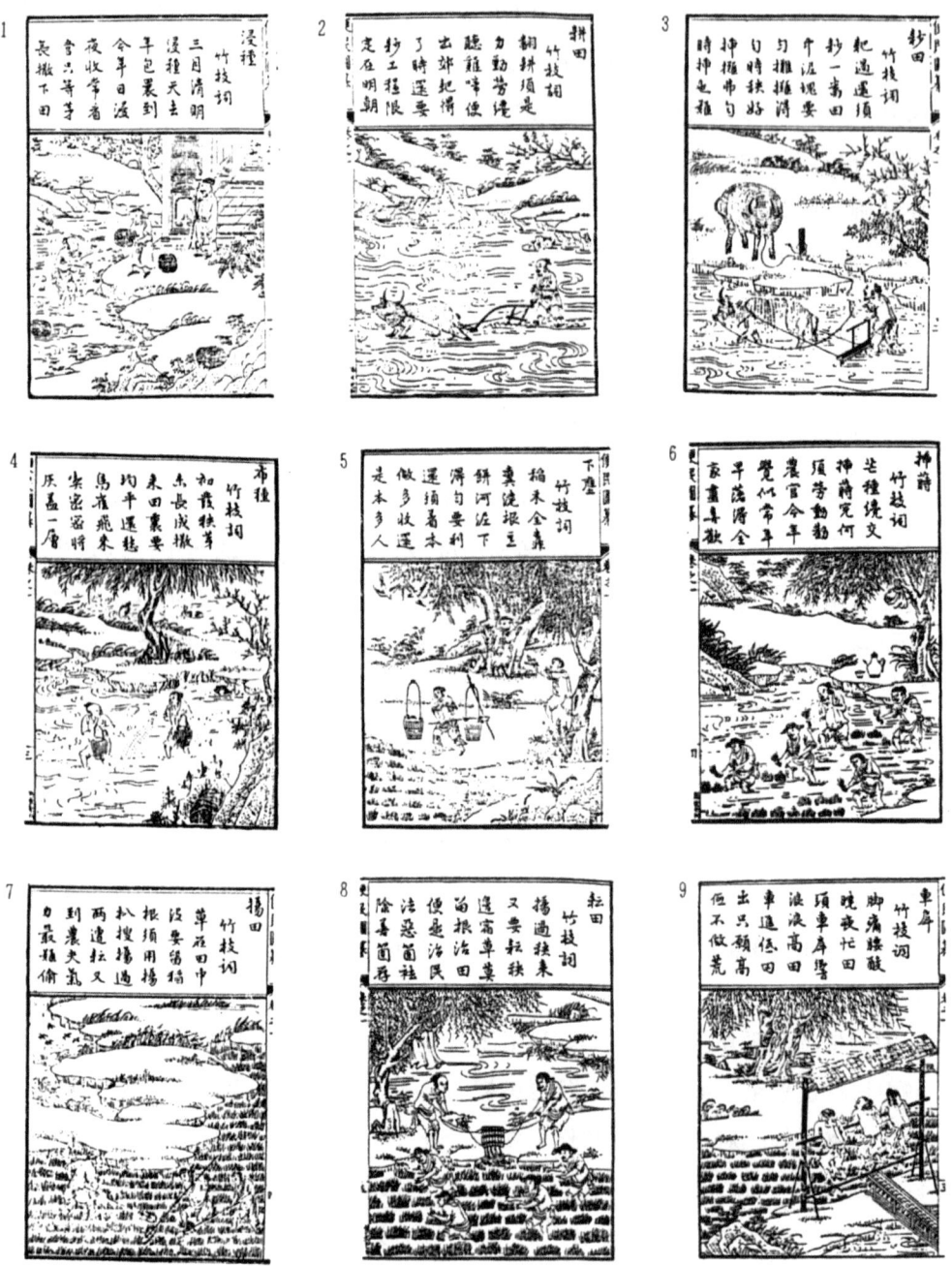

值得注意的是，至今中国江南地区的水稻生产，其耕作的基本程序和邝璠《便民图纂》中描述的大致相同。只是在耕作中更讲究科学罢了。和水稻耕作相联系的是有关稻作的仪礼，这些仪礼和年中行事相结合，传承于民间。传统的年中行事中有许多是关于稻的巫术和占卜习俗，如清代言如泗纂《常昭合志》（常熟、昭文合志）卷六《风俗》中所列常熟地区的年中行事，含有浓厚的稻作俗信，见附表。

表2　常熟地区年中行事表

月　日	节　名	活动内容
立春日	打春牛	县令行打春牛，结彩亭。从迎春门外演武场迎入县址，鞭土牛，庶民争之，得牛肉者宜蚕。俗谓此日宜晴暖寒则主水。谚云："但得立春晴一日，农夫不用力耕田。"
正月初一	元　旦	拈香敬神，拜祖先真容，煮年糕，粉团以荐，遂遍饲家人堂燃旺盆，亲朋盛服贺岁，侵晨占风云，风自东南来大稔，东风次之，东北又次之，西则歉。西北有红云气则稔，白黑则歉。是日不借火、不汲水、不扫地。

续表

月　日	节　名	活动内容
正月初三	小年朝	为田本命，俗以是日称水，以重为上有年。
正月初八	谷日	俗呼上月看昴星去月几何，谓之参星过月西则多旱，否则多水。
正月十三	爆孛娄	以糯谷投焦釜回卜流盖、卜流年也（俗呼爆孛娄）。夜分测月影占水旱、稻色。
正月廿十	棉花生日	宜晴。谚云："雨打正月廿，棉花不上店。"
正月廿三日	天穿日	宜雨。雨则是岁不患旱。
二月二日	除虫日	以白纸书条云：二月二，诸虫蚂蚁直入地。诸以下七字倒书，以朱笔竖之，名曰"蜒蚰榜"，贴于桌脚，床脚以避虫蚁。
二月十二日	花朝	挂彩于树，谓之赏红云，是日晴则百果成熟。
二月廿五日	地漏日	宜晴。否则岁歉。
二月廿九日		忌夜雨。雨，则黄梅主旱，谓之关门雨。
三月上巳日	上巳节	听蛙声占水旱，谚云：田家无五行，水旱卜蛙声。午前鸣主高田熟，午后鸣主低田熟。
三月廿五日	海底漏口	宜晴。否则鱼市不盛。
	立夏日	食麦蚕。家家以大秤权人身轻重。
五月五日	端午节	食角黍（粽子）。饮雄黄菖蒲酒，缚文虎，刻桃核，杂彩组作囊，盛雄黄。门贴灵符，皆以避邪。乡民或赛龙舟以祈年。
六月初四 十四、 廿四日		祀灶。
八月三日	灶王生日	家家祀灶。
八月十五日	中秋节	以月饼相馈赠。宵则焚香斗祀月宫。是夕晴雨占次年元宵阴晴，良验。
八月廿四日	稻生日	宜晴。否则防多雨烂稻。是日俗以新秋为稻耙祀灶。
	冬至日	冬至日后逢第三伐为腊，腊前三番雪，名曰三白，杀遗蝗种，主来年丰稔，家舂一岁粮藏之藁囤，谓之冬舂。
十二月初一	跳灶王	乞人傅粉墨妆，为钟馗，灶王，持竿，剑望门歌舞以乞，亦傩之遗意也。
十二月廿四日	扫屋尘	除岁。至夕，田间燃长炬，名曰照田蚕。各家祀灶。以灯簋为灶神之座，积麻秸焚之。
十二月	除夕	祀五路神以报赛平安，祭家祠，悬祖先真容，易桃符，饮守岁酒，放爆竹。

《常昭合志》所记年中行事，完全是关于稻作的信仰、占卜，其中丰稔、雨水、虫害卜筮占有很大比重，其他风俗则略去不记，可见旧时的年中行事是以农事占卜和仪礼为主体。卢熊撰《苏州府志》卷二"风俗"，同样以农事为主，简录如下。

吴俗以正月八日为上八，以参星卜一岁之水旱。逮夜则老稚聚观参星，过月西则多旱，否则多水。盖八日为谷，以此卜上元日之晴雨，故谚云："上八不见三星，月半不见华灯。"《负暄野录》载：吴农率以正月十五日夜月明时，立一尺五寸之表于地，至其夜子正一刻，候之以验岁中水旱。大抵据表之长而中分之为七尺半者二，若影适及七寸半为中正，则是岁雨旸，以时五谷丰稔。又以两七寸各十分分，影在七寸半以下为不及，不及则是岁主旱，每短七寸半则旱至一分，又短则旱之分数亦如之。影在七寸半以上为太过，太过则主水，每长七寸半则水涨一分，又长则水之分数亦如之。极有准的。韩鄂《四时纂要》亦云：楚俗立春日立八尺表占候日影，影短则主旱，长则主水，与吴占略同。江湖间人常于岁除汲江水秤，与元日又秤，重则大水。

……五月尤忌甲申、乙酉日，雨则有大水。谚云：甲申犹自可，乙酉怕杀我。《道山纪闻》云：春夏甲申日雨，占为米贵，秋甲申雨则稻禾吐芽，亦主谷贵，皆因雨之大小。又五月旦为早禾本命，尤忌雨作。《避暑录》云：吴俗以五月廿日为分龙，不知何据。前次，夏雨时行，所及必编，自分龙以后或及或不及，若有命而分之者，故五六月间，每云起雷簌，而不移时，谓之过云雨，虽二三里亦有不同，或浓云中若尾坠地而宛然屈身者，雨亦止一方，谓之龙挂。立秋日忌雷声，谚云：秋孛鹿，损万斛。立秋日虹见为天收，虽大稔亦减分数，及白露日雨皆为荒歉之应。八月露下而雨为淋露雨，九月霜降而云，为获霜云，若十月旦晴则少寒，贾人以此视为锦艰于售，凡此皆吴占也。

从如上方志记载中可知，中国江南吴语区传统的农耕仪礼中，农业占卜是其突出的特点。而这些占卜习俗并非纯迷信的因素，许多是农业生产和气象观测经验的总结。农业占卜、年中行事和农耕仪礼三者结合起来，体现中国农村信仰的完整体系。考察中国的农耕仪礼，这三者缺一不可。

中国的方志中，记载农耕习俗的资料是很丰富的，这充分体现出中国传统农业社会的文化特色，但俗随时变，在科学技术高度发展的今天，气象的观测和预报代替了传统的农事占卜，年中行事中农业祭祀的成分越来越淡化，相反，休

息、娱乐的性质日益强化。农业生产中科学技术的推广，使烦琐的仪礼变得越来越没有必要。目前，无论日本民俗学界，还是中国民俗学界，都十分强调民俗学研究的"现在性"，在民俗学"田野作业"中，提出对目前民众中传承的活生生的民俗事象的调查，把民俗学视为现代之学，这无疑是十分重要的。但当我们对传统民俗文化尚缺乏深入调查和细致描述时，"田野作业"还必须兼顾传统与现代两个方面。尤其是中国民俗学的调查更应该如此。只有这样，我们才能详细地占有资料，科学地断定传统与现代化之间的历史联系与变迁。1990 至 1991 年度，中日南方农耕民俗文化考察，在中方一侧选择了江南吴语区，具体考察浙江省兰溪市的姚村和丽水市的山根村，前者是汉族村落，后者是畲族村落，这两个村落在年中行事与农耕仪礼上，既有共同处又有差异。这种差异主要来自不同民族的不同历史和信仰。从信仰的系统上讲，姚村是神、祖系统，山根村则主要是祖先系统，这和日本本土与冲绳在年中行事与农耕仪礼上表现的特色十分相似。究竟是什么原因造成这种异同，除社会人文，地理自然、传统耕作技术、农事信仰因素外，重要的原因是多元文化相互影响和彼此的接受程度所决定。以姚村和山根村为例，可鲜明地看出这一点，姚村是汉族村落，所有吴语区稻作文化的许多因素，都曾被吸收和传承，在年中行事与农耕仪礼中，如前边所讲常熟地区、苏州地区的稻作仪礼，在这里都程度不同地得到表现。而山根村是畲族村落，位于山区，这里虽也是稻作文化，但由于交通闭塞，加之畲族的信仰与姚村不同，民族的局限性和排外性，使山根村在水稻栽培技术上吸收汉族的传承，但在农耕仪礼中却不是全盘汉化，在那里偶尔也出现观音、土地、龙王等，但在信仰的本质上仍然是本民族的祖先神，仪礼也相对比较简单。如果我们将姚村与山根村的年中行事做一比较，各自的特点就显得十分突出了。

表 3　姚村、山根村年中行事比较表

年中行事		主要活动内容	
时间	节名	姚村	山根村
正月初一	春节	供四代祖先像于堂屋，供财神。到祠堂、寺庙祭拜、吃泡饭、茶蛋。	谢年，拜天地。
正月初二	拜年	到外婆家拜年。	不拜年。
正月初五	祭祖	财神生日，生意人这一天出门。	用猪肉、鸡在堂上祭祖。

续表

年中行事		主 要 活 动 内 容	
时间	节名	姚 村	山根村
正月初六	迎龙灯	每四户人家为一组，表示天、地、人神共同主持。下午在祠堂集中接龙，拜下龙庙、祖坟、胡公庙。	
正月十五日	元宵节	祭祖。	祭祖。
二月初二	二月二会场	庙会。	吃年糕补天。
二月十九日	观音生日	吃长寿面，到庙里拜送子娘娘。	
三月三日	子孙会	活动与十九日同。	
	清明节	禁火。上坟祭祖，谷种下田，拜田公田婆。	祭祖。
四月八日	浴佛节	放生。吃乌饭。	
五月五日	端午节	挂钟馗像，五毒符、菖蒲；吃端午饭，饮端午酒，吃粽子、绿豆糕。小孩穿虎头鞋、虎头衣、带香袋五彩绳，用雄黄酒在小孩额头写王字，以示避邪。	挂菖蒲、艾叶，吃红鸡蛋。
六月六日	晒衣节	晒衣。给狗洗澡。	禁止小孩到塘里洗澡。给狗洗澡。
七月七日	乞巧节	相传天女下凡，清晨，妇女到塘里洗头。	
七月十五日	鬼节	上坟祭祖。请道士念经，施舍饿鬼。	祭祖先。不施舍饿鬼。
八月十五日	中秋节	拜月亮爷爷。挂香球，象征月亮。在天井里设供，供月饼、水果、玉器、古玩等。	吃糯米团、汤圆，不祭月。
九月九日	重阳节	搓团子、米干。	祭祖。
	冬至节	祭祖。	祭祖。
十二月十八日	送灶		送灶神。
十二月廿四日	送灶	送灶神。	接灶神。

续表

年中行事		主要活动内容	
时间	节名	姚村	山根村
十二月廿八日	还年福	谢年。先拜天地,后拜灶君,到祠堂拜太公,在家中挂祖先像。	
	除夕	扫除,贴对联,供祖先像。煨年糕吃年饭,放爆竹,接新年。	扫除、贴对联、祭祖。

接着,我们仍以姚村、山根村为例,探讨中国江南的农耕仪礼。在姚村,一般情况下,属于稻作的农耕仪礼分为育秧拜田公田婆;插秧"开秧门"和收获"还田福"三个有机组成部分。

育秧:在每年的清明前后,育秧时首先要在作为秧田的地里拜田公田婆,在这里田公田婆亦即土地公、土地婆仍然是灶神,其神格和中国其他地区相同。此时由他们来专管秧田。拜田公田婆的仪式很简单,具体是将三炷香用三炷草纸裹起来,外加一张红纸,插在田头即可,谚曰:"三张烧纸三炷香,田鸡蛤蟆来育秧。"在丽水市龙江乡山根村,育秧时举行"做秧福"的仪式,谷种下田前,先在家里敬五谷神,在堂屋的桌子上供米酒、肉、豆腐、粉干等。然后用烧纸包三炷香,插在田中的水口上,类似日本的"水口祭",同时在秧田的周围田埂上每隔两米左右摆一张烧纸,意思是将秧瘟隔开。这种仪式由成人家长主持。在姚村防止秧病的办法,是将一把破扫帚插在田头,据说神鬼都会怕它。

插秧,是稻作生产的重要一环。清明育秧一个月左右秧苗长成,这时要举行开秧门或开秧眼的仪式。丽水山根村在插秧当天天不亮就要到田里拔秧,去时提一只灯笼,点燃蜡烛,插在秧田里。灯笼要一直点着,既照秧田,又表示红红火火。拔秧时右脚下田,左手拔秧,先拔三把秧带回家扔到房顶上,据说这样可以防虫。姚村的仪式与此类同。江苏常熟白茆乡的"开秧园"仪式,内容要复杂一些。每年插秧第一天要杀猪、杀鸡、蒸大虾、煮大鸡蛋,作为供品,祈求插秧顺利。晚上吃饭时,要请秧先生(插秧能手)坐主位。插秧季节,村里自发地组织"青苗社",由各家轮流主持,此时要请"猛将菩萨"(又称猛将老爷),请道士念经,并抬着菩萨到村里或田里转一圈,目的是驱邪。参加这种仪式的均为男性。这种"青苗社"只举行一天,然后插秧开始。

这里要特别提到"猛将菩萨",它是江苏农村普遍信奉的一位神灵。过去在南方各地都有八蜡庙、虫王庙、刘猛将庙,其实三者是一码事,所祀同为虫王刘猛将军。旧俗以正月十三日为刘猛将军诞辰,民间举办迎神赛会,农人抬刘猛将军像,奔走如飞,倾跌为乐,谓之"迎猛将"。或鸣金击鼓,列队张盖,遍走城市,都以为此神能驱赶蝗虫。关于刘猛将民间流传许多传说。在江苏常熟白茆一带如遇虫害,必请猛将菩萨,这一菩萨是白脸、穿白袍,据说可以吃虫,称"白袍将军"。蝗虫出现时,全村人出动,将"猛将菩萨"抬到田里。前边的人只敲锣,不说话;两人扛行牌,上写"回避""肃静"字样,中间是"猛将菩萨",后边是举旗的,吹鼓手,大队人马在田间绕打,凡经过田里,插一面三角旗,田主都要为之感谢。

秋收,还田福。还田福是在秋收时举行的仪式,由田主主持。供香火、双刀肉、金锭、三杯酒、三双筷子,拜田公田婆。山根村的畲民,收割时举行吃新米的仪式。具体做法是收割以前,从田里摘回五个稻穗(代表五谷)插在用新米煮成的米饭上,烧三炷香,敬奉天神和菩萨。吃新米的吉日一般是申日和卯日。中国江南地区的收获祭,通常以"秋报"仪式最为典型,届时要赶庙会,演社戏庆祝丰收。这种仪式仅次于春节。如白茆乡传统的收获祭是"赶庙会",届时全村动员,扮演戏剧。有时各村落之间有明确分工,有的扮戏、有的敲锣、有的吹打。有时还举行游村仪式,游行队伍所到之处,各家各户用茶水招待。"赶庙会"是秋收开镰前的仪式,用娱乐的方式酬谢土地神,庆祝丰收。

此外,属于农耕仪礼的是天旱时的求雨仪礼。中国农村除信仰天神、土地外,另一大神是水神,也就是龙王。龙王是管雨的,民间有许多神话和传说,年中行事中拜龙王是主要内容。接龙、舞龙、敬龙,以求得风调雨顺,五谷丰登。如兰溪市姚村正月初六举行接龙仪式。村中的广场上,村民们准备猪头、鸡、鱼三牲祭祀,然后从宗族祠堂里请出龙头,下午四时鸣炮接龙,每三户一节龙身,一节一节接起来,共计200多节400多米长的一条龙接成后,鸣炮出发,先绕村两周,然后到下龙庙和祖坟上拜祭,再到殿下胡公庙拜祭。接龙的仪式、规模相当庞大,要摆出"銮驾"。姚村在附近的村落中,不仅接龙最早(正月初六),而且銮驾队伍排列整齐,气势恢宏壮阔。据姚村的传说讲,接龙仪式主要祈求来年"风调雨顺""大吉大利"。又说,接龙仪式是皇帝提出来的,所以銮驾仪仗中有皇扇、皇亭(万岁亭)和刀、枪、斧、钺等武器。

接龙也被引入天旱求雨的仪式，不过此时已与年中行事中的接龙大不相同。每逢天旱，姚村属龙的青壮年男子便组成一支接龙队伍，在巫师的率领下，到距姚村 30 公里的水灵殿泉水洞接龙求雨。这些男子一律穿白色衣服（白色是一种象征死亡的颜色），其中一人手持龙瓶（瓷花瓶，上有龙的图案），四人手持钢叉，两人拿牙斧，到了泉水洞，顺水路为龙开路，这时巫师吹起牛角号，其他人敲锣，敲到水动时，用一面铜锣舀起水中的任何一种生物（如一条虫，或青蛙等），将其装入龙瓶中，这一生物就象征着接到的水神——龙。然后用红布包起龙瓶，由穿白衣，包白布头巾，穿草鞋的一人捧着，此人必须全身淋得透湿。在回村的路上不许休息，如果休息，龙就接不回去，不许有红红绿绿的东西出现，车水的水车要停止车水，人们一律不许戴凉帽，这些禁忌，使接龙活动一片肃然，预示着这是一场生死存亡的斗争。快到村里时，有九个属龙的人敲着锣到村口迎接龙队伍，村里祠堂门口的广场上早已搭起一个露天的台子，叫"龙台"，上面放一张八仙桌，巫师将龙瓶置于桌上，吹起牛角号，村里所有 80 岁以上的老人穿白衣、草鞋，跪在龙台前，代众人受过，祈求天降喜雨。从此，巫师每天吹牛角号作法事，直至下雨为止。在姚村求雨时，如同春节迎龙一样，要动用"銮驾"，画龙旗，画商羊。据《三教原流搜神大全》记载，商羊是雨师神，是一只神鸟，一足，能大能小，"吸则溟渤可枯"①。龙台附近不许妇女靠近，连马桶、尿桶等不洁之物也要回避。丽水山根村也有同样的求雨仪式，不过仪式要比姚村简单得多。

中国南方的年中行事和农耕仪礼，在长期的历史发展过程中，以稻作文化为中心，形成一定的类型和模式，但这些仪礼也常因地区、民族的不同，自然条件、耕作技术和农事信仰的不同而出现较大的差异。要全面、准确、细致地描述这些差异及其形成的原因，是困难的，它需要广泛细致的民俗普查，认真艰苦的田野作业才有可能作出比较。上面所述江苏与浙江的村落年中行事与农耕仪礼，只是其中的一端而已，而且是相当粗疏的。

---

① 商羊，又名一足鸟。《孔子家语·辩证》："齐有一足之鸟，飞集于公朝，下止于殿前，舒翅而跳。齐侯大怪之，使使聘鲁问孔子。孔子曰：'此鸟名曰商羊，水祥也。昔童儿有屈其一足，振讯两眉而跳，且谣曰：天将下雨，商羊鼓舞。今齐有之，其应至矣。急告民趋治沟渠，修堤防，将有大水为灾。'顷之，大霖雨，水溢泛诸国，伤害民人，唯齐有备不败。"王充《论衡·变动》："商羊者，知雨之物也；天且雨，屈其一足起舞矣。"

四、中日南方农耕仪礼的比较

中日农耕民俗文化的联系源远流长。中日南方农耕民俗文化的联合考察结果证明，通过两国民俗学者的联合田野作业，了解两国传统的和现代的农耕民俗文化传承，是探讨中日两国文化源流的重要方式。考古发掘证明，中国古代的百越地区，曾是水稻种植技术的发祥地之一，在中国大地上孕育而成的稻作文化，曾一度传入日本，并对日本文化的形成，产生了一定的影响。这种影响是通过一种自发的，缓慢渐进的方式进行的。这完全符合民俗文化的一般传播规律，即通过和平的选择、采借和引进。我们知道民俗文化的传播往往经历多种途径。战争、饥荒、移民及宗教的传播，常通过一种非常手段，将某一地区、某一民族的风俗文化带到另一地区和民族，使原生地的民俗文化得到脱胎换骨的改造。另一种是和平环境中的采借方式，即通过不同民族的和平交往，吸收异文化中的先进、合理成分，置入本土文化，并将其加以改造。中日两国一衣带水，大约从唐代开始，和平使者即往来不断。虽然在历史上，特别是在近现代，曾发生过不少次战争，但与和平相处的历史相比，战争是短暂的，而且战争是一种政治手段，而民俗文化的交往则采取了非政治的潜移默化的影响。在中日南方农耕民俗文化考察中，我们处处感受到中日传统文化交流影响的历史痕迹。也处处感受到日本民族对异文化的开放、善于吸收、改造，融入本民族精神的独特的气质。表现出日本民族一贯的进取精神。下面从实地考察所得的资料和感受出发，比较中日农耕民俗文化的异同。

第一，中日农耕民俗文化的结构，均包含了刀耕火种、旱地耕作和水稻栽培三个有机的组成部分。过去民俗学者的研究，特别是日本学者的研究主要集中在稻作文化方面，取得了突出的成绩。近几年来，开始观照旱地耕作，将种麦和芋的仪礼纳入农耕仪礼的整体结构中，探讨农耕民俗文化发展、演变的历史，是非常有意义的。在中国，西南诸省山地民族的刀耕火种文化，北方诸省小麦产区的旱地农耕文化和江南诸省稻作文化，都各成体系，表现在年中行事与农耕仪礼上既有联系，又有差异。如"春祈秋报"的相关仪礼是共同仪礼，但在南方稻作文化区，由于水稻的特殊生长条件所产生的泛神信仰和淫祀习俗，要远胜于北方。

第二，中日农耕民俗文化中的年中行事和农耕仪礼，传统上以岁时，节令为序，进行各项活动的安排，在历法上均使用中国的"农历"。农历，是农耕民俗

文化的产物，它将年、月、日、时及廿四节气的划分，配合农事生产的需要固定下来，这不仅保证了农业生产的时序，同时也对农耕民俗文化的传承起了保证作用。从中日年中行事与农耕仪礼的比较中可以看出，两国的年中行事在时间和内容上有许多相似之处，这来自两国人民自古以来在信仰习俗上的认同，也来自宗教（如佛教）的传播。如春节、清明、端午、七夕、中元（盂兰盆节）、中秋、重阳、除夕等节日名称，在日本传统的年中行事中都程度不同地保存着，原因是日本在采用中国历法的同时，将年中行事的主要内容也采借过去。但是在节日的具体内容上，却与中国大不相同，而是融进了日本民族的传统文化和精神，可见岁时节日文化的影响，对不同的民族来讲，是有条件的，必须对其加以改造，才能为异文化所接受。形式上的相同和内容上的差异永远存在。在日本本土民俗文化和冲绳民俗文化中，一般学者认为冲绳民俗文化受中国江南民俗文化的影响尤为强烈，实际上，两者之间的差异也是很大的。比如：春节、元宵、端午、中秋是中国传统的四大节日，它的影响远及海外，汉族和众多的中国少数民族都过这些节日，有关这些节日的产生、流传、演变和发展，最能代表中国传统文化特色。春节的迎神纳福，元宵灯会、端午避邪驱虫、中秋庆丰收团圆等包含着十分丰富庞杂的信仰色彩，而在日本，如上节日的内容与中国完全不同。在冲绳读谷村，每年正月初一只有挑新水，预祝丰收的仪礼。正月十六名为"新十六"的活动是到新去世者的坟上上坟，端午节名为"男人节"（中国则叫"女儿节"）只留有戴菖蒲的习俗。中秋节保留的赏月习俗，具体仪礼也与中国不同。由此可见，日本和中国的农耕民俗文化，由于大洋的阻隔，缺乏民间广泛直接的接触，文化的采借是处于一种间接状态。与此相反，中国边疆的少数民族，由于长期与汉族的交错杂居和直接交往，在接受如上节日风俗文化时，不仅在形式上，而且在内容上兼容并蓄，有些甚至是全盘吸收。

第三，中日农耕仪礼除年中行事中包含的许多祝愿仪礼外，直接关于农耕的仪礼，在结构上也基本相同。如日本本土农耕仪礼中属于每年春天在神社和村落举行的庭院插秧和稻田游戏，试锹仪式；小正月的祖灵访问和驱除虫害的仪式；其他象征物与农占习俗等，都是预祝礼的有机组成部分，它们和中国农村的做"春社"的活动十分相似，而每年秋季举行的"丰收祭"和"尝新祭"，则和中国广大农村的做"秋报"的活动十分相似，由此可见中日两国农耕仪礼的主题是相似的。预祝丰收和庆贺丰收，表现了传统农业社会对天神和田神（土地神）的依

赖心理，农民们精心安排生产环节中的每一仪礼，越精细则越虔诚。天时的顺与不顺，既决定农业生产的丰歉，又预示着加重和消除生产者的负重感。而在科学昌明的时代，这些仪式必然变为具有象征意义和娱乐意义，变为一种无形文化财产被保护下来，原有的功能自然日渐消退。

第四，中日农耕仪礼与农业生态的变迁。日本的现代社会，已由传统农业社会过渡到现代化的工业和商业社会，城市经济的高度发展，对传统农耕文化的冲击是巨大的。在日本农业人口大量减少，只占全体人口的不足20％，在这不足20％的人口中，专门从事农业生产的人更少，而且所掌握和使用的生产技术也和过去大不相同。这样农业的生态环境必然随之改变。过去具有很强的凝聚力的农耕文化，在人们日常的生活中已不再占有重要地位。摆在日本民俗学者面前的任务，是通过科学的普查，将传统的农耕民俗文化保护下来，供未来认识历史之用。而中国，现在仍是一个农业国家，农民仍占全国人口的80％以上，农业生产方式虽与过去相比，有了很大的变化，但传统的耕作方式仍在传承，也就是说，中国的农业生态仍保持着传统的样式，在广大农村农事信仰的气氛仍很浓，年中行事和农耕仪礼还在农业生产中发挥着作用，特别是一些边远的少数民族地区，如西南诸省的民族地区，还保存着许多原始的农耕技术和信仰。从农耕民俗发展史的角度讲，此类民俗事象具有"活化石"的价值。目前摆在中国民俗学者面前的任务，是要花大力气，对中国现存各民族的农耕仪礼作细致的、微观的考察和描述，探讨其实用功能和价值。中国的农耕民俗文化覆盖着80％以上的土地，影响着80％以上的农民的心理和行为，是一座极其丰富的文化宝库。

第五，中日农耕民俗文化的比较研究是一个长期的课题。最近几年来，中日民俗学者对比较民俗学的研究兴趣渐次高涨，这为民俗学的研究开扩了视野，民俗文化没有民族和国家的界限，世界各国的民俗文化由于传播上的原因，互相借鉴和影响，共同发展和繁荣。从历史的角度看，各民族之间的交流首先是从民俗文化交流开始的，然后才发展到政治、经济的交流。民俗文化于是成了各民族文化的共同源头。目前，像日本民俗学之父柳田国男先生提出的"一国民俗学"的理论，已有学者提出修正，这是民俗学发展的必然趋势。

传统的民俗文化主要指农耕民俗文化，尽管现代都市民俗学正在兴起，但农耕民俗文化仍然是民俗学研究的主体。此次中日南方农耕民俗文化联合考察涉及村落结构、家族亲族、年中行事、农耕仪礼、民间信仰、民间文艺、方言特色、

人生仪礼、色彩崇拜、民间用具等，这种调查范围说明农耕民俗内涵的丰富。我想，以此次考察为龙头的比较民俗学研究今后会顺利开展下去。

比较不是目的，而是一种有效的手段，比较需要可比的空间与时间。从历史的角度，中日农耕民俗文化的联系源远流长，影响至广至深，它为我们提供了比较两国农耕民俗文化形成、发展、演变规律的良好条件，比较传统与现代之间关系的丰富资料。从共时的角度，农耕民俗文化一旦形成，必然在一定的空间作横向的播布，中日农耕民俗文化的异同正是在这种播布中形成的。这一比较也为我们提供了很好的典范，即一国农耕民俗在周边民族和国家传播的规律。在这一方面，中日比较民俗学有着广阔的用武之地。

最后需要说明的是这篇论文虽然是在田野作业的基础上草成的，由于调查时间的仓促和资料的缺乏，行文一定有不少错误，谨希同仁批评。

要旨

年中行事と農耕儀礼の変遷
——中日農耕民俗文化比較

陶 立 璠

　年中行事と農耕儀礼はこれまで民俗学研究の重要な課題とされてきた。日本の研究者はこれについて綿密な記録と研究を行ってきたが、中国の歴代の"風俗志"及び現代民俗学の調査には、この年中行事と農耕儀礼の詳細な研究が不足している。中日南方農耕民俗文化共同調査はある意味でこの不足を補うものであり、さらに中日両国研究者の共同研究が実現したことは、両国民俗学史上に新しい章を書き記したと言えるであろう。

　「年中行事と農耕儀礼」では、農耕儀礼が農業社会における複雑かつ総合的な文化現象であり、これが原始農業で営まれた巫術と祭祀に源を発していることを指摘した。本章ではさらに、年中行事と農耕儀礼の関係を論じた。「日本南島の農耕儀礼」では、主に日本本土と沖縄の予祝儀礼と収穫儀礼をめぐって展開する農耕民俗を紹介した。この部分では主に筆者が沖縄県読谷村で調査した資料を使用し、農耕儀礼及び女性神役が果たす役割について詳述した。「中国南方の農耕儀礼」では、まず考古学資料を紹介した。次に中国の歴代農書が南方の稲作文化をどのように記載してきたかについて記述した。第3に、地方志の中の、農業に関わる占卜の資料を引用し、中国江南の呉方言地方の伝統的な農耕儀礼において占卜が際だった特徴を持つことを指摘した。第4に、筆者が浙江省蘭渓市姚村、麗水市山根村、江蘇省常熟市白茆郷で調査した資料を使い、育苗に関わる儀礼、田植え（開秧門、青苗会）、収穫（還田福）などについて詳細な論述を行った。

　「中日南方農耕儀礼の比較」では、主として次のような結論を導き出した。
　1. 中日民俗文化の特徴は、両者とも焼畑、畑作、水稲耕作の3つの有機的構

造をもつことである。2. 中日両国の年中行事と農耕儀礼は伝統的に歳時、節令に従って各活動が行われている。暦法はともに"農暦"を使用していることから、年中行事の節句の多くが共通した名称をもつが、その活動内容は両国の文化的背景の相違により、大きな違いがある。この差異は主として、両国が海によって隔てられ、互いの習俗を間接的に摂取してきたところから生まれてきたものである。こうした文化受容の形態は、中国の少数民族が漢族の民族文化を受容した形態、すなわち直接的な摂取と交流の流れとは、はっきりとした違いをみせている。3. 中日両国の農耕儀礼の構造は基本的にはよく似ている。 4. 日本はすでに高度な近代社会に発展し、農業社会の生態環境を失っているが、中国は依然として伝統的な農業社会である。両者が受けた近代化の衝撃は異なっており、農耕儀礼も相応に変化している。5. 民俗文化には民族と国家の境界線は存在しない。比較研究は一つの長期的な課題である。

话说泰山石敢当

周星

在中国广大城乡，如果留心，常可见到其上刻写有"石敢当"或"泰山石敢当"等字样的长方体条形小石碑，竖于街头路口或民居门前，这是一种流布甚广并且具有悠远历史传承的民俗事象。关于"泰山石敢当"的学术研究与调查，在中国大陆尚未引起足够关注，因此，我愿抛砖引玉，试做初步探索。

一

"石敢当"一词，最早见于西汉史游《急就章》，唐颜师古注云："卫有石碏、石买、石恶，郑有石制，皆为石氏；周有石速，齐有石之纷如。其后以命族，敢当，所向无敌也。"后代历史文献谈到"石敢当"时，或多引颜注。宋施清臣《继古丛编》："吴民庐舍，遇街衢直冲，必设石人，或植片石，镌'石敢当'以镇之。"谓其所本《急就章》。明人陶宗仪《辍耕录》卷十七："今人家正门，适当巷陌桥道之冲，则立一小石将军，或植一小石碑，镌其上曰'石敢当'，以厌禳之。"陶氏据颜注，以为据所说，则世之用此，亦欲以为保障之意。清人袁枚《随园随笔》卷十一有"石敢当"条"今俗为厌胜，辄树一石于当冲之所，曰'石敢当'"，亦谓此俗始于《急就章》。

考石敢当风俗缘起，必须提到北宋庆历年间一次出土文物的发现。宋人王象之《舆地纪胜》卷一三五，《舆地碑记目》"兴化军碑记"均提到"庆历中，张纬宰蒲田，再新县治，得一石铭，其文曰：石敢当，镇百鬼，压灾殃，官吏福，百姓康，风教盛，礼乐张。唐大历五年县令郑押字记。今人家用碑石，书曰石敢当三字，镇于门，亦此风也。"对照于清人曾廷枚《古谚间谭》"蒲田石记"、《蒲田县志》卷二、卷三十五以及《集说诠真》等记载，碑文中"官吏"或作"官利"，"礼乐张"或作"礼乐昌"；出土时间在庆历四年；碑文或非铭刻而系墨书。台湾

学者杨仁江由此推论说，石敢当在唐时已成为"镇百鬼，压灾殃"的驱邪止煞之物，从莆田出土的石铭看，它具有为公众祈福，保合境平安的"公设"属性。①

石敢当之俗在中国的起源甚古。乌丙安先生倾向于认为，此俗或由上古对石氏族姓、石工巧匠与灵石的信仰流变而来。② 日本著名学者窪德忠先生认为，石敢当起源于中国古代的石神信仰，即人们对灵石拥有魔力的崇拜③；日本学者上江洲均先生在所著《冲绳的生活与民具》中，也持大体相同的看法。汪宗衍先生根据《淮南万毕术》埋石四隅家无鬼，庾信《小园赋》以石镇宅，《荆楚岁时记》十二月暮日掘宅四角，各埋一大石为镇宅等记载，认为古代以石镇宅的风俗可能也是石敢当的滥觞。④ 盖古代镇宅埋石与唐代莆田石铭，意义确有相通之处。

根据有关史籍，石敢当之俗于唐宋时代已颇为流行，至明清时代遂蔚为大观，并引起了文人学士的关注。福建莆田宋代所出唐碑，据说长阔各五尺，其文以"石敢当"为首，并附有其他咒语或吉辞；但宋元时期吴地的石敢当碑，则或为石人，或为片石，其上仅刻"石敢当"三字。宋代的石敢当不仅立于民居宅旁门首，还立于街衢直冲；不仅分布甚广，还出现了地区性差异与类型的分化。石人型的石敢当，表明当时民间有以石敢当为人名的说法，这或许还与后来称其为石将军，赋其以人格的风俗相联系。明代在浙江天台地方，确将石人类型的石敢当碑，称为"石将军"，并每每立于巷口、路旁和桥道直冲之处。

石敢当的基本功能在于镇鬼避邪，压禳不祥，但作为民间镇物，它也一直随时代而发生着意义的变动。⑤ 南宋绍兴年间，福州郊外曾有信仰佛教的林姓村民为亡亲去天国再生祈福而竖立石敢当碑，该碑现存福州于山顶上的市美术馆碑廊。宋元以降，石敢当的功能则日渐突出地集中于驱邪止煞，并深受风水学说的影响，多竖于 T 字路口与三岔路口。约至明清时代，石敢当碑又有了加刻"泰山"与否的区别，据此，当然亦可做出不同的类型划定。《茶香室丛钞》卷一○引王渔洋之语："齐鲁之俗，多于村落巷口立石，刻'泰山石敢当'五字，云能暮夜至人家医病。北人谓医士为大夫，因又名之曰石大夫。"据说泰山石敢当碑

---

① 杨仁江：《石敢当初探——台南地区石敢当实例》，载《台南文化》新 24 期，台南市政府发行，1987 年 12 月。
② 乌丙安：《中国民俗学》，辽宁大学出版社，1985 年，第 255 页。
③ 窪德忠：《中国文化と南岛》，第一书房刊，1981 年，第 74 页。
④ 汪宗衍：《石敢当》，《民俗》第 78 期。
⑤ 窪德忠：《目でみる冲绳の民俗とそのルーツ》，冲绳出版，1990 年，第 30~31 页。

当时在南中亦有，但无医病之说，亦无石大夫之称。《集说诠真》："今城厢第宅，或适当巷陌桥道之冲，必植一小石，上镌'石敢当'三字，或又绘虎头其上，或加'泰山'二字，名曰'石将军'，谓巷道直冲有关凶煞，此石能厌禳之。"盖"泰山石敢当"晚于"石敢当"，当发源于海岱文化区而流布四方，约与海岱文化区民间深厚的泰山崇拜密切相关。中国古代关于泰山有许多特别的崇拜与信仰，《诗经·鲁颂》："泰山岩岩，鲁邦所瞻"；秦始皇举行封禅大典，立石颂德时，曾有儒生云，古时圣贤登泰山要乘蒲车，以免损伤泰山的土石草木。盖泰山之石有灵，不同凡石，可镇伏一切妖邪，根据民间宗教神性相加的原理，石敢当碑冠刻"泰山"二字，必能凭添更强的神力[①]。此外，在山东民间，又有"石敢当"为泰山诸神之一员的说法。

"石敢当"缘起，还有另外一种传说。《姓源珠玑》讲，五代时刘智远手下有力士石敢当，生平逢凶化吉，御侮防危，故后人凡桥路冲要之处，必以石刻，志书其姓字，以捍民居；为此还有人赋诗赞曰："甲胄当年一武臣，镇安天下护居民，捍卫道路三岔口，埋没泥涂百战身"云云。明人刘元卿《贤奕编》、陈继儒《群碎录》以及《事物原会》卷二二"石敢当"条等，都持此说。然已屡有学人经考辨指出，五代时武士本名石敢，将其与"石敢当"相附会，系以讹传讹。石敢当起于五代力士武臣之说虽非信史，但"人名说"在民间社会的普通民众中却十分流行，有着深厚的基础；尤其在山东、台湾和冲绳，石敢当为古代中国力士或勇士的民间认识与解释非常普及。

不少风水著作如《绘图鲁班经》《阴阳二宅必要》与《玉匣记广集》等，都对石敢当的规格尺寸，设置择日及祭祀方法等作了详略不同的规定。《绘图鲁班经》说："凡凿石敢当，须择冬至日后甲辰、丙辰、戊辰、庚辰、壬辰、甲寅、丙寅、戊寅、庚寅、壬寅，此十日乃龙虎日，用之吉。至除夜用生肉三片祭之，新正寅时立于门首，莫与外人见，凡有巷道来冲者，用此石敢当。"根据这些记载，没有风水师的指导，一般人是不能或不敢随便设立此石的。《绘图鲁班经》上讲石敢当的标准尺寸为高四尺八寸，阔一尺三寸，厚四寸，埋入土八寸，但从大量调查的实例看，民间并没有严格照此行事，在祭祀方法上也不尽相同。

[①] 宗力、刘群编：《中国民间诸神》，河北人民出版社，1986年，第416页。

二

　　石敢当或泰山石敢当的俗信，不仅源远流长，而且分布辽阔；作为一种文化因素或特质，其传播流布是值得深入探究的。

　　截至目前，除新疆、西藏等边远少数民族聚居地区尚未见到有关报道外，中国大部分省份均不同程度地存在或曾经存在过有关石敢当的风俗与信仰。石敢当习俗主要是汉民族的民间信仰，它虽然遍及全国，但以东南地区尤盛。在不同地区的石敢当或泰山石敢当习俗之间，有着难以详尽的明显或者微妙的一系列差异。

　　在山东省各地[①]，"泰山石敢当"不久前几乎还随处可见，尤其在泰安等地城乡更为普及。位置多在村头、巷口、墙边、宅基一角，还有直接嵌在墙壁之中者。人们相信，凡有山脊河峡之冲射，或面对通衢要道、城门路口、寺庙古塔、废墟旧址、坟冢林岗，则于阳宅不利，不宜造屋住人；若不得已，则要竖立"泰山石敢当"碑或在墙上嵌砖，上书"泰山石敢当"或"石敢当"诸字以为担挡或破解；据说"泰山石敢当"碑能够挡风避煞镇妖，以禁不祥，逢凶化吉，护佑民居安宁。山东各地的"泰山石敢当"，或为碑碣，或为雕像；竖立于地者多一米多高，嵌于墙壁者则较为小巧；此外，还有仅雕刻一石人而不刻字，亦称"泰山石敢当"的情形。

　　在河北省藁城市北楼乡耿村[②]，如果某面墙所对的正好是一条街或胡同，则要在正冲道路处墙上刻上"泰山石敢当"字样。耿村和附近许多村庄的人们都认为，胡同是箭，写"泰山石敢当"是为挡住射来的箭，以免坏了风水。据友人尹成奎先生示教，耿村新建民居砖墙上的"泰山石敢当"（也有写作"泰山石敢挡"的情形），位置较高，距地面2米左右，用水泥竖砌或竖嵌一砖大小的平面，上刻"泰山石敢当"即可。另在该村一处旧房朝北的墙上，还有刻写"衡山石"的例子。

　　在东北地区，据30年代初的调查，以"泰山石敢当"居多，其次为"石敢当"和上部加刻虎头的石敢当。一般多竖于屋后、路旁和桥边，或嵌入墙壁，或

[①] 丘桓兴：《中国民俗采英录》，湖南文艺出版社，1987年，第116～117页。山曼等著《山东民俗》，山东友谊书社，1988年，第369～370页。

[②] 袁学骏主编：《耿村民俗》，中国民间文艺出版社，1990年，第3页。

作为建筑物的础石；甚至还有用作房屋基座或室内装饰的石敢当。民间相信，石敢当可以使建筑物坚固耐久，并能压灾镇鬼。在北京等地，过去也曾有关于"石敢当"的踪迹。

关于四川的石敢当，樊缜先生曾绘有一图，其上有鬼面（或虎头），中有"泰山石敢当"五字，下有碑座；据说每逢朔望，皆有人燃烛焚香烧纸以为敬祭。① 据卫聚贤先生报道②，在由磁器口至歌乐山途中，曾有与兽头雕像相结合的石敢当。另据鸟居龙藏先生报道，四川也有与太极图相结合的石敢当；在越西县曾发现过依次顺刻太极图、虎（或狮）头衔剑图案与石敢当字样的砂岩碑和作为石敢当而造立的石虎像；在邛崃县，也见到有石虎雕像型的石敢当。征诸地方史志，在四川省的温江地区、内江地区、江津地区、达县地区、雅安地区及重庆市等地，过去都曾有过"泰山石敢当"。《巴县志》（1939 年刻本）、《新繁县志》（1947 年铅印本）、《合川县志》（1921 年刻本），均谓房屋当冲，则埋石或立石，上刻或书"泰山石敢当"，谓能厌煞或以御煞星。《简阳县志》（1927 年铅印本）与《万源县志》（1932 年铅印本）记载，除勒石外，也有多在中门钉一虎头匾或牌，上书"泰山石敢当"者；民间称此虎头为"吞口"，或谓即饕餮之音转。《合川县志》讲，除有埋石于门中者外，也有立一虎头，上书"泰山石敢当"五字的情形。《渠县志》（1932 年铅印本）说，居室若犯凶煞，于门前立一石兽，高三四尺，两目圆瞪，张牙咧嘴，大书"泰山石敢当"五字于其胸；或于门楣悬圆木若车轮，以五色绘太极图及八卦于其上，或贴"山海镇"诸字，即可镇压不祥。《名山县新志》（1920 年刻本）也说，石敢当用于镇煞，石端或镌狮豸，兼取触邪，或刻卦文，亦取相制。关于四川的石敢当，亦见于《蜀语》等文献。

贵州地区的石敢当，除见于《遵义府志》的记载外，还见于《增修仁怀厅志》（光绪二十八年刻本）、《麻江县志》（1938 年铅印本）与《八寨县志稿》（1932 年铅印本）等。《增修仁怀厅志》说，厅俗凡于河水毙人之处，及高岩陡坡跌蹶毙人之处，必以石刻"石敢当"之像以望之，相传可以永杜后祸。《八寨县志稿》与《麻江县志》均说，居当冲道、屋脊、与山岭等，即埋石，书石敢当；或在大门悬虎头匾，书"泰山石敢当"于虎舌或门楣之上，以镇压凶煞。

---

① 樊缜：《关于石敢当》，《民俗》第 68 期。
② 卫聚贤：《泰山石敢当》，《说文月刊》2 卷 6 期。

日本人类学家鸟居龙藏先生，1925年在云南省沾益州城附近，曾发现有在石虎（一说狮子）像胸前刻"石敢当"字样，置于屋顶以为镇煞的习俗。据友人管彦波先生介绍，在他的家乡宣威倘塘镇及周围一带地方，也有视路为箭，以石当之，立石上刻"弓开弦自断，箭来石碑挡"诸字以为镇邪的风俗。这种"石碑当"多立于十字、丁字与交岔路口或两个地方交界地带的醒目处，并常常与当地流行的"指路碑"合为一体。此外，在云南也有分别与虎头牌和太极图相结合的石敢当。

在安徽歙县渔梁，某民宅因门正对紫阳山上一怪石，故门偏斜朝向紫阳峰，避开怪石，同时在门前安置"泰山石敢当"一尊；歙县北岸某民宅将门远离冲巷之处，并在冲巷墙面下立"泰山石敢当"。① 安徽民居信守门不冲直巷的原则，若不能回避，则多于冲巷之处设立"泰山石敢当""镇山海"与镜子等符镇之物。一村之中，石敢当碑常设置于村落入口处，河川池塘岸边、门前巷口、三岔路口直冲之处等。

在江苏省的扬州、仪征、苏州、镇江等地，都有泰山石敢当碑，其上或加刻八卦图案。在连云港市，以"石敢当"和"太公石"（刻"太公在此百无禁忌"）为镇物的做法也很流行。灌云县龙苴乡有一处"飞将军"碑，树在某一村庄庄头，上刻"敕赐李广将军在此"借以赶鬼驱邪。吴县胜浦前戴村民居，正门右侧（西边）墙脚上往往镶嵌刻有"石敢当"三字的石或砖块②；有时也将石刻武士雕像或头像称作"石敢当"。在太湖洞庭山地区，人们将"泰山石敢当""石敢当"诸字，楷体阴刻于条石之上，竖于屋角正对弄口之处；人们相信"泰山石敢当"比"石敢当"的神力更大更强③。此外，还有将"山海镇"诸字刻于石条，安置在路口或门口的情形。

在浙江各地，石敢当习俗也十分普遍。金华一带民居正门，若有别家栋梁头或金字墙相冲时，人们会挂一虎头牌（绘虎头于木板之上），或在板上写"泰山石敢当"五字，这样对方就会砌起马头，并要求去掉虎头牌以图邻里合睦④。在

---

① 何晓沂编著：《风水探源》，东南大学出版社，1990年，第106—108页。
② 屠思华、魏采苹：《江苏吴县胜浦前戴村建房民俗调查》，载王栋主编《民俗论丛》南大学出版社，1989年。
③ 李洲芳、袁震：《太湖洞庭山岛民的住宅信仰习俗》，《民间文艺季刊》1989年4期。
④ 章寿松主编：《金华地方风俗志》，浙江省金华地区群众艺术馆，1984年，第151页。

兰溪一带，民间有在墙上写"泰山石敢当"五字以压不祥的镇宅之俗；① 据说这一带还有在屋基上置"泰山石敢当"青石碑，寓意有水，使不易失火，并使房子像泰山一样坚固的习俗。承友人何彬女士示教，在从兰溪至金华的公路途中，有一村落的某户民宅，于门楣上横书题写"泰山石敢当"，并以八卦、镜子和铁戟等镇物相组合（图一），据主人讲这是因为大门正冲马路对面另一栋房屋的屋脊。笔者曾经在兰溪市殿山乡姚村与丽水市碧湖镇见到分别竖于村内路边和正冲胡同口的民居门前的泰山石敢当碑（图二、三）。其中碧湖镇的泰山石敢当碑，是新近设立的，据说是因为该户屋门正对大街对面的碧湖镇卫生巷，巷内有医院及其停尸房，户主以为不吉，故设之以镇；这块碑的上部刻有虎头图案。在丽水市新合乡堰头村，据笔者调查，过去有许多泰山石敢当碑，凡门口有路，路口或路边必设之以挡路邪与路煞；对门若有别家马头，亦可以之为当。据说这些碑上也多刻有虎面。丽水市及其周围农村，过去常见于T字路口，墙壁拐角处与大路边有石敢当碑，只是由于"文革"荡涤才几尽绝迹，近年又有重新建设的事发生。在江浙民间，还有纸马神"泰山石将军"的俗信。另在上海，也屡有关于石敢当的报道②，除石制者外，还有木制的虎形石敢当。

图一　横书门楣之上的"泰山石敢当"

在广东，泰山石敢当碑也曾随处可见，或立于墙根之下，或嵌于墙壁之中，其中不少是听从风水先生的劝说而借此挡镇煞气的。较著名的有曾经嵌于旧广州将军署墙壁者③和竖于徐闻县公署门前者；在农村，还有在石敢当碑前供奉香火的习俗流行。与广东、福建、浙江相毗邻的江西省民间，也有许多石敢当的分布。

---

① 兰溪市志编纂委员会编：《兰溪市志》，浙江人民出版社，1989年，第686页。陶敦植主编《兰溪风俗志》，兰溪县县志编纂办公室，1984年，第72页。
② 陈勤建：《中国民俗》，中国民间文艺出版社，1989年，第183页。
③ 邓尔雅：《石敢当》，《民俗》第41、42合期。

图二　姚村路边的"泰山石敢当"碑　　　图三　碧湖镇正对卫生苍口（医院）的某宅门边的"泰山石敢当"碑

福建省是目前所知大陆石敢当习俗最为流行的地区，有关的记录与调查也稍多积累。1942年日本学者海江田正孝曾在厦门市内调查记录了65座石敢当，其中41座嵌在墙壁中，13座立于地面，6座其上雕有狮头，2座在狮头之下写"石狮敢当"，1座刻有八卦图案，此外，还有墨书于板上者。福建的石敢当，既有单刻"石敢当"或"泰山石敢当"的，又有加刻八卦、狮头，或呈棒状石狮型与镂雕蹲狮型者；既有书写或凿刻"敕令泰山石敢当""泰山石敢当南无观世音菩萨"的，也有以纸印刷或单画其形或其字于墙壁者[①]。民间还有享受香火之供的石敢当。在泉州，人们见到泰山石敢当碑与石狮同置于十字路口，大概是相信它们有同样驱邪的神力。就石敢当的设立位置而言，主要有巷口、门前、屋角、十字路口与岔路口等。《同安县志》记载，俗信堪舆者，每于巷头街尾，借口冲煞，辄树一短碑，刊"泰山石敢当"五字。这种风俗在福建沿海（包括金门）一带尤为盛行。在福建地区，石敢当与石狮子的彼此组合关系与相互消长关系曾引起了人们的兴趣；但石敢当与石狮子作为同一组功能相同或相近的文化因子，共同对台湾、冲绳等地的民间信仰发生过深刻影响，却是学者们公认的。

---

① 王成竹：《关于石敢当》，《民俗》第86至89期合刊；于飞：《关于〈关于石敢当〉及其的通信》，《民俗》第101期。

与福建、广东隔海相望的台湾，城乡大街小巷上也随处可见石敢当碑。关于台湾石敢当习俗，日本学者和台湾学者的调查记录已相当详尽，这使我们有可能窥得石敢当更为丰富的文化内涵。石敢当在台湾是广布全岛的，日据时代多有拆除，现已较为罕见，被作为文物加以保护。就石敢当的设立位置、功能意义及类型划定等方面而言，台湾与大陆尤其是福建一带的石敢当习俗几近相同，但也多少具有一些地方个性。在功能方面它具有止邪、止煞、止风（台风）、拘邪、拍秽、纳福、防洪、避病、祈愿平安、予祝丰收等许多方面。花莲县的一处石敢当，据说是因为那里不断发生淹死人的事件才设立的，民间传说自立石敢当后，便不再有人被淹死了。台南县白河镇沼安里沼安厝四隅的石敢当，据说因为村内一青年悬梁自尽，村民相信恶魔入庄，故立此四石以镇邪，并祈保平安。在澎湖县，过去某些聚落的东西南北中均有石敢当守护。在设立位置方面，除门前、巷口、T字路口、房屋拐角、路旁外，还有海岸、河川池塘岸边、渡口、通往聚落的路口，大树或竹丛之下，桥梁脚下，经常发生溺水事故的地方以及病人或死人续出不断之家。在类型和体量方面，更是多种多样，五花八门，有石柱或石碑独立者，有嵌于墙壁者；有加刻八卦、狮头衔剑、北斗七星者，也有在"泰山石敢当"之上载以石狮塑像者；有正面刻"石敢当"而背面刻"南无阿弥陀佛"者，或刻写"泰山石敢当南无观世音菩萨"；有巨人型石敢当，也有高度仅十几厘米的微型石敢当，但以高一米左右者居多；字迹或大或小，既有凿刻者，也有墨书者，既有竖书者，也有横写者；有的石敢当碑下还有基座或祭坛，其中有不少香火颇盛，有自家因故私立的石敢当，也有村人共同公设的石敢当；其中有不少是在风水师或道士指导之下设立的。台湾石敢当的分布、与一批批来自闽粤的大陆移民有关。举凡有意外之灾，不幸事件，事业或生意不振以及宅居受冲之际，人们就往往可能采取各种避除、破解与预防的方法，石敢当就是其中最重要的一种。在宜兰、云林、台中等地，民间还有认石敢当为义父，可使弱童健康成长的风俗。

在台湾某些地方，石敢当要请风水师择日而立，在元旦、中元以饭、肉供祭，虔诚者每逢朔望或每日都烧香祭拜。在宜兰一带若是社区共同设立，则各家合以肉、酒、三牲和点心等供物祭之，祈愿他驱除疫病邪魔，以保家家平安和五谷丰登，必要时甚至会演戏酬神。人们对石敢当碑敬之若神，不能踢它或挖掘它周围的土，石敢当碑若倒，普通人不能触动或扶起，而应由道士择吉日重立。立置石敢当时须小心翼翼，据说道法不高的道士不敢轻易安之。石敢当碑既可请石

匠凿制，也可自制。

三

　　石敢当不仅遍及中国各地，甚至还远播海外，在马来西亚、新加坡及东南亚诸国，都有关于石敢当的报道，总体而言，这与华人的海外扩散相联系。另在朝鲜，据说也有类似的石将军信仰。海外石敢当流布最集中的国家则是日本。

　　根据小玉正任先生《新石敢当考》[①]一文的介绍，截至1988年5月，在日本全国47个都道府县中已有23个都府县发现有石敢当的遗物或遗迹。其分布北至青森，南至冲绳县，其中以冲绳和鹿儿岛两县最为密集；据说仅在鹿儿岛县，就业已发现和记录了500余处以上的石敢当。在日本全国有纪年铭文的10例石敢当中，以位于宫崎县的元禄二年（1689）碑为最早；这些纪年石敢当多集中于鹿儿岛等本土南部地区。关于日本石敢当分布的北限，根据窪德忠先生最新出版的著作，还可能延伸到函馆一带地方。

　　日本石敢当最早的起源地，除鹿儿岛县之外，冲绳列岛亦十分重要。冲绳县久米岛具志川村的一座泰山石敢当碑上，有纪年铭文为雍正十一年（1733），据信这是冲绳县境内目前可以确认的年代最古的石敢当；另在石垣市立八重山博物馆内收藏有一通据说是乾隆年间的石敢当碑，其上刻有"泰山石敢当、姜太公在此"等字文。

　　14世纪末期以来，琉球王国一直处于中国明王朝的册封体制之下，有证据表明，石敢当习俗早在15世纪中叶至16世纪便可能传入冲绳。据《李朝实录》和《明会要》等史书记载，自15世纪中叶以来，屡有大陆和朝鲜半岛的移民来到冲绳，尤以闽南三十六姓渡来最为著名。石敢当习俗正是伴随着当时冲绳与大陆沿海和台湾频繁的民间往来，通过陆续的移民而传到冲绳各地的，大约同时或稍晚，传自大陆的还有各种风水学说[②]，直至战前，在冲绳还有算命卜卦者根据传自大陆的风水著作（《玉匣记广集》等），指导人们择吉日设立石敢当的情形。有一种说法认为，石敢当是从中国大陆或台湾传到冲绳后，经由奄美传到本土南部地区的，这种说法或许不无道理，即使是现代，仍有通过移民或出嫁等方式而

[①] 小玉正任《新石敢当考》，《琉球新报（朝刊）》1988年5月12日至13日。
[②] 玉木顺彦《古文書にみる沖縄の風水》，《沖縄民俗研究》第10号，1990年。

将石敢当习俗带到本土的例子。

日本各地的石敢当，多程度不同地与当地其他文化习俗相结合，意义上也或多或少有一些微妙的变化，甚至称谓在各地也是不尽相同的。在长崎县谏早市，有为防水而与"水神宫"并刻的"石敢当"；在德岛县小松岛市有数处"石将军敢当"，此外，还有与修验道相结合的石敢当以及专为镇守鬼门，避忌凶方的石敢当等。在冲绳的先岛群岛，石敢当与当地固有的灵石信仰发生了契合，因此，不能把没有刻字的石镇物简单地一概称之为"无字石敢当"。在宫城岛与伊计岛等地，石敢当与当地固有的其他避邪镇物之间也发生了组合关系。在冲绳中城村北浜，有"不动石敢当"碑，反映了在道佛混合影响之下的石敢当习俗，在北中城村发现的"山石敢当"碑，可能是琉球王国尚泰王时代的作品，因避讳而特意舍去了"泰"字，在波照间岛，还有左右两石之上分别刻"泰山"与"石敢当"的例子；在奄美群岛，又有在"石敢当"下加刻"九字符（䷀）①"，以增加驱邪制煞之法力的实例。在那霸市，近年还有一些为交通安全而设置于十字路口或事故多发地点的石敢当。

冲绳石敢当习俗中最引人注目的现象，是它仍然十分活泼地存在于人们的现实生活之中。窪德忠教授指出，冲绳地方近些年来，甚至出现了设置石敢当"热"，实地考察的结果表明，石敢当的数量每年都有相当程度的增长，仅那霸市内专售现成品石敢当的商店就有数所，甚至还有上门推销的情形。这些现成品规格划一，并有薄小化（长度20～35厘米）倾向，其设置也更多地贴挂于墙壁上而非竖于地面上；虽然失去了古朴自然的风格，但设立的位置仍大体集中在T字、十字或三岔路口，屋角与门旁。其中不少是因交通事故、病人迭出及生意不好而设置的，并或多或少得到冲绳民间算命卜占者的鼓励与指导。在新近设置的石敢当中，除了以石为材外，还有用塑料、水泥、木板制作的，当然也有直接书写于墙上的情形。在那霸市繁华的大街上，常有在商店门口设立石敢当的情形，那霸市国际大街三越商场前的石敢当就是很有名的。除了商店大门正对街衢大道之类的原因之外，借石敢当之力振兴生意的期待，也是造立石敢当的动机之一。

---

① ䷀，道教中表示"临兵斗者皆阵列前行"的符号。

图四、五　冲绳县立博物馆门前的"石敢当"碑

图六、七　冲绳县读谷村字长浜的两处"石敢当"

图八　读谷村历史民俗资料馆门前的　　　　图九　北中城村一处T字路口的
　　　　"泰山石敢当岩"碑　　　　　　　　　　　　　"石敢当"碑

　　1990年12月,笔者在冲绳访问调查时亦曾见到若干石敢当的实例:冲绳县立博物馆门前二处(图四、五),读谷村字长浜二处(图六、七),读谷村历史民俗资料馆门前一处(图八),北中城村的T字路口一处(图九)。其中字长浜的一处位于T字路正冲胡同的墙壁上,另一处则在围墙的拐角处;位于读谷村历史民俗资料馆门前者,上刻"泰山石敢当岩"六字,据说已有100年以上的历史,2年前因建筑工程而从他处移植于此。

　　友人林素湄小姐在八重山群岛的石垣岛、竹富岛、小浜岛等地调查,亦曾记录了许多石敢当实例。在石垣岛登野城区的311处路口上,有117座石敢当,就是说约有37.6%的路口有石敢当设置(图十、十一);在这些石敢当中,水泥制品有66处,约占56.4%;还有13处是直接写在墙壁上的[①]。据调查,设置石敢当的目的主要是为了宅居安全和家族幸福。林小姐还对台湾与冲绳的石敢当习俗做了比较,认为石敢当设置场所的一些差异,主要是由于台湾除私设外,还有许多公设的石敢当,而冲绳的石敢当则几乎全部为房主私设性质的;另外在台湾和中国大陆,都不同程度地存在着视石敢当为神并加以祭拜供奉的习俗,在冲绳除首里、宫古岛和石垣市等部分地区有少数以酒、盐、茶等供物祭拜石敢当的情形

---

① 林素湄:《石敢当の研究と考察》,未刊稿,1991年。

外，大多不行祭祀仪式；一般地讲，冲绳人不把石敢当视作神来崇拜，但是也不能随便亵渎它。

四

石敢当或泰山石敢当习俗，作为民间社会的基层文化，在它长期的演变与传承中，既保持了自身传统的基本内核，又不断地与其他相似的民间基层文化因素发生着各种契合，相互补充与改造以及重构组合的关系，因而其意义也因地因时地存在某些差异。石敢当意义的民间传承在相当程度上，是借助各种文字材料、口碑与传说故事等媒介而得以实现的。人们往往通过各种口头文学对石敢当加以解释，尽管这些解释未必是科学的，但要了解关于石敢当的民间认识，却不能忽视它们，因为它们实际上发挥着种种变通与适应的功能，从而使石敢当习俗既保持了延续性，又具有了某种可塑性。

图十 石垣岛登野城区某户民居，因大门正在T字路口，故设此石敢当

图十一 石垣岛登野城区一处岔路口的"泰山石敢当"

广东地区流传的两则民间传说，讲在康熙年间，有道人纯阳子及某风水先生以"泰山石敢当"压煞，为人排解邸舍不吉，或以"泰山石敢当"借泰山之力与压死数位知县的宝塔相匹敌，进而使主人得救致福。故事通过冲煞致死的情节，强调了建筑物之间的相互冲突，从而为"泰山石敢当"的破解神力做了铺垫；它通过道士和堪舆家之口，使"泰山石敢当"的神奇之处为人信服，其中透露出民间道教与佛教相争斗的文化信息，表明作为"张真人厌胜之术"的石敢当，基本上属于民间信仰的土著道教与风水文化的范畴。

在台湾的一则口碑传说中，石敢当是唐朝时一寡妇梦与石将军交合所生的儿

子,名叫顺孝,他因屡有打死怪物救母与打死猛虎救养父的英勇事迹而得到官府的嘉奖;后人怀念他的勇敢威武,遂立石刻木,并刊以其姓作为驱邪之镇物。在这则传说中,渗透着稍多的人伦与传奇色彩,很符合汉族基层民众的一般心态。

在一则闽南传说中①,石敢当亦系人名,他本为一菜农,在洛阳渡口被观音菩萨所衍化的美女迷惑,后被她封为水陆路守护神而安心伫立于墙下或桥头保护人民。据说洛阳桥边的裸体石人,就是当初的石敢当。这则传说故事借菩萨封神而使"石敢当"获得神性,在一定意义上也象征着佛教对民间文化的渗透与改造。在福建民间,人们还对"泰山石敢当"有另外的解释,说是泰山上路狭多石难行,古代皇帝封禅亦须下马降轿。在泰山之石面前连皇帝也须下马,于是它便具有了阻止任何权威的力量。

关于"泰山石敢当"的民间故事与传说,以山东地区最为丰富②,学者们根据类型学的分析,曾将它们划分为驱妖型、两挚友型、唐太宗、驱鬼型被泰山石阻挡型等若干种类型,但其共同特点是说石敢当是住在泰山的一个人的名字。

驱妖型的故事讲,泰山有一人名叫石敢当,他以测字算卦为生,以驱妖为业而逐渐有了名气;妖气害怕其名,逃到了江南、福建与东北,这些地方的人们苦于妖孽作怪,都请石敢当帮助捉妖驱邪,石敢当穷于应付,忙不过来,便告诉人们谁家若闹妖气,就在石块上刻写他的家乡与姓名置于墙上,即可驱妖除妖,此话传开后,果然灵验。故现在人们盖房砌墙时,常要刻好"泰山石敢当"碑,垒于墙上用以避邪。驱妖型的另一种民间异传,则加入了明显的治病情节,说石敢当是一位住在泰山靠打柴度日的小伙子,他胆大力壮,还学过武艺,后揭榜为王员外家的小姐驱妖、治愈了不治之症,遂娶小姐为妻,过上了幸福的生活,后村人皆树石碑、上书其名,谓其有驱妖除病的法力。这种类型的民间故事,早在清代可能已经开始流行,当时有将"泰山石敢当"称作"石大夫"的习惯。在驱妖型的故事中,最初须将"泰山石敢当"诸字刻于泰山石之上,方才有效。可见"泰山石敢当"俗信的性质可能存在一个从泰山石崇拜、泛灵石崇拜到语文魔力崇拜的演变过程,到了当代,甚至塑料与水泥也可以成为"石敢当"的载体了。

两挚友型的传说故事,说泰山与石敢当是一对生死不渝而相随的好朋友,他

---

① 张文焕:《石敢当的故事(闽南传说)》,《民俗》第72期。
② 陶阳等编:《泰山民间故事大观》,文化艺术出版社,1984年,第197~206页。吉星编:《中国民俗传说故事》,中国民间文艺出版社,1985年,第547~548页。

们死后，人们感铭他们的友谊，遂将两人姓名合刊一起表示"团结如一人"以作为纪念。两挚友型的故事较多附会而甚少探究的价值。

附会于唐太宗的故事，是说唐太宗登临泰山时曾受阻于回马岭，临走时说了一句"偏偏泰山石把我挡住了"，后人遂借此言叫起了石敢当。这则故事与福建民间对"泰山石敢当"与皇帝关系的解释有着明显的同构异传关系，相互之间在逻辑上是相通的。

驱鬼型的故事，也说泰山石敢当是人名，他有能力驱鬼不使进入门户，但因不胜其忙，遂让人们拣块砖并刻上自己的名字放在门口代表他来阻挡鬼从家门进入。今泰安一带建房，门框下仍要压两块砖，正是这个意思。驱鬼型的故事在本质上与驱妖型有异曲同工之妙，只是它又节外生枝地同时解释了门框下压砖的另一种风俗。就不同类型的传说故事看，以驱妖型和驱妖治病型对泰山石敢当在现实生活中的文化意义具有更强的说明力。

此外，在某些风水著作和某些风水师的口碑中，也有关于泰山石敢当的种种说法，他们对石敢当在民居建筑和乡俗生活中的意义有一定影响，但往往却有更多的穿凿附会。一种说法讲到，蚩尤登泰山而渺天下，自称天下谁敢当；女娲遂投石以制其暴，上镌"泰山石敢当"，黄帝遍立此石，蚩尤败北后被擒于涿鹿，从此，"泰山石敢当"便成了民间的避邪神石。另一种说法将"泰山石敢当"与姜子牙相联系，说姜子牙辅佐周文、武王灭纣有功，死后被谥封为"泰山石敢当"，其权主执镇守鬼门关道。根据此种说法，石将军即指姜子牙，"石敢当"乃为其神之名。风水影响下的上述传说，或可被归入道教神话的范畴之中。值得注意的倒是姜太公与泰山石敢当之间的关系，我们知道在台湾某些地区流传的民间故事中，太公望吕尚正是石敢当的本名；在某些实例中，"姜太公在此"与"泰山石敢当"相并刻；在另一些实例中，仅刻有"姜太公在此"的立石，也被称作"泰山石敢当"。但在民间镇邪习俗中，又有将二者分别开来，使其各具神性与法力的情形。

五

杨仁江先生根据他的实地调查曾将石敢当分为 8 种类型：1. 石敢当原型（仅镌刻此三字，一目了然，较少字形变化）。2. 加刻"泰山"的石敢当（或以"泰山"二字代"石"，只写"泰山敢当"；"泰山"二字或横书，或竖冠），一般

认为，加刻"泰山"可增强石敢当驱邪的能力。3. 加刻"止风""止煞""拘邪""拍秽"或"止煞镇安，扫除邪魔"之类咒语于"石敢当"之下，指明或强调其功能者，多见于台湾离岛地区及沿海一带。4. 顶部加刻太极八卦图案或文字的石敢当，太极八卦亦能强化驱邪止煞的神力，多见于澎湖地区。5. 顶部浮雕衔剑之狮或兽头图案者（"剑狮"与虎面等兽头以及剑柄上所刻北斗七星，在民间亦具有厌胜驱邪之力）。6. 兼具纳福含义的石敢当。在具有驱邪止煞功能的同时，也具有吉祥、祈福的含义。或在"石敢当"三字左右各刻"安主""大吉"，或在碑背写"安之光明"。也有在刻写"拘邪、拍秽"的同时，刻写"福禄寿全"的情形。7. 与各种道符相结合的符令石敢当，此类型亦多见于澎湖地区，实际上相当于一个石制的符令。8. 类似石敢当：特指那些功能相同，安放位置相似的石碑或其他灵石镇物，诸如"无字石敢当"、南无阿弥陀佛碑，山海镇以及各种其他的石符或镇物。

杨先生的上述分类，在石敢当问题的研究上是一项重大成就，有许多独到价值。不过，还应补充的主要有以下几点：

1. 这个分类主要以台湾地区的石敢当材料为基础，在把它应用到台湾以外地区时，应加以灵活的变通。最好是不同地区能有各自不同的分类；将基于石敢当习俗之地性差异的不同分类加以相互比较，既可能建构出关于石敢当的整体分类，又可能在不同地区的石敢当习俗之间发现种种至关重要的联系。因此，在大陆开展石敢当的实地调查与分类整理，是今后民俗学的课题之一。

2. 杨先生是以碑文图案为依据进行分类的，这确是比较科学的，因为碑文确是借语文之魔力使石敢当神化的主要途径。但是，分类还可以有不同的其他标准，针对不同的研究目标，同时展开其他的分类也是有意义的。例如就"石敢当"的质料分类，有石、砖、木、水泥、塑料等，我们知道，时代早的多是石质石敢当，而近年来却发现了质料多样化的倾向。也可就石敢当的形制来分类，诸如碑冢式石敢当、嵌入或悬挂于墙壁的石敢当、独立栽于地面的石敢当、直接写于墙上的石敢当等；或者分为长方形片石状石敢当、长方柱形石敢当、自然石形石敢当等；就碑体大小的分类同样有一定价值，因为碑体的大小与它承当或镇压邪煞的能力呈正比关系。此外，就石敢当的功能与位置，亦可做出某种分类，如将纳福与驱邪者相区别，将守护宅基的石敢当与祈愿交通安全的相区别，将公设的与私设的相区别等等，总之，多重的石敢当分类是使研究得以深化的途径之一。

3. 在杨先生分类的基础上，可进一步努力使分类细密化。如顶部浮雕兽头型的石敢当，至少包含了"剑狮"、虎面与狮头等若干亚型。

4. 在根据现有分类从事石敢当研究时，有必要注意到某些石敢当实例也有可能被同时分在不同类型之中。就是说，在不同的石敢当类型之间，常存在一些可以沟通彼此而难以断然确定其类属的实例。

5. 还有一些重要的实例，未被杨先生的分类包括在内，诸如"姜太公在此"之类的石敢当，"石将军敢当"、石人型的石敢当以及与其他避邪镇物如狮子同体构成的石敢当等。

6. 关于类似石敢当，似应采取更为审慎的态度。

此外，还应指出的是，在窪德忠先生指出的误刻实例中，若从方言谐音的角度出发，或许有些并不是误刻，例如，东、堂、当相通等等。在民间基层文化中，这种别字混用的现象比比皆是。当然，确实也有一些误刻的实例存在。

杨仁江先生注意到石敢当中家户私设与社区或聚落公设的区别，并以国分直一先生的记录为线索，初步揭示了石敢当在台湾民间聚落的精神防御体系中的意义。石敢当在某一聚落或社区中的具体位置及其相互关系，在相当程度上反映了社区人们心理安全的必要环节；从空间民俗学的角度讲，它是安全与危险、幸福与不幸，人类世界与妖邪世界的交接点，是内向封闭的社区对神秘未知的外来力量加以防范的设施。石敢当以物化的形态使心灵空间的精神防范得以外在的具现。它使身后的空间在观念和心理上实现了净化、圣化与安全化。

我十分赞同杨仁江先生关于在乡土社会中，与物质实体的防御系统相对应，还有一套无形的心理设防系统的观点。正像杨先生所揭示的那样，乡土社会有同心圆状的多重防御系统，从最外环的，经中环的到内环的；从公设的经公私交融互设的到私设的，这种处处设防与层层守护的社区共同的潜意识，形成于前现代的传统文化氛围之中。

石敢当作为一种象征或符号，尽管可能在聚落四隅中央（宛如聚落守护神），在聚落社区内的道路系统或过渡空间中，在家屋宅院的门口及四周等处，都发挥自己的作用，但在多数情形下，它却不能单独构成聚落社区的心理防御体系，而往往只是这个体系的构件之一。石敢当只是乡土社会中许多功能相同或意义相近的镇物之一，石敢当往往是在与它们的组合中发挥作用的。石敢当与其他镇物的组合关系及相互替代关系。是一个十分突出的现象。要揭示民间信仰的乡土宇宙

观，石敢当虽然重要但也只是线索之一。

经常与石敢当相组合的民间镇物或镇符主要有太极八卦、铜镜、狮子、虎、剑、北斗七星、道符等；它们之间的相互结合方式也是多种多样的，既可同刻于碑体，也有共置同一位置的情形，总体上说，石敢当与其他镇物的组合，可以凭添更强的法力。经常可与石敢当相互置换替代的民间镇物或镇符除太极、八卦、铜镜、狮子等之外，还有石磨盘、砖雕、照墙、虎头牌、瓦老爷等等。石敢当与其他镇物的组合关系及相互置换关系，将是今后的研究目标，眼下可以指出的是这些关系存在着相应的地方性差异，例如在福建、台湾和冲绳，石敢当与石狮子的关系就显得特别引人注目；但在台湾，石敢当还与各种道教的符咒相结合，在浙江与四川等地，石敢当则多与虎相结合。

作为乡土社会中的传统文化或其孑遗，石敢当及其相关习俗，基本上属于民间道教范畴，尽管也有个别实例表明其中多少渗入了佛教文化的某些影响，但如同整个民间堪舆风水的俗信一样，石敢当习俗的民间依据、民间解释和民间实践，仍主要构成民间道教文化的基层部分。道教和佛教对石敢当习俗的交互影响，在一定程度上恰好说明了民间基层文化的功利主义本质。

就石敢当在长期历史上的演变和在广阔地域中的流布而言，它的确在一定意义上构成了东亚文化的基层要素之一。通过石敢当，我们也许可以说，在中国大陆，台湾和日本冲绳及本土之间存在着一个环海的民俗文化圈，石敢当只是这个环海民俗文化圈的构成要素之一。石敢当的传播在不同地域与不同民族的背景下，已经发生了程度不同的涵化演变，在现代化的趋势下，石敢当习俗今后的命运如何，它是否会随着社会变迁而流失，在不同地区或国家的不同社会变迁过程中，它的命运会有多大程度的不同，这些也都是令人关注的问题。

石敢当小考
― 周星論文の要旨とそれへのコメントを中心にして ―

小熊　誠

　周星氏の論文では、対象地域が中国大陸だけではなく、台湾、沖縄にわたり、また文献資料のほかに調査資料も利用されている。とくに中国大陸での調査研究はこれまでほとんど行われてこなかったのが実状であるから、本論文は従前の石敢当についての研究を中国とその周辺地域との比較という点でさらに一歩前進させたといえよう。周星論文は、5章に分かれていて、その内容はたいへん豊富である。したがって、それぞれの章の重要と思われる点についてその内容を概説し、コメントを加えたい。

　第1章は、中国における文献の中に記されている石敢当について整理されている。文献による石敢当という名称の起源については、本文を参照していただくとして、まず注目したいのは、石敢当の意味の変遷である。周氏の論文によると、北宋の記録に福建莆田県から唐代の石碑が出土したとある。それが、記録上最古の石敢当であると考えられており[①]、その銘によると百鬼を鎮め、官吏の幸福と百姓の健康などを願って立てられたことが記されていたという。つまり、唐代の石敢当は、民衆の幸福を祈り、地域内の平安を守るという公の目的のために設置されたものであったことがその銘文からうかがえる。ところが、宋代になると、石敢当は民家の門の脇や街路の突き当たりに立てられるようになり、その機能が「駆邪止煞」（邪を駆り、煞を止める）に集中するようになった。すなわち、石敢当本来の機能は、「鎮鬼駆邪、圧穣不詳」（招福除

---

　　① 窪徳忠「石敢当からみた中国・沖縄・奄美」『南島史学』第23号、1984年、6頁。窪徳忠『沖縄の民間信仰―中国から見た―』ひるぎ社、1989年、216頁。窪徳忠『目でみる沖縄の民俗とそのルーツ』沖縄出版、1990年、30頁。

災）であったものが、時代を経るにしたがって除災の機能に限定されていったことを示している。その理由として、風水説の影響があるという指摘は、興味深い。さらに、風水書の中に、石敢当の規格や設置する日取り、祭祀方法についても記載されているという。この点については、後段でさらに詳しく述べたい。

　この章では、その他に、明清時代に至って石敢当に「泰山」が加刻されるようになり、それは海岱（現在の山東省）の民間に伝わる泰山信仰と結び付いて周囲に流布したこと、および石敢当の起源として人名説や力士説があることなどを紹介している。

　第2章では、中国における石敢当信仰の分布についてまとめられている。石敢当の風俗や習慣は、新疆やチベットの辺境に住む少数民族を除いて、中国各地で見られるという。周論文では、山東省、河北省、東北地方、四川省、貴州省、安徽省、江蘇省、浙江省、福建省、広東省、そして台湾の事例について整理されている。この中でとくに注目したいのは、石敢当の上部に、鬼面や獅子頭、太極図、八卦図が描かれたり、鏡が嵌め込まれている例が、上述の四川省以下の中国東南地域にみられることである。

　本海外調査団では、周星氏とともに浙江省の調査に従事したが、蘭渓市姚村では、家屋の「大門」（入り口）の上部に太極図や八卦図、武器が描かれたり、鏡が嵌め込まれているのをよく見掛けた。それは、路地の突き当たりに「大門」が位置していたり、隣家の「大門」と路地を挟んで向き合っている場合が多かった。その理由を尋ねると、そのような場所は、外からの邪気が入りやすいので、「大門」に描かれた図や嵌め込まれた鏡は、それを封じる手段であると聞かされた。

　Ｔ字路の突き当たりは良くないなどという家屋あるいは屋敷配置の問題は、多くの場合風水思想と関連している。中国では、風水が悪く、邪気が入りやすくなっているところに、避邪の目的で前述の太極や八卦、武器の図や鏡が用いられ、Ｔ字路の突き当たりや集落の入り口などには多くの場合石敢当が設置される。それらは避邪という目的で共通しているため、これらの文化要素の重複が中国ではみられる。つまり、「大門」上部に太極や八卦、武器の図に加えて「泰山石敢当」と書かれたり（周星論文写真1参照）。石敢当の石碑に獅子頭

や八卦、鏡が付け加えられている例が多くみられる（周星論文写真3参照）。これらは、避邪の能力をさらに高めるために、複数の魔除けを組み合わせているものと解釈できよう。

同様に、石敢当と石獅子が組み合わされている例が、中国でも福建省に多く見られると述べられている。この福建の習俗が、台湾や沖縄に影響を与えていると指摘されているが、この点については、若干補足しておく必要があるかと思われる。つまり、沖縄では、石敢当に避邪を目的とする他のものが付け加えられているのをほとんど見ることはできない[①]。石敢当にしろ、獅子にしろ、中国、それも福建あたりから伝わった習俗であることはほぼ間違いない。しかし、その両者は避邪という機能において類似しているものの、管見によると沖縄では伝統的に両者が同じ場所に設置されることはほとんどなかったようだ[②]。ただし、最近では門柱などには足元に石敢当、上部にシーサー（獅子）を載せている例を市街地の一般住宅でよく見かける。それは、両者の機能が類似していることから一般住宅の門柱などに両者を組み合わせて設置するように、近年になって変化してきたものと思われる。

第3章では、日本各地および沖縄における石敢当についてまとめられている。内容は、既存の日本文の文献をまとめて紹介しているが[③]、中でも貴重だと思われるのは、沖縄国際大学文学部社会学科に在籍する台湾からの留学生、林素湄の調査報告（未発表）である。林は石垣島、竹富島、小浜島で実地調査を行い、石垣島登野城では311カ所の交差点のうち、56.4パーセントにあたる117カ所に石敢当が設置されていたことを確認し、そのほとんどの目的が、屋敷の安全と家族の幸福であったことを報告している。さらに、台湾と比較する

---

① 窪徳忠、1990年、37－38頁に、石敢当の上部に梵字が加刻されている例と、獅子面が刻まれている例が紹介されている。前者は、成立年代が古いようで、日本本土の板碑の影響などを考えてみる必要があると思われる。後者は、新しいもので、この文中でも所有者は獅子面をただの装飾としか意図していないことが明記されている。

② 長嶺操『沖縄の魔除け獅子』沖縄村落史研究所、1982年によると、製作年が比較的古く、個人所蔵ではない石獅子を、その設置場所によって宮獅子、御殿獅子、村落獅子、屋敷獅子に分けており、その機能は石敢当と同様のものもあると述べているが、両者が組み合わされている例は記されていない。

③ 小玉正任「新石敢当考」『琉球新報』1988年5月12日・13日。

と、台湾では個人的に石敢当を設置するほかに、公に設置する場合も多いのに対し、沖縄ではほとんどすべての石敢当は家主が個人的に設置したものであること、そして、台湾や中国大陸では石敢当を一つの神とみなしてそれを祭祀する習俗があるのに対し、沖縄では基本的に石敢当を神として崇拝することはないことが指摘されている。

窪徳忠氏も指摘していることだが[①]、近年沖縄では市街地を中心に、石敢当を設置する習俗が急速に普及している。林報告の石垣島登野城では50パーセント以上の交差点に石敢当が設置されているという数字があげられているが、沖縄本島の市街地では設置すべきところにはほとんど石敢当が置かれているといっても過言でない状況にある。しかし、不思議なことに、沖縄の人々は一般に石敢当を明確に神として認識していないということも事実である。石敢当を設置する際に、ユタなどの判示によって行う場合もあるが、そのほとんどは家を新築したり、塀を建てたりする際に既製のものを購入して取り付けているようである。

中国では、石敢当の歴史は深く、その信仰も民衆の中に深く浸透しているために、それを神格として崇拝し、それに対する祭祀も行われている。しかし、石敢当が沖縄に伝来した際に、どうもその信仰の一側面のみが受容されたようである。つまり、Ｔ字路やＹ字路の突き当たりや門の入り口はヤナカジ（悪風）が入りやすい、という風水思想が沖縄に伝来し、その対処の方法として石敢当を置くという習俗が一般に浸透していったのではないかと推測される。そのために、沖縄では石敢当を神として崇拝する信仰が薄く、それを祭祀することもないのではないかと思われる。

市街地で石敢当の設置が流行しているのに対し、農村部では状況がそれとは異なっている。沖縄北部名護市の屋我地島の村落では、比較的古い石敢当がＴ字路などに置かれているのを見ることができる。しかし、すべての交差点にあるわけではない。また、屋敷の塀に設置されているのも見られるが、市街地のようにどの家にも備え付けられているわけではないし、既製品は少ない。農村部でも比較的古くから石敢当の信仰が浸透していたことが予想できる。ただ

---

① 窪徳忠、1990年、30頁。

し、石敢当の設置場所は、Ｔ字路やＹ字路など特定な場所に限られ、個人の屋敷やその入り口に設置されるのは、市街地に比べて少ないという傾向がある。

　この市街地と農村部の違いを、市街地における既製品の石敢当の流行から考えてみたい。既製品の石敢当の特徴として、大きさが小さくなっている点は、窪徳忠氏が指摘しているが[1]、もう一つの特徴は、材質が石にしろプラスチックにしろ、本体が白色か刻字が白色のものが多いことがあげられる。その理由の一つとして、夜間自動車のヘッドライトに照らされたとき、白色の石敢当がよく光るためだといわれる。Ｔ字路の突き当たりや交差点の角などは、現代においては邪気が入り込むというよりは、自動車がぶつかりやすい場所でもある。したがって、石敢当の設置場所が、自動車を想定していると思われる場合が多々ある。例えば、ある書店の駐車場の出口が上り坂になっており、出口の正面にちょうど民家の塀があるのだが、そこに設けられた石敢当は、通常足元に置かれるのに対し、地上約1.5メートルの位置に取り付けられていた。自動車を運転して書店の駐車場から出るときに、ちょうど運転手の目の位置にあたるようにその石敢当は設置されていた。また、住宅街のある屋敷が道路の角にあたるので、そのブロックに石敢当が嵌め込まれていた。ところが、その家が引っ越すことになり、その際に石敢当も取り外してしまったところ、数日後にはそこに自動車が突っ込んでいたという事例もある。また、泥棒に入られたり災難が続いたので、石敢当を取り付けたところ、それ以来災難がおこらなくなったという話も聞く。

　つまり、市街地では、さまざまな不安にさらされて生活せざるを得ない。とくに自動車による事故も多くなる。そこで、屋敷のブロックや門柱などに石敢当を設置するわけだが、その場合に、石敢当がどのような神格であるかは問題ではなく、邪悪なものを防ぐ魔除けという機能だけが意識されている。それは、なにか訳の分からない文字が書かれているお札を屋敷の四方に置いたり、台所に貼ったりする習俗に似ているように思える。沖縄の人々には、石敢当が何の神であるかというよりも、その「魔除け」としての機能だけが意識され、都市生活の不安な状況に対して心理的な救いを求めることが石敢当の流行につ

---

　[1] 窪徳忠、1990年、36頁。

ながっているのではないかと考えられる。

　このような石敢当に対する変化について、第 4 章では論じられている。周氏は石敢当の習俗が、「長い間に変遷し、伝承されていく中で、その伝統的な基本的核を保持しながらも、絶えずその他の類似する民間の基層文化要素とさまざまに結合し、相互に補完したり改良したりしながら多重的な連関関係を生み出した。そのため、その意義も時と場所によってある程度の差異がある」、と述べている。そして、石敢当の意義については、文字資料だけでなく、口碑や伝説を媒介として民間に伝達されているので、石敢当の民間知識については口頭文学による石敢当に対する解釈を看過する訳にはいかないし、またそれが石敢当の習俗に永続性を持たせ、かつ可塑性を持たせたとし、以下民間伝承における石敢当について中国人研究者の論文を整理している。

　沖縄では、石敢当に関するこの種の言い伝えはあまり流布していないようである。したがって、このような口碑や伝説の分野における石敢当の研究は、沖縄では本格的な研究はまだほとんど見受けられない。沖縄に石敢当の伝説があまり広まっていないということと、石敢当はどのような神なのかという知識が人々の間に浸透しなかったということとは関連があるのかもしれない。つまり、この点から見ても、前述したように石敢当に関わる習俗の一側面だけが沖縄では受容されてきたのではないと考えられよう。ただし、沖縄における石敢当伝説についても今後確認する必要はあるだろう。

　第 5 章では、台湾の研究者である楊仁江氏の論文[①]に対する周星氏のコメントが述べられている。楊仁江氏は、台湾の石敢当に対する実地調査から、それを 8 種に分類している。すなわち、①石敢当とのみ刻まれているもの。②「泰山」と加刻されているもの。③「止風」「止煞」「拘邪」「拍穢」「止煞鎮安、掃除邪魔」などの呪語が「石敢当」の下に加刻されているもの。台湾の離島や沿岸部一帯にみられる。④頭部に太極、八卦図が加刻されているもの。膨湖島に多く見られる。⑤頭部に剣をくわえた獅子頭や獣頭の図案が浮彫りにされているもの。剣には北斗七星が刻まれ、駆邪の力をもっといわれている[②]。⑥

---

　① 楊仁江「石敢当初探－台南地区石敢当実例－」『台南文化』新 24 期、台南市政府、1987 年。
　② このことは、窪徳忠、1990 年、25－26 頁にも述べられている。

招福を含意した石敢当。「安主」「大吉」「福禄寿全」などの文字が加刻されている。⑦道教の護符と結び付いた符令石敢当。膨湖島に多く見られる。⑧類似石敢当。「石敢当」の文字はないが、石敢当と機能を同じくする石碑や霊石。

　周星氏は、楊仁江氏の分類を評価しながらも、次の5点について補足している。①台湾における石敢当の分類を他地域にも応用し、各地域での分類を作成する。さらに、各地域の異なった分類を基にそれらを相互に比較して石敢当全体の分類を構築し、また、それらの間におけるさまざまな関連を見出すことができるであろう、と今後の課題を指摘している。確かに、石敢当の習俗は、中国各地だけではなく、台湾、沖縄そして日本本土にまで伝わり、それぞれ異なった形で変容してきた。したがって、石敢当を指標にしてこれらの地域間における民俗文化について比較することが可能である。しかし、今後は、石敢当を中国文化の伝播の問題という側面だけで止めるのではなく、各地域における石敢当受容の在り方や変容の実態、そして、そこから導き出される各地域の民俗文化における石敢当の意味づけについて検討されることが必要だと考える。沖縄を例にすると、石敢当伝播の経路や時代などはもちろん問題になろうが、その他に沖縄文化に石敢当の習俗がどのような意味をもって流布し、浸透しているのかについて今後さらに検証されていくべき問題であると思われる。

　次の指摘は、分類の基準についてである。②楊仁江氏は、碑文の図案を根拠に石敢当を分類しているが、石敢当の材質や形態、大きさ、招福か駆邪か、私設か公設かなど多様な分類が研究を深化させるのではないか。③分類をさらに細分化できるのではないか。④異なる分類の中に共通性をもつものが存在するのではないか。⑤楊仁江氏の分類に含まれていない「姜太公在此」や「石将軍敢当」、「石人型の石敢当」、獅子と同体の石敢当などの分類もあるのではないか、と指摘している。さらに、石敢当の字の誤刻も、方言の音通の問題から見ることができる、と述べている。分類については、それ自体を目的とした分類ではそれ以上の進展はあまり期待できないので、分類することによって何を明らかにするのかという意図を明確にする必要があろう。

　最後に楊仁江氏が石敢当の私設と公設の区別から、コミュニティの浄化や安全をはかるという空間観念との関連で石敢当に注意した点について、周星氏は

注目している。つまり、周星氏は石敢当を一つの象徴あるいは符号であるとし、集落の四隅中央、集落社会の道路体系、家屋や屋敷も門口や周囲などで、その機能を発揮するにもかかわらず、それ単独では集落社会の心理防衛体系を構成することはできず、それはこの体系の部分にすぎないと、述べている。そして、石敢当は郷土社会における数多くの機能が同じで、意味が類似している魔除けの一つであり、それらの組み合わせによって効果が発揮される。したがって、石敢当とその他の魔除けの組み合わせの関係と相互置換関係は、今後の研究目標である、という周星氏の指摘は傾聴に値する。つまり、石敢当のみを対象にしたイクステンシヴな調査だけではなく、集落の空間論あるいは世界観と関連させた研究の必要性を説いているわけで、この指摘はあらたな石敢当研究の可能性を示すものとして評価できよう。筆者自身、今後の石敢当研究の方法としてある地域における悉皆調査が必要であると日頃考えているし、またその地域における世界観あるいは風水と関連させて石敢当の問題に接近する方法もあり得ると考えている。

Ⅳ　语言传承与艺术

Ⅳ 言語伝承と芸能

江南农耕文化调查中的民间文艺

刘铁梁

在"中日农耕文化比较研究"项目中,中日两国民俗学者于1990年3月和1991年3月,两度到中国江南地区进行农耕习俗文化的田野调查。笔者重点了解了江苏省常熟市白茆乡、浙江省兰溪市殿山乡姚村、丽水市新合乡堰头村和龙江乡山根村等地方的民间文艺的一些情况。在调查活动中,由于时间和分组访问形式的限制,我们不可能对这些地方所蕴藏的丰富的民间文艺作出全面的采集,只能抓住某些有地方代表性的民间文艺形式和作品,予以记录,同时也不可避免由于随机记录而带来的某种片面性。但这种分组调查有时也带来一定的好处,当同组成员在询问我本不很感兴趣的问题时,我却从被访问人的回答中获得了有关民间文艺及其社会生活背景的重要信息,这些信息同样成为我本人专题调查和研究的材料来源。本文把民间文艺作为整个农耕文化的有机组成部分,作为农民思想意识,信仰心理和审美心理的表现形式看待,并将我对被访问的民俗文化和民间文艺传承人的印象,尽可能如实地描述出来。

一、神龙崇拜与龙灯会

在浙江省兰溪市和丽水市几个村落的调查中,有许多反映农民神龙崇拜心理的民俗现象。这些现象大体包括民间信仰仪式、传说故事和娱神表演这几类表现形式。其中,传说故事和娱神表演属于民间文艺范围,从我们的调查中可以看出,这两类民俗事象虽然都有具体的审美和娱乐的作用,但也大多蕴含着古老的民间信仰观念,特别是通过幻想性的故事情节和象征性的表演动作体现出这些信仰观念,并表达出人们战胜自然和追求幸福的愿望。

首先叙述一下这些村落中的求雨习俗,以观察其中关于龙的信仰。

丽水市碧湖区新合乡堰头村旧时求雨的过程大略如下:

1. 求雨的时候，村中人都可以参加，但在"请菩萨"（迎庙中之神）的路上不准戴草帽和打伞遮日晒，允许头上罩毛巾。半夜出发。

2. 来到供菩萨的庙前，人们坐下，由道士作法，请出菩萨。堰头村求雨就是求"驭牛仙"。"驭牛仙"庙在村东北八里远的一座山上，以前属新合乡，现在属高溪乡。庙不大，盖在岩石下面可以避雨。殿前有一张石桌，可躺下两三个人。石桌上置香炉。桌后有驭牛仙的泥塑像，身高不足两尺，背斗笠，肩后插一根牧牛的鞭子。把殿中香炉抬出，就是请回了驭牛仙。

3. 还要到附近的夫人庙，请回"法青"。法青是陈十四夫人的弟弟。他们姐弟都是捉拿各种妖精和战胜恶道士的大仙人。道士作法之后，让法青的神灵符到一个人身上，由这个人把法青的神灵带回。此人要到酒店化缘，装一壶酒，在回来的路上晃动酒壶，使酒液溅出。这壶酒专门给跪着求雨的人喝。但有的酒店不肯出酒，用小孩裤子盖酒缸，以示拒绝。

4. 在比较大的晒谷场上，用青树枝搭起凉棚，称为"龙棚"。正式的求雨仪式在请回菩萨的第二天正午开始举行。龙棚前竖起两根粗壮茅竹，挨得很近。道士一人从竹竿底翻到竹竿顶，正立其上，吹响龙角，然后口念咒语。众人跪在地上。这叫"开天门"。

5. 求雨如果灵验，就把香炉抬回"驭牛仙殿"，并在各村中游街，以示群情感动。送回殿中时，要供奉猪头等祭品，给神像换上新衣裳，表示对菩萨的感谢。此外还要把殿里的尘土扫干净，刷一刷墙壁。

关于驭牛仙，当地传说他本是一个放牛娃。他每天赶水牛到水塘边的草地上吃草，跟塘中的一条泥鳅非常要好。泥鳅天天吃到放牛娃带来的饭食，越长越大，变成龙。有一天，泥鳅对放牛娃说："你把眼睛闭起来，踩到我的背上。"放牛娃照泥鳅的话去做，就和泥鳅一起升上天空。放牛娃害怕就睁开眼睛，一下子从空中跌下来，摔在山石上。但是他从此变成了仙人，可以升到天宫，把南天门里的池水偷下来。所以人们求雨时就要求驭牛仙。每年夏至前，南天门里的水池没有人看守，所以求雨也要抓住时机。

堰头村求雨习俗及"驭牛仙"的传说，都是村中 77 岁的老人叶焕堂讲述的，由丽水市文联汤生龙和碧湖区文化站叶雄武翻译方言。从中可以看出，在堰头村的求雨仪式中，对司雨之神的龙的信仰主要表现在请驭牛仙的举动之上。而传说中驭牛仙本身不是龙，他只是与龙有密切关系：驭牛仙是龙（泥鳅）的恩人，因

此而获得从天上偷雨水的法力。此外，请法青和让他取酒供求雨者饮用的举动，主要是突出道教仙师在祷雨中的地位，跟龙的关系就比较远了。

叶焕堂还讲述了附近其他村庄的求雨仪式跟堰头村有不同之处，主要是两点：1. 他们不请驭牛仙，而请姓唐、裘、周的三位元师；2. 他们要到仙娘殿求仙水，用竹制茶桶装回，挂在龙棚上，每天正午都有洒仙水的祷雨行为，这是堰头村所没有的。再参考《浙江风俗简志·丽水篇第二章》中"祷雨和取龙"条，可知道丽水地区求雨习俗中是重视道士（或称法师）作用的，除"翻龙船"（堰头村叫"开天门"）、吹龙角、念祷词之外，道士还要抛掷"筊杯"于地上来观察征兆。但求雨群众的集体配合亦十分重要，例如在"取龙"仪式中，当把从"龙潭""龙窟"中的泥鳅之类捕起，放入"龙罐"之后，祈雨群众必齐声吆喝着跑回村庄，仿佛大雨将至。① 这种模拟行为，同众人在烈日下跪拜一样，都是制造出一种强烈的气氛以与神灵相呼应。"龙"既是掌管雨水之神，又好像是可以屈从于人们意志的仆役。

现在再来叙述一下丽水和金华两地的节日舞龙习俗。丽水堰头村每年正月十四为"上灯日"，是晚，村里社庙将灯笼点起来，所以也叫"灯夜"。正月十五，各家各户都带着蜡烛到社庙，叫作"接灯"。一般是带去四五支蜡烛，放到台桌上，再从桌上取回两支蜡烛，象征从社庙点回灯笼，可得到吉利；特别是获得"人丁兴旺"的家运，因为"丁"与"灯"谐音。舞龙的日子不一定在正月十五，现在一过年就有舞龙灯的，而以前多在初十以后。舞龙的龙灯，过去在此地分为篾龙和板龙两种，篾龙又称鱼鳅龙，板龙又称板凳龙。篾龙形小，舞步灵活，小孩子向它投去点燃的鞭炮，它就舞动得更加活跃。相反，板凳龙常由二三十节特制的板凳连成，板与板之间由木轴和轴孔插接，故只能左右扭转而不能跃动，因而不允许向它投鞭炮。舞龙队伍要先到村中社庙表演，然后到各家各户祝福。有锣鼓伴奏，最前面有两盏灯笼引路。舞蹈套路很多，有"转皋荐""双门开""产龙蛋"等，由彩珠引动龙头，龙头带动龙身。"产龙蛋"一般是在希望生男孩子的家中进行，龙灯盘进中堂，很不容易。盘龙人送给主人家两个红蛋，主人将蛋放进被窝里。在接受主人装有钱款的红纸包后，龙要向主人做三次"磕头"动

---

① 祈雨群众吆喝，模仿大雨将至的情景，以及整个求雨过程，在1990年3月于丽水市城关附近丽东村的调查中，笔者也有所记录。讲述人为付寿祥（75岁）和王静山（58岁）。在场的丽水市外事干部徐进（27岁）说他小时候还见到过这种情景。

作。舞龙班子到各家的时候,向主人发给大小两张"龙帖",表示新春祝贺之意。大帖是一纸袋,内有红纸,红纸用来包放主人家的酬金;小帖是印有文字的彩纸。以上就是堰头村正月舞龙的基本情况,当地有谣谚云:"正月灯,二月鹞,三月麦杆哨。"①

　　堰头村舞龙灯,虽然有先演给社公社母看的习惯规定,但总的来说,给各家各户的表演才是最重要的。在娱乐的同时,得到神龙的赐福,特别是图得人丁兴旺,是各个家庭的愿望。②相比较而言,从金华市(地区)兰溪市殿山乡姚村调查来的舞龙灯习俗,更体现村落集体活动的特点。

　　在姚村,正月初六是举行龙灯会的规定日期。下午四时,村里鸣炮,开始接灯,就是到"龙基"(放龙灯的地方)把龙头接进迎神队伍,然后出发。姚村有四处龙基,别的地方不能代替。队伍顺序为:最前面由火铳开路,然后是旗牌形状的两只灯笼引导,称"高照",上有"××龙灯会"的字样,接下去依次是两面大旗(上有"五谷丰登"等字样)、两面抬锣、四只牌灯(后两只上有"肃静、"回避"字样)、彩旗若干、木銮驾(54对共108件长柄木雕,可理解为兵仗,见照片1)、龙头(高凳托起的木雕龙头),龙头之后暂不接起龙身。先绕村两周,各处有"桥板"灯加入进来,接成龙身。每个桥板2米长、15厘米宽。天渐黑,各种灯笼都点上蜡烛,然后出村。先到村南端"下龙庙",再到祖宗坟前拜年,再到殿山胡公庙敬神。回村时,各家都要放鞭炮迎接,以图吉利。在这个板桥龙的后面还有姚村的"走马灯""布龙"等。③

　　姚村龙灯会仪式隆重,具有明显的迎神和娱神的意味,其追求的心理满足主要在于祈求神龙保佑全村姚姓家族的兴旺发达,同时也达到正月闹新春的娱乐目的。姚村的龙灯是有名的,金华地区的龙灯也是以姚村这类"桥灯"形式为主。④从《浙江风俗简志》中知道在温州市,也有这种板凳龙。浙江省各地于元

---

　　① 丽水市碧湖区新合乡堰头村叶新荣(80岁)、叶焕堂(77岁)讲述,市文联汤生龙、区文化站叶雄武方言翻译并有所补充,1991年3月。
　　② 可参考应长裕:《奉化春节龙舞的组织和习俗调查》,《中国民间文化》第一集,上海民间文艺家协会编,学林出版社,1991年6月。该文中所述舞龙习俗与本文所述堰头村的舞龙习俗,基本上是同一类型。
　　③ 兰溪市殿山乡姚村干部姚国富讲述,1990年3月。又有村中群众补充讲述。
　　④ 《金华地方风俗志》第五章第一节"迎桥灯"条,金华地区群众艺术馆编,1984年5月;内部出版,收入《浙江风俗简志》。

宵节前后舞龙灯的习俗虽然不是独有的，但可以认为是有代表性的。它作为南方稻作文化整体中的一种节日生活现象，值得重视。

在两次调查中，听到一些关于龙的传说故事。虽然讲故事的人未必真相信龙的存在，但从他们津津乐道的态度上可以看出，这类故事肯定在群众中有广泛的流传。联系上述求雨习俗和舞龙灯习俗来看，这类传说故事显然是以当地的稻作经济生活作基础，并且也反映出农民群众对他们所处的自然环境加以利用和改善的欲望。人和龙的关系，是这些故事中的基本情节内容，现分别说明以下：

照片1　姚村龙灯会中所用"木銮驾"（兵仗）

求雨传说

浙江省的气候、水文条件是适于水稻生产的，水稻种植的历史很悠久，可以推溯到距今7000年左右的新石器时期。① 但水稻生产对雨水和灌溉条件的要求又是苛刻的，而浙江省7、8、10各月，气温高而降水量相对少，蒸发量大于降水量，容易引起农田干旱②，丘陵和山地又不易引灌，因此，农民在无能控制自然的情况下，多有求雨仪式的举动。关于求雨的传说当然也就在省内各地分布很广。在丽水市调查期间，丽水市文联的唐生龙，同调查团的浙江省艺术研究所的朱秋枫，都向我介绍和讲述了他们在自己多年搜集和研究民间文学中所了解的关于求雨的传说。调查之后，我又翻阅了《中国民间文学集成·浙江省·丽水市卷》《浙江省民间文学集成·金华市故事卷》等资料，并结合我对这方面传说故事的所闻，进行了分类。我认为，在与求雨有关的传说中，根据人与龙的不同关系，可以大致分为三种类型：龙母亲型、恩龙型和捉龙型。

龙母亲型，在50年代编成的《中国民间故事选》第一集中就有三篇故事：

---

① 浙江余姚河姆渡遗址的第四文化层发现400平方米、厚度10～60厘米不等的稻谷、稻壳和稻草堆积；接近于现在的栽种稻。表明这里存在着发达的稻作文化，应早在公元前5000年。见严文明：《中国稻作农业的起源》，《农业考古》1982年第1期。

② 见《浙江地理简志》p119，浙江人民出版社，1985年。

《望娘滩的故事》(四川)、《秃尾巴老李》(黑龙江)和《小黄龙和大黑龙》(云南·白族)①。在现在的《金华市故事卷》②中有一篇《秃尾龙》。在《丽水市卷》③中没有见到此型。唐生龙讲,在丽水地区的云和县有这种类型的《柳丝姑娘》,景宁畲族自治县有《龙母仙娘》,而丽水市也有。朱秋枫向我讲述了他家乡诸暨县(浙江省绍兴市)流传的这一类型故事,是解释五泄风景区"龙骨石"的风物传说,叫作《小白龙的故事》,他还介绍说在浙江省,这个故事很多。查收在《龙的传说》④书中就有浙江省的《龙池山》《百叶龙》《乌龙》三篇,还有广东省的《龙母》、江苏省的《离母山》和前面提到的《中国民间故事选》第一集中的三篇。我手头的《浙江省民间文学集成·杭州市故事卷》⑤中有《九溪十八洞》和《望娘湾》。

龙母亲型的基本情节是:

1. 一妇女得珠或卵,不小心吞吃下去而怀孕;

2. 生下的孩子长大后变龙(或生下来就是一条小龙),因母亲发现(或直接)飞走;

3. 有人砍下龙尾(或母亲拽下龙尾);

4. 每年清明节,小龙都回来望母亲,降雨。

这类型故事情节常有干旱天气作为背景。

恩龙型,在《丽水市卷》中有一篇《九龙的故事》,此外《姑公与姑婆的故事》以天鹅处女型情节为主而加有类似恩龙型的情节。《金华市故事卷》中有《雾露龙》和《双龙洞》两篇,而以前者为典型。《中国民间文学集成·浙江省·金华市·兰溪市卷》中有《石灰岩》一篇。再查《龙的传说》,跟人间求雨有关的恩龙型故事有浙江省的《玉柱龙》《分龙会》《巧妹绣龙》和《龙潭》四篇,外有安徽省的《小白龙》、河南省的《黑龙潭》、陕西省的《二月二龙抬头》等。恩龙型故事,主要情节是神龙见天下百姓遭遇干旱,起恻隐之心而降雨,因此受到上天的惩罚。降雨的神龙常常是明明知道自己将触犯天规,但一意为之。此类型

---

① 贾芝、孙剑冰编《中国民间故事》第1集,作家出版社,1958年7月。
② 金华市民间文学集成办公室编。中国民间文艺出版社,1989年12月。
③ 丽水市民间文学集成办公室编。浙江省民间文学集成办公室内部出版,1989年8月。
④ 顾希佳编。中国民间文艺出版社,1986年2月。
⑤ 董校昌主编,万正模、童萃斌副主编。中国民间文艺出版社,1989年12月。

有时也跟人救龙的情节相联系，因报答人的恩情而降雨，前述堰头村调查到的《驭牛仙的传说》，就跟这种情况相仿。

捉龙型，即天旱之时，有英雄人物自告奋勇前去捉龙，使其降雨，为此，英雄人物历尽艰辛，直至牺牲。这种类型故事在《丽水市卷》中较多，其代表性的一篇是《雷爱勤扇雨》，讲畲族青年雷爱勤寻到小龙，小龙需风力才能行云布雨，雷爱勤为它扇风。但扇风次数超过三次，犯了天规，雷爱勤被化为白鹤飞走。另一篇《三望岭的传说》，讲漆匠找到藏龙的竹林，砍倒巨竹而断了发尾，龙升空始降大雨，解除了旱情。《金华市故事卷》中有两篇：《龙珠井》是讲畲族少年夺龙珠，造井而解旱情；因藏龙珠于肚里，取出时牺牲。《张果老鞍顶山降龙》是仙人捉龙，使龙能正常降雨的故事，捉龙型由此而转化，成为法师求雨作法的传说。在《丽水市卷》中，《兄弟捉龙》《李八相捉龙》《廿五公》《余庄师得法师》等篇都突出了法术的作用。这与求雨仪式中的法术作用完全相合，甚至在捉泥鳅这个细节上也完全相合。可见，捉龙型求雨传说是与求雨仪式联系最密的，因而也是窥探农民求雨心理的一种直接材料。

舞龙灯传说

在调查中还听到关于"魏征斩龙"的故事，人们从明代小说《西游记》就知道过它。兰溪市殿山乡姚村的姚耀湖（63岁）联系舞龙灯习俗讲述了这个故事。在《兰溪市卷》也记载了两篇。《金华市卷》中有《迎龙灯的传说》《彩虹与龙灯的传说》。《杭州市卷》中有《接龙灯》等三篇，《龙的传说》也收进了浙江省的《魏征斩龙》一篇。

姚村姚耀湖所讲的龙灯传说大略如下：

唐朝，有一年兰溪大旱。兰溪的一位测字先生测出明日将降大雨，兰溪城内降三分，城外农村降七分。可管雨的老龙知道后，偏偏在降雨时，往城里降七分，城外降三分，与测字先生为难。老龙找测字先生发问，说他算卦不灵。测字先生告诉老龙违犯了天法，就要被杀头。原来玉皇大帝听说老龙犯法，让唐朝宰相魏征杀掉老龙。老龙托梦求唐王救命。唐王邀请魏征下棋，想误过杀龙的时间。但下棋时天气闷热，唐王提出歇息片刻，魏征利用这个时机杀了龙头。老龙又来找唐王，唐王下令让四个人将龙头抬起，从后而把龙身接了上去。这就是每年百姓表演的"接龙"。"接龙"，也是祈求丰收，把稻谷从田里接回来的意思。

这故事用来解释舞龙灯的由来，很具有戏剧性。龙，看来常和人间百姓开玩

笑，大多数故事异文都是讲它下错了雨。但是，老百姓仍然对它有亲热的感情，每年元宵节前后，都表演接龙以娱神。龙的戏剧，正是人间百姓苦乐相伴的生活的戏剧。雨水，仍然是戏剧矛盾中的焦点，也是人间祸福的首要标志。所以，这个故事既透露出农民在节日中对人生的乐观态度，也折射出他们与大自然相谐和的心理。故事虽然是艺术虚构出来的，但它对于我们理解新春之际以舞龙灯为高潮的习俗现象，特别是农民的内心世界具有意义。在中国贵州省，侗族村寨春节舞龙灯时，有歌谣相伴，叫作"令词"。其中就唱到"魏征斩龙"的传说，以"唐王怜龙起善心，从此天下玩龙灯"作结语。当龙灯进寨、进屋时，各家燃香点烛，煨茶烫酒，龙灯班子中的"扛龙宝"者便唱起吉祥的辞句，如"今日龙来贺过后，吉星高照主人家"①。舞龙灯的传说和表演完全结合在一起，更是值得我们注意的。

二、节日与戏剧

浙江省是戏剧艺术发达的省份，历史亦十分悠久，所以有人说，"一部清初以前的中国古代戏曲史，至少有一半篇幅是浙江戏曲史。"② 戏剧的发达，与城镇商业文化的兴起是密不可分的。但如果离开农村中广大群众的欣赏，中国的戏曲也就不会呈现出争奇斗艳和互相交流的局面。事实上，农民不单是戏剧的被动接受者，也是主动创作者。而且，农村中戏剧除了需要比较宽裕的经济条件支持之外，它与节日娱乐、庙会酬神、集市交易等都有广泛联系，尤其是大型的民俗活动中，有无戏剧撑台成为活动规模的标尺。这次中日联合考察中，我遇到几位熟悉和热爱家乡戏剧的农民，特别是在兰溪市殿山乡姚村的几位农民。

姚村做戏的时间主要在春秋两季，正月到清明节期间和秋收以后的农历八月中旬。姚耀湖讲了清明节做"鬼戏"的情况：清明节"鬼戏"是在"三年一次、四年两头"的大型祭祖活动中必有的。姚村人视村西的"黄泥山"（丘岗）是一条龙，因此要在山脚设祭祖坛。届时用白公鸡的血洒在桃树枝上，用以献祭，还要烧纸，吃大喇叭。由道士作三天三夜或七天七夜的道场，意在拦住"龙气"，宏扬祖宗功德。仪式之后，小孩子和大人都纷纷把桃树枝拖回家，挂在门口或房

---

① 李瑞岐编《节日风情与传说·春节侗寨龙灯会》，贵州人民出版社，1983年8月。
② 戴不凡《浙江家乡戏曲活动漫忆》，《浙江文史资料选辑》第二十五辑，浙江人民出版社，1983年11月。

上。这时就要做鬼戏了，根据财力，或做一天①，或做三天。戏中角色有九个：无常、判官、小鬼、廿百嫂，另外有五个小鬼。剧中无常唱道："不怕铜墙铁壁，只怕狗咬脚骨"等。跟这个剧情有关，村里清明时有这样的习俗，由青年人扮成五个小鬼，手舞钢叉，每家每户去跑，跑到谁家，老人都要祭香，妇女都要迎花。所以清明节时，村里人是很忙的。

以上基本上是姚耀湖口述的情况，未加细考，但可以推断，鬼戏即南方旧时流行的目连戏，它与清明祭祖结合，在农村中有特殊的作用。姚耀湖说，做戏的人是"道士"。

在姚村最受欢迎的剧种是婺剧。村中过去有小剧团，当年剧团的成员姚贞仂（现57岁）为我们演唱了一段《玉堂春·三师会审》，曲调由二簧倒板转西皮垛子，属婺剧中的徽班。农民听婺剧最主要的时间是在胡公庙会时。传说胡公老爷（胡则，北宋永康人）为官期间，曾为衢、婺两州百姓请命，上奏免了身丁税，所以百姓就到处建庙祀之。在殿山这里建庙还有个传说：从前有个白胡子老头，年年到永康方岩的胡公庙朝拜。最后一次朝拜时从庙里包回一些香灰。回家途中在殿山边上休息。忽然刮来一阵风，香灰被吹落地上。人们说这是胡公显灵，于是在殿山修起又一座胡公庙。② 姚村人和附近的人每到胡公生日（八月十三）这天就来殿山迎神，看婺剧表演。上演的第一个剧目一定是《百寿图》，因为它吉利。戏名又叫《增寿图》，姚耀湖说他会唱，并向我们介绍了剧中情节：

"一个农夫十九岁，哥两个，上有七八十岁的老娘。一天农夫到田里干活，遇算命先生。算命先生告诉他，三日内必死。农夫回家告诉了母亲，娘三个便一同又回求算命先生。遵嘱，农夫到南山找到在岩上的二位仙人，在旁祭天求拜。二位仙人问明他现年多少之后，在'十九'前又加上一个'九'，使他能活到九十九岁。"

此剧取材于《三国演义》，其事始见于晋代干宝著《搜神记》③。

---

① 做一天"鬼戏"，可能是从日落演到日出，即所谓"两头红"。参见《中国大百科全书，戏曲曲艺卷》"郑之珍"条，1983年8月版。
② 兰溪市殿山乡姚村姚志义（52岁）讲述。
③ 参阅《福建戏曲传统剧目索引》第一辑，福建省文化局编印，1985年2月内部出版。关于婺剧头场演出，开台戏必演《百寿图》，可参考谭德伟《婺剧初探》，《浙江文史资料》第二十五辑，p216，可知这是徽班的普遍规矩。

姚村有一种歌舞小戏，叫"走马灯"，在附近是保留最完整的。它的表演时间是在正月初二至初七。第一天由会首召集化装，到祠堂祭祖，接馒首；然后到各厅及富户拜年演出，接受糕点、糖果、红包等，由会首存放。初六迎龙灯日，配合演出。傍晚点上红烛，再植道具纸马灯中，去殿山胡公庙前敬神演出，顺便为龙灯打先锋，占场地。

姚村"走马灯"与村中唱婺剧的"锣鼓班"不同，只演出一折小戏，出自昆曲《红梨花》中《解歌姬》一节。剧情比较简单，表现北宋徽、钦二帝时金兵入侵，宋王朝以金钱美女媚外，金兵解押美女在途中，使这些美女遭受离家别国之悲情。表演者十人，旦角四个、马夫四个、丑角一个和大花脸一个。其中旦角由女孩扮演，历史上曾由男孩扮演。纸马灯由旦角骑用，由竹篾扎成骨架，敷贴上白色纸条，分马头、马前身和马后身三部分。旦角使用时，将马前身和马后身扎系腰间。[1]

姚村走马灯的演制从何而来，调查中未得细问。但发现它与浙东淳安、遂化一带睦剧演出的习俗有相似之处。睦剧原叫"桑涧戏"，是山里人的戏，新年白天跳竹马，晚上演戏。它的起源，传说是有神马作怪，有人用纸竹做起神马，叫儿童骑着，挨户轮跳、换钱，以便超度神马，由此而发展成"三脚戏"[2]。有学者认为，这种先跑竹马再演出的戏俗，保存了某种古老的演制。[3] 姚村走马灯以舞台不固定，可以灵活地演到村内村外、各家各户，同时又符合剧情需要，而受到群众喜爱。它与舞龙灯相配合，是元宵节的一项重要活动，其生存价值不全在娱乐上。如果放在中国南北文化交流的背景中，那么稻作文化区的这种跑纸马不是具有更深层的问题值得研究吗？从剧情上看，为什么对宋室南渡，故国残破的这段历史如此耿耿于怀，也是令人深思的。[4] 如剧中歌姬唱道：

---

[1] 姚村"走马灯"的介绍，依据姚志义的口述，他是走马灯会首之一；同时参考他保存的一份文字资料《关于姚村走马灯的调查报告》，誊写本，由姚景圃、姚贻□搜集整理，姚祥升、姚燮镇、姚志义、姚文远提供资料，唐宝贤等责任编辑，1986年4月。

[2] 金名《吴语地区戏曲曲艺概况》，《民间文艺季刊》1987年第4期，上海文艺出版社。

[3] 戴不凡《浙江家乡戏曲活动漫忆》，《浙江文史资料选辑》第二十五辑，浙江人民出版社，1983年11月。

[4] 庄一拂《古典戏曲存目汇考》p903，"红梨记"考云："本元张寿卿《谢金莲诗酒红梨花》一剧，增饰关目，伸引为全本。""剧中并记南渡遗事，以及汴京残破情况，大有故国沧桑之感。"上海古籍出版社，1982年12月版。按《红梨记》即《红梨花》，明徐复祚著。

回首望京华,为什么奔走天涯?树枝嫩心知,曾经屠戮剥,遭受风吹雨打。经南京,暴日高空下,涕盈盈,两渡长江,再不堪满面尘沙。(曲"泣颜回")①

这两次调查都没有赶上演戏的节日,因此没有机会考察农村演戏的实际场面,这自然非常遗憾。姚村中有戏台一座,坐北朝南,砖石台面,木瓦结构篷顶,三面敞开,叫作"雨台"。台前广场可容五六百人。据介绍,此戏台建于清末宣统二年,在没有此戏台以前,演戏都在村南端下龙庙,无固定舞台。

三、民俗传承人与民间文艺传承人

在分组调查中,小组成员所询问的问题常有很大差异,被采访者的回答、讲述,也表现出他们各有知识上的所长和兴趣上的偏好。但总的感觉是,农民的文化是一个整体,种种事象都是环环相扣的。民间文艺也不是单独存在的。从被访问者的实际讲述来看,他们对传统农村文化的熟悉程度与对当地民间文艺的熟悉程度,经常是成正比的。当然不排除另外两种情况:熟悉甚至擅长民间文艺而对某些民俗事象不够了解;或者相反。

照片2:陆瑞英及孙女陆晗(10岁)、外孙女屈菲(8岁)在调查现场

江苏省常熟市白茆乡上塘村的陆瑞英(1932年7月生),是著名的女歌手。过去还知道她很能讲故事。但这次调查中,我们发现由于她会唱许多婚嫁、丧事等仪式上的歌曲,对这类民俗的介绍也是十分详尽的。白茆乡前乡长万祖祥(上塘村人,1927年1月生),不仅是歌手中的佼佼者,也被人称为"活字典",对家乡种种节日、生产、仪礼等习俗都了如指掌。在白茆接触到的顾宝玉(1945年1月生)也具有这种民俗传承人的特点。此外,费德兴、黄熙元等老歌手也如此,白茆乡是山歌之乡,因此这些热爱家乡文艺的人,对家乡的传统文化比较熟悉就成了自然而然的事情。而在演戏活动比较多的浙江省兰溪市殿山乡姚村,像

---

① 《关于姚村走马灯的调查报告》,誊抄本。

姚耀湖、姚志义这样的戏迷或班首，同样也比较熟悉本地的各种风俗。丽水市新合乡堰头村的群众性民间文艺尚不发达，因而这类民俗传承人可能就不易产生。所以，一个民俗传承人是否同时也是民间文艺的能手，除了个人的气质条件之外，地域民俗的总体特点可能是根本先决条件。

相对于白茆乡的民歌演唱和姚村的戏班演出，堰头村的群众文艺活动比较少。但我们在这村里的四天调查中，听到约 16 个传说故事，如《通济堰①的传说》《驭牛仙的传说》等。特别是叶焕堂在讲述年中各种习俗时，不经我们发问，便说出解释这些习俗的传说来。例如，他是这样解释端午节插菖蒲的由来的：

相传黄巢手中的大刀很厉害，一刀挥下去就砍杀周围许多人，人们说这叫"十里刀风"。一次黄巢在路上，看见一个年轻妇女背着她的小叔子，手牵着自己的儿子。黄巢非常奇怪，就问她为什么这样做。她回答说"婆婆年纪大了，不能再生育了，小叔子是婆家的单传，所以要照顾好他。我的儿子不要紧，因为我还可以再生孩子。"黄巢听了很感动，于是就决定不杀她一家，并让她在家门口插菖蒲作标记。百姓闻听后，也都纷纷插起菖蒲来。

这些传说虽属虚构，却流露出叶焕堂老人对事物有一种寻求根底的心理。叶焕堂不像陆瑞英、万祖祥或姚志义、姚耀湖那样是村中文艺活动的中坚分子，而是博闻强记，不受约束地积累口头传说，也积累一般民间文化的能手。他在村中的名声就是"记性最好"。群众并未只把他当作故事篓子，事实上他在讲演上也没有什么讲究，总是滔滔不绝地把自己知道的事情全讲出来，基本不顾听众的反应。与其说他是民间故事的能手，不如说他是当地民俗文化的有心传习者。那么，在叶焕堂身上是否可看出堰头村民俗文化的总体特点，就是一个值得深入调查与研究的问题。而堰头村有包括著名的通济堰、"示禁碑"、魁星阁、贞节牌坊等众多历史文物遗存，这些具有官方特点的文化对一般农民究竟产生怎样的影响，是否给传说故事的流行提供了某种氛围和价值观念上的引导，也是值得认真对待的问题。

总之，从民俗传承人身上往往折射出他所在村落的民俗文化的总体特点，他

---

① 通济堰，位于丽水市新合乡堰头村村西，松阴溪与瓯江（本市称"大溪"）汇合处，始建于南朝梁天监年间。现为省级重点文物保护单位。

对民间文艺的熟悉、重视如何,不全在个人气质,而与民间文艺,特别是群众集体性的文艺活动在当地全部民俗文化中居于何种地位是有很大关系的。一个村落的文化可能充满艺术的激情,也可能注重实用和依靠信仰达到自我满足。当然这都不是绝对的,而只能是相对的。

  为了具体把握民间文艺在全部民俗生活中的意义,有必要运用心理学的眼光观察民俗传承人对民间文艺及周围民俗文化现象所抱有的情感判断和审美趣味。我在堰头村的四天调查中,发现叶焕堂和叶新荣(80岁)两位老人在同一现场,对讲述的同一民俗事象,经常持不同的态度。例如,在节令习俗方面,叶焕堂讲,"四季八节,这是祖先在历史上给我们凡人立下的",是尊重的态度。叶新荣立即

照片3:堰头村调查现场前排:左一、叶新荣,左二、叶焕堂

说,这些节令"就是供吃。死的人吃气味,活的人有的吃。不过是摆摆样子",是揶揄的口吻。又如叶焕堂讲求子习俗,旧时本村不孕妇女把仰面生长的南瓜("仰天瓜")煮熟,坐在马桶上吃掉,以求生育。叶新荣马上说,这没有用,村里有六个妇女不会生,这样做了还是没有生。讲得非常风趣和有讽刺意味。两位老人虽然在讲述时有各自的性格特点,但又有相通的地方。叶新荣讲有一年受人骗,正月初一跑到外村庙里去拜佛,说自己有时也相信佛,但不知为什么,感到很奇怪。这种坦率和自嘲的态度,又显得十分可爱。同样,尊重传统的叶焕堂也对求神拜佛中的某些荒唐之举作出富有喜剧性的描述。

  观察讲述人的情感、态度,可以看出其中包含着对民俗现象的审美意识。而生活中的全部情趣不正是艺术的根由吗?如果说,民间文艺的传承活动在外部与周围的民俗生活形成各种配合关系的话,那么,民众的情感和审美心理是沟通民间文艺与节日、信仰、仪式等其他各种民俗事象的一座精神桥梁。

要旨

江南農耕文化調査中の
民間文芸について

刘 铁 梁

　民間文芸は民俗文化の有機的な一環である。この点は中日民俗学者共同の江南農村調査を二回行ったことから十分わかる。農民の神龍信仰は雨乞い儀式、舞龍燈、伝説などの形で現れるが、後者の二項目は民間文芸に属し、農民の審美観をのぞかせるばかりでなく、神龍信仰に関する心理も示されている。舞龍燈は機能によって家庭祝福型と村落祝福型二種類に分けることができる。また、雨乞いについての伝説は龍母親型、恩龍型と捕龍型の三種類がある。舞龍燈についての伝説は生活に深いかかわりのある雨と人間関係をベースにして、農民の人生に対する楽観的な態度を現わし、彼等の自然と巧みに調和しようという望みを変形させた。

　農民における演劇、祭りおよび廟会などは民俗と深い関係がある。姚村の劇は一定の代表性あるが、特に歌舞的な"走馬燈"演出は伝統劇の体制となんらかの関連があるらしい。それに、そのストーリーが宋室南渡、故国破残という歴史事件をバックにして演出されることは当地の農民の持つ歴史観を探るのに役立つであろう。

　調査村落での様相から判断して、地域の集団文芸娯楽活動が活発か否かということは民俗伝承を担う人のパーソナリティに影響をおよぼし、制約すると見られる。また伝承を担う人のかかえている民俗に対する情感と審美心理は民間文芸を各種の民俗生活とつなげるかけ橋である。

江南稻作起源传承研究

白庚胜

一

曾几何时，有关学界一直将寻求稻作文化起源地的目光注视于印度的阿萨姆邦[①]，或泰国的普渊、乌隆。然而，新中国成立以来频频问世的考古发掘成果却迫使人们抛弃前见，改而密切关注神州大地。云南禄丰大墩子出土的3700年前的稻谷遗物、浙江河姆渡发掘的7000多年前的稻粒与稻草、湖北葛洲坝所发现的8000—9000年前稻壳化石等表明：中国南方才是稻作生产的发祥地！万里长江方为养育稻作文化的伟大母亲！

栽培、驯化野生稻种，使之成为人类赖以生存的物质条件，这是中华民族的祖先为人类进步作出的伟大贡献之一。因为，正是靠着谷类作物，人类才承受住人口的增长，并开辟定居点，实行灌溉等集约性耕作技术，从而引发出更具组织水平、更加复杂多样的社会产生。中华文明的源头正是肇始于斯的！南中国的饮食体系、耕作制度、信仰礼仪、社会组织文化气质、口承文艺等都无不缘稻而生，并随稻转徙，对邻近地区及民族、国家产生了深远影响，构成了东亚文明圈的存在基础。

基于这种重要性，早在神话时代，人们便开始了对稻作文化的"寻根"。作为起源神话的一部分，稻种起源问题受到了高度重视。在某种程度上，稻之"种"与人之"种"具有同等重要的意义。就文献所载及现实中仍存活的口承资料观之，中国各民族对稻作起源的"合理性"说明大体可以分为化生型：即巨人或图腾物死亡后在其尸首上化生出五谷的类型；神授型：即由五谷神或玉皇大帝

[①] 家永泰光《谷物文化的起源》，古今书院，1982年。

等赐予人类谷物的类型；驯化型：即文化英雄辨识百草、优选谷种的类型；盗取型：诸如英雄、动物等从他界或盗、或取谷种到人间的类型。在这四种类型中，稻谷或是作为五谷之一员，或是单独出现。其中，有的已经闪烁着进化论的思想闪光。不过，口承文学毕竟不同于科学，它既不通过碳十四的鉴定、地层测定、历史编年来确定对象的时间起点、绝对年代，也不关心自然环境对对象的制约，在作品所描写的"事件"中所跃动着的乃是动物、植物、神人的错综纷呈。在这里，一句"过去"就可以代表人类社会，乃至宇宙万物的一切历史。天堂人间、十万八千里之遥也不过举步之劳。它所需要的只是以语言为材料，以形象为手段，用感情、道德、信仰去结构故事而已。

对于中国这样一个以农业立国、以土地神"社"与五谷"神"稷称国的文明古国来说，回答谷物从哪里来、稻作怎样始之实质，亦即阐释人从哪里来，文化本何起。可见，其本质又是与历史学与考古学貌离神合、殊途同归的。这至少可以说明，研究稻作起源是整体把握稻作文化的组成部分。同时，对水稻起源传承的探讨亦必须建筑在有效利用有关民俗事象、精神信仰兼及历史学、考古学研究成果之基础上。

本文将根据笔者于1990年至1991年参加中日农耕民俗文化考察团在中国江南地区所作的有关调查材料[①]，对仍流传于浙江省金华、丽水两地的动物盗取型稻作起源传承作一介绍，并将它与流传于中国各地、各民族中的有关作品、习俗作一比较，然后就其结构机制问题略述拙见。必须指出的是：一、由于当代民俗文化发生了巨大的变迁，固有的文化体系遭受到严重的破坏、解体，加之自己调查面不广、能力有限，或矢不及的、或挂一漏万的情况在所难免；二、由于缺少必要的参照、文中对稻作起源传承之种、类、亚类的划分完全是笔者的个人性意见；三、文中对稻作起源传承结构原则等的抽象并非引用于方家，而是笔者有感于过去的形态学研究偏重于形式之憾，完全根据自己所掌握的资料从观念及形式两种结构机制进行的理论把握。

---

① 此调查历时两年，先后在江苏省常熟市白茆镇及浙江省金华县曹宅镇、兰溪市姚村、丽水市堰头村、山根村、敏河村、丽东村等进行调查，还曾一度赴日在千叶县佐仓市、牛久市，冲绳县读谷村进行比较考察。主持单位为中国社会科学院少数民族文学研究所、中国民俗学会及日本国立历史民俗博物馆。

二

浙江省为越人故地，早在河姆渡文化时期即已开始种植水稻，并拥有粳稻、籼稻、过渡型水稻三种①；春秋战国时代，稻作文明完全烂熟，并直接关系到富国强兵。《吴越春秋》称："天地之间，人最为贵；物之生，谷为贵""兵之要在于人，人之要在于谷。故，人民多则主安、谷多则兵强"。这里的谷主要指稻谷；在汉代，江南地区"饭稻羹鱼"②，物华天宝；南宋时代，两浙路有籼、粳、糯稻近二百种③；元代，"江南稻作甚多，不可枚举"；及至明清，那里的稻种已达一千多种④。与此同时，稻作生产技术亦不断改进，"从耜耕到犁耕，从火田施肥法到粪肥，从一熟到两熟，精耕细作使水稻产量不断提高。如唐代，普通亩产量可得一石，好的亩产二石。至南宋时，秀州、明州、圩州亩产可达五六石"⑤。故有"两浙之富，国用所恃"，"国家根本，仰给东南"之说。直至今日，浙江省仍是天然粮仓，为中国水稻主产区。正是这样久远深厚的稻作历史及文化，构成了稻作起源传承的存在条件。

这里，且让我首先将本次调查所得的有关动物盗取型稻作起源传承作品介绍如下：

① 《老鼠传谷种》

远古时代，一场洪水毁灭了人间万物。洪水之后，地上一无所有，人们死亡不断。劫后余生的人只好跑到山中寻找食物，但那里也没有什么可以吃的东西。山洞里的老鼠对人类的不幸表示同情，并前去天界为人类取谷种。来到天上，他见布袋和尚的袋子中装满了粮食，便要他解开袋子将粮种撒向大地。但是，这一要求被布袋和尚所拒绝。老鼠不肯罢休。入夜，当布袋和尚睡得迷迷糊糊之际，老鼠悄悄爬到布袋和尚身边咬破布袋，使稻种从破口处往外流泻，落到了人间。从此，稻子在大地上长出了绿绿的嫩芽，到秋天结满了黄灿灿的颗粒。因为老鼠传稻有功，人们便在十二生肖中排它为第一。⑥

---

①③④⑤ 郑土有《试论吴越文化是一种稻作渔捞文化》，载《百越民族》，江西教育出版社，1990年7月。

② 司马迁《史记》。

⑥ 流传于浙江省兰溪市殿山乡姚村，讲述者姚贻讷，男，61岁，农民，由笔者收集于1991年3月，方言翻译为蒋荣森。

②《老鼠取稻种》

从前，人间无稻谷，仅仅玉皇大帝宫中存在稻谷。看到人类饥寒，老鼠主动上天寻稻种。它钻入玉皇大帝的粮仓咬破口袋，使稻种从天上落到人间，大地上长满了稻谷。从此，人类过上了幸福的生活。为谢老鼠，人们约定成俗：除夕夜以佳肴敬奉众鼠，以示不忘其恩。①

③《蚂蟥粘仙稻》

过去，大地上并没有稻谷。有只麻雀听说仙境有稻谷，便飞往那里去偷盗稻种。不幸的是，当它返回人间时，谷种掉入了石缝，怎么叨也叨不出来。正在这时，有只蚂蟥爬过来，钻进石缝用黏液粘出了稻种。从这以后，大地上开始种稻。为了感谢寻稻者，人们让蚂蟥吸血。②

④《稻子的来历》

很久很久以前，人世间并没有谷种，谷种是由一只麻雀从天界偷下来的。据说，麻雀下凡到人间时，一不小心将谷种掉进了一道岩缝之中。正当它急得团团转，一只蚂蟥爬过来相帮，从岩缝中取出了稻种。从此以后，人间开始种稻，人们允许蚂蟥吸血、麻雀吃稻，并立下乡规民约：不得伤害鼠雀。③

⑤《稻种怎样来》

很早以前，人间无稻谷，因为稻种都被弥勒佛装进袋子垫于屁股底下。一只老鼠自告奋勇，前去天上取稻种。它悄悄咬破了粮袋，使稻种从袋中哗哗漏出。过时，一只麻雀飞来，将漏出的稻种叨往人间。但是，在麻雀歇在一块岩石上休息时，稻种不幸掉进了岩缝，急得麻雀团团转。这时，一只蚂蟥爬过来，将稻种从岩缝中拖出，使人间得以种稻。于是，人们订下规矩：不准杀蚂蟥，让其吸血；不准打麻雀，让其吃谷；崇敬老鼠，让其吃粮。④

---

① 流传于浙江省兰溪市殿山乡姚村，讲述者姚时功，男，54岁，农民，由笔者收集于1991年3月。方言翻译为蒋荣森。

② 流传于浙江省丽水市新合乡、联合乡，已被收入《中国民间故事集成·浙江省丽水市卷》。

③ 流传于浙江省丽水市碧湖镇堰头村，由叶新荣、叶忠清、叶焕堂进述（据有关材料介绍，在丽水市1987年开展的民间文学普查中，联合、崇义、石牛、黄村等乡也收集到不少与之相同的作品），由笔者收集于1991年3月，方言翻译为汤如龙。

④ 流传于浙江省丽水市碧湖镇堰头村，进述者叶焕堂，78岁，男，农民，由笔者收集于1991年3月，方言翻译为叶雄武。

在对这些作品作过介绍之后，我们该怎样来认识它们呢？首先，我们可以从形态上发现它们的基本结构为"欠乏"与"消解"式。① ③④⑤中还组合进了"话题"与"话题的解决"。② 如果根据作品中的主角及其行为的属性，我们可以将它们统称为"动物盗取型"稻作起源传承。其基本特征是：主角既非神灵，也非英雄，而是鼠、蚂蟥、麻雀等动物；它主要解决的是稻种从"欠乏"——无到"消解"——有，从天上、仙境到人间的转移过程；这种转移是主角自觉为人类作出的普罗米修斯盗火式的英雄行为；对于稻作文化的有功之臣，人们以种种形式予以回报。其次，我们可以根据这些作品的细微差异进一步分出亚类：①与②几乎就是同一作品的两种异传，区别仅仅在于①染上了佛教的色彩，②染上了道教的色彩，并且，其最终报偿形式在①中为老鼠被排十二生肖之首，在②中，老鼠被祀奉于除夕之夜。与这两个作品不同，③④的主角皆为麻雀、蚂蟥，⑤为麻雀、蚂蟥及老鼠。它们的情节也因此变得更加曲折复杂，报偿的方式随之有所不同。这样，与①②相对应，我们可以将③④⑤三个作品视为一类，即在流传于浙江省金华、丽水两地的动物盗取型稻作起源传承之下又细分出两个亚型：其一为单独型，①②是也；其二为合作型，③④⑤是也。一般讲，单独型为基本型，只包括地上无谷、某动物从他界盗、取回谷种，人们以一定的方式对动物进行报答等几个机能。而合作型是两个或两个以上主角连续发生作用、两个或两个以上单独型的连缀或复合。其情节曲折变化之处，正是它们由若干单独型复合留下的痕迹。另外，如果我们将⑤视为一种完全型的话，从①②中已有老鼠单独取稻、在流传于与金华地区相毗邻的绍兴地区的《蚂蟥取稻种》有蚂蟥单独取稻种的情况看，可以肯定地说，在浙江省的其他地区还应该存在有麻雀单独取稻的传承。这是因为不仅在以上所介绍的合作型中屡屡出现了麻雀，而且在与古越人拥有文化亲缘关系的壮侗语族民族，诸如傣族、壮族、水族、侗族那里至今还流传有孔雀、山雀、咪咪鸟等单独取稻的传说。

在中国各民族中流传的动物盗取型稻作起源传承中，除了鸟类、虫类、鼠类之外，狗也是主角，而且是最主要的角色。仅在笔者所整理的"动物盗取型稻作起源传承例表"所列举的15个民族的27个作品中，以狗为主角者便占了17个。

---

①② 美国民俗学家阿兰·邓迪斯将印第安故事结构分为"欠乏"与"消解"，"话题"与"话题消解"，"禁止"与"违反"等因题素的组合方式。

令人惊讶的是，这样一种重要的文化现象竟然在金华、丽水等地毫无反映。只有在柳苏州讲述、金永才搜集的《稻谷》中，狗才以非主角又不参与盗取谷种的身份出现过一次。这个作品称：从前，天降油雨，人间无谷。老鼠因无食物只好上天寻食。它咬破了布袋和尚的粮袋，使谷种从袋中源源不断地落到人间（从此，大地上开始种植稻谷）。当布袋和尚得知人间已种稻谷，不禁大怒，从天上伸下手来将稻穗从下往上捋，试图只给人类留下稻杆。当布袋和尚就要捋到穗顶时，狗急求手下留情。布袋和尚便为狗留下人们现今所能看到的稻穗。可见，这里的狗并非从他界来谷种的英雄，比之老鼠处于极次要的地位。

三

我们知道，口承文学是民间文化的一个部分。它与宗教信仰、风俗习惯，生产生活方式、组织制度等相互依存，相互渗透，形式了一个特定的文化生态。口承文学与其他民间文化之间、口承文学的作品与作品、门类与门类之间，总是互相补充、互相说明、互为因果。也就是说，研究一种口承文学现象还必须考虑到它的生存环境、它的生成条件。在本节中，笔者所要提出的是这些作品为什么选择了老鼠、蚂蟥、麻雀等动物？围绕着这些角色，金华、丽水等地还有什么与此相关的信仰、传说、仪式等问题。

先谈谈老鼠。我们曾提及传承①中有老鼠因取稻有功而被排十二生肖之首的内容。与此相关，在浙江省兰溪市姚村流传有一个《十二生肖的故事》：从前，十二种动物排生肖，各得其所，只有老鼠与牛互不服气、争夺第一。老鼠提一个方案：两者躺在马路边，让路人评价谁比谁大，大者为第一。牛一听非常高兴，满口答应下来。但出乎意料的是，路人都惊叹："嗬，这老鼠真大"，而无人说牛大。牛一气之下也提了一个方案：两个都去游泳，看谁先游到河对岸。老鼠只好应战。开赛之际，它悄悄爬上牛身，将抵对岸时却从牛背爬到牛头，然后一纵身先跳上岸，又成了第一，牛只好屈居第二。① 同样的故事在丽水市也有流传，只

---

① 流传于浙江省兰溪市殿山乡姚村，讲述者姚时功，男，54岁，农民，由笔者收集于1991年3月。方言翻译为蒋荣森。

是鼠的对立面成了猫。① 可知，①的结尾只是对这个《十二生肖的故事》的巧借。因为，在"起始""居首"这个意义上，老鼠与稻作缘起以及老鼠与十二干支之首起之间具有互相借贷的可能。《十二生肖的故事》所表露的是一种崇尚智慧、不好武功的文化气质，以及辩证思维特征。

在姚村，老鼠是一种祭祀对象，民众的心理中存在一种崇尚老鼠的定式。每年除夕夜，人们都要在祭罢神佛祖先之后，将米饭象征性地撒向房梁床底以及四隅。有的人家还要将一大碗佳肴置于楼阁之上。其目的只有一个：敬献众鼠，以谢当初传谷之恩，并祈求来年保佑五谷丰登、不害物啮器。② 也有人称，老鼠与蛇均为财神，位同赵公元帅③，因此祭鼠亦即祭财神、祈愿招财进宝。这显然与《抱朴子》将鼠视为"社君"具有同等重要的意义。老鼠在民俗世界中成为崇拜物似乎与佛教的传播具有一定的联系，因为在佛教中，老鼠常常与大黑天神相结合，作为丰穰神、厨房神受到人们的尊重。一些佛教传播区还有这样的习俗：在子（鼠）月子日（十一月某个子日）举行祷告老鼠的仪式，求其保佑，不损厨中饭食、库里器用。在日本，大黑天神造像之背后便往往有老鼠相伴随。④ 以普陀山和灵隐寺为中心，浙江省正是中国大陆上佛教信仰最盛的地区之一。

谈到鼠，或许最先令人想起的是脍炙人口的老鼠娶妻传说及其民俗。根据有关学者的介绍，除了中国和日本之外，它还盛传于朝鲜、越南、印度和印度尼西亚。④ 在中国，对此的最先记载见于刘元卿《应谐录》。在江南怀宁地区，人们要在新年的第一子（鼠）日炒豆、粟、小米掷于房内四隅。当晚不能言及鼠事，以贺老鼠娶妻，任其欢乐尽致。而在山西省平遥县，为老鼠贺喜之时间为阴历一月十日。是夜，要置饼于墙垣之下馈众鼠。⑥ 从这一民俗行为的具体内容及表现在不同地区的不同时间看，姚村除夕夜敬鼠之俗也无疑与老鼠娶妻信仰密切相关。只是，在历经沧桑之后，人们对它的理解发生了质变，或因仪式与对比的解

---

① 流传于浙江省兰溪市殿山乡姚村，讲述者姚贻讷，男，61岁，农民，由笔者收集于1991年3月，方言翻译为蒋荣森；流传于浙江省丽水市新合乡、联合乡，已被收入《中国民间故事集成·浙江省丽水市卷》。

② 浙江省兰溪市姚村方荣开讲述，笔者收集于1991年3月，方言翻译为蒋荣生。

③⑤ 南方熊楠《十二支考》，平凡社，1973年。

④ 钟敬文《中日民间故事比较泛说》，载《民间文学论坛》，1991年第3期。

⑥ 流传于浙江省丽水市崇义乡，李万年记录，载《中国民间文学集成·浙江省丽水地区丽水市故事歌谣谚语卷》。

释——传说发生分离乃至重组导致其今昔面目全非。

与任何一种崇拜物都具有的二重性一样，对于老鼠，人们亦同时持有既积极又消极的态度。即，除了"敬鼠"之外，还伴有"畏鼠"和以此为基础的"惩鼠"。从发生学的意义讲，无论是施"恩"，还是行"威"，其目的都完全是为了制服对象，使之成为有利于人类的存在。没有"恩威并施"，也就没有崇拜可言。在金华市曹宅镇，每当水稻遭受雀鼠之害，村民们就要带上纸、香、蜡烛、老酒、三牲（牛、羊、猪）肉，到十五里外的胡宅（在小黄村）胡公庙，或山峰寺去祭拜胡公菩萨，求他惩处鼠雀，以确保收获。归来之后，人们要将从寺庙取回的黄纸绑在毛竹竿上插于田间，用以"保稻"。胡公，何许人也？据传，他本是南宋名宦，本名胡则或胡严，曾上书皇帝，申诉浙江地区人丁税负担过重，使皇帝心生慈悲、大免捐税。故而，他受到人们的爱戴。去世后，他不断"晋升"，完成了从人到神、从菩萨到大帝的神化过程，最终成为一尊全能的保护神，或与关公一起出现于寺宇，或独享于为他修建的庙观之中。可以确信，在过去，金华、丽水两地有关老鼠的信仰与传说、礼仪要远比现在所了解到的情况丰富、复杂得多。

动物盗取型稻作起源传承例表

篇名	民族	地区	他界	主角	过程	报偿
谷子的来历	汉族	任丘	南方	燕子	叼谷包	
稻谷的来历	汉族	江永	仙境	化狗清宫	狗与仙女婚黑发仙送谷种	
新米饭喂狗的传说	汉族	永平	洪水前世间	狗	在谷堆上打滚、洪水后耳中余谷种	偿新节先喂狗新米饭
稻谷的由来	汉族	连源	（同上）	（同上）	（同上）	（同上）
谷种的来历	汉族	中江	海岛	黄狗	在稻田打滚，渡回时仅剩尾上余谷	（同上）
稻谷	汉族	兰溪	天上	鼠	咬破罗汉谷袋、谷种落人间	
为啥吃头米饭要喂狗	汉族	灌县	海边	狗	在晒米石上打滚后被打入水，仅仅尾上余谷	吃新米饭前先喂狗

续表

篇名	民族	地区	他界	主角	过程	报偿
稻谷的传说	汉族	永州	洪水前世间	狗	在谷堆上打滚，洪水后耳中余谷	偿新节先喂狗新米饭
带回谷种的狗	苗族	攀枝花	外国	狗	在谷堆上打滚后返回，尾上剩一粒谷种	
狗尾巴带来的谷种	苗族	毕节	岛国	狗与大旺	狗用嘴与尾取回谷种	
苗族吃新节的来历	苗族	贵州	天上	狗	用尾取回九粒谷种	偿新节先喂狗新米
谷种是怎样来的	苗族	黔东南	天上	鼠与构决构尾	鼠盗壳、藏才尾灌乳于其中	
阿那依挺得	彝族	攀枝花	江对岸	狗	在谷堆上打滚后返回，尾上剩一粒谷种	吃新日先给狗喂一碗饭
谷子的传说	瑶族	江华	天上及东海边	五谷神与狗	由五谷神带下人间后谷子逃亡，狗以尾带回	
范耶寻谷种	布依族	贵州	神洞	范耶与狗	范耶取到谷种后由狗带回	吃新节先喂狗新米
稻种的来源	壮族	广西	天上	狗	以尾粘谷种	吃新米先喂狗以十犬烧杀义罪，禁吃狗肉
景颇族新米节	景颇族	云南	先人间后天上	狗	对天唤谷魂	新米节先喂狗新米
谷种和狗尾巴	壮族	汶州	天界	九尾狗	用九尾粘谷，被护谷者发现砍其八尾，由第九尾带回谷种	喂狗白米饭，穗如狗尾
稻子起源	纳西族	丽江	江对岸	狗	以尾取谷而归	偿新节及除夕团圆饭先喂狗
五谷到人间	侗族	黔东南	天上	咪咪鸟	百鸟会时巧盗谷	
猪狗找稻种	傈僳族	德昌	对江岸	狗	在谷堆上打滚后用尾粘谷而归	除夕及大年初一给狗喂米、肉

续表

篇名	民族	地区	他界	主角	过程	报偿
谷种的来源	水族		天上	鸡	被一老人派去用嘴叼回谷种	
谷神	水族	黔西	东何坝	蒿欧其与狗	以狗尾粘谷种而归	敬蒿欧其为谷神、吃新节先祭谷神后喂狗新米
谷物起源	傣族	西双版纳	远方	孔雀等	将谷物吞入肚中带回	
稻谷与山雀	侗族	贵州	山洞	山雀	将大如柚子的稻谷啄得又细又小后叼出，故新稻子又细又小	
蚂蟥与谷种	布朗族	云南	洪水中	蚂蟥	潜入水中冲稻种	允青吸血
老人授谷种	高山族	台湾	山洞	卡普	卡普入山找菜与塔母素在洞中相遇被授谷种	举行粟祭示谢

下面谈一谈麻雀。我们知道，麻雀是在以上所介绍的传承中出现频率最高的动物之一。在流传于丽水市崇义乡的《蚂蟥与麻雀的传说》中，麻雀是受神农委派的大将军。它之所以留在人间，是当初受命传稻时因险些误事而被受到贬黜。[①] 这似乎向人们透露了麻雀为代表的鸟类在江南地区曾有过辉煌历史的信息。罗香林先生曾指出："于越居地本土著杂居，其种人上世初以某一鸟类为图腾而见属于于越。"[②] 的确，鸟类与吴越文化的关系是十分密切的。《越绝书》所载"鸟田"神话称，大禹死后葬于会稽，每年都有大批飞鸟降临此地，春天忙除草，冬天务治虫，使越地稻谷丰收。人们便视它们为神鸟，不许随意伤害。王充也曾在《论衡·偶会篇》中写道："舜葬苍梧，象为之耕，禹葬会稽，鸟为之田。"据近人考察，这种"神鸟"原是雁鹄，为候鸟："这些候鸟在秋末冬初成群结队来到会稽山下的沼泽平原避寒。当时，田中稻谷已经收割完毕，大批候鸟在田中啄食野草和害虫。经过它们的除草、肥地、灭虫，这些田在来年收成都非常

---

①② 《百越民族》，江西教育出版社，1990年7月。

好。因此被称为'鸟田'（又称'禹田'）。"① 在河姆渡遗址中，考古工作者发掘出绘有鸟形的牙雕工艺品、双鸟朝日蝶形器、鸟形匕首等。在春秋战国时期，越国兵器上也大都刻有鸟篆体②。种种情况表明，阴阳五行学说中将南方配以朱雀并非说玄谈仙客的无稽之为。如果说中国古代文化是龙凤文化的交融的话，凤文化的主要承担者无疑是古代百越民族。窃以为，除了鸟类在植物传播、变异中的特殊作用外，导致麻雀等鸟类与稻作起源传承发生直接关系者，乃是吴越地区历史悠久的鸟崇拜、乃至鸟图腾。并且，鸟与稻作的关系至迟已存在了7000年。

关于蚂蟥，它出现在稻作起源传承之中，好像只是由于它与稻作都与水有关所致，并无信仰上的原因。反而，因出现于稻作起源传承之中，它被纳入了信仰体系之中。在丽水市联合乡流传有"蚂蟥粘仙谷，给人捎幸福""蚂蟥不可毒，毒了遭雷打"的谚语。这正好与金华区的姚村、曹宅、兰溪等地立有不许伤害蚂蟥的规矩相吻合。可以肯定，这都是蚂蟥参与于取稻种传承中引出的结果。除了浙江地区之外，蚂蟥与取稻种相关联者，仅仅出现于云南布朗族的《蚂蟥与谷种》之中。该故事称：

古时发洪水，稻种被洗劫一空，人们无食物。蚂蟥同情人类，便潜入水中，将沉入水底的稻谷衔回地上。于是，人间又开始耕种稻谷。人们为了报答其恩情，便允其吸血以为回报。

这个作品与浙江地区动物盗取型水稻起源传承在结构上表现出极大的相似性。它们之间只是偶然相似？或是有传播关系？这都尚不得知。在日本的记纪神话中，蚂蟥（蛭子）还是伊奘诺伊奘冉相奸生下的伤残儿。它继大八州国、山川草木、日月神之后诞生。③ 所以，暂难断定这些蚂蟥信仰之间有什么联系。

四

我们说过，稻作起源传承可以分为化生、神授、驯化、盗取几种类型。化生型大抵为神话，神授型带有从神话向传说过渡的痕迹，驯化型是典型的传说，而

---

① 宋蜀华于1991年10月在中央民族学院研究生部开设的"百越文化"讲座上提及这些事例。
② 杨光《苗族吃新节的来历》，载《南风》，1982年第5期。
③ 伊藤清司《日本神话与中国神话》，学生社，1978年。

盗取型则常常是传说与故事的混合体。

在最早的稻作起源神话中，稻谷是神灵的一部分，它本身就是神格化的"人"。它会说话走路，有七情六欲，像苗族神话中所说的那样，被火炙烤，它就在仓里乱蹦乱跳，哭喊连天①；像傣族的《谷子和懒人的故事》那样，收割也非人为，而是它的自动入库②，它之所以结籽也是由于稻公稻母性交的结果③。后来，稻谷与灵魂发生了分离，年成的丰歉完全取决于谷魂是否依附于稻谷身上。丧失谷魂意味着灾害的降临，应迅速招魂，使其恢复生命力。无论在田地、仓库，还是在耕种收割之际，只有让魂谷一体，才可能使其常盛不衰。继之，谷魂进一步升值，变成了司理稻作全过程的稻谷神、谷神，或是结合进五谷神之中。在这个发展阶段，原有的稻作起源传承就有可能伸展出新的关节，并在这些关节上生长枝桠，繁衍出形形色色的新传承。它们既可以依循原有的逻辑发展，也可以与其他传承相重合而变异，甚至完全创新，形成另外的作品。驯化型与盗取型正是在此时产生的作品。在这两种类型中，稻谷已不再是主体，谷魂与稻谷已完全分离。在将谷种从他界移向人间的过程中发生作用的主角已经是英雄，或是人格化的动物。

考察以浙江省金华、丽水两地为代表的动物盗取型稻作起源传承过程中，最令人生趣的是它们在结构上所表现出来的他界原则、道德原则、巫术原则，以及谐音、形似、替换、附加等几种手段的支配机制。

他界原则是一个空间问题。人类总是在一定的空间生产、生活，人类的原初思考也首先从空间的分类开始。一般讲，空间可以分为个人空间、家庭空间、社会空间、自然空间、精神空间等几个部分。动物盗取型稻作起源传承中的空间是一个信仰空间与社会空间之间的对立关系。人世间的"欠乏"正好表明他界的"过剩"，作品最后则以人世间的"过剩"代替了他界的"欠乏"。稻种的盗取过程被描写成了稻种的空间转移过程，即从他界进入了人间。其转移的动力在《老鼠取稻种》中为老鼠，在《蚂蟥粘仙稻》中为蚂蟥，在《稻子的来历》中为麻雀，在《稻种怎样来》中则是老鼠、蚂蟥、麻雀的混合体。他界往往与宗教信仰有关，宗教中的圣界也就是他界信仰中的最高境界。因此，根据浙江地区盛行佛

---

① 岩温扁、征鹏编译，载《傣族民间传说》，中国旅游出版社，1984年。
②③ 《中国少数民族民俗资料》，中国少数民族文学学会编，1984年。

教与道教的实际，他界或被视为天上佛界，如《老鼠传谷种》；或被视为天上仙界，如《老鼠取稻种》；或被视为地上仙境，如《蚂蟥粘仙稻》。由于，他界之宗教属性不同，主他界者也就随之各异，在道教系的他界中，往往是玉皇大帝、或张天师等；在佛教系的他界中，常常是弥勒佛。他们在稻作转移过程中起着或正面、或反面，更多的是反面的作用。

  第二个是道德原则。在以上所介绍的作品中，动物取稻种均被明确定性为"偷盗"行为，但这种"偷盗"却有英雄的闪光。这表明，人类的道德是相对的。道德乃是人类为了自身的存在而建立起来的行为规范。为了造福于人类，从异己的力量手中夺取稻种便不能不说是一种可敬的行为。表现于作品中对稻种的垄断与夺取这一对矛盾也表明，在古老的时代，保存物种与夺取物种曾经是决定氏族、部落命运的重大问题。对物种的占有便是对生存权的享有。《蚕桑出关》中尉迟本献计为于阗王密输蚕桑入境①与野国总管从福建密输薯种入冲绳②的传说便是最好的说明。另外，在该型传承之结尾所普遍拥有的报偿内容，如《老鼠取稻种》中允许老鼠吃谷，《蚂蟥粘仙稗》中准许蚂蟥吸血，《稻子的来历》中答应麻雀吃谷等，处处表现了东方文化中"善有善报，恶有恶报""知恩必报"等道德观念。老鼠、麻雀、蚂蟥合作取稻种则更多地表现了中国文化的合作精神。

  巫术原则在这些作品中也得到了深刻的体现。如结尾部分的报偿行为所反映的正是一种巫术心理。它们与民俗世界中的敬鼠与惩鼠互为表里，显示出恩威并施的巫术特点。我以为，巫术行为可以分为直禁与反禁两种：直禁是将控制力直接施加于对象身上，反禁则是通过愉悦对象达到征服的目的。它们的表现形式不同，实质却是同一。在以上所介绍的动物盗取型稻作起源传承中，巫术表现为反禁。人们之所以要通过种种方式取悦老鼠、蚂蟥、麻雀，最直接的原因是鼠害、鸟害、蚂蟥之害乃是伴随着整个稻作过程的灾难。仅就老鼠而言，它拱田坏埂、破渠啮苗、食穗盗仓、损器害物，还常常成为流行性病疫的传播者，真可谓无恶不作。《朝鲜风俗集》称：正月第一个子（鼠）日，农人要争先燎原，以灭鼠害。《五杂俎》载云：闽中有俗，新年第一个子日要打扫蚕室以厌鼠患。这是直禁。但直禁并不能收到永绝恶鼠的目的，人们便以祭供等软的一手进行补充，如贺鼠

---

① 陈珏编《敦煌的传说》，上海文艺出版社。
② 在日本冲绳普遍流传有此传说，在现迦手纳美军基地树有野国总管塑像。

娶妻馈赠美食进行"贿赂"。这是反禁。据说，印度巴厘岛上的居民在捉拿到田鼠之后，要留下两只连同饵食一道装入白布袋中视若神灵，顶礼膜拜，不久即将它们放归田野，余者全部杀害。① 这是直禁式反禁式的并用。浙江地区的动物盗取型稻作起源传承中对主角的报偿无疑属于反禁，其真正的目的在于通过感恩性行为减少，乃至免却蚂蟥吸血之痛、老鼠害物之恨、麻雀食谷之灾。

"谐音"建筑在概念的名实分离基础上。它在任何一种文化中都有用武之地，但以中国文化，尤其是汉文化最甚。它与色彩、仪式、行为、器物等共同构成了民俗世界中庞大的象征体系。在中国的许多民间故事中，谐音常常可以帮助人们在形象思维过程中以此代彼、以甲释乙、以假乱真，造成强烈的戏剧效果，或让深刻的寓意尽在不言之中，使生活变得更含蓄，使思想显得深沉，使人们对事物的理解趋向意会。尽管我们在金华、丽水地区并没有收集到此类传承，但流传于四川省灌县的同型作品《为啥头吃新米先喂》② 却是按照谐音律去结构故事的。该作品称，"稻（ta⁴）"即"盗（ta⁴）"，因它最早由狗从天界盗来而得名。该作品完全围绕着"盗"这个中心而开展情节。不过，由于各地方言、各民族语言差异甚大，甚至完全对立，谐音也就具有较大的相对性。同一类型、同一问题的作品可以流传到不同的地区、不同的国家、不同的民族之中，而其谐音部分却不会与之俱迁、走游四方。

"形似"在主角为狗的动物盗取型稻作起源传承中应用最为普遍，几乎没有任何一个另外的作品都谈到了狗以尾取稻、因而稻穗酷似狗尾的内容。可以说，除了狗与稻作民族在生产生活信仰中的千丝万缕联系之外，狗尾与稻穗的形似无疑是构造狗取稻种传承的重要诱因。人们想象的翅膀正是驾驭此长风拍击在万里长空的。由于浙江地区的动物盗取型稻作起源传承的主角大都不是狗，因而形似运用并不丰富，但这并不是说没有。在以上曾介绍过的《稻谷》中仍然出现了形似律产生作用的踪影。只是，这个作品中的形似已经不是狗尾与稻穗的相似，而是稻穗与我们似曾相识的某种被捋剩后的植物杆顶的相似性。

"相关"在如上所介绍的稻作起源传承中应用得最为普遍。老鼠、蚂蟥、麻雀之所以出现在作品中，并成为主角，是因为它们是仅有的参与稻作过程的几种

---

① 南方熊楠《十二支考》，平凡社，1973年。
② 《中国民间文学集成四川·成都市灌县卷》，灌县民间文学集成办公室选编，1987年12月。

动物。这种联系性，必然引发人们对其原因的"合理性"解释。没有老鼠与稻谷播种、成长、成熟、保存相伴始终，没有麻雀等鸟类粪便及它们在物种传播之间的关系，没有它们在稻田中的除虫之功、食谷之过，没有蚂蟥与稻谷同处低湿之地、同与水难分难解，以及它在耕种、管理、收割过程中与人们发生的联系，那么这三种动物就极有可能被其他动物所取代，甚至从根本上丧失与稻作的联系。

"替换"是在保证一个固定结构框架的前提下，作品中的某些成分可以由具有同样属性的其他成分在固定位置上进行的同位变换。如在《老鼠传稻种》中的主角老鼠在《蚂蟥粘仙稻》中变换成了蚂蟥，在《稻子的来历》中又易换成了麻雀。又如《老鼠传谷种》中的布袋和尚在《老鼠取稻种》中换成了玉皇大帝，在《稻种怎样来》中又改成了弥勒佛。这种替换是零件的替换，不影响整个类型的稳定性。但是，角色尤其是主角的替换往往要引起整个作品非结构性因素的一系列调整。如主角从老鼠变为蚂蟥时，盗取的方式及最后的报偿方式都要进行符合主角习性、生理特点的调整。替换一旦从因素替换上升为基本意义单元——"机能"的替换，一种类型最容易向另一种类型的过渡、演变。因此，替换是有条件的。

"附加"是在一个基本结构之基础上添加、连缀新的意义单位的手段。这种添加既可出现在结构中间，也可以出现在结构末尾，有时甚至可以添加在开头，起到说明原因的作用。邓迪斯所介绍的印第安民间故事中也有大量的此类事例。[①]《蚂蟥粘仙稻》采用的是开头添加式，《稻子的来历》采用的是结尾添加式，《稻种怎样来》采用的是三段式连缀方式。它们使原型的内容更加丰富，情节更加曲折，角色更加众多，从而使矛盾冲突也更激烈，戏剧性更强。

---

① 见阿兰·邓迪斯《故事的结构》，池上嘉彦他译，大修馆书店，1980年。

要旨

稲作起源伝承の研究

白　庚　勝

　稲作起源伝承は稲作文化の一部分である。それは人々が幻、情感、道徳、信仰などを手段にして、稲作文化を形象的に説明することである。

　稲作起源伝承は稲作起源に関係がある神話や、伝説や、故事や、叙事的な民間歌謡を含む口承文芸作品であり、およそ化生型、馴化型、神授型、窃取型に分けられる。さらに、窃取型を原型にして神人窃取型と動物窃取型と言う二つの亜型に分けられる。

　浙江省金華県、蘭渓市、麗水市に伝承されている動物窃取型稲作起源伝承の特徴はつぎの通りである；①、その主役は鼠か、水蛭か、雀かであり，或いは鼠と水蛭と雀の組み合わされたものである；②、それは人間を中心にして、稲の種が無から有に、他界から世間へ移動される課程を述べている；③、稲の種の移動は主役が自覚的に人類のために行なう英雄行動である；④、人類は動物に恩を返す。

　この型の主役を鼠か、水蛭か、雀かに選んだのは伝承地の信仰や、文化歴史などによる。例にあげた民俗事象から明らかになったことは金華県、蘭渓市、麗水市では、鼠が知恵の化身で、財富の象徴で、また豊饒の神にされていることと、雀に代表される鳥類が7000年前の河姆渡時代から崇拝されたことと、水蛭が江南地方で盛んに行われる両生動物に関する信仰を間接的に表わしていることである。

　この型の構造論は観念と形式の両面から把握できる。観念の面では境界原則、道徳原則、巫術原則がこの型の伝承の創作中に強く役割をはたす力であり、形式の面では諧声律、形似律、相関律、替換（入れ替り）律、附加律が直接にイメージの絵を描くことや、役回りの処置や、ストーリーの手配をするこ

とである。もちろん、それぞれの作品にとってはこれらの原則と律の比重と影響力は別々である。

　具体的に言うと、この動物窃取型稲作起源伝承の中には宗教の聖境は最高の境界に見られて、稲の種の移動は他界と人間の間に行われることである。道徳原則なら、人類の生存を前提として、主役と異質の力との闘争の性質を評価すること、また人間と主役の間の恩義関係を結び付けることで解決される。巫術は直禁式と反禁式に分けて、主役にご恩返しすることは反禁式の形式で巫術観念をよく表している。それに、諧声律は話題を引き、形似律は造型を助け、相関律は機能を突き出し、替換律は変異を実現し、附加律は内容を豊富にする役割を果たしている。

白茆乡歌手调查

周正良

歌谣活动，作为一种重要的民俗事象，在向现代化迈进的地区，它的命运如何？这是个引人关注并有争议的问题。

江苏省常熟市白茆乡是个著名的山歌乡。在改革开放大潮中，这个乡正在向现代化迈进。对这个乡的山歌活动，我断断续续观察了多年。1990年3月，中日农耕民俗文化考察团到白茆调查农耕民俗。这之后，我个人又到白茆乡对山歌活动作了专题调查。

在有限的篇幅里，本文着重介绍几位此项民俗文化传承者——歌手，并结合他们的实践探讨一下当前白茆山歌活动的基本状况。或许白茆的情况比较特殊，但作为一种民俗文化现象，也可能有助于研究本文开头提出的问题。

一、徐家三代歌手

石泾村徐阿文（1917.9—）、徐巧林（1921.9—1991.10.6）一家三代歌手，在白茆乡家族传承的三四代歌手之家当中是很有特色的一家。

徐阿文不识字，山歌主要得之家传，年轻时就以农活干得好，山歌唱得好出名。他在当地富裕农户徐家当长工。东家图他一手好农活，东家的女儿徐巧林慢慢爱上他的人品和山歌。徐巧林小学毕业后在家劳动，她劳动、唱歌都是能手，论模样，全村数一数二。两人在劳动中借歌传情，心心相印，凭着"海枯石烂不变心"的真情和勇气，历经苦难，终于结成恩爱夫妻。

他俩以山歌为媒，得到了幸福婚姻。当有了孩子之后，他俩又将山歌传给孩子。1947年出生的大儿子徐雪明，1951年出生的二儿子徐雪元，后来都成为乡里山歌能手。徐雪元的歌喉清脆嘹亮，传统山歌底子厚，又能即兴编唱。他自编自唱的四句头，"旧社会是末暗鸟格天哎，新社会是呀呀艳阳天，两个呀社会两

重仔天，一个苦来哎呀一个哎嗨甜。"在乡里传唱多年。

徐雪明的女儿徐敏霞（1968.11—）在祖、父辈影响下，自幼爱山歌，练出了好歌喉。14岁那年，她参加全乡赛歌，唱了一首《车水歌》震动歌场内外，此歌是祖母徐巧林传给她的。从此，她成了白茆著名的少年歌手。1985年9月，苏州戏曲学校选她去学习，1988年毕业后，调她到苏州市锡剧团任演员。

徐阿文歌声高亢，是白茆大山歌《三邀三甩》的领唱人。用《三邀三甩》调头，不论是唱老山歌《苦长工》，还是唱新山歌《白茆塘上好风光》，他那深沉雄浑的领唱，感染着歌组全体成员，感染着听众，使这首人人熟悉的大山歌常唱常新。

徐巧林的歌声婉转清丽，听她晚年的山歌录音，人们很难相信，那是出自六七十岁的老人之口。她才思敏捷，能改编传统歌词，又能即兴创作。她传给孙女儿徐敏霞而使敏霞一唱成名的《车水歌》，也是她终生爱唱的一首歌。这首歌栩栩如生地描画了一个快乐、秀美的江南车水姑娘。全歌共分五段：

东方日出理红装，
小妹妹打扮去踏车，
臂把（用手拿）手巾拿。

柳条花巾头上遮，
绒线格蝴蝶蓬勒蓬，
矾珠（白色透明的珠子）挏下巴。

雪白的汗衫背上披，
挑纱格裤子水木樨（桂花样的小花朵），
罗裙两边披。

杨树斗板杉木车，
毛竹格车桄姐来把，
步步踏莲花。

小娘踏仔蛮脚酸，
身上格汗水往下淌，
口口吃香茶。

昆山、常熟等地广泛流传《车水歌》，异文较多。徐巧林所唱独具特色，熟悉徐巧林的人，从歌中仿佛可以看到徐巧林少女时代的身影。

徐阿文也能即兴编唱，但他自认为远不如老伴。他讲起近年一件有趣的事。

1990年6月，割麦辰光，荷兰两位研究中国民歌的学者，是一对夫妇。他俩都有个中国名字，男的名高文厚，女的名施聂姐，二人来到徐家访问。施聂姐唱盘歌与徐阿文对答，她在歌中提出了一连串新奇的问句，徐阿文一时对答不出，徐巧林马上接过来，对唱如流，使荷兰学者叹服不已。事后，徐阿文问老伴，"人家问的那几句，你怎么对得出的？"徐巧林笑笑说，"不会编嘛，真笨！"徐阿文还说，"她记性特好，平常同台唱山歌，我忘了就问她"。

徐巧林去世前三个月，家人陪她去常熟市看病，同车人不知她有病，请她唱山歌，她高高兴兴唱了一首又一首，赢得阵阵掌声。家人怕她累，劝她歇歇，她说，"唱唱山歌散散心，越唱越精神"。

徐阿文、徐巧林这一对酷爱山歌的夫妇，村里、乡里有他俩直接培养的山歌子弟。徐敏霞不仅是他俩心爱的孙女儿，又是他俩得意的山歌徒弟。老人相信，敏霞永远不会忘记白茆山歌，她会把白茆山歌唱到锡剧里去。

二、万祖祥（1927.1—）

在白茆调查山歌时，人们常说，谈这几十年的山歌，万祖祥最清楚。

生长在上塘村的万祖祥，大约从三四岁起就与白茆山歌结下不解之缘。他父亲当长工，是著名歌手，母亲也爱唱山歌。万祖祥记得，他最初会唱的两首儿歌，是三四岁时父母教的。一首是普遍流传的，"摇摇摇，摇到外婆桥"。另一首他还很少听到别人唱过，是这样四句，"白茆塘水甘泉流，矮篮（摇篮）小馆也会唱山歌。矮篮小馆会唱啥？嗯呵—嗯呵—嗯呵呵"。至今他还能表演唱此儿歌时天真稚气的声音和动作，父母俯视着摇篮里的孩子，边唱歌边张开两手招引孩子，孩子发出"嗯呵""嗯呵"的欢叫声，同时兴奋地举起两臂向上乱抓。万祖祥小时候，每年对山歌的季节，附近的村巷常常摇船来，请他父亲和邻居费耀祖伯伯（后来成为万祖祥的岳父）去对山歌，他们常带着万祖祥一道去。歌会的气氛使他入迷，在不知不觉中学会许多山歌，但他也常常为歌会不欢而散的结局感到苦恼。旧社会的歌会，客客气气开头，热热闹闹对歌，对到后来，往往因争高低，互不服气，发展到以歌对骂，甚至相打。

他因家贫，小学未能读完，十几岁时，就在田里和成人一样劳动。他说："那时候，每天下午三点钟左右，干得腰酸背疼的时候，就想到山歌，唱唱山歌借把力。"万祖祥唱山歌清脆甜润，人们称他是"小生喉咙"。他歌多，嗓音好，在当地歌手中有很高的威信。

从1949年夏天起，他先在村里后到乡里工作，担任过副乡长、乡长、乡党委书记。他在工作中刻苦自学，达到中学文化水平。在群众会上讲话，总是有说有唱，将重要的事编成山歌，顺口溜，使他的讲话易记易传。例如，他给群众出主意，利用各种空隙地种植瓜菜杂粮，编唱了这样一首歌，"南瓜遍地生，玉米种满场，丝瓜爬上墙，路上搭凉棚，红菱铺水面，'十边'处处种杂粮。"

他热心组织山歌会，自己带头唱山歌。他主张唱山歌要"新老搭档"——既唱新山歌又唱老山歌，新老山歌搭档唱。鉴于旧社会歌会往往以吵骂结束的不愉快情景，他大力提倡团结唱山歌。他常用一首四句头打比方，边说边唱，"一个人唱歌不好听，两个人唱歌合声音，三个人唱歌好比弹琵琶笙弦子，四家头唱歌好比操起七弦琴。"他说，"唱山歌，人越多越有劲，但要团结协调，如同乐器合奏。如果吵起来。骂起来，那多难听。"

他为人热情正派，歌手们又佩服他山歌唱得好，在他的影响下，白茆已形成一个"新老搭档"唱歌的好传统。数十年来，赛歌会上从未发生争吵相骂。他调到常熟市工作后，白茆乡举行歌会，都邀请他回来唱歌，他歌声仍很响亮清脆。不失当年韵味。年过六十时，他离开工作岗位，现在正热情参加筹建白茆山歌馆。

三、陆瑞英（1932.7—）

陆瑞英出生于上塘村农民家庭。幼年父母离异，由祖母顾妙和抚养。6至8岁念过私塾，从9岁起，跟祖母学纺纱。稍大些，就跟祖母下田做活。伴随着劳动，祖母教陆瑞英唱山歌、讲故事。陆瑞英的伯祖父陆余松（佃农）、二叔陆二宝（木匠）、姑母陆杏珍也都向陆瑞英传授过山歌、故事。

十几岁时，她和同村伙伴到附近村巷做短工，帮人家插秧、除草，在秧田里对歌、学歌。她在家族传承的基础上博采众长，歌多，路子宽，又能即兴编唱。她刻苦学文化，能看书报。60年代，外地有人到白茆对歌，万祖祥、陆瑞英搭档接待，一首一首对唱，对方一个人一个人轮流上，唱到最后，对方几位歌手唱

完了，这边万祖祥、陆瑞英仿佛才开个头。事后，对方一打听才知道，这两个人到底有多少歌，连他们自己也没数，加上见啥唱啥，永远也唱不完。

每逢白茆塘对山歌的时候，即是陆瑞英最忙碌、最愉快的节日，她是歌会的重要组织者之一，又是对歌的主将之一。1960年秋，白茆塘两岸举行了盛大的对歌会，此歌会给陆瑞英带来了极大的快乐，也带来了意外的灾难。她在指挥船上指挥，又登台对歌，一刻不歇也不觉疲劳，直至深夜散场。次日晨起后，她完全失音了。后来经过一般性的治疗，虽能讲话，但嗓音低哑，失去了歌喉。陆瑞英苦恼了一个时期，但没有消沉，劳动之余，她组织青少年学山歌，自己不能唱，她便讲，并找其他歌手来教唱。与此同时，在她身上曾被山歌抑制了的讲故事的才能逐步得到发展。在她已录音的140多则故事和100多首歌谣中，已有了30多则故事和20多首歌谣，分别在《民间文学》《民间文艺季刊》《苏州日报》《常熟报》和《苏州民间故事》刊出。

陆瑞英热爱白茆传统山歌，但她并不固守着它，而是赞成有变化，有新发展。她认为，过去在田里喊山歌，现在农活变了，田头山歌歇了。会场上唱山歌，教室里教山歌，声音、唱腔总归有点两样格，自然会变。她和万祖祥一样，提倡"新老搭档"唱山歌。

陆瑞英有个孙女儿叫陆晗（1981—），有个外孙女叫屈菲（1982—），她俩是陆瑞英最小的山歌、故事徒弟。陆瑞英不能放开喉咙唱，就教她俩学儿歌、讲故事，鼓励她俩向别人学唱，参加歌会听唱。

1991年春，毛溇村红峰半导体厂，支持乡里举办"红峰杯白茆十佳歌手赛"。陆晗和屈菲合作登台参赛，唱了儿歌，说了绕口令，二人合唱《渔家乐》，"小小呀渔婆生呀生得俏，青兜头布绿包腰，哎未哎之吆。"稚嫩清脆的童音，告诉听众，歌手、故事家陆瑞英后继有人。在参赛的38名歌手中，小表姐妹的合唱被评为第十六名。1991年秋，我到白茆调查时，陆瑞英和她丈夫陆和生要两个孩子唱歌，开始孩子不好意思，唱开头之后，两个孙子边唱边表演，所唱的既有陆瑞英教的传统儿歌，也有孩子们当中传播的新游戏儿歌、绕口令。其中有些是陆瑞英从来没有听过的新歌。

四、顾宝玉（1945.1—）

顾宝玉生长于山泾村，那是个出名的低洼穷苦地方。从前，白茆一带广泛流

传一首民谣，"迷迷风，飒飒雨，也要没脱羊坊圩。"意思说，微微风，阵头雨，羊坊圩大片土地就淹没了。羊坊圩就属山泾村。近来，山泾村出了一首新山歌，"从前山泾低洼地，唱起山歌落眼泪，'迷迷风，飒飒雨，也要没脱羊坊圩'。今日山泾变天地，唱起山歌心欢喜，村里办起五大厂，家家新楼平地起。"

谈起山泾村的巨变，人们就要称赞歌手、村办企业的领头人顾宝玉。顾宝玉自动聪明好学，但家里穷，小学五年级没读完，父亲就叫他在家里做农活。后来，常熟办起了半天劳动半天学习、不收费的农业中学。他考进农中，读了两年半，以优异的学习成绩毕业，被授予"一级农业技术手"证书。

顾宝玉自幼爱山歌、爱音乐，他既会唱白茆山歌，也会唱京剧西皮二簧，锡剧大陆板、黄梅调。他爱弄乐器，从二胡、笛子到手风琴、小提琴，都能奏出悦耳的乐曲。他没有受过专门训练，没拜过师傅，别人唱歌、演奏，他入神地听，心理揣摩，自己练，遇到难处向别人请教。这个在音乐领域涉猎颇广的歌手，他唱的白茆山歌跟一般人唱的不一样，在纵情歌唱中，会不知不觉地按照自己的意思变词变调。他认为，"白茆山歌，好是实在好，但要改革"。

山歌、音乐使他陶醉，但山歌、音乐改变不了他贫病交加的生活，改变不了山泾村贫困落后的面貌。1972年他患肺结核，在病中，他琢磨了很多事，身体稍好后，他试着种蘑菇，一年收益几百元。村里人看他能干，让他出来当山泾村砖窑场的场长。砖窑场赚了些钱。顾宝玉和村里干部商量，用自己生产的砖造房子办工厂。经过艰苦创业，1975年10月村里办起白茆纱厂，当年投产，当年发工资。1976年赢利2万元，其后利润逐步上升。他们又以纱厂为基础，滚雪球似地陆续建成石灰厂、呢绒厂、上海南翔染厂的白茆联营厂、腈纺厂。顾宝玉担任以上五个厂的总厂长。1990年工业产值达到4200万元，利税450万元，山泾村全村人均收入1671元，并于1990年成立了中外合资常熟华联针织有限公司。在此背景下，十多年来，山泾村出现了一批歌唱村办企业的新山歌，培养出十几位乡村企业工人歌手。

原来是农中毕业的顾宝玉，在十几年办厂生涯中，缺什么就学什么，需要干啥就干啥，积累了功底深厚的专业知识和技术，经专家评审，1989年5月27日被破格晋升为纺织工程师。顾宝玉热爱自己为之献身的企业，但他不论怎么忙，也忘不了哼几句白茆山歌，听听音乐。乡里举行山歌会，他忙里偷闲赶到会上唱山歌。他和知心朋友闲谈时，每每感叹："要谈个人爱好，我最爱的是音乐。我

的亲身体会音乐使人心胸开朗，头脑灵活。我要为白茆山歌的继承和发展好好干点事，要让孩子从小就多多接触音乐。"

五、姚妙琴（1955.7—）

姚妙琴出生于上塘村姚家宅基农民家庭。她祖父爱唱山歌，爱讲故事。在祖父和同村歌手们的影响下，她从小就爱唱山歌和地方戏。她在白茆小学、白茆中学读书时，音乐老师有时也在课堂上教唱白茆山歌。中学毕业后，她积极参加乡文化站的山歌活动，她演唱的《雄鸡一唱千村动》（向阳调），成为乡里普遍爱唱的新山歌。在乡里歌会和省里调演中，她的歌唱的才能引起多方面的重视，1977年她进入南京师范学院音乐系学习，白茆山歌手成了大学生。大学毕业后，她回到家乡担任白茆中学音乐教师，她将白茆山歌作为补充教材，并根据自己学山歌的实际体会，运用师范学院老师教的音乐理论和科学知识，制订了教学计划。她选择适合中学生特点的《向阳调》《搭凉棚》《划龙船》等曲调和优秀歌词，弹着风琴练唱，认真备课。在课堂上，悠扬的琴声，伴着她清脆的歌喉，使白茆山歌更加动听。学生们在美的享受中，加深了对自己家乡白茆山歌的热爱。她给学生们讲白茆山歌与生产、生活的关系，讲老歌手们即兴编唱的才能，与学生们一道分析、讨论白茆山歌歌词的内容和格律，鼓励学生们编新词，使学生们逐步学会自编自唱。她还利用课外活动时间，组织同学生们演唱山歌，参加乡里歌会，既活跃了学生们的文化生活，又为乡里培养了新歌手。白茆乡有不少青年男女歌手，曾在白茆中学接受过姚妙琴老师的悉心教导。他们当中，有的在村、乡企业中做工，有的从事农业生产，有的当了教师，他们说："自己生长在白茆，是姚妙琴老师领进白茆山歌大门的。"

后来，姚妙琴被调到常熟市第四中学担任音乐教师。她刻苦钻研教材教法，按计划认真教学。同时她考虑如何使城市同学也能了解、欣赏和演唱白茆山歌。她没有照搬在白茆中学的教法，她知道，离开了白茆歌乡的环境，向城市中学学生教白茆山歌需要另辟途径。她在讲授民歌欣赏课的时候，介绍白茆山歌产生的历史和环境，演唱白茆山歌示范，启发同学们加深领会。于是，在城市学生中，也涌现出了一批白茆山歌的欣赏者、演唱者。

姚妙琴这样热心地传播白茆山歌，不仅仅是出于对家乡山歌的热爱，而是有更深刻的思想原因。面对音乐领域中那一股"一切向钱看"，败坏艺术、污染社

会的坏风气，她深感痛心。她相信，白茆山歌和其他许多优秀的文艺一样，能给人以美的享受，有助于丰富青少年的文化生活和培养青少年的高尚情操。她坚持在音乐教学中做力所能及的事。她一直与白茆乡保持着密切的联系；白茆乡的歌手们，也为自己的山歌队伍中出了这样一位好老师而感到自豪。

六、沈建华（1953.2—）

沈建华家在紫霞村。他父亲是农民，会讲故事唱山歌，常常是山歌不离口。现在，他父亲已70多岁了；有时晚上，他老人家一个人在家唱山歌。

沈建华自幼受父亲熏陶。高中毕业后，回家参加劳动。紫霞村有两条交叉的大河，河上有三座大桥。夏秋之际，大桥上既风凉又无蚊子，是个乘凉唱山歌的好地方，除了风雨天，桥上几乎夜夜有歌会。开头，往往是中、老年歌手唱，青年男女跟着学唱。一个乘凉季节过后，就能带出几个青少年唱山歌。其中女的比男的多。沈建华学得快，唱得好，才能出众；他妹妹沈雪华也唱得很出色。1979年，在苏州会演中，兄妹俩在台上对山歌。1984年秋，沈建华和女歌手唐妙琴到南京参加建国三十五周年江苏省电视文艺演出，演唱白茆山歌《家乡建设展翅飞》，受到听众的赞美和省长顾秀莲的表扬。

1984年春，沈建华以青年农民歌手身份担任乡文化站站长。近三四十年来，白茆文化站一直重视山歌活动。历任的白茆乡文化站站长，不论是国家干部，还是当地知识青年，都能唱白茆山歌。有位站长李可白，原来不会唱，到白茆当了几年站长后，迷上了白茆山歌；后来，调到常熟图书馆工作，他把白茆山歌带到图书馆，工休时间唱白茆山歌。沈建华担任文化站站长后，继承文化站的好传统，尊重老歌手，培养新歌手；积极组织山歌会，并在大小歌会上带头唱山歌；注意搜集和保存民间文学资料。

上述歌手和他们继承歌谣活动的子孙计12人，年龄结构是60岁以上3人，50~59岁1人，40~49岁3人，30~39岁2人，20~29岁1人，10岁以下2人；性别：男6人，女6人；职业：12人原来都是农民和农民子女，其中已成为国家干部、教师、演员的各1人；仍是农民身份，现为乡村企业家、文化干部的各1人。

年龄结构、性别、职业表明：在白茆乡向现代化迈进时，白茆山歌有着广泛的群众基础，老年歌手继续热情歌唱，中青年歌手辈出，在孩子们中间有歌手新苗。

此外还有：1991年春被评为白茆十佳歌手的老歌手费德兴，山歌为媒结良

缘的中年歌手周中锋，1990年12月在全国第三届农村青年歌手大奖赛获奖的青年女歌手王淑英，从白茆嫁到董滨乡、将白茆山歌带到董滨乡生根开花的女青年歌手闵玉娟，和在十年"浩劫"中甘冒风险、珍藏《赵圣关》等长篇叙事山歌书的老歌手陈梅生等新老歌手，也都是现在乡村歌坛的活跃人物。

歌手们各有各的经历和特点，但他们的活动从不同的侧面反映出当前白茆山歌的基本状况：正处于深刻的变革过程。这，主要表现在下述三个方面。

第一，山歌的功能在变。

白茆乡是个典型的江南水乡稻区，围绕着"水"和"稻"，有摇船、车水、耕地、莳秧、耘耥、收割、牵砻、修圩打夯等主要农活。除收割外，每种劳动皆有山歌伴随。特别是夏末秋初，秧田耘耥，那是一年中的山歌旺季，绿秧田中，此唱彼和，歌声不断。老法纺纱、土机织布曾是白茆农家的主要副业，各种小调常常伴随着纱车"嗡嗡"声和织布梭"咯咯"声传播。徐阿文、徐巧林、万祖祥、陆瑞英等老一辈歌手都曾多年在各种劳动现场摆歌场，用山歌解疲乏提精神。万祖祥的"唱唱山歌借把力"，准确地表达了过去山歌与劳动的关系。中年歌手顾宝玉、徐雪明等年轻时，也都有过边劳动边唱山歌的经历。现在的青少年歌手，从祖、父辈口中，才知道劳动现场唱山歌的情景。

如今，农业生产逐步现代化，机动船代替了摇橹船，排灌机械代替了水车，施用化肥、农药省去了耘耥，拖拉机耕田，修圩岸也开始使用机械夯土。牵砻做米、老法纺纱、土机织布已成陈迹。中老年歌手们不需要，也无法在机器旁边唱歌了。他们在春节、国庆等节日歌会上，在乡村企业举办的赛歌会上，在乡里山歌业余培训班上继续发挥自己的才能。至于青少年学山歌、唱山歌，则是为了爱好，为了丰富精神文化生活。

多功能的白茆山歌，过去为体力劳动服务曾发挥了重要作用。现在，这种作用已经消失，它抒情言志、自娱娱人的功能得到较充分的发挥。例如：每逢举行全乡性的歌会时，设有一千零八十个座位的白茆大礼堂，往往容纳不下众多的观众。不得已，只好设法分流，在附近放映免费电影，但仍有许多人宁愿不看电影而挤在礼堂里的过道上，或站在礼堂门口听歌。于此可见现在的白茆山歌在群众文化生活中的位置。

第二，山歌的词曲在变。

白茆山歌蕴藏丰富，词曲多彩多姿，除《**沈七哥**》《**小红郎**》《**赵圣关**》等长

山歌外，短山歌之多难以数计。其歌词内容，有劳动歌、情歌、生活歌、儿歌、时政歌、历史传仪式歌，以及其他杂歌。其曲调，有《四句头调》《吭吭调》《划龙船调》《搭凉棚调》《评弹调山歌》《三邀三甩》（大山歌）等山歌调，还有《春调》《杨柳青》《无锡景》《梨膏糖》《醒世曲》《渔家乐》《金陵塔》《五更调》《哭七七》《手扶栏杆》等小调。

现在，一部分老山歌仍在传唱，但过去广泛流传的《长工苦》《荒年歌》《看牛哥哥苦哀哀》《养媳妇苦》等歌，已逐渐从口头上消失。与此同时，近四十年来，白茆乡出现了大量新山歌，像歌唱白茆乡新面貌和丰收美景的《白茆塘水长又长》《白茆塘上好风光》《雄鸡一唱千村动》，歌唱治虫、养鸭、养鱼、绣花边姑娘的《啥格姑娘》，歌唱灭钉螺防治血吸虫的《白茆乡里灭钉螺》，歌唱乡村企业女工的《农家姑娘进纱厂》等新山歌，都在群众中传唱。

在曲调方面，一些过分陈旧、哀伤的曲调，如《哭七七》《手扶栏杆》等，一般都不唱了。现在歌手们爱唱轻松欢快的《划龙船》《搭凉栅》等调头，并逐渐形成了表现当代白茆人心声的《新四句头调》《新吭吭调》《划龙船新调》《搭凉栅新调》《向阳调》《水乡调》等新调头。

词曲的变革是歌手、群众、文艺工作者合作的产物。歌手们即兴编唱中，往往出现新词、新声。像万祖祥、陆瑞英、费德兴等都善于编新词；徐巧林、徐雪母子不但能编新词，还能唱出独具特色的新声。常熟市文化馆的音乐工作者张民兴、曾在白茆乡担任过文化站站长的黄雪元等，都努力向歌手学习，认真采风记谱，参加改革曲调和创作新词。新词新曲出现后，群众爱听，跟着唱，于是就越传越广，越唱越亲，在白茆歌坛扎下根。如果哪支歌人们不爱听、没有人跟着唱，它也就自然消失。这说明，歌手们的即兴编唱、文艺工作者的改编创新，都得经受群众检验、筛选和传唱的锤炼。

在今天白茆山歌演唱中，绝不是仅有变革后的"新"花独放，而是"新老搭档"唱山歌，老山歌、新山歌，都受到尊重和欢迎。

现在白茆山歌的影响已远远越出白茆，白茆歌手多次到常熟、苏州、南京、北京演唱和参加会演。徐巧林、万祖祥、陆瑞英、费德兴、姚妙琴、王淑英等演唱的老山歌、新山歌有70多首，在省市报刊、电台和《民间文学》等书刊发表。

第三，山歌的传承途径在变。

往日，白茆山歌活动，大多是伴随着田野水稻作业或室内副业生产，它有个

极好的社会传承和家族传承的环境。在60岁以上的白茆人中无论男女，绝大多数都会唱些山歌，差别是唱多唱少、水平高低。近年，据小范围统计，现在20岁左右的青年中，会唱白茆山歌的约二分之一（唱多唱少均在内），其中女多于男。现在白茆山歌的社会传承途径，已从劳动现场转向文化阵地，青少年们接触山歌、接受山歌主要有以下途径：①幼儿园、小学、中学教唱山歌，选择适合青少年演唱的山歌，作音乐课的补充教材，在课外活动时间唱山歌。②村里、乡里、乡村企业举办的各种歌会。这些歌会，扩大了山歌的影响，传播了优秀山歌，不少青少年不但学到歌，并加深了对山歌的热爱，感到会唱白茆山歌是件光荣的事。歌会上，一般都有幼儿园孩子和学生的演唱节目，他们一出场就会引起热烈掌声。③乡文化站培训，办业余短期学习班，请老歌手、学校音乐教师、文艺工作者教唱山歌。培训班不收费，青少年自愿报名参加。因为要求学习的人多，一般经过试唱、目测、择优培训。

山歌与劳动分离之后，家族传承的人数也下降了。有些老歌手在子孙辈中已无继承人。但有些老歌手也像徐巧林、徐阿文、陆瑞英那样，满怀深情向子孙辈传歌。

多年来，常熟市文化部门，白茆乡的乡、村干部，热情支持山歌活动，这是白茆山歌顺利发展的一个重要条件。1991年春，常熟市文化局和白茆乡人民政府研究决定，筹建白茆山歌馆，开馆前，边搜集、边展出、边活动、边充实，计划三年建成。

"歌谣文理，与世推移"（刘勰《文心雕龙·时序第四十五》），民间歌谣伴随历史的脚步，传中变，变中传，历数千年而绵延不绝。现在的问题是，从历史漫长的小农经济社会向现代化迈进之际，在这场迅猛，深刻的变革中，民间歌谣能否传下去？如何传？今后的白茆山歌仍是一个值得继续观察、研究的课题。

在前后几次调查中，得到上述的众多歌手、文化工作者的热情帮助，得到苏州民俗博物馆金煦、常熟市文化局曹保龙、苏仁杰、蔡煜和白茆乡人民政府陆祥元等先生的大力支持，在这里一并致以深深的谢意。

要旨

白茆郷の歌手に関する調査

周　正　良

　江蘇省常熟市白茆郷は典型的な江南水郷の稲作地域である。それだけでなく山歌の郷として知られている。現代化しつつある今日、この地域の山歌活動は如何だろう？

　本論文は重点的に白茆郷の数名の男女の歌手たちの活動を紹介し、更に当地の山歌活動の時代的な特徴を研究した。

　本文で紹介する歌手は

　①徐阿文（1917.9～）、徐巧林（女、1921～1991.10.6.）一家三世代が歌手をしていた。

　②貧乏な農民から国家幹部になって歌い続けた万祖祥（1927.1.～）

　③声が悪くなっても伝歌、物語りに頑張っている陸瑞英（女、1932.7.～）

　④郷村企業家として活躍している歌手顧宝玉（1945.1.～）

　⑤農民歌手－大学生－中学校の先生の姚妙琴（女、1955.7.～）

　⑥農民歌手で郷文化センターの責任者を勤めている沈建華（1953.2.～）

　歌手の年齢構造と活動を見れば、現代化しつつある今日、山歌は消えるどころか、新たな歴史のもとで、変化しながら伝承されていることが判る。その変化は主に三つの方面に表われている。

　一、山歌の機能が変わった。生産、生活のレベルの高まりにつれて、疲労回復など直接に労働に関わる歌の機能が消えた。そのかわり、叙情的な事物を歌う娯楽的な機能が多くなった。

　二、歌の歌詞、曲が変わった。白茆山歌の内容、曲は豊富であったが、現代になって古すぎて、哀しい歌詞と曲は消え、歌手が即興でつくって、文芸者は協力し、民衆の間で選択され、鍛えられて、新しく、民衆に好かれる新山歌が

現れてきた。現在新山歌のみ盛んなのでなく新、旧山歌はともに歓迎されている。

　三、山歌の伝承手段が変わった。社会伝承の手段は労働現場から文化的な場所（学校で教える、"歌会"伝播、郷文化センターのアマチュア学習会）に変わった。家族的な伝承は減ったが、一部の年寄りの歌手は依然として若い世代へ歌を教え、子孫の歌う行動を支持する。

　一つの民俗文化現象として、白茆山歌は引き続き観察、研究すべき課題である。

金华旧婚俗礼仪歌谣的承传与出新

史克

一、金华旧婚俗的礼仪歌谣

1.《哭嫁》

金华旧婚俗在迎娶那天，新郎家要备花轿去抬接新娘，以免新娘日后被说是"上门货"（自己送上门去的）。新娘上轿前，向父母行跪拜礼，感谢养育之恩。新娘的父亲端出上轿饭，新娘尝一口，即交给兄弟姐妹吃，表示铭记骨肉手足深情。然后由兄长或利市妈妈（利市妈妈由公婆、父母、丈夫健在并有儿有女、家庭殷实、品貌兼优、懂得礼仪的妇女担任）将新娘抱到花轿前，换上放在米筛上的一双新鞋，踏着米筛（米筛俗称千只眼，与俗称镜子是照妖镜同样，是却妖辟邪之物）上花轿。新娘上花轿鞋子不可着地沾土，若新娘鞋子带土到婆家，俗称"婆家会发（发达），娘家要败（衰败）"。

新娘上花轿时，新娘的母亲开始在楼梯上"哭嫁"，又称"哭上轿"，哭腔如唱，基本词句和腔调是从女长辈那里承传并加上临场发挥，哭一句，上一级楼梯，意思是女儿嫁到夫家生活美满步步高。新娘和姐妹也应和着哭，俗传"越哭越发"。哭嫁因地因时因人而词句不一，大同小异，下面录其中一种：

囡呀囡，今日出嫁坐花轿，脚踏楼梯步步高呀，囡！
囡呀囡，今日出嫁做新妇，婆家日子日日富呀，囡！
囡呀囡，今日出嫁去拜堂，夫妻和睦像鸳鸯呀，囡！
囡呀囡，今日出嫁去洞房，子孙满堂福寿长呀，囡！
囡呀囡，出嫁给你宁波席，夫妻恩爱多和气呀，囡！
头上给你插朵花，生个外孙骑白马呀，囡！
上轿穿起新衣裳，生个外孙状元郎呀，囡！

上轿换新裤，婆家年年富呀，囡！

上轿换新裙，日后囡会做夫人呀，囡！

上轿换新鞋，女婿日后做老爷呀，囡！

上轿红盖头，买田竖高楼呀，囡！

上轿放对喜①，八人大轿接娘嬉呀，囡！

下轿踏布袋，传宗又接代呀，囡！

2.《讨彩红》

新娘上花轿后，喜歌手唱《讨彩红》，喜歌手为本地民歌手，有的专唱喜歌，有的还会唱多种民歌民谣，喜庆人家常请去咏唱。花轿启程后直至新娘下轿、拜堂、进洞房，下述唱段伺机咏唱：

上轿讨个上轿红，新妇上轿喜心中。
大大小小都来送，手迎双喜红灯笼。

轿外讨个轿外红，轿外亲朋喜冲冲，
轿衣两面花如锦，绣上八仙大威风。

轿里讨个轿里红，轿里新妇坐当中，
头戴凤冠珠宝亮，蟒袍玉带美娇容。

轿顶讨个轿顶红，轿顶荷花红彤彤，
四角龙头含珠灯，四盏珠灯四角通。

起轿讨个起轿红，花轿前后迎灯笼。
媒人轿前来把酒，天地人和酒三盅。

过路讨个过路红，花轿过门是乡风，
笙箫鼓乐轿前行，大舅媒人轿后送。

落轿②讨个落轿红，新妇脚踏米筛中。

---

① 放对喜：放红纸剪的囍。
② 落轿：金华方言，下轿。

媒人双手照红灯，利市妈妈来搀送。

拜堂讨个拜堂红，新郎新妇立堂中，
拜过天地拜父母，夫妻对拜喜冲冲。

洞房讨个洞房红，新郎牵引伴娘送，
新妇脚踏布袋走，传宗接代乐融融。

凤冠讨个凤冠红，新妇凤冠翘双凤，
丛丛珠翠抖抖动，一朵绒花嵌正中。

蟒袍讨个蟒袍红，蟒袍玉带衬娇容。
龙飞凤舞喜成双，喜结良缘龙配凤。

台桌讨个台桌红，台桌上摆妆匣红，
两支红烛成对照，菱花宝镜照花容。

花床讨个花床红，花床上面雕龙凤，
兰花帐里桃花被，一对蝴蝶喜相逢。

八卦讨个八卦红，八卦压邪又镇凶。
圆圆明镜正中挂，八仙过海显神通。

花篮讨个花篮红，花篮里面百花丛，
百花开后结百籽，麒麟送子报祖宗。

满堂讨个满堂红，满堂贵客乐融融，
公婆爷娘心欢喜，满堂喜庆满堂红。

3.《送洞房》

迎娶花轿到达男家，先停放在门口百步外，待到吉祥时辰才抬进中堂，由利市妈妈搀扶新娘脚踏米筛下轿，与新郎拜堂成亲后入洞房。新娘入洞房要旁人用三只布袋交替铺地，俗称"传袋"，谐音"传代"。新娘从布袋上步入洞房，讨彩"传宗接代"。此时，喜歌手咏唱《送洞房》：

一对红烛喜洋洋，新郎新娘进洞房。
洞房里外好风光，房里摆满好嫁妆。
红漆桌椅雕花床，红绫被上绣鸳鸯。
今日洞房花烛夜，早生贵子状元郎。
大儿当朝一品；二儿四品堂堂；
大囡夫人一品；二囡诰命娘娘。
夫妻白头同到老，子孙满堂福寿长。

4.《撒帐歌》

新娘入洞房坐在花床上，新郎用秤杆挑下新娘盖头红（旧时秤杆钉有秤星，一两一星，十六两为一斤，正合南斗六星、北斗七星、福、禄、寿三星，共十六星。俗称秤杆挑盖头红，吉星高照，大吉大利）。接着，喜歌手向床帐四周边撒喜果边唱《撒帐歌》：

一撒洞房花烛夜，二撒金榜题名时，
三撒五男并两女，四撒七子保团圆。

撒帐天来撒帐天，玉帝有心赐美仙，
君子喜配贤淑女，洞房共结百年缘。

撒帐地来撒帐地，新郎新娘结连理，
连理枝头花结子，早生贵子全家喜。

撒帐东来撒帐东，新郎好比采花蜂，
新娘好比牡丹花，蜂采花芯一点红。

撒帐南来撒帐南，交杯饮酒两心欢，
今宵喜饮交杯酒，百年姻缘多美满。

撒帐西来撒帐西，夫妻恩爱话投机，
夜来多少知心话，忽听笼中报晓鸡。

撒帐北来撒帐北，天宫今日来赐福，
百寿图中富贵家，一家大小享荣华。

撒帐前来撒帐前，富贵荣华万万年，
诸位客官饮喜酒，五百年前定姻缘。

撒帐后来撒帐后，凤冠霞帔相配就，
玉镯金戒手上戴，金玉满堂富贵楼。

撒帐左来撒帐左，新娘身上黄金锁，
新郎开锁破三关，阳台相会云雨和。

撒帐右来撒帐右，恩爱天长又地久，
一点甘露洒花芯，来年必定子孙茂。

5.《敬酒歌》

撒帐毕，婚宴开始，新娘由女宾陪同在新房入席，称"新娘席"。新娘席上有一碗半生不熟的大块猪肉，以讨会"生"的口彩。席间，歌手唱《敬酒歌》：

一杯喜酒敬新娘，乾坤六合配鸳鸯。
孝顺父母福寿多，敬重公婆喜满堂。

两杯喜酒敬新娘，新娘新郎配成欢，
夫妻同饮合欢酒，早生贵子状元郎。

三杯喜酒敬新娘，贵子三元登金榜，
连中三元步步高，状元及第上朝堂。

四杯喜酒敬新娘，四时八节敬尊长，
孝顺公婆添福寿，孝顺爷娘福寿长。

五杯喜酒敬新娘，五子登科多才郎，
荣宗耀祖振国威，太白醉酒天下扬。

六杯喜酒敬新娘，苏秦六国为丞相。
天官赐福挂堂前，六部朝臣坐两厢。

七杯喜酒敬新娘,曹植七步成诗章。
麒麟连送七贵子,能文能武辅朝纲。

八杯喜酒敬新娘,八仙过海进洞房。
神仙贵客同贺喜,天长地久好鸳鸯。

九杯喜酒敬新娘,九天玄女赐吉祥。
风调雨顺民康乐,五谷丰登六畜旺。

十杯喜酒敬新娘,十全十美福满堂。
百岁姻缘今夜合,白头偕老子孙昌。

6.《闹洞房》

婚宴后,宾客来闹洞房,闹洞房又称"逗新孺人""望恭喜",喜歌手先唱《闹洞房引子》:

上边挂起天官赐福,下边摆起喜果满桌,
今夜洞房花烛,闹闹洞房喜又乐。

唱毕,众宾客要新郎新娘喝交杯酒,并轮番前来看新娘子,喜歌手唱起——

7.《望新妇》①

一望新妇望在头,头发齐整乌油油,
朵朵珠花亮晶晶,窈窕淑女君子逑。

二望新妇望眉毛,眉毛弯弯柳叶飘。
柳叶眉衬丹凤眼,扮作观音勿用描。

三望新妇望眼睛,乌滴滴来望郎君,
新郎新娘两相望,两相越望越称心。

---

① 望:金华方言,"看"称"望","望新妇",即"看新娘"。

四望新妇望鼻梁，正正直直通天堂①，
春闻兰花秋闻菊，呼出气息散清香。

五望新妇望口嘴，唇红齿白好口才。
勤读诗书肚才好，才貌好跟新郎配。

六望新娘望耳朵，两耳丁香②双肩拖。
听来言语知高低，夫妻耳顺心更和。

七望新妇望下巴，双层下巴瓜子脸，
亨好③新妇难得有，地阁④方圆福寿全。

八望新妇望胸口，胸前一对好玉球，
初生儿囡靠它养，儿吃娘奶度春秋。

九望新妇望双手，十指尖尖出衫袖，
描龙绣凤真灵巧，粗细生活是上手。

十望新妇望身材，身材跟郎正相配，
男恩女爱千秋合，子孙昌盛传万代。

在望新妇过程中，新郎新娘分喜果、喜糕给众宾客，也有宾客向新郎新娘讨喜果，喜歌手唱起——

8.《讨喜果》

红枣送来红枣香，早生男儿赛张良，
生囡胜过花木兰，儿囡保国又安邦。

花生送来花生香，花生结籽结成双，
来年生下双胞胎，双喜临门人财旺。

---

① 天堂：金华方言，指人前额正中两眉之间处。又称天庭。
② 香：耳环。
③ 亨好：金华方言，这样好。
④ 地阁：在人脸两颊骨下端。

桂圆送来桂圆香，生下贵子读书郎，
从小学文又习武，日后定能伴君皇。

瓜子送来瓜子香，加子加孙福寿长，
寿比南山青松柏，福如东海深海洋。

莲子送来莲子香，并蒂莲花衬鸳鸯，
莲花并蒂多结籽，连生贵子上金榜。

荔枝送来荔枝香，连理枝下伴夫郎，
伴郎读书做文章，先中高官后拜相。

核桃送来核桃香，合家和睦多贤良，
妻贤夫良有美德，敬重公婆孝爷娘。

鸡卵（蛋）送来鸡卵香①，圆圆卵白包卵黄，
今夜洞房得贵子，贵子高中状元郎。

9. 《讨喜糕》

云片②送来白如云，天上无云雨不成，
人间无媒难婚嫁，五百年前姻缘定。

麻酥送来甜又香，家中生有美娇娘，
家有娇娘百家求，求得姣娘配才郎。

卵（蛋）糕送来甜又黄，先做女儿后做娘，
生下贵子中状元，步步高升伴君皇。

连环送来双连环，产下双生胖娃娃，
七子八孙多富贵，世世代代享荣华。

回回送来甜又红，生儿长大成英雄，

---

① 鸡卵：金华方言，叫"鸡蛋"为"鸡卵"。
② 云片及以下的麻酥、卵（蛋）糕、连环、回回、芙蓉均为糕点名称。

生囡长大当夫人，儿因双双受皇封。

芙蓉送来甜又脆，丈夫荣耀妻尊贵。
子孙安邦把国保，光宗耀祖传万代。

宾客得到喜果、喜糕主人家泡上杯杯香茶，喜歌手又唱起——

10.《十杯香茶》

一杯香茶一枝花，茶杯里开代代花，
代代花开结玳玳，一代贵人到你家。

两杯香茶两枝花，茶杯盖开并蒂花，
并蒂花结双连果，双生贵子出你家。

三杯香茶三枝花，茶杯左边开桃花，
桃树开花结桃子，桃园结义来你家。

四杯香茶四枝花，茶杯右边开柿花，
柿树开花结柿子，四季发财兴你家。

五杯香茶五枝花，茶杯前开石榴花，
石榴花开结石榴，五子登科在你家。

六杯香茶六枝花，茶杯后边开荷花，
荷花开过结莲子，六部朝臣来你家。

七杯香茶七枝花，茶杯下边开菱花，
菱花开过结菱角，七步诗下出你家。

八杯香茶八枝花，茶杯里边开桂花，
桂花开时生贵子，八仙贺喜到你家。

九杯香茶九枝花，茶杯里边开菊花，
菊花泡制菊花酒，九代子孙不分家。

十杯香茶十枝花,茶杯四边开百花。

百花开后结百子,十全十美富贵家。

待宾客用过茶点、闹完洞房散去,利市妈妈端上鸡子(蛋)糖茶给新郎新娘吃。鸡子糖茶俗称"子茶",谐音"子着",是祝愿新娘受孕生儿之意。

二、金华旧婚俗礼仪歌谣的作用

1. 祝愿作用:祝愿夫妻恩爱,早生贵子,家和业兴,多福长寿。

2. 教化作用:教化孝敬公婆、父母,尊重丈夫,和睦亲属、邻居,勤劳操持家业。

3. 助兴作用:助兴婚礼仪式隆重热闹,在歌乐声中进行,文闹洞房,避免粗鲁武闹,使宾主皆大欢喜。

4. 不良作用:有些词句宣扬了三从四德封建意识及八字命运等迷信思想。

三、金华旧婚俗礼仪歌谣的承传

1. 自流零散的承传

在1987年以前,金华旧婚礼歌谣只是自然的口头承传和零散的搜集记录。各县和地、市报刊以及我编辑的《金华文艺》《艺术馆》《婺星》等乡土杂志虽刊登过一些民间歌谣,但数量很少,没有系统。老一辈民间歌手逐年过世,新一代民歌手后继乏人,一些仍按旧婚俗办婚事的山乡人家,已难找到会唱整套旧婚礼歌谣的歌手,旧婚礼歌谣濒临失传中。

2. 有组织地系统的承传

1987年6月,金华市民间文艺家协会和各县民协会,在中国民间文学集成编辑委员会统一部署和省、市、县民间文学集成编委会的直接指导下,组织采风组深入各乡村对民间故事、歌谣、谚语进行全面普查、采录,把濒临失传的口头民间文学发掘并记录下来,按照全面性、代表性、科学性进行有系统的整理。1988年金华各乡、区、县都选编了民间文学资料本。

1989年,我从各县歌谣中选了319首编成《金华市民间歌谣卷》。

金华市和所属各县、区、乡(镇)的民间文学集成卷本,承前启后,为研究民俗提供了丰富的资料。

四、金华旧婚俗礼仪歌谣的出新

随着社会的发展，时代的进步，旧婚俗在逐渐变革为新婚俗，旧婚礼歌谣同时在变革中。如今金华在少数交通不便的山村，娶亲时仍有用花轿去抬接新娘的，则还"哭上轿"。在交通稍便的乡村，已改用自行车或拖拉机去迎娶新娘，"哭上轿"也就只哭上几声应付过场而已。在城市，有的用小汽车迎亲，自然没有"哭上轿"了，取代的是收录机播放欢乐的乐曲。

目前，金华结婚礼仪按全套旧俗办或按全套新俗办的，均属少数。而旧俗婚礼与新式婚礼混合办（特别在广大乡村）比较普遍。既有老民歌手唱某些旧婚礼歌谣，又用收录机播放一些新乐曲、歌曲。老年人相信旧风俗，青年人喜欢新潮流，行政部门和社会团体提倡婚事新办。在这旧婚俗变革为新婚俗之际，我们民间文艺工作者和民俗研究家要因势利导，吸取旧婚礼歌谣中的精华，结合新婚礼的仪式，编写出具有当地特色和当代风尚的新婚礼喜歌、喜乐。下述两种办法可同时进行。

1. 删改旧婚礼歌谣中宣扬封建、迷信的词句。市、县民间文艺协会和民俗研究会的会员分片与乡村民歌手研究，将旧婚礼歌谣中有封建意识和迷信思想的词句删改为符合新风尚的词句。如将"五百年前定姻缘"改为"两相情愿定姻缘"；将"玉帝有心赐美仙"改为"岳父岳母赐美仙"；将"麒麟送子报祖宗"改为"独生子女家兴隆"；将"多子多孙富贵多"改为"优生优育幸福多"；将"早生贵子状元郎"改为"生儿生囡都一样"；等等。民间歌手都具有即兴咏唱的才能，只要明白了新时代的新风尚，是不难将旧婚礼歌谣中不妥之词改正的。同时培养新民歌手，在还举行的旧式婚礼中咏唱旧词翻新的歌谣。

2. 编写新式婚礼歌谣。各地的民间文艺家和音乐家按照当地新式婚礼仪式，将旧婚礼歌谣推陈出新，编写为当地群众乐于接受的系列喜歌、喜乐。如迎娶新娘的《迎新曲》；举行婚礼时的《新婚礼赞》（1984 年我曾作此歌词，被谱曲由业余歌手在集体婚礼上演唱过，未能录音推广）；新郎、新娘迎接来宾的《迎宾曲》；婚宴上的《祝酒歌》；闹洞房时的《洞房喜》《交杯酒》《尝喜果》等。

新婚礼喜歌、喜乐可用不同风格多写一些，举行专题演唱、演奏会，广泛征求意见，进行修改加工，然后录制磁带，供举行婚礼者选用，在实践中再不断改进、创新。这样，为各阶层欢迎的各种新婚礼歌谣和乐曲定会产生，起到继承恭俭庄敬良俗，排除铺张粗鲁陋俗的作用，使婚礼更加文明，树立一代婚俗新风。

要旨

金華地方の婚礼歌謡の伝承とその変化

史　克

　金華地方では古来婚礼の際に儀式の展開に伴っていくつかの婚礼歌謡が歌われて来た。嫁入当日、新郎方は"花轎"を用意して新婦を迎えに行く。新婦が"花轎"に乗る時母親は"哭嫁"とか"哭上轎"を歌い娘の幸福を祈る。これを初めとしてその地の"喜歌手"と呼ばれる民間歌手が、嫁入先までついて行って婚礼儀式の順に従って各種の歌を歌う。この歌謡は①新夫婦を祝福し家庭の幸せを願う"祝願作用"、②舅姑、父母を敬い、夫に従い、親族、近隣と仲良くという"教化作用"、③婚礼の儀式が盛り上がるようにする"助興作用"がある。同時に封建道徳や旧い迷信思想をあおる言葉もあり、良くない作用"不良作用"もある。

　社会の発展と時代の進歩とともに旧い婚礼習俗は新しい"婚俗"に変化しつつあり、婚礼歌謡もそれに伴って変化している。旧い歌謡を歌う民間歌手の老齢化、後継者の減少など伝承が難しくなっている。また歌謡の中の封建的、迷信的な言葉や、習俗として失われつつある言葉は、民間文芸工作者や研究者によって、新しい時代にふさわしい言葉に置きかえられつつある。新しく編集された歌謡は実際に婚礼の席で歌ってみて、絶えず、書き改められており、新しい婚礼習俗が出来上がるであろう。

金华斗牛与冲绳斗牛之比较

朱秋枫

在人类历史上，驱牛相斗或与之相斗，是一种古老的民俗现象。就世界范围来说，西班牙、墨西哥斗牛，以将牛刺死为快。中国宁夏、甘肃等回族聚居地区的斗牛，则以"斗牛勇士双手握住牛角"并"将牛摔倒"[1]为荣。至于驱牛相斗取乐的风俗，则更为普遍，现今土耳其东北部，印度北部，泰国东南部，中国西南部苗族、侗族、彝族、黎族等少数民族地区[2]，这种风俗仍十分盛行。研究这种风俗的形成原因，探索地方民俗文化的这一特殊现象，是很有意义的。

中国金华斗牛之俗，早在 20 世纪 30 年代初，就引起国内民俗研究者的注意。在此期间，也正是日本冲绳斗牛之风方兴未艾之时。金华八县与今冲绳县所属诸岛，两地虽远隔千里，但处于相近的纬度线上，气候地貌十分相似，是典型的半山地农耕地区。近代民俗考察发现，金华斗牛之俗与冲绳斗牛之俗，有许多值得比较的地方。现择要分述如下。

一、斗牛历史之比较

金华斗牛习俗形成之历史，据清人王廷扬《斗牛诗》小序记载，当始于北宋"明道年间"[3]，即 11 世纪初叶。但这仅是一种传说。地方志上有斗牛习俗记载的，最早见于清《道光金华县志》。该书卷十《风俗》篇内有如下一段文字：

"……大卒士谦而好文，农愿而习俭。务本抑末，重去其乡。故商贾不如他邑之夥，惟乡俗颇尚斗牛。"[4]

---

[1] 《中国风俗辞典》上海辞书出版社，1990 年，第 661 页。
[2] 《中国风俗辞典》1990 年，第 20、21、613 页。
[3] 《中国风俗辞典》1990 年，第 643 页。
[4] 《道光金华县志》卷十，第 68 页。

编纂于光绪二十年（1895年）的《光绪金华县志》中，关于斗牛之记载，则更为详尽：

"……至斗牛之俗，由于赛社会郡国志，所谓好淫祠是也。一会之兴，有烟火，有戏班，且多至十余。农家终岁勤动，尽耗于此。不止斗牛一事也，而迎灯又为年例焉。"①

金华斗牛习俗之形成过程，肯定是较长的，但从方志记载可以看出，其盛行时间却在清道光至民国年间，即19世纪初至20世纪中叶。这一期间，也正是琉球国第二尚氏王统末期至琉球国废藩置县归并于日本国的重要时期。

冲绳斗牛习俗之形成，也不能确定于何时。但据日本学者前宫清好在《冲绳大百科事典》〔民俗项目·斗牛〕栏内介绍，冲绳斗牛之俗，当起于王府时代。现将原文引录于下：

"关于斗牛之俗起于何时尚不能肯定，但在王府时代已有记载。牛佐事（管牛的官吏）敲着钲锣，沿区各处张扬，在广场上召集起众人，将牛团团围住，以其激烈冲撞之斗技取乐。"②

这里所说的王府时代，是指琉球国首里王朝时代，即15世纪中叶至19世纪中叶之间。首里王朝前后延续四百多年，是一个社会较为稳定，经济较为繁荣的

---

① 《光绪金华县志》卷十六，第38页。
② 《冲绳大百科事典》冲绳大百科事典刊行事务局编集，冲绳タイムス社，1983年，中卷，第880页。

时期。这一时期出现斗牛习俗的初级现象,是社会经济、文化发展到一定阶段的一种自然的反映,与金华斗牛习俗之兴起,有某种相似之处。

金华地区属浙中黄土丘陵地带,水田与旱地约各占一半,畜力以鬐甲部隆起、耐力极强的华南型黄牛为最佳,养牛之风一向甚盛。明清两代,赋税都很重,但对耕牛非但不征税,而且还鼓励多养。明初,朝廷"责成地方官招徕流民垦荒,官给耕牛、种子,以垦田多少作为官吏赏罚的标准,并大量移民屯田"①。清康熙年间,还"采取借给牛、种和雇工银两的办法,鼓励垦荒"②。因此,清代康熙、雍正、乾隆三朝以后,金华地区作为"浙江第二粮仓"的典型农耕地区,农业生产得到普遍的发展,耕牛饲养量急剧上升。当时有"十亩一头牛,三户八条腿"之谚,可见耕牛之充足。清人陈其元在同治年间刊行的《庸闲斋笔记》一书中,曾描述过当时斗牛之盛况:"斗之日,聚集群牛不下三五十头,其登场相角亦不过十数头。"这说明当时农村中一般的耕牛不冥,光是参与相斗的、平日不事耕作的公牛,每相聚,即有"不下三五十头"之数。

冲绳诸岛也是典型的丘陵地带,畜力亦以体形与华南牛相似的黄牛和马为最佳,养牛之风也一向甚盛。据日本学者当山真秀在《冲绳大百科事典》有关条目中介绍,王府时代"采草地原野开垦的禁止,竞马、斗牛的奖励,牛马屠杀的禁止以及鼓励牛马良种的繁育"③,对牛马繁殖起了极大的作用。该书有关条目内还提到全县耕牛的具体数字"明治十三年(1880年)牛的总数为16,317头"④,到"昭和十年(1935年)牛的总数上升到3万头"⑤。

冲绳县不仅耕牛数量在当时日本全国占有重要比例,而且牛的品种也是相当优良的。据记载,在尚金福王时代,冲绳中部读谷村一带曾称作大西,那里出产的特牛(雄牛),曾因体形强壮而成为赞美的对象,并多有输出。

以上述斗牛历史之比较中可以看出,两地斗牛习俗之盛行期,至迟均在19世纪中叶至20世纪中叶。这期间,两地均成为良种黄牛的出产地。这一特殊情况是产生斗牛习俗的客观的地理、经济因素。

---

①② 《浙江古代史》浙江人民出版社,1987年,第263、304页。
③④⑤ 《冲绳大百科事典》上卷,第171页。

图一 金华斗牛近景（金华市摄影协会提供）　　图二 冲绳斗牛近景（冲绳县立博物馆提供）

二、斗牛会期之比较

金华斗牛会期一般与该地庙会活动联系在一起。金华地区历史上由于受"三佛五侯"（定光佛、大士佛、慧光佛，卢侯、胡侯、邢侯、钱侯、陈侯）的影响，地方庙宇殿堂甚多，祭祀之风，四时不绝。三佛五侯是地方上信奉的佛与神，都是在实有其人的基础上被推崇起来的，特别是永康人胡则（胡侯）和金华人邢植（邢侯），信奉的人更多，有"南胡北邢"之称。

除信奉三佛五侯外，还有普遍信奉的佛与神，如释迦佛祖、观音、关公等，而且每个寺、庙、殿、庵，都有庙会组织。为了摸清金华地区昔日庙会组织和斗牛会期的确切情况，笔者曾在过去斗牛之风最盛的金华县东北乡做过两次调查，约请了曾参与过斗牛活动的曹水泽、曹有龙、曹志诚、邵根关、施世道、曹璧联等六位老人进行座谈。其中年龄最大的1905年生，最小的1920年生。现将调查结果列表如下：

金华县东北乡庙会日期和斗牛会期表

中心会期（旧历）	庙会要义	祭祀佛神	庙会和斗牛地点	天　数
二月十九	观音生日	观音菩萨	官田乡之西灵庵	一天
四月初八	佛祖生日	释迦佛祖	曹宅镇之大佛寺	一天
五月十三	关公生日	关公大帝	源东乡之石岩寺	一天
六月十九	观音成佛日	观音菩萨	傅村镇之观音殿	两天
六月廿一	邢侯出巡日	邢刚应侯（保谷神）	曹宅镇之方乐殿	三天
八月十三	胡侯生日	胡赫灵侯	官田乡之神堂殿	两天
九月十六	邢侯生日	邢刚应侯	山桥乡之康济庙	三天
九月廿一	司生老爷生日	司生老爷（接生神）	灵岳乡之湖湾庙	一天

从上表可以看出，金华县东北乡斗牛会期多与地方庙会活动相一致。除此，重要寺庙为佛"开光"或重修之日，也有相应的斗牛活动。其他县、区也基本如此，如兰溪白沙镇白沙殿，武义桃溪乡僧堰殿，义乌德胜岩胡公殿等庙会期，也是各该地斗牛活动的中心日期。

本表所列庙会活动年年皆有，但斗牛活动一般为八年一转，遇丰年时，也有年年斗牛的。

以上表还可看出，金华斗牛会期一般从旧历二月中下旬开始，至九月下旬基本结束，这期间主要是选择春秋两季，难怪《庸闲斋笔记》的作者又说："余在婺州十有六年，每逢春秋佳日，乡氓祈报祭赛之时，辄有斗牛之会。先期治觞延客，竭诚敬。比日至之时，国中千万人往矣。"

日本冲绳斗牛最盛行的地区除冲绳本岛中部的各市、町村外，北部的今归仁村、本部町，南部的知念村、久米岛也相当盛行。第二次世界大战前，奄美诸岛、八重山都曾举行过，战后很快恢复。特别是冲绳本岛北面的德之岛，曾以出产斗牛而闻名。据刊行于1948年的《德之岛斗牛名鉴》记载，当时该岛先后出产著名斗牛224头，其中伊仙町产93头，德之岛町产76头，天城町产55头。斗牛之盛况，可见一斑。

冲绳斗牛会期，一般与当地传统节日有关，如三月的"畦拂"（驱田间害虫的节日），五月的"端阳"，八月的"中秋"，九月的"重阳"等。节日斗牛是最隆重的。斗牛之日早晨，身强力壮的青年们敲着钲锣和鼓，吹着海螺，沿热闹街道游行，以制造气氛。四方居民腰挂盒饭赶往斗牛场，以一睹名牛相斗之风采。

冲绳斗牛除上述这些传统节日外，也有地区性的斗牛时节。笔者在冲绳中部读谷村向岛袋正茂、当山重位、岛袋文藏、山城正康等四位老农了解到，战前该村有三个斗牛场，两个在58号公路以东（今为美军基地），一个在楚边。斗牛日期一般在春秋两季之月中，即旧历三月十五、四月十五、八月十五、九月十五前后，如该村喜名字的斗牛日期，即定在八月十七日。① 由于斗牛日期各有先后，因此每年能在就近地方观看斗牛活动的次数，约在十次以上。

---

① 《读谷村的年中行事表》读谷村史编集室编，1989年，第12页。

图三　冲绳松本斗牛场斗牛实况　　　　图四　金华湖海塘斗牛场斗牛实况
（引自《冲绳大百科事典》中卷，880页）　（江钧伦　摄　金华市摄影协会提供）

除了传统节日和地区性的斗牛活动外，还有一种特殊的斗牛时节，即"农作物品评会""畜种品评会"等大型集会上的斗牛。这种斗牛活动不仅斗牛本身是优良品种的展览，而且还起到吸引民众前往参与品评的作用。如具有悠久历史的"原山胜负"（农作物品评会）每年开会期间，都要组织斗牛，还有竞马、角力等。

从上述情况看，金华斗牛会期主要依附在当地赛社酬神、寺庙开光等祭祀活动上，娱神自娱的目的十分明显。冲绳斗牛与传统节日连在一起，娱乐的作用也是十分明显的，但地方政府为品评、推广良种而有意举办的斗牛活动，其经济的、观光的目的，较金华斗牛明显得多。

三、斗牛规约之比较

金华斗牛活动的总称叫作"案"，组织斗牛的庙会主要执事人叫"案首"。斗牛活动开展前，先由庙祝用跌卦仪式征得神的认可后，便由案首向该庙会所辖各村贴出告示，告知斗牛日期地点。各村养牛户只需报上村名和姓名，即表示参与。

由于斗牛活动多由庙会执事人和各村大户筹划，因此斗牛之规约也多由他们商议决定。规约主要内容为：（一）由执事人统一召集在斗牛场上起主导公正作用的"拆牛手"（冲绳叫"势子"），不得私下笼络，以避免斗之不公。（二）由执事人根据报名斗牛的体形和角斗功夫，按不同等级编成相当之对手，名曰"配角"；也可在执事人监督下牛主人自行搭配，名曰"约角"。有此规定，可避免因斗牛力量的不平衡而引起的纠纷。（三）斗牛过程中如拆牛手们对胜负有不同意见时，执事人可作最后之裁决。由于有了这些规约，斗牛场上暗中舞弊之事，一

般极少发生。

冲绳斗牛有"全岛斗牛公会联合会"之组织,各地有地方公会。联合会规定"每月交替召开二至三次加盟公会,但要避开甘蔗收获期"[①]。在联合会的安排下,"每年春秋两季,都要召开两次全岛性的斗牛大会"[②]。全岛斗牛大会由于规模大,一般是在冲绳较大的斗牛场进行,如具志川市的安庆名斗牛场和冲绳市的松本斗牛场。凡欲参加全岛斗牛大会的斗牛饲养户和专门繁育良种的部门,都可报名。斗牛日期、地点定下后,联合会要在当地报纸上介绍主要斗牛的艺名、参斗历史和牛主人的姓名,有的甚至附上照片,以引起公众的兴趣。

至于斗牛规约,与金华斗牛亦基本相同,主要有下列几点:(一)组合角斗之牛,必须旗鼓相当,协商编组,使决斗时势均力敌,掀起精彩场面。(二)"势子"(相当于金华的拆牛手)既是牛性的煽动者,又是公正的裁判者,联合会对他们的选择极严。(三)两牛进场相斗前,要有时间调整牛的呼吸、步伐之后,才能开斗,不得在进场时搞突然袭击。(四)为了鼓励这一活动,参斗主人一般都得到精神和物质上的奖励。对获优胜的牛,除当场在牛角上扎上彩巾外,还要提高牛的荣誉等级。给牛主人最光荣的奖励,是一件具有鲜艳色彩的披风。

上述两地斗牛之规约,往往是不成文的,但又是明确而得到恪守的,这说明它在形成过程中得到了民众们最广泛的认可。由于有了这些不成文的规约,才使得两地斗牛之风俗,在一定的历史阶段上,得以顺利延续。

四、斗牛场地之比较

金华斗牛之场地,通常选择在发起该次斗牛的庙会所在地附近,如金华北乡东紫岩康济庙斗牛场,场地就在庙前方正的低洼地上,占地五亩,三面是开阔的山坡地,可容纳万人。斗牛前,先将场地犁耙一遍,使之平整,然后灌上深度约五厘米的水。远远望去,一平如镜。左右入场口用竹竿扎成拱形彩门,上书"龙门"或"场门"两字。门两边各用斗红方纸写上"风调雨顺""国泰民安"或"五谷丰登""六畜兴旺"字样。开斗前,案首在庙门前举行酬神仪式,焚香鸣炮后,即宣告斗牛开始。

---

①② 《冲绳大百科事典》中卷,第881页。

图五　冲绳斗牛之雄姿
（引自冲绳县《伊仙町志》，655 页）

图六　金华斗牛之雄姿
（万新华　摄　金华市摄影协会提供）

斗牛开始时，先由一支六人至十人组成的"拆牛手"入场，分左右两边排好。接着，预先约定的一对斗牛分头进场。当相近于二三丈时，让其互相注视；待牛性勃发，双方牵牛者同时将牛绳抽去，任其自由上前拼搏。奔击时激起的阵阵水花，蔚为壮观。

这种占地三五亩，四周地势略高的斗牛场，由于形状近乎农家日常洗涤用的木盆，故有"浅盆型斗牛场"之称。近年来，金华地区地方政府为发扬这一民间风俗，开展旅游事业，于婺江南岸湖海塘地方，新建一个大型斗牛场，占地十五亩，四周筑有石砌看台，并护以栏杆，还建有其他服务设施。

图七　冲绳安庆名斗牛场
（引自冲绳县《具志川市志》，834 页）

冲绳斗牛场地之布局，也是在斗牛史上自然形成的，一般坐落在出产斗牛和交通比较方便的地方。至于具体场地的选择标准，亦与金华一样，即选择四周有高坡而中间广而平的地段。普通斗牛场中心开阔地的直径一般在 18 米左右，大型的则更大一些。讲究的斗牛场四周用高 1 至 1.2 米的铁栅栏护围。看台成阶梯式向后伸展，高度可达三米至五米。因整个场地像一个巨大的研钵，故称"研钵型斗牛场"。

研钵型斗牛场中心场地平坦而略带松软，上面铺以黄泥和砂粒的混合土。四周看台上建有遮挡烈日风雨的凉棚。场地周围并有其他服务设施。

研钵型斗牛场的出现,是在明治十八年(1885年)左右,当时已成固定的趋势。从这点上可以看出,那时冲绳地区的斗牛活动,已经发展到一个相当盛行的阶段。在近代冲绳斗牛史上,经常举行斗牛活动的斗牛场,有11处之多,具有代表性的是具志川市营的安庆名斗牛场和冲绳市营的观光斗牛场,前者可容纳七千人,后者可容纳万人。

图八　金华湖海塘斗牛场(金华市摄影协会提供)

从斗牛场之比较中看,金华之"浅盆型斗牛场"与冲绳之"研钵型斗牛场"基本形态是一样的,所差异的是"浅盆型"看台稍低而层次不多,"研钵型"看台高而层次较多。"浅盆型"广而散,"研钵型"深而集中。再一点,"浅盆型"场内灌水,"研钵型"则是松软砂土。

五、斗牛名之比较

斗牛名是在参斗过程中吸取众议的基础上确定的,牛主人的观点自然起主导作用。金华斗牛起名,有下列几种情况:

(1) 以体形脾性命名的有:"英雄虎""麒麟挂""铁榔头""眼熟虎""千斤撞""矮脚虎"等。

(2) 以毛色斑纹命名的有:"黄金柱""乌龙缠""花蝴蝶""大黄架""大花脸""小花脸"等。

(3) 以搏斗技巧命名的有:"飞虎撞""落田撞""狮子挂""两面戤""双环架"等。

(4) 以齿龄、角形命名的有:"双牙挂""四牙虎""大六牙""大叉""双金刀""歪双刀"等。

(5) 以古代名将、武士命名的有:"赵子龙""老黄忠""李元霸""薛仁贵""武松"等。

除上述五种情况外，也有一些特殊的艺名。如曾在金华、兰溪一带的斗牛场上称霸十余年的著名斗牛，其艺名为"逼山"二字。据说这条斗牛初露锋芒时，曾被对手逼到斗牛场的山脚边，而它积聚力量，顽强反击，终于转败为胜。以后越斗越强，故有此名号。

冲绳斗牛命名方式，也可归纳为下列几类：

（1）以饲养主姓氏和牛的某些特点联系起来命名的。如著名斗牛"伊集克巴奴"，其饲养主是伊集盛郎，故艺名首标"伊集"二字。"克巴奴"是该牛身上布满棋盘形斑点之意。又如斗牛"仲吉保努"，其饲养主姓仲吉，"保努"是该牛的角横生成一字形之意。又如"大幸卡克牙"，是牛主大成幸弘从德之岛买来的一条善斗的牛。

（2）以斗牛出产地和体形特征命名的。如著名斗牛"昆布沙衣洋"和"牧港沙衣洋"，是在具志川市昆布部落和浦添市牧港首先斗出名的。"沙衣洋"则是体形高大得像欧洲人一样之意。又如"岩手托加依"，是一头产于岩手县的体形巨大、善于"挂绊"的斗牛。

（3）以斗牛出产地和毛色斑纹命名的。如曾于1960年在斗牛场上大显威风的"宇坚托拉姆库"，其产地在宇坚。"托拉姆库"则指牛全身由红黑斑纹构成。又如"楚边阿条"，其产地在读谷村之楚边。"阿条"则指该牛身上有黑白相间的条纹。

（4）以牛的出产地和角形来命名的。如"石川角白"是产于石川市石川地方的双角尖呈白色的斗牛。"伊良皆托秋"是产于读谷村伊良皆的双角冲天的斗牛。

除上述四种命名方式外，令人感到新奇的是，冲绳斗牛史上的著名斗牛，有不少是以斗势来命名的，如"荒岩号"（像岩石一样坚不可移）、"雷电号"（像雷电一样迅猛）、"荒风号"（斗势迅如疾风）、"荒鹫号"（像鹫一样凶猛机灵）等。

从两地斗牛名之比较可以看出，斗牛名的择取，既有各自的独特含义而又有相通之处，如对体形、毛色、角形等明显特征的重视。冲绳斗牛名多与牛主人姓氏和产地连在一起，而金华斗牛名则多取猛兽、武将之名。从总体上看，斗牛名的择取与张扬，是牛主人抬高斗牛身价的一种方式，也是地方民识中显示力量和技能的一种手段。

六、斗牛技能之比较

清末金华人王廷扬曾作《斗牛诗》一首，其中有描述斗牛技能的精彩诗句：

"一牛入场十人拥,叱声驰下如潮涌。""须臾双方互接触,八蹄四角无退缩。""进退变化若有知,腾跨牛背声唏唏。忽然跃下猛抵项,落头倒项相撑持。[①]"这里所说的"腾跨牛背""猛抵项""落头倒项",都是金华斗牛之特技。

金华斗牛技能归纳起来有下列几种,并各有专用名词。

一曰"顶"。即正面用额角顶住对方额角,以较量耐力和实力。

二曰"撞"。即用头猛撞对方头、颈、腹部,连续不断。

三曰"挂"。用前蹄压在对方头上叫"小挂",若将前脚跨过对方双角压在对方顶肩上,则叫"大挂"。

四曰"靠"。凭巨大身躯紧紧靠压对方前腿部分,逼使对方不能动弹。"靠"或称"戳"。

五曰"抽"。即在"顶""撞"等战术不见效时,突然退步抽身,从另一角度袭击对方。

六曰"落头"。即用"挂"的战术后,突然将双蹄落下,迅速从侧面进攻,使对方措手不及。

七曰"打角"。凭粗壮之角根猛击对方双角。如双方都用此技,往往碰击有声。

上述七种技能以前四种为基本技能,为初上斗牛场的斗牛所惯用。久经沙场的斗牛,技能也较全面。再一点,所有这些技能的运用,都与斗牛自身条件有关。

冲绳斗牛之技,据《冲绳大百科事典》〔斗牛之技〕条目内介绍,也有如下七种:

一曰"挂绊"。即用强有力的双角压住并扭能对方的头,使之没有抵抗能力。

二曰"割取"。用双角划割对方面部。有从正面划割对方面部的,也有从侧面叩击对方头部和角的根部的。使用这种战术的斗牛,其双角往往粗壮有力,角尖向前。

三曰"腹取"。正面攻击不见奏效时,突然退步抽身,巧妙地避开对方冲撞之势,并用双角袭击对方腹部。

四曰"摇舍"。即用双角猛击对方头部。在猛击的一瞬间又突然跃起,落地

---

① 《浙江风物志》浙江人民出版社,1985年,第417页。

后再击。

五曰"捻钻"。用尖角猛刺对方面部、耳根、下颚等部位，使对方喷血受痛而逃。

六曰"跨骑"。对战呈僵持状态时，突然提起前蹄，紧紧跨骑在对方背项上。这种技巧有被对方掀翻的危险。

七曰"靠拢"。为防受击而将头紧紧贴住对方的头，并伺机猛然将双角插入对方颈下往上挑起反击。

上述七种技能以前三种为基本技能。所有技能的运用，也多与斗牛自身条件有关。

从两地斗牛技能之比较中可以发现，这种技能的发挥与运用，不仅反映斗牛本性上的共同点，而且反映出形成这一风俗的过程中，人的驯导作用（如对斗牛进行特殊饲养和特殊训练），也是必不可少的。

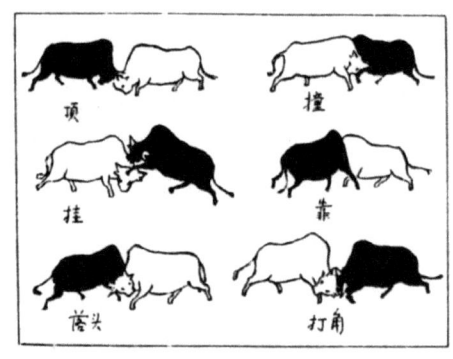

图九　金华斗牛之技

（金华市摄影协会提供）

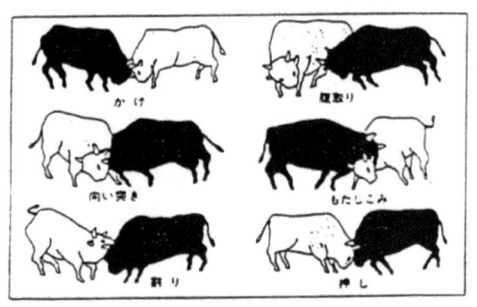

图十　冲绳斗牛之技

（引自《冲绳大百科事典》中卷，881页）

结语

从以上六个方面的比较研究中，可以初步得出的结论是：

（1）在漫长的农耕生产发展过程中，自畜牛代劳、畜牛供肉食的生活形态出现之后，牛与人就处在一种融洽的、相依相存的关系之中。牛的自然相斗或由人驱而相斗的现象，是普遍发生过的。至于成为一种风俗，必有其特殊原因。若追究这一风俗的形成年代，那只能是大约的，因为一种风俗的形成，往往要经过较长的历史阶段。但无论如何，适应人们娱乐欣赏、情感交流、精神安慰方面的需

要，必定是这一风俗得以延续的首要条件。斗牛亦然。

（2）无论金华斗牛或冲绳斗牛，形成这一风俗的原因是多方面的，其中必然包括地理的、气候的、经济的、民间信仰等方面。但除一般的客观原因外，探索盛行这一风俗的内在因素，大概是最有价值的。依我看，这种内在因素，主要是存在于当地广大民众心灵上的对荣誉的强烈追求，比赛场上的为胜心和传统的勇敢精神，即特殊的地方民族感情和地方民族性格。

金华地区八县，是中国古代争斗意识极强的越民族的居住区，一向尚武崇艺。《汉书·地理志》载："吴越之君皆好勇，故其民至今好用剑，轻死易发。"就金华地区来说，古风更是如此。据《康熙金华府志·风俗》篇载，金华风俗"民朴而勤，勇决尚气，族居岩谷，不轻去其土。"这里所称颂的"勇决尚气"，就是好胜好强之地方民族性的一种表现，与倡导斗牛活动的心态是极为一致的。民性刚烈，好胜好强，再加上赛社祭报、祈神求福等精神上的需要，才使得这一风俗竟盛行百余年之久。

以冲绳岛为中心的现今冲绳县所辖诸岛，由于受历史演变和自然环境的长期磨炼，民性也是十分刚毅和仁厚的。处世立业的荣誉感和自我价值观，都表现得十分明显。特别对历史上具有英雄气概和舍身精神的人物的崇拜，表现得更为突出。如在民间诗歌中对15世纪初叶英勇作战，统一三山的中王尚巴志的颂扬；又如对通过智慧卓绝的行动从外国引进薯种的颂扬等，都反映出冲绳人民自古以来就崇尚勇敢献身精神。

民族性中勇敢与仁厚，往往是一个统一体。明治六年（1873年）德国汉布号商船在冲绳岛南面的宫古岛触礁遇险，岛上居民奋不顾身地加以救助。后德国皇帝遣使立"博爱纪念碑"于岛侧，盛赞"岛民之存心仁厚"[①]。这种有史实为证的勇敢仁厚精神，正是冲绳地方民族性的体现。第二次世界大战结束时，冲绳地方处在极其困难的状况之中。但冲绳人民有顽强的自强自立精神，不仅战胜了饥荒，而且很快恢复了传统的民俗活动。凡此种种，都是民族感情和民族性格的具体表现。这种含有地方特殊性的民情民性，与他们所喜爱的斗牛活动，在精神力量的汇合点上，是完全一致的。

（3）金华、冲绳两地斗牛风俗的形成与盛行时间，大体是一致的。特别是盛

---

① 《冲绳县立博物馆·总合案内》冲绳县立博物馆编，1989年，第30页。

行时间，至迟均在 19 世纪中叶至 20 世纪中叶的一百余年间。但由于历史的演进，地域经济因素的变化，耕牛逐渐被淘汰，两地斗牛活动，都有急剧减少之势。尽管情况已经发生变化，但研究这一曾在特定历史条件下盛极一时的风俗，仍有其认识当时社会文化特征、民情民性等方面的重要价值。

从继承发展的角度看，能否正确把握民俗文化的改良，使之延续甚至得到发展，这是民俗文化研究者和文化行政部门所必须重视的课题。如果引导得法，措施得当，某种特定的地方优良风俗，不仅可以保存、延续，并有可能使之更加完善，更加丰富生动。如中国、日本以及东南亚其他国家的某些优良风俗"赛龙舟""舞龙灯""赛马""登山""踏高跷""放风筝"等，都是在传统的民俗活动的基础上，逐渐改良所保存下来的，有的已成为现今社会人们普遍爱好的文娱体育活动。

希望金华斗牛和冲绳斗牛这一激励斗志、倡导拼搏精神的优良特异的民俗活动，能在新时代的演进过程中，得到继承和发展。

要旨

金華の闘牛と沖縄の闘牛

朱　秋　楓

　人類の歴史に於ては、牛を飼いならし、牛と戯れ、牛と牛を戦わせたり、人間と牛と戦ったりするのが、古来の民俗現象である。世界的範囲から見れば、スペイン、メキシコの闘牛は、牛を刺殺するのを楽しみ、中国の寧夏、甘粛回族集中居住区の闘牛は、牛を投げ倒すのを楽しむ。牛と牛を戦わせて楽しむ風俗はさらに普遍的である。現在、トルコの東北部、インドの北部、タイの東南部、中国南方の苗、侗、彝、黎族などの少数民族の地域には、この風俗が依然として盛んに行われている。この風俗の形成原因を研究し、地方民俗文化のこの特別現象を研究することは、民俗学の角度から言えば意義のあることである。

　中国金華地域の闘牛の習俗は、今世紀30年代始め頃から中国の民俗研究者の目を引いた。その時は沖縄でも闘牛が盛んに行われる時期である。金華地域の八つの県と日本の沖縄とは遠く離れているが、近い緯度に位置するため、気候も地理も似て、典型的な半山地的農耕地である。近代の民俗考察により、両地方の闘牛の風俗に似たところが多い事がわかった。牛を戦わせたり、神を楽しませたり、晴れ日を祝い、財産と能力を人に見せ、優良品種を選択したりするのは、各自に特色がありながら、各地方の民族精神をも現す。

　金華と沖縄の闘牛につき、比較できることは以下の諸方面である：
　①闘牛の歴史　②闘牛の時期　③闘牛の規約　④闘牛の場所　⑤闘牛の名　⑥闘牛の技。
　比較による結論は：
　一、長い農耕生産の発展の中に、牛を飼い、労働力に使う生活形態が形成されて以来、牛の間での戦いや牛を戦わせる現象はごく普遍的に起こっていた。

それが一種の習俗になるのは、特殊な原因であるはずである。この習俗の形成年代を探ったが、大体の時代しか分からなかった。一種の風俗の形成はかなり長い歴史の階段を経ているからである。

　二、金華の闘牛でも沖縄の闘牛でも、その風俗の形成原因は多方面にある。地理的、経済的、民間信仰的なども包まれるが、基本的には当地の"民性"と関連がある。

　三、この風俗の衰えは、客観的には時代の変遷による。例えば"廟会"の減少、農耕用の牛の淘汰などである。しかし、民俗文化の改良を正確に把握できるかどうかの観点から見れば、特定の地方風俗が保存できるばかりか、それを完備させることも可能であることが言えよう。

山根村畬族の言語とその環境

矢放　昭文

はじめに

　1990年3月及び1991年3月、筆者は二回に渡り浙江省麗水地区龍江郷山根村を訪れる機会を得ることが出来た。小稿は、この二回の訪問を通じて採録したテープに基づく、山根村畬族の人々の言語とその環境についての第一次報告である。報告をまとめる段階で、一層掘り下げるべき様々の問題に遭遇し、しばしば収拾に窮したのであるが、これらについては思い切って別の機会にまとめることとし、ここでは報告の段階を初歩的範囲に止める。

1. 山根村についての一般的状況

　山根村は浙江省麗水市のほぼ南方約9キロメートルのところにある大梁山の西側山麓に位置する山村である。蘭志紅氏（"龍江郷文化站編制" 23歳、女）によれば、山根村とは、沙旺（23戸）・五畝頭（18戸）・五宅塘（五戸）・尖圲（8戸）・梨頭尖（4～5戸）・山根（35戸）の五カ所の自然村からなる一つの行政単位を指す。この中で我々が二度に渡って訪問できたのは最後の、自然村としての山根村である。浙江地域の漢族の山間部の農村とほぼ同様、基本的に一家一村をその構成単位とする。地元麗水市の人々によって"畬家村"と呼ばれる畬族の村である。

　現在中国政府によって認定された畬族は福建・廣東・浙江・江西・安徽の五省に分布している。その中でも浙江南部、福建北部に分布する畬族が最も多い。中国領内に36.8万人いるといわれる畬族の人口のうち、実にその八割以上がこの地域に分布している。

にもかかわらず、畬族の分布形態は、一般に"大分散小集中"である、と言われている。つまり何千人或いは何万人と集中して居住することは、福建北部を除いてほとんどなく、せいぜいが数百人までの小さい集団を形成して、かなり疎らに分布している。周囲に漢族の村落が多数あることも珍しくなく、農業形態などの生業を営む面では、漢族の農耕文化とほぼ大差の無い形態をとっているであろうことが、比較的容易に想像される。55を数えるといわれる中国内の少数民族の中でも"漢化"の最も進んだ民族の一つであろう。

2.「移住伝説」について

　一般的に、中国南方、或いは西南方の少数民族には、その固有の言語は持っていても、固有の文学を持つものは意外に少ない。従って、自らの言葉で記された自分達自身の歴史は現存しないことが多い。彼らの歴史は、大抵の場合、散発的な漢語文献の記事を拠り所に、十分な脈絡を持たずに辿られること多い。残念ながら、畬族の人々もその例外ではない。このことは、基礎的文化領域としての彼らの言語の性格を文化史的に考える上で、一つの大きな弱点になることは言うまでもないであろう。

　そこで注目されるのは、彼らの祖先・起源をめぐる所謂「祖先伝説」「移住伝説」という、伝承による文化事象である。自分達の先祖は誰なのか。太古の昔より現在の地点に一貫して住んできたのか、或いはどこか他の地点から移住してきたのか、という素朴な疑問は、彼らの歴史、文化を知る上で欠かすことの出来ない問題提起であるが、自らの歴史を持たない以上、口頭伝承は有力な素材として扱われることが多い。

　但し、従来の中国側研究者の調査により、その大勢はまとまっているように判断される。畬族に共通する祖先伝説は、いずれも自分達の祖先・起源を、高辛皇が龍期（畬族の先祖）と第三公主を結婚させる物語、に求めている。例えば、廣東省潮安県の畬族に伝わる畬族はその典型である。又、福建省寧徳県畬族でも同様の伝説が報告されている[①]。今回の調査では、筆者は直接この故事を聞き取ることが出来なかったが、麗水市文聯の幹部である唐宗龍氏によっ

---

　① 《畬族社会歴史調査》福建人民出版社 pp. 94

て、すでに同様の伝説が採集されている①。

移住伝説については、その経路はまちまちであるが、現在居住しているところにより、大体の傾向がないわけではない。例えば廣東省の畬族の場合、移住開始の起源は大抵が北方である。自分達は福建から移住してきたというものが、最も多く、その典型である廣東省潮州鳳凰山地区の畬族では、福建漳州龍岩県、閩西寧化県、をその出発点にしている。中には江西、湖南、南京などを挙げる例も報告されている②。

これに対して、福建、浙江の畬族の場合は、逆に圧倒的に廣東省潮州鳳凰山地区を出発点にしている。筆者が1990年3月16日に行った蘭樟鍔氏（63歳、男）への聞き取りでも、この山根村の人々は元来廣東省潮州鳳凰山に居住していたという。その後、琼州→福建→浙江（温州、泰順）と移動し、さらに景寧→麗水→雲和県→山根〔san33┤kun13╯〕にたどりついた、とのことである③。我々以外の報告にも、廣東省潮州鳳凰山地区に起源を持ち、その後、福建→浙江と遷移する「移住伝説」の例は枚挙に暇がない。

これらの「移住伝説」をどのように捉えるべきなのか、議論の分かれるところであるが、彼らの間に大規模な移住があった、ということについては大方の研究者は肯定の姿勢を採っている④。しかしながら、伝承者が詳細な地名を挙げて遷移の過程を語るとき、筆者はそこに一つの、史実そのものを語るのではく、「歴史意識」或いは「自己存在の確認行為」としての「移住伝説」を語る営為を見いださずにはいられない。

筆者は1987年冬、1988年夏、二回に渡って貴州省黔東南苗族侗族自治区雷山県陶尭郷虎羊村で調査を行ったが、そこでも自分達の祖先伝説に付随して、畬族と同様、或いはそれ以上に詳細な「移住伝説」を聞いている。曾て牧野巽氏はこれらを「祖先移住伝説」と呼んだ。そしてこれら「移住伝説」が史実としてどれほどの信頼性を持つものなのか、を疑ったのである⑤。中国の民族学

---

① 〈三公主的鳳冠〉《民間文学》1978年6月号。
② 前掲《畬族社会歴史調査》pp.230。
③ 同書　pp.270〜271にも詳細な報告が掲載されている。
④ 《方言与中国文化》周振鶴・游汝傑共著、上海人民出版社、1986年、第二章。
⑤ 《中国の移住伝説》牧野巽著、お茶の水書房、《著作集》第5巻、1985年。

を専攻する研究者たちの中にも、移動の事実と、伝承者の語る詳細な移動経路を別けて考える人が多くなっている①。なかにはかなり懐疑的な立場をとる人も多い。なぜならば、この種の伝説では、伝承する過程で事実以外の成分が付加される可能性が極めて高いからである。移住伝説も物語の一種であり、従って物語がより説得的であるために、移住経路に一層の具体性が付加される、と言う側面を否定することは困難であろう。中国史上たぐい稀な歴史家司馬遷の例を挙げるまでもなく、伝承者の能力や知識の多少、体験の多寡は、多分にこの種の移住伝説を豊かな内容のものにしたり、或いはその逆に一律的なものにしたりするものである。「自分達の存在を歴史の上に位置づけるためにこそ歴史は存在した。中国人の歴史意識は自己存在の確認行為そのものである、」とは故川勝義男氏の名言である②。川勝氏の言う"中国人"が民族概念ではなく文化概念であることも、言を待たない。"少数民族"といわれる人々の間に行われる「移住伝説」の伝承も、文化事象としては極めて中国的な営為である、と筆者は考える。やはり、「移動の事実」と伝承者の語る「移住伝説」は分けて扱う方がよいだろう。

　ところで、先述の唐宗龍氏によれば"畲族"という名称は解放後定められたものである、という。それ以前は、麗水地区では彼らを〔ʂhe33┤kʻa55〕と呼んでいたし、彼らは自分達自身を〔san33┤ha35↓〕と呼んでいた、という。

　一方、鐘瑋琦氏の報告③によれば、畲族と言う名称は早くから存在したが、正式に定められたのは1956年のことであるという。それ以前、鐘氏自身の"簡歴表"には"黎族"或いは"苗族""瑶族"と二転三転して記入されたことがある、と言う。その間の経緯については鐘氏の報告に詳しいのでそれにゆずるが、いずれにしても中国領域内の他の少数民族と同様、「民族」という一種の近代概念が持ち込まれてから後に、特に解放後の体制として定められたものであることについては、この地域の畲族も例外ではない。

---

　　①　貴州省民族研究所、龍伯亜氏との意見交換に基づく。
　　②　《中国人の歴史意識》川勝義雄、平凡社、1986年、pp. 62～86
　　③　〈我所知道的畲族族称確定経過〉鐘瑋琦、《麗水文史資料》「畲族専輯」上冊、1987年

3. 方言区分について

　顔逸明氏の報告①によれば、いわゆる呉方言地域は、その言語的特徴に拠り"太湖片""台州片""東甌方""州片""麗衢片"の五区に区分されるが、山根村を含む麗水市は"麗衢片"に属することになる。また顔逸明氏に拠れば、この"麗衢片"はさらに"処州小片""龍衢小片"という二つの"小片"より形成されている。山根村は麗水に属するが、"処州小片"にはさらに縉雲、雲和、青田、景寧畲族自治県、武義県南部旧宣平県部分、文成県南田区、泰順県北部及び慶元県の東北部分、の諸地区が該当する、とされている。

4. 畲族の言語についての一般的状況と在来の研究

　各地域の畲族の言語についての詳細な報告は、知り得る範囲内では、現在のところまだそれほど多くは無い。そこで概括的に記述されている羅美珍氏の報告②に拠らざるを得ないのであるが、それによると、畲族の話す言語については、大別すると二つの状況がある、という。一つは漢語客家方言を話す場合である。福建、浙江、江西、安徽などの省及び廣東省潮安、豊順にいる畲族の99％以上がこのケースである、という。これに対し、畲族固有の苗瑶語族系とされる言語を今日も使っている人々は、廣東省の博羅、増城、恵東、海豊などの県に住む1千人以上の畲族であるという。もっとも、後者の場合でも客家方言の影響は強く、例えば日常語彙の16％は客家方言からの借用語である、といわれている。又、造句法にも影響を受けており、元来、修飾成分は被修飾語の後に置かれていたのであるが、現在では多数が被修飾成分の前にきている、と報告されている。

　毛宗武・蒙朝吉氏等の、廣東省博羅、恵東など、本来の畲語とみなされる言語を話す人々についての調査報告③に拠れば、一般に名詞、形容詞、代名

---

　① 《中国大百科全書》「言語文字」篇、中国大百科全書出版社、1986年、pp. 408〜411
　② 〈畲族所説的客家語〉《畲族研究論文集》施聯朱主篇、民族出版社、1987年、pp. 314〜333
　③ 《畲語簡志》民族出版社、1986年、pp. 1〜10

詞、数量詞の詞組が修飾語になる場合は中心語が前で修飾語は後に来る。ごく少数の形容詞のみ中心語を後に従える、とされている。博羅、恵東など本来の畬族語が通行しているとされる地域以外での、被修飾成分の後置→前置という変化は客家方言の影響を強く受けたものである可能性が大きい、と推測されるが、この点については、語彙の借用関係等とともに総合的な判断が必要であろう。

又、山根村畬族の「移住伝説」による祖先発祥の地、廣東省潮州鳳凰山地区の畬族の言語については、潮州方言の影響を受けている地域も報告されている。この報告では、鳳凰山区の四地点；山犁、李公坑、石鼓坪、鳳坪の言語状況について簡単に述べられているが、前三者では潮州語の影響を受け、後者では豊順の客家語の影響を受けている、とされている[①]。

さらに同報告に収録された別の記述では、廣東畬族の言語は、二つに類型化されると言う。一つは鳳凰山地区で通行している畬語で、その実体は、既に現地の潮州語及び客家語系統の方言と融合した言語である、という。もう一つは蓮花山地区及び羅浮山地区で保持されている畬語（或いは山瑶語と言われるばあいがある）であり、これは苗瑶語族と関連する一種の言語である、という[②]。

又、これとは別に、鳳凰山地区の畬族の言語の語彙についての統計報告があり、70〜80％は客家語、10〜15％は潮州語、5％は客家方言でもなく潮州方言でもないもの、であるという[③]。

いずれにしても、廣東省の畬族が話す言語については、その内容は簡潔に過ぎるきらいはあるが、廣東以外の畬族よりも数多く言及されている。これらによれば、廣東省の畬語は客家方言のみならず潮州方言との関係も視野に入れなければならない。これに対し福建、浙江の畬族の言語については、従来余り触れられることがないのであるが、廣東同様、周辺の土着漢語方言との関係を重視すべきことは示唆されている。例えば、福建省寧徳県の畬族についての報告では、この地域の畬族は自分達固有の言語だけではなく、閩語寧徳方言も話す

---

① 前掲《畬族社会歴史調査》pp. 26
② 同書 pp. 231
③ 同書 pp. 259

ことが出来るという①。但し、この場合の「自分達固有の言語」と言うのも漢語客家方言を基調とする言語であることを想定しておくほうがいいと思われる。

　羅美珍氏の指摘によれば、畬族の使用する客家方言は、現在の漢族が使用する客家方言と全く同様の客家方言であるかというとそうではなく、一種特殊な客家方言である、という。また、羅氏に拠れば、畬族の話す客家方言は漢語客家方言の分布地域とも一致しない。畬族の話すこのような言語は地域を超越しつつ、一定の特色を備えた客家語である、とも羅氏は考えている。

　筆者は、もしもこれらの一定の特色の中に、福建、廣東、浙江、江西、安徽に分布している畬族の言語に共通のものを見い出せることが可能であるならば、それは彼らの間に伝わる「移住伝説」と組み合わせて、或いは推測される「移住の事実」と組み合わせて、極めて魅力的な言語事実となるのではないかと考えるが、残念ながら羅氏の報告でもそこまでは言及されていない。又、これら諸地域を網羅的に調査出来る可能性は、現在のところ、羅氏にも或いは筆者にも与えられてはいないのである。

　羅氏の主張する、畬族の使用する客家方言の特色は、このような特色を造りあげた要因をその周囲の方言に求める、という地理的条件を優先させる考え方を基調としている。いわば地理的環境決定論である。この考え方が確実に成立するためには、その言語の話し手、或いは話し手集団が、社会経済的に接触する周囲の他の言語集団とどれくらいの時間をかけて、質的量的にどの程度の接触をしたか、或いはしているか、と言うことが追求されなければならない。この点では羅氏の論文も行き届いているとはいえないが、いずれにしても、我々に与えられた課題は余りに多いにもかかわらず、我々の知り得る範囲は、今のところ、非常に限られているのである。

　それにしても、近代において、氏族や家族を単位とする、人々の大規模な"遷移"が行われた、という視点は、言語特色の由来を文化史的に解明する上で重要な意味を持つであろう。比較的短期間に長距離を移動する北方の遊牧民の言語を考える場合と異なり、南方の、主として農耕を営む民族の移動は、或

---

① 前掲《畬族社会歴史調査》pp.94

いは比較的長期に渡って徐々に行われるものであっただろう。しかしながら、彼らの移動が言語史の展開に与えた影響は、我々の予測を越えてはるかに大規模であったかもしれないのである。

したがって、各地に"大分散小集中"する畬族の間で、彼らの言語として共通に機能する側面が強ければ、或いは言語的特色に揺るぎのない共通項を見いだすことが出来れば、彼らの言語は、大規模な人口移動が言語史の展開に与える風波を乗り越え、近現代に入ってからの環境による切実な浸食にも堪え得る、強固な文化的蓄積を過去において共有した、ということが出来るであろう。

5. 蘭炳賢氏との対話

二度に渡る訪問において、比較的長時間の話を聴くことが出来たのは、山根氏の前村長蘭炳賢氏である。蘭炳賢氏は1916年生、山根村に生まれ山根村に生きてきた人物である。

以下、筆者と蘭炳賢氏との対談を掲載する。対談の内容は、主として蘭氏の言語体験についてである。この対談を通じて、山根村畬族の言語環境及びその変遷の一部を知ることが出来るのである。猶、対談の進行に際しては、平田昌司氏作成の「幼少時期語言生活調査表」を参考にした[①]。この調査表は本来的には、書面言語の習得過程、非官話地区出身者の二重言語使用、文献流通、読書の形態などの諸点から、20世紀に入って大きく変貌を遂げつつある漢語史の様相を探ることを目的として考案されたものである。今回の調査では、調査対象の性格上、充分に活用できるものではないが、試みに使用した。

矢：那么请您告诉我您的出生年，您是哪一年生的？
兰：我啊，我1916年8月生的。
矢：生在什么地方？老家在哪里？
兰：生在这个村，一直在这个村。
矢：过去有没有到过别的地方？

[①] 日本中国語学会第40会全国大会研究発表レジメ（1990年10月14日）にもとづく。

兰：到过北京，东北的延边、沈阳、抚顺、大连都是去参观的。北京住了二十几天，其他都是一个星期左右。啊……武汉也去过。

矢：现在你会讲几种语言呢？

兰：自己民族的语言最好。畲族语言讲得最好。丽水方言也讲得来，丽水方言我们接触得比较多了，所以……常用的不是丽水话。普通话吗……不算不是……

矢：那么，听得懂的方言有几种？

兰：其他话都听不懂。

矢：都听不懂！那么到了温州也听不懂吗？

兰：听不懂。就是丽水交界的温州地区、永康地区的话也听不懂。

矢：那么，您过去有没有接触过别的地方的畲族人？比方说，景宁地区的畲族人，或者是广东、福建那边的畲族人，过去有没有接触过？

兰：接触过是接触过。接触过了。

矢：那么，接触的时候，会话上有没有困难？

兰：开始……有困难，后来觉得差不多。最先接触的时候呢，有困难，觉得不大同一的。稍些往来的话呢，语言就感觉得差不多了。

矢：那么另外呢，我们叫作"客家"，汉语方言的一种有客家方言，跟能讲客家话的人，没有接触过？

兰：没有接触过。接触过的都是畲族的一个团，都是畲族的参观团，其他呢……福建客家没有接触过……

矢：那么过去有没有受过普通话的教育？

兰：没有。

矢：那么……这个……写字方面怎么样？写汉字的教育有没有受过？

兰：接受过。我接受的都是汉族的教育。原来本民族没有民族文字的，小时候呢，七岁就读书了。读书读了五年了。

矢：那么，您读书的时候，老师是畲族人还是汉族人？

兰：老师是汉族人。

矢：是本地人，丽水人吗？

兰：是丽水人。

矢：那么汉族老师教书的时候用的是普通话呢，或者是丽水方言呢？

兰：教书的时候，老师用的汉族语言都是丽水方言，也有一点普通话。

矢：现在还记得不记得，读书的时候用的课本有哪一些，课本的名字和内容？

兰：有的，晓得。先读书的时候念的是"三字经"，第一年，这是我们原来过去的启蒙教育的东西。这，你有了解了！第二年教的就是"共和国教科书"，叫作"国文"。后来呢，又转了"新时代国语"。这是一种综合性的东西，里面有"三民主义""世界""自然"这类东西了。

矢：另外有吗？

兰：另外没有。后来父亲死了，怎么又读书了！回来自学了。

矢：写字是什么时候开始呢？

兰：写字呢，读书回来以后，自学了，自练了。现在字写得好，一边种田，一边练字。

矢：用什么样的方法练字呢？

兰：最初呢，这……影模。我们叫作"红字素染"。

矢：那么您上小学的时候，除了您以外，同年小孩，一般有没有上学呢？

兰：有的。

矢：多不多？比率有多少？

兰：不多。比率我不大清楚，但是并不多。我家三代人都是不识字的，就是一个字都认不到那么，要放的时候让我去读书，要不然，看得一个字也要去请教人家，就很麻烦，所以让我去读书了。

矢：当时有没有女学生？

兰：那时没有女学生。

矢：第一次看到报纸杂志是什么时候呢？

兰：解放前，基本上没有看过报纸，没有看过什么书。都是解放以后，解放前少数民族的农民里面没有报纸等刊物。

矢：上小学的时候，有没有学过拼音字母或着拉丁字母？

兰：没有。老师是"老秀才"，教的都是"老口味儿"。

矢：过去有没有听说过"ｂ ｐ ｍ ｆ ｄ ｔ ｎ ｌ……"一系列的东西？

兰：没有。

矢：那么，解放以后看到过的报纸杂志之中，印象最深刻的是什么？

兰：印象最深刻的刊物呢，是《农民大众》。还有个《实事手册》。这些刊物呢，

是"小刊物",发行量很大的,综合了国内外的重要事情。

矢:在什么地方出版的?

兰:北京出版的。

矢:《农民大众》呢?

兰:是杭州出版的。

矢:解放前,兰先生上学,老师用丽水方言讲课,当时您听感上有没有困难?

兰:有的。

矢:什么样的困难呢?

兰:有时候跟老师交谈,有时语言不同,就用手指示。举个例子来说,有时在学校吃午饭,当时小学在陈店,就是你们刚才过来的……陈店边上有个庙,学校就在那里边……中午要吃油饼,没有筷子的去借老师那儿,老师问什么缘故,我就说要吃油饼,但是油饼,我们畲族说 yóubǎng,那么老师就不能了解,所以不得不用手指示……但是,这样的事情并不多。

矢:老师念书的时候有什么腔调?

兰:老师只用丽水方言念书,其他没有什么腔调。

矢:那么您写字的时候,脑子里用的读音也是丽水方言呢?或者是自己语言的读音吗?

兰:基本上是丽水方言。

矢:那么您有没有用畲族语音念汉字的习惯?

兰:没有,当时多数没有。

矢:现在也没有吗?

兰:现在有,多数汉字用自己民族语言念。现在写字方面呢,我们都,我们基本上,汉字我们都可以用畲族语音来读,都可以读的,通用的。

6. 蘭炳賢氏より得られた音系

　　最後に《漢語方言調査字表》①を使用しつつ、蘭炳賢氏をインフォーマントとして得られた、山根村畲族の言語の音系をまとめる。又、そのあとに付録として記録した字音表を加える。当初、他の漢語客家方言との比較検討を予定し

---

① 《方言調査字表》(修訂本) 中国社会科学院語言研究所編、商務印書館、1981 年

たのであるが、これらについては別の機会に述べることにする。

6.1 声調

　声調は、調形としては平坦調・上昇調・下降調の三種類にわけることがほぼ出来る。この三類はさらにそれぞれが高（陰）低（陽）二類に分かれる。中古音入声韻尾－p、－t、－kは、はっきりとは確認できない。中古で－p、－t韻尾を持つ字音は、山根村では若干促音的に発音されている。中古の－k入声韻尾は明確に－ʔ音として聞こえるわけではないが、大抵の場合は筆者の聴覚に残る。従って、ここではひとまずこの音があるものとしておく。

6.2 声母

　声母は暫定的に次のように帰納される：

p	pʻ	b	f	m	v
k	kʻ		h		ŋ
t	tʻ		l		n
tɕ	tɕʻ	ɕ			
ts	tsʻ	s		ɸ	y

6.3 韻母

　韻母は暫定的に次のように帰納される：

l	i	u	y		iʔ	aʔ
ε	a	o			εʔ	oʔ
iε	ia				iε	uʔ
	ua	ao				
	iu					yoʔ
	io	oi	yn	in		
		uεi		an	uan	uŋ
	iau	ai		εn	uεn	oŋ
		uai		un		ioŋ
						aŋ
			im（?）			

付録

音系資料（関栩英氏の発音に基づく）

声調

肯 [gi 22˧] 梯 [tai 44˥]
時 [gi 33˧] 題 [gi 33˧]
俺矢 [sai 13˨] 弟 [tai 13˨]
試世 [si 54˥] 弟 [tai 35˧˥]
事 [sɿ 32˧˩] 穿 [dzi 11˩]
伊藏 [gi? 55˥] 滿 [diu 55˥]
石 [gia? 55˥] 箘 [in 55˥]
食 [gi 22˧] 笛 [diu 33˧]

移 [yie 55˥]
以 [i 44˥]
異 [i? 53˥˧]
逸 [i? 53˥˧]

棉 [mien 55˥]
免 [mien 55˥]
面 [mien 55˥]
滅 [mie? 33˧]

声母

布 [pu 33˧] 步 [p'u 22˧] 別 [p'ie 33˧] 伯 [ba 33˧] 盤 [p'oen 33˧]
剖 [tɕiu 33˧] 達 [tao 21˨] 茅 [toa 33˧] 大 [tai 33˧] 同 [tai 33˧] 門 [mun 33˧]
膜 [ɡien 33˧] 芽 [kui 33˧] 庵 [kui 31˨] 傑 [tɕis 33˧] 閲 [foi 33˧]
懐 [ui 33˧] 午 [ŋɛ 13˨] 武 [u 11˩]
脊 [tɕien 33˧] 経 [tɕia 33˧] 楷 [tɕia 33˧] 節 [tɕia 35˧˥] 秋 [tɕiu 55˥]
全 [sou 33˧] 焦 [tɕiou 33˧] 然 [tɕioa 33˧] 熊 [tsou 33˧] 玄 [yan 33˧]
夏 [ɡien 33˧] 様 [san 55˥] / 担 [tsu 35˧˥] 主 [tsu 35˧˥] 争 [tsau 33˧]
書 [ɡu 33˧] 虚 [ɡu 35˧˥] 許 [ɡu 33˧] / 増 [tsan 33˧] 鋸 [min 31˨]
秩 [ɡi 33˧] 師 [ɡi 33˧] 貫 [ɡi 33˧] / 宴 [ɡi 33˧] 言 [ɡi 33˧]
日 [ɡie 31˨] / 延 [ien 33˧] 言 [ien 22˧] 祭 [ien 33˧]

春 [tɕun 33˧] 真 [tsuen 33˧] 低 [tai 33˧] 番 [pan 33˧] 安 [on 33˧]
閉 [fai 33˧] 曲 [tɕ'u 33˧] 書 [tsu 11˩] 天 [tan 11˩] 扁 [pien 33˧]
娶 [ɕio 33˧] 倉 [san 35˧˥] 初 [tsoo 11˩] 唐 [toŋ 11˩] 平 [hiaŋ 31˨]
兎 [un 33˧] 扌 [k'ieŋ 11˩] 氷 [tsoŋ 35˧˥] 才 [tsai 11˩]
嬰 [uan 33˧] 其 [gu 11˩] 徐 [gin 11˩] 扶 [fu 11˩]
窟 [ɡio 33˧] / 人 [nin 11˩] 麻 [noa 21˨] / 文 [mun 11˩] 雪 [un 11˩]
焼 [tɕien 31˨] 古 [ku 13˨] 紙 [tɕi 35˧˥] 龍 [lioŋ 33˧] 冠 [ton 35˧˥] 比 [pi 35˧˥] 普 [p'u 35˧˥]
屋 [k'eu 35˧˥] 堂 [ts'uo 33˧] 走 [tsou 33˧˥] 者 [t'i 35˧˥] 畝 [poo 33˧]
好 [hau 35˧˥] 手 [ɡiu 35˧˥] 老 [lau 13˨] 冥 [nien 11˩] 買 [uan 13˨] 抱 [pao 33˧]
女 [lu 53˧] 近 [kun 53˥˧] 坐 [tso 33˧] 変 [bien 31˨] 愛 [oi 33˧]
米 [tiu 13˨] 厚 [hou 53˥˧] 父 [fu 33˧] 懺 [t'oŋ 55˥] 淡 [pos 53˧]
九 [kiu 13˨] 堂 [ka 31˨] 殴 [toi 33˧] 伯 [pua 53˧]
菴 [yuan 53˥˧] 蘖 [kui 33˧] 斗 [tsui 53˧] 世 [gie 33˧] 陣 [bioŋ 31˨]
付 [fu 33˧] 到 [tɕien 33˧] 咳 [koŋ 13˨] 漢 [han 35˧˥] 共 [koŋ 31˨] 放 [pon 31˨]
四 [si 55˥] 禾 [sɿ 11˩] 寺 [ɡi 11˩] 示 [so 31˨] 助 [gie 33˧] 数 [gia 31˨]
試 [si 33˧] 注 [tɕun 13˨] 作 [tɕun 13˨] 他 [dion 13˨] 急 [tɕi? 55˥] 怒 [no 31˨] 大 [t'ai 31˨] 篤 [moŋ 31˨]
等 [deŋ 55˥] 見 [kien 33˧] 仲 [ken 22˧] 竹 [tɕi 55˥] 陣 [teu 31˨] 得 [tɕi? 33˧] 匹 [p'i 55˥]
第 [deŋ 55˥] 教 [k'iu 35˧˥] 界 [k'ia 21˨] 出 [tɕi 33˧] 機 [tɕi 33˧] 死 [to? 55˥] 百 [ba? 33˧]
得 [de? 33˧] 渡 [foŋ 33˧] 芊 [hon 31˨] 黒 [ha 33˧] 族 [gie 33˧] 福 [fu? 55˥] 塔 [ta 33˧]
罰 [tso? 33˧] 戦 [tso 53˥˧] 尺 [tɕ'ia 33˧] 切 [tɕ'i 33˧] 鑑 [tsa 33˧] 挂 [p'a 33˧]

八 [pa 55˥] 放 [piet 33˧] 欠 [tɕ'u? 33˧] 脱 [bat 33˧] 前 [gio 33˧] 発 [fat 33˧] 納 [no 31˨]
督 [fec 55˥] 罰 [fat 33˧] 哥 [hec 33˧] 月 [ouo 33˧] 六 [ɡi 31˨] 独 [gie 31˨] 奪 [ma 31˨]
卓 [tu? 55˥] 毒 [du? 23˧] 闊 [tuo 33˧] 局 [ɡi? 33˧] 食 [ɡi 33˧] 宅 [tsa? 31˨] 白 [pa? 33˧] 栗 [lo? 31˨]
失 [sɿ 31˨] 覚 [kui 31˨] 合 [hou 35˧˥] 吾 [so 31˨] 器 [fu? 31˨]
十 [gie 31˨]

紅 [fuŋ 33˧] 杓 [fu 33˧] 胡 [u 33˧]
囚 [bui 33˧] 女 [lu 21˨] 邑 [len 33˧] 年 [nen 33˧]
化 [fua 33˧] 園 [uei 33˧] 危 [ŋuai 33˧]
修 [ɡiu 33˧] 秋 [suai 55˥] 異 [ɸi 55˥]
割 [tɕ'iao 33˧] 歳 [suai 55˥] 散 [san 55˥]
從 [tɕ'o 35˧˥] 租 [tɕ'iao 33˧] 初 [ts'u 33˧]
會 [sao 33˧] 者 [gio 33˧] 約 [ion 31˨] 聚 [yo? 31˨]
遠 [yon 33˧] 元 [ŋan 33˧] 緣 [yuen 33˧] 遺 [uen 31˨] 過 [ɡie 31˨]

• 413 •

韻母

裏 [tsŋ 33˧] 支 [tsŋ 33˧] 知 [tsŋ 33˧] 耳 [ni 35˧] 爬 [puo 21˩] 河 [u 33˧] 蛇 [ɕia 33˧]
第 [tɛ 32˧] 地 [tɛ 33˧] 故 [ko 33˧] 架 [ko 33˧] 花 [hoa 33˧] 祖 [tɕa 33˧]
野 [ia 35˧] 以 [i 33˧] 雨 [y 13˧] 飲 [se? 33˧] 盧 [cu 35˧] 殷 [hua 33˧]
直 [tɕ'i 11˩] 日 [nie 33˧] 察 [la? 33˧] 合 [ɡee 33˧] 削 [ka? 33˧] 北 [pie? 31˩] 百 [pa? 31˩]
急 [tɕi 33˧] 接 [tsa? 33˧] 夾 [ke? 31˩] 態 [ta? 31˩] 二 [tɕi? 31˩] 澤 [lo? 31˩] 麗 [lu? 31˩] 棕 [uo? 31˩]
木 [mu? 31˩] 出 [tɕ'y 31˩] 刮 [kua? 31˩] 各 [ke? 31˩] 敎 [ko? 31˩] 郭 [kue? 31˩] 吾 [uo? 31˩]
禮 [ke? 31˩] 歌 [tɕye 31˩] 月 [ɡue 31˩] 救 [yo 31˩] 栗 [yo 31˩]
書 [kai 31˧] 介 [koai 31˩] 倍 [poi 31˩] 妹 [moi 33˧] 保 [pao 35˧] 桃 [tao 35˧] 斗 [tio 35˧] 陰 [tu 35˧] 母 [mu 35˧]
怪 [kuae 35˧] 低 [kui 35˧] 助 [so? 33˧] 淚 [soi 33˧] 藤 [tiau 33˧] 焼 [ɡio 33˧] 回 [ɡiu 33˧] 鬼 [kuei 33˧]
短 [tan 35˧] 梓 [ien 33˧] 鹿 [tsien 33˧] 蛋 [san 33˧] 森 [lin 33˧] 飯 [ken 35˧] 聞 [kan 33˧] 合 [hon 33˧] 海 [ɔɔŋ 33˧] 艮 [kun 33˧]
灘 [kan 35˧] 徑 [tɕien 33˧] 紫 [kin 35˧] 蓬 [koŋ 35˧] 良 [lioŋ 33˧] 連 [len 33˧] 揀 [lin 33˧] 紅 [foŋ 33˧] 心 [sin 33˧] 新 [saŋ 21˧]
光 [koŋ 33˧] 官 [kuan 33˧] 開 [tsoŋ 33˧] 米 [tsoŋ 33˧] 圈 [lun 33˧] ? 墨 [tɕyn 33˧] 度 [un 33˧] 漢 [fun 33˧] 吾 [on 33˧] 動 [toŋ 33˧]
穗 [tɕyan 33˧] 船 [ɡuan 33˧] 狀 [tsoŋ 33˧] 勤 [tɕ'on 33˧] 胸 [ɡyn 33˧] 庚 [kaŋ 33˧]

· 414 ·

摘要

山根村畲族的语言及其环境

矢放昭文

本文报告的内容是根据笔者在浙江丽水山根村所录音的语言磁带,是关于山根村畲族人们所说的语言以及其环境的第一次报告。笔者在总结资料的过程中,注意到应当进一步研讨的许多问题。但是对于这些问题,希望在别的机会总结报告。这篇文章里所报告的内容只限于初步性范围。

第一,简论山根村的一般情形。第二,关于畲族人的"迁徙传说"简单地讨论。第三,确认山根村在所谓"吴语地区"里的位置。第四,关于畲族语言的一般情形以及过去的有关调查和研究进行一些讨论。第五,登载了笔者跟兰炳贤先生的有关语言经验的采访记录。兰炳贤先生是山根村的长老之一,是生在山根,长大在山根的宝贵语言"传承人"。原来,不仅是兰先生,而且其他的本村人都以为他们所说的语言就是本民族固有的语言。但是,实际上我们不能说他们的语言是他们固有的畲族语言,只能说是带有着一些特点的"汉语客家方言"。对于这些特点,笔者在本文里不敢讨论。第六,根据兰炳贤先生所发音的录音磁带,归纳了山根村畲族人所说的汉语方言的音系。但是这个音韵系统到底是"暂时"的,不是经过综合性的对比工作。

兰炳贤先生始终热情地支持笔者的、比较麻烦的调查工作。所以,笔者在此表示衷心的感谢!

```
中国江南の民俗文化
 ―日中農耕文化の比較―
 1992年3月31日発行
 編集発行    福 田 ア ジ オ
            国立歴史民俗博物館
            千葉県佐倉市城内町117
 印　刷     有限会社　新　彊
```